Auf Deutsch!

Auf Deutsch!

1 Eins

LIDA DAVES-SCHNEIDER
Chino Valley (CA) Unified School District

DANIELA DOSCH FRITZ

KARL SCHNEIDER
Chino Valley (CA) Unified School District

ANKE FINGER
Texas A&M University

ROSEMARY DELIA
Mills College

STEPHEN L. NEWTON
University of California, Berkeley

Chief Academic and Series Developer
ROBERT DI DONATO
Miami University, Oxford, Ohio

McDougal Littell
A HOUGHTON MIFFLIN COMPANY
Evanston, Illinois • Boston • Dallas

Auf Deutsch!
1 Eins

C, 6

2004 Impression

ISBN: 0-618-02961-3

7 8 9 10 CKI 09 08 07

Illustrations were done by Wolfgang Horsch, Manfred von Papan, Eldon Doty, Anica Gibson, and maps by Lori Heckelman.

Internet: www.mcdougallittell.com

CONTENTS

WIE GEHT ES PAPA? 50

Herr Koslowski waits for a call from Cologne about a job. When it comes, the whole family listens and wonders what will happen next.

DER UMZUG NACH KÖLN 76

Marion's family moves to Cologne, but she stays in Rheinhausen with the Mertens.

STRUKTUREN

EINBLICKE

PERSPEKTIVEN

REFERENCE SECTION R–1

APPENDICES

APPENDIX A

APPENDIX B

VOCABULARY

INDEX

PREFACE

Are you looking for ways to engage your German students? Would you like to teach not only the fine points of German grammar and vocabulary but also integrate culture on a broader basis? Does teaching culture with authentic video footage appeal to you? Do you like to incorporate both historical and contemporary themes involving German-speaking countries into your course? If so, welcome to *Auf Deutsch!*, the textbook program integrated with the *Fokus Deutsch* video series.

THE AUF DEUTSCH! PROGRAM

FOKUS DEUTSCH AND AUF DEUTSCH!

Fokus Deutsch is a video-based course for German language and culture consisting of three levels that span the introductory and intermediate stages of learning. Each level of the video series consists of twelve fifteen-minute episodes and four fifteen-minute reviews. A total of twelve hours of video across the three levels of the series brings the richness of German language and culture to beginning and intermediate students.

The *Auf Deutsch!* textbook program is coordinated with the *Fokus Deutsch* video series. Level 1 follows the lives of the fictional Koslowski family: Marion, her brother Lars, and their parents Vera and Heinz. Level 2 presents a number of mini-dramas that offer insights into the lives of other speakers of German. Level 3 offers cultural, historical, and personal perspectives on themes of interest to teachers as well as students.

THE CONCEPT OF THE VIDEO SERIES

The *Fokus Deutsch* video series integrates mini-dramas, authentic cultural and historical footage, and personal testimonials to provide students with an in-depth view of German language, society, culture, and history. The **Fokus Deutsch** video series develops a simple concept: A young German student (Marion Koslowski) comes to the United States to help an American professor (Professor Robert Di Donato) develop a contemporary German language course that focuses on historical and cultural studies. Together through the videos, they teach German language and culture as they present a variety of issues important to German-speaking people today and offer insights into the historical contexts of these topics.

A CULTURAL APPROACH

Together, **Fokus Deutsch** and **Auf Deutsch!** teach language while covering a wide array of cultural and historical topics from many different perspectives. The video topics range from everyday life, family life, the world of work, and daily routines to political and social issues that affect German-speaking people today; they are dealt with entirely in German. Themes also include the worlds of art, theater, and film. In Levels 1 and 2, Professor Di Donato and Marion introduce the topics, which unfold within the context of the mini-dramas and through commentaries of speakers of German from Austria, Switzerland, and Germany. Cultural footage, interspersed throughout, provides actual views of life in various geographical locations and authentic treatment of topics such as the Abitur and Karneval. Level 3 picks up the topics introduced in Levels 1 and 2 and explores them from a documentary perspective through historical and contemporary cultural footage. This cultural approach to language learning enables viewers (1) to gain a wide variety of insights into the culture, society, and history of speakers of German; (2) to explore topics from multiple perspectives; and (3) to learn gradually to understand and communicate in German.

Auf Deutsch!, used in conjunction with the **Fokus Deutsch** video series, enables students to focus on the following "Five Cs of Foreign Language Education" outlined in *Standards for Foreign Language Learning: Preparing for the 21st Century* (1996; National Standards in Foreign Language Education Project, a collaboration of ACTFL, AATG, AATF, and AATSP). *Communication* and *Cultures:* With the **Auf Deutsch!** approach, students communicate in German in meaningful contexts, as they learn about and develop an understanding of German-speaking cultures. *Connections:* The videos, readings, activities, and exercises all encourage students to connect their German language study with other disciplines and with their personal lives. *Comparisons:* **Auf Deutsch!** helps students realize the interrelationships between language and culture and to compare the German-speaking world with their own. *Community:* **Auf Deutsch!** offers many opportunities for students to relate to communities of German-speaking peoples through a variety of interactive resources, including the Internet.

HOW TO USE AUF DEUTSCH!

Auf Deutsch! offers several options for using the materials in a traditional classroom setting. For example, teachers may:

- use both the *Auf Deutsch!* textbook and the *Fokus Deutsch* video series in the class, assign most of the material in the **Arbeitsheft** for homework, and follow up with selected activities and discussions in class.

- use only the *Auf Deutsch!* textbook in class and have students view episodes from the *Fokus Deutsch* video at home, in the media center, or in the language laboratory.

- use *Auf Deutsch!* as a complete credit telecourse for the distant ("at-home") learner. Telecourse students watch each episode and complete all sections of the *Auf Deutsch!* textbook and **Arbeitsheft.**

In all cases, students should watch each episode from beginning to end without interruption. They can replay and review selected segments once they are familiar with the content of an episode. The Teacher's Manual provides more detailed suggestions for using the *Auf Deutsch!* textbook program with the *Fokus Deutsch* video series.

THE FOKUS DEUTSCH VIDEO SERIES

The *Fokus Deutsch* video series consists of 36 fifteen-minute episodes. A review video follows every third episode. The videos are time-coded for easier classroom use.

STRUCTURE OF LEVELS 1 AND 2

Each fifteen-minute episode in Levels 1 and 2 of the video features the following basic structure:

1. **Preview:** A preview of the mini-drama introduces the characters and sets up the context and the action of the mini-dramas. Actual scenes from the mini-drama illustrate the preview and aid comprehension.

2. Introduction to the communicative expressions: Brief scenes from the mini-drama introduce expressions for saying hello or good-bye, requesting information, getting someone's attention, and so forth, to alert viewers to the contexts in which these expressions occur.

3. Mini-drama: The complete mini-drama runs approximately four to five minutes and illustrates the principal story line of the ***Fokus Deutsch*** video. The story of Marion Koslowski in Level 1 gives way in Level 2 to a series of shorter mini-dramas containing characters and situations that illustrate various aspects of life and culture in the German-speaking world.

4. Review and summary: Professor Di Donato reviews the characters and summarizes the plot in simple, straightforward German. The review contains basic structures and vocabulary, along with images of the corresponding scenes, to ensure viewer comprehension. The review of the mini-drama also serves as a model for extended discourse, as it uses several sentences to summarize content.

5. Text of communicative expressions: On-screen text appears with the communicative expressions in the context of the corresponding scenes to facilitate the comprehension and acquisition processes.

CAST OF CHARACTERS

CHARACTERS IN THE FRAMEWORK OF *AUF DEUTSCH!*

Robert Di Donato, an American professor of German, is developing a video-based language and culture course. He brings Marion Koslowski to the United States to assist him in this task.

Marion Koslowski, played by Susanne Dyrchs, is a student at the Gymnasium in Rheinhausen, Germany. She comes to the United States to help Professor Di Donato teach the German course.

Manfred von Hoesslin, director of the language program at the Goethe-Institut in Boston, looks in to make sure Professor Di Donato and Marion have everything they need to develop their German course.

Lars Koslowski, Marion's younger brother, eagerly looks forward to the move, since he is a great fan of Cologne's soccer team.

CHARACTERS IN THE LEVEL 1 MINI-DRAMAS

Heinz Koslowski, an unemployed steelworker in Rheinhausen in the industrial Ruhr area of Germany, moves his family to Cologne in order to accept a job as a maintenance man for an apartment building.

Michael Händel lives in Sellin on the island of Rügen, where he helps his parents run a small guest house **(Pension).** He meets Marion, when she and her mother arrive in Sellin for a short vacation.

Vera Koslowski supports her husband Heinz and keeps the family together during difficult times.

Silke, Michael's girlfriend, becomes angry when she discovers a letter and photos that Marion sent Michael after her vacation in Sellin.

Marion Koslowski, the daughter of Heinz and Vera, does not want to move to Cologne. She needs to prepare for her Abitur, the final series of exams at the Gymnasium, and she also does not want to leave her friend Rüdiger.

Herr Bolten, a teacher, becomes the subject of Michael's feature article in the school newspaper.

Herr Lenzen, the school principal, summons Michael to his office when Herr Bolten demands that Michael be punished for writing the article.

VIDEO EPISODE SYNOPSES

What follows is a summary of each episode of Level 1 of the *Fokus Deutsch* video. Included for each episode are:

- a synopsis of the mini-drama story line,
- a synopsis of the outer frame story line involving Professor Di Donato and Marion,
- a summary of the communicative expressions introduced, and
- the topic for the guest speaker commentaries.

EPISODE 1: ARBEITSLOS

In Episode 1, Professor Di Donato introduces viewers to the series format and the approach. We also meet Marion Koslowski, whom Professor Di Donato has brought to the United States to help him develop the German course. Through their interaction and in the mini-drama, we learn about her family. Marion's father, Heinz Koslowski, is a former steel worker who has been unemployed for over half a year. Though he is receiving unemployment benefits, he desperately wants a job to support his family: his wife Vera, his son Lars, and his daughter Marion. A neighbor complains that no one needs old steel workers. The only recourse is unemployment benefits or moving away. Later that evening, Vera tells Heinz that the Schuberts, another family in the neighborhood, moved away because they couldn't find work. She shows him an ad for a job as a maintenance man for an apartment building in Cologne. Heinz is not enthusiastic about the suggestion.

Episode 1 introduces greetings and vocabulary for family members. Professor Di Donato gives an overview of the *Fokus Deutsch* video course.

EPISODE 2: KEIN GELD

Professor Di Donato introduces German-speaking guests who appear in the series and comment on the various cultural topics presented. In the mini-drama, Marion comes home late for dinner. Her brother Lars tells her that the family may move to Cologne and that her father is applying for the job as building maintenance man. Marion gets very upset at the thought of having to leave her boyfriend Rüdiger and her school. Next year she will be taking her **Abitur,** a series of university entrance exams. Money is tight in the Koslowski household. Vera Koslowski thinks twice about going to the hairdresser, and, although Lars needs new tires for his bike, he knows he'll have to do without them for now. Despite these problems, the family promises to stick together.

Episode 2 introduces expressions for apologizing and for inquiring about a job. It also introduces the concept of the **Abitur.** Professor Di Donato ends with some advice for watching the *Fokus Deutsch* episodes.

EPISODE 3: WIE GEHT ES PAPA?

We first see Marion in the apartment rented for her in Boston. She's reading a note from Professor Di Donato who asks her to look over the lesson plan for the third episode. Marion picks up the script for Episode 3, picks up the telephone and dials. She glances at her script every once in a while as she speaks. She is, in fact, rehearsing her lines for the *Fokus Deutsch* series.

In the mini-drama, Heinz Koslowski gets the call from Cologne. He and his wife, Vera, meet Herrn Becker, his new boss. Heinz signs his work contract and he and Vera see their new apartment. In the meantime, Marion and Rüdiger discuss the move. Rüdiger can't go to Cologne because he has just begun an apprenticeship. At home, Marion digs in her heels and says that she won't move. Her brother Lars suggests she move in with the Mertens, a family in the neighborhood whose daughter has moved away leaving a spare room available. Marion's father doesn't like the idea at first, since Marion is still under 18, but he is swayed by Vera. Back in Boston, at the airport, Marion meets a young woman. The two talk about her "role" as Marion in the *Fokus Deutsch* course.

Episode 3 introduces vocabulary dealing with housing and furnishings and expressions of describing, objecting to something, and making a suggestion.

Review Episode (Wiederholung) 1 contains the mini-dramas from Episodes 1 through 3.

EPISODE 4: DER UMZUG NACH KÖLN

In the mini-drama, Marion is somewhat sad because moving day has arrived and she knows she'll be left behind. Heinz and his son Lars pick up the truck for the move to Cologne. As they pull up to load their furniture, they are surrounded by their neighbors who are there to help. Vera Koslowski is sad to leave the house where they've lived for so long and Heinz gives his pet pigeons to his neighbor Karl. The family says its good-byes to the neighbors and to Marion and starts off for Cologne. When they arrive at the apartment building where they will be living, they all look up. Lars remarks that they'll really be living high up. Friends help them to move into the new apartment, and by the end of they day they are all exhausted. Heinz and Vera wonder how Marion is doing. In this episode, Marion also explains the **Abitur** in detail, and we meet a number of German speakers who state where they are from and talk about their homes or apartments. We also see various sites in the city of Cologne.

Episode 4 also introduces vocabulary for housing and for expressing assurance, exhaustion, and saying good-bye. Several guest speakers describe their homes.

EPISODE 5: DAS KARNEVALSFEST

In the mini-drama, Marion's parents settle into their new life in Cologne. After a week, Heinz Koslowski seems happy with his work. He meets Herrn Becker in the basement and talks about the mess left by the former maintenance man: about twenty old umbrellas lying around. Heinz Kosloswki says he'll take care of it. Later that day, he calls the **Sperrmüll** (a truck that picks up old furniture and other items) to have the umbrellas hauled off, but forgets to put them out on the street for pick up. Days later, Marion's parents help set up tents and tables outside the building for the **Karneval** celebration.

Back in the Boston studio, where the *Fokus Deutsch* series is being filmed, Marion is dressed up in a costume to illustrate the **Karneval** celebration. Being the only one in costume, she feels uncomfortable. In presenting the story, she wants to come up with a dramatic effect, and arranges for a downpour to come upon the party. This is the first point in the series where Marion takes an active role to influence the outcome of the story.

Back in the mini-drama, the **Karneval** celebration proceeds with merriment, but suddenly a downpour looks as if it will ruin the whole event. Heinz has an idea: Vera, Lars, and he get the umbrellas from the basement and save the day. The celebration can continue under the protection of the umbrellas. Toward the end of the episode, we learn about the celebration of **Karneval** and also hear how German speakers celebrate some of their favorite holidays and festivals.

Episode 5 also has three guest speakers describe their favorite festivals.

EPISODE 6: DER UNFALL

In this episode, Professor Di Donato and Marion continue with the story of Marion Koslowski and her family. Marion would like to leave Lars and Rüdiger out of the picture, but Professor Di Donato insists that they be included. Marion wants more action in the story and comes up with the idea of including a motorcycle accident.

In the mini-drama, Marion's parents rush back to Rheinhausen where they take a taxi to St. Bertha's hospital. They are so upset at what has happened that they leave the flowers behind in the taxi. At the receptionist's desk they ask for (Marion) Koslowski. After some time and a few scary moments they eventually find Marion. She and Rüdiger have had an accident but neither is seriously injured. Her mother wants her to come to Cologne for a while and perhaps go on a short vacation with her. In the meantime Marion had already told Rüdiger that she would move to Cologne with her parents since the Mertens' daughter Ruth wants to return to her parents house.

In Episode 6, Professor Di Donato and Marion talk about the concept of luck and discuss German hospitals. The episode also focuses on expressions for asking the name of someone you are looking for, giving directions, and asking someone how they are doing. Several guest speakers also talk about when they are afraid or worried.

Review Episode 2 contains the mini-dramas from Episodes 4 through 6.

EPISODE 7: DER URLAUB

In this episode, Professor Di Donato and Marion continue to develop Marion's story. They decide to focus on a trip that Marion and her mother will take. But where shall they go? Marion and Professor Di Donato go back and forth about where she and her mother should go. Should it be someplace warm and exotic, or perhaps for skiing in the Italian Alps? Should it be to a city such as Vienna or Zurich? Or should it be a trip where they can enjoy nature? They decide that Marion and her mother should go to the island of Rügen off the northeast German coast in the Baltic Sea.

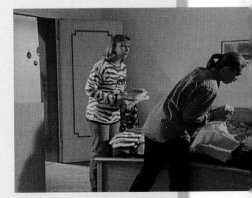

In the mini-drama, as Marion and her mother are packing, Marion laments that she has nothing to wear. Marion's father and her brother Lars will stay behind. Heinz surprises his son Lars with two tickets to Saturday's soccer match. They see Marion and her mother off at the train station. What kind of a vacation will it be? What awaits them? We shall see in the next episode.

Episode 7 also presents vocabulary for clothing and expressions for wishing someone a good trip and expressions for complaining. Marion and Professor Di Donato discuss the concept of vacation and several guest speakers tell where they like to go on vacation.

EPISODE 8: AUF DER INSEL RÜGEN

In this episode, Professor Di Donato and Marion are trying to decide how the story should proceed. Marion would very much like to meet someone and perhaps do some typical tourist things such as taking photos or taking a sail-boat ride. She'd also like to have an adventure.

In the mini-drama, Marion and her mother are met at the station by Michael Händel, the son of the owners of Pension Ingeborg, where Marion and her mother will be staying. Michael's mother, Frau Händel, shows them their room and afterwards they set out to explore the island. Michael runs into Marion and her mother, and he and Marion go off together. He offers to take Marion on a sailboat ride. They get into the sailboat and go out to sea where they get stuck because the wind has died down.

Back with Professor Di Donato, Marion thinks this is a very romantic ending to the story, but she can't decide where the story is going. She finally decides to end the episode with two poems, both having to do with the water, one by Goethe and one by Bettina von Arnim. We see the lone sailboat out on the sea as the sun sets behind it. What will become of Marion and Michael?

Episode 8 also includes expressions for wishing someone a pleasant stay, getting someone's attention, warning someone about something, and asking someone how they like a place. It also presents a collage of German Romantic painting as well as that of the Renaissance and Expressionism.

EPISODE 9: ABENTEUER UND LIEBE

Marion begins this episode with a review of her family's story up to the point where she and Michael are lost at sea. In recounting the adventure, she gives it a little ironic twist and exaggerates a number of the events.

In the mini-drama, Vera Koslowski is worried and goes to Michael's mother to see if she has heard anything more about Marion and Michael. Mr. Händel enlists the help of a neighbor, Jan Klier in finding the two. In the meantime, Marion and Michael are trying to keep warm on the small sailboat.

Back in the Boston Goethe Institut, where Professor Di Donato and Marion are working, Marion thinks it would be interesting to turn the story into a big romance. Professor Di Donato, however, won't let her go that far with it. Instead, he wishes to see a resolution to the story.

In the mini-drama, Herr Händel and his neighbor finally come upon the missing boat and rescue Marion and Michael. But Professor Di Donato isn't satisfied with the story Marion has put together. At this point, the guest speakers interrupt the story to give their opinion of Marion and her story. Back in the mini-drama, Michael and Marion say good-bye to one another at the train station and Marion invites him to visit her in Cologne. She also promises to write to him.

Episode 9 also includes several guest speakers who comment on the story line and say what they think about Marion.

Review Episode 3 contains the mini-dramas from Episodes 7 through 9.

EPISODE 10: "DIE WESPE"

In this episode, Marion writes a new story of Michael, who has written an article for his high school newspaper "Die Wespe." In the Goethe Institut, we see Marion standing at a photocopier with a copy of "Die Wespe." She shows Professor Di Donato Michael's article that takes issue with a certain instructor's (Herrn Bolten's) unfair grading practices. The professor remarks that the article is going to cause a lot of trouble for Michael. Marion thinks Michael should have a girlfriend in this episode and writes Silke into the script.

In the mini-drama, when Michael's classmates see him at school, they comment on how great his article is. Herr Bolten, who is just entering the school, finds a copy of "Die Wespe" and reads the article about himself. He gets upset immediately and storms off to the principal's office. Herr Lenzen, the principal, wants to speak to Michael. In the meantime, Silke and the other classmates are talking about Michael's dilemma. Michael eventually returns to the classroom, and Silke asks him how things went in the principal's office. The students all agree that they have to support Michael. After all, he only wrote what they all think.

Back in the Goethe Institut, Marion, too, is concerned that Michael may be punished for what he wrote. She wants the students to demonstrate. Professor Di Donato thinks this might be going a bit too far, but Marion counters that many students in Germany are politically active. Marion and the professor compromise on an appropriate ending to the story.

In the mini-drama, Herr Lenzen wants Michael to speak to Herrn Bolten about the article. And Herr Bolten agrees. Professor Di Donato is happy about the ending, and he and Marion end up reminiscing about their school days while looking at a class picture of Professor Di Donato. Marion remembers her first boyfriend, Martin Bloch. This discussion offers the German-speaking guests a chance to talk about their school days. At the end of the episode, Marion decides she wants to inject some spice into the story: A love triangle perhaps?

Episode 10 also presents expressions for expressing outrage, apologizing for interrupting someone, complimenting a person, and coming to terms with a problem. Two guest speakers also talk about their school experiences.

EPISODE 11: EIN LIEBESDRAMA

At the beginning of this mini-drama, Michael and his father are repairing a boat. Michael tells his father that he and Silke have a test in math for which they are going to study together. A letter then arrives from Marion for Michael. As he begins to read it, Silke arrives. When they go up to his room, Michael takes off his jacket and the photos that came along with the letter fall out of the pocket. He quickly gathers them up and puts them away, even though Silke asks to see them. Michael's father then calls Michael to help him with the boat. When Michael runs outside to help, Silke finds the letter from Marion and begins to read it and look at the photos. She storms out of the house, passing Michael and his father on the way.

Back in the Goethe Institut, Professor Di Donato wants to know what Marion wrote in the letter. She doesn't particularly want to talk about it and, instead, wants to move on to the review of the story. After the review she and Professor Di Donato talk some more about school, favorite subjects, taking tests, and so forth. This offers a segue to the guest speakers who also tell about their favorite subjects in school. Professor Di Donato wants to know if Silke will forgive Michael for his indiscretion. Marion remains coy, enjoying her role, being able to change people's lives with a little letter. Marion predicts that the next episode will have tears, dancing, and a happy ending.

Episode 11 also presents expressions for asking someone about something, asking someone to start getting to work, and expressing surprise. Several guest speakers also comment on their favorite school subjects.

EPISODE 12: SILKE

In this episode, Marion begins to tell a little fairy tale, in which she reviews the story between herself and Michael. Whenever she begins to embellish the events, Professor Di Donato calls her bluff. Professor Di Donato wants to know how the story continues after Silke has stormed off.

In the mini-drama, we find Silke in her room crying, upset at what has happened between her and Michael. She decides to go off to the disco to dance her troubles away. The next day at school Michael's friends think he and Silke are no longer a couple, because they saw her alone at the disco. Michael catches up to Silke and the two of them discuss Marion. Michael explains that Marion meant nothing to him and that she lives far away in Cologne anyway. Michael and Silke reconcile.

Back with Marion in Boston, Professor Di Donato mentions that Silke and Michael weren't wearing helmets when they rode away on the bike. Marion says that this isn't required in Germany. Marion isn't happy with the way the story is going. She wants to write about more important issues in Germany and not concentrate on a silly love story. She asks Professor Di Donato if he would mind her leaving now and if the lesson plan would suffer if she were to leave. He assures her it will be fine if she leaves and then turns to the audience to say that Marion has a lot of talent but that she is sometimes too much of a perfectionist.

On the way home, Marion stops at the library to get some books. When she returns to her apartment, she and her sister discuss how the story is going. Marion wants to do some more reading in order to move the story in a different direction. She wants to deal with issues such as problems of youth at school or the situation of the elderly in Germany. She feels that the character of Marion is unimportant and so she wants, instead, to deal with reality in Germany. Her sister asks what Professor Di Donato will think about these ideas. The episode ends with Marion's sister telling her it's time for dinner and with both of them thinking about their parents.

Episode 12 also presents expressions for telling a fairy tale.

Review Episode 4 contains the mini-dramas from Episodes 10 through 12.

THE TEXTBOOKS: A GUIDED TOUR

There is a textbook for each level of the *Auf Deutsch!* program. Each textbook contains twelve regular chapters and four review chapters. Each chapter corresponds to one episode of the *Fokus Deutsch* video series. Review chapters, in which students review the video story line, vocabulary, and grammatical structures, follow every third regular chapter.

ORGANIZATION OF LEVELS 1 AND 2

Auf Deutsch! features a uniquely clear and user-friendly organization. Each regular chapter consists of the following self-contained teaching modules that maximize flexibility.

VIDEOTHEK

Pre- and post-viewing activities coordinate directly with the video episode to help students gain a thorough comprehension of what they see and hear.

Köln, 3. Februar

Liebe Marion,
Grüße aus Köln! Der Umzug und die erste Nacht sind überstanden.ᵃ Gestern haben wir schwer gearbeitet. Zuerst haben Papa und ich einen Transporter geholt. Es war ganz toll, mit so einem Monstrum zu fahren. Das Ding war vielleicht laut. Unsere Nachbarn in Rheinhausen haben geholfen, die Möbel zu packen. Der Abschiedᵇ war aber nicht leicht. Die Fahrt nach Köln war total langweilig, nur Autobahn, schmutzige Fabriken und Mietshäuser.
Heute fahre ich mit Sebastian Rad, er zeigt mir die Schule. Hier ist alles so groß und fremd.ᶜ Ich kann kaum glauben, dass wir jetzt in Köln wohnen!

Dein Lars

ᵃWeißt . . . Do you remember? ᵇbecause ᶜwhether

CHAPTER OPENER

Chapter learning goals and chapter opening correspondence prepare students for what is to come in the chapter and in the accompanying video episode.

KAPITEL 3

VIDEOTHEK

In der letzten Folge . . .
telefoniert Heinz Koslowski mit Herrn Becker in Köln wegen der Hausmeisterstelle. Was weißt du noch über die letzte Folge?
● Weißt du noch?* Ja oder nein?
1. Marion ist froh, denn⁵ die Familie zieht vielleicht nach Köln.
2. Marion weint, denn sie will in Rheinhausen bleiben.
3. Marion will, dass Rüdiger mit nach Köln zieht.
4. Die Familie will nicht mehr zusammenhalten.
5. Heinz telefoniert mit Herrn Becker. Er will wissen, ob⁶ die Stelle in Köln noch frei ist.

*Weißt . . . Do you remember? ⁵because ⁶whether

ist die Stelle noch frei?

In dieser Folge . . .
wartet Herr Koslowski auf den Anruf von Herrn Becker. Endlich klingelt das Telefon. Es ist der Anruf aus Köln. Herr und Frau Koslowski fahren nach Köln. Was wird in Köln passieren?*
● Was denkst du?* Ja oder nein?
1. Herr Koslowski bekommt die Stelle als Hausmeister.
2. Familie Koslowski zieht nach Köln.
3. Marion zieht auch mit nach Köln.
4. Die Wohnung in Köln ist klein aber schön.

*Was . . . ? What do you think?

Herr Becker ist am Telefon.

*In this episode, Mr. Koslowski is waiting for the call from Mr. Becker in Cologne. Finally, the telephone rings. It's the call from Cologne. Mr. and Mrs. Koslowski go to Cologne. What will happen in Cologne?

52 zweiundfünfzig

VOKABELN

Two sections, each with illustrated and thematically grouped vocabulary, expand the vocabulary of the mini-dramas and offer abundant activities for vocabulary development.

KAPITEL 3

VOKABELN

DIE ZIMMER DER WOHNUNG

Viele Wohnungen in Deutschland haben diese Zimmer.

eine Diele

ein Wohnzimmer

eine Küche

ein Badezimmer

...zimmer

STRUKTUREN

Two sections, each introducing a single grammar point through clear and concise explanations, offer a wide range of practice, from controlled exercises to open-ended and creative activities.

KAPITEL 1

STRUKTUREN

PERSONAL PRONOUNS AND THE VERBS HEISSEN AND SEIN
NAMING, IDENTIFYING, AND DESCRIBING

SO GEHT'S!

The personal subject pronouns in German are:

ich   I
du   you (familiar singular)
Sie   you (formal singular)
sie   she/it
er   he/it
es   it
wir   we
ihr   you (familiar plural)
Sie   you (formal plural)
sie   they

Note that German has several words that mean you: du, ihr, and Sie.

- Use du to address a relative, close friend, or person whom you know well.
- Use ihr to address several relatives, close friends, or persons whom you know well.
- Use Sie (with a capital S) to address either one or more strangers and adults with whom you are not close. The form of the verb used with Sie changes depending on if you are addressing one person or several.

The form of the verb used with the pronoun sie and context will make it clear whether sie means she or they.

The charts below show the forms of the verbs heißen (to be called/named) and sein (to be) in the present tense. Giving all such forms of a verb is called conjugating the verb. To give your name or to ask for someone's name, use the verb heißen.

heißen to be called/named

INDIVIDUALS			GROUPS		
ich	heiße	my name is	wir	heißen	our name is
du	heißt	your name is	ihr	heißt	your name is
Sie	heißen	your name is	Sie	heißen	your name is
sie	heißt	her name is/			
		it's called	sie	heißen	their name
er	heißt	his name is/			they're called
		it's called			

11.Koslowski: Herr Koslowski.   11.Rindowski: Herr Rindowski.

To identify or describe someone or something, use the verb sein.

sein to be

INDIVIDUALS			GROUPS		
ich	bin	I am	wir	sind	we are
du	bist	you are	ihr	seid	you are
Sie	sind	you are	Sie	sind	you are
sie	ist	she/it is			
er	ist	he/it is	sie	sind	they are
es	ist	it is			

18 achtzehn

EINBLICKE

KAPITEL 3

EINBLICKE

BRIEFWECHSEL

Liebes Bruderherz,

der Schock meines Lebens. Du schreibst einen Brief an mich
Vielen Dank. Ich finde das sehr lieb von dir. Mutti hat die
Wohnung in Köln schön ein wenig beschrieben, aber ich bin
froh, dass sie so gefällt. Wann ziehst du das erste" Fußballspiel
in Köln? Ist das erste, FC Köln gut?
Ich habe jetzt auch eine Wohnung. Nicht ganz so groß wie
eure in Köln, aber doch gemütlich". Sie hat eine Küche, ein Bad,
ein Wohnzimmer und ein Schlafzimmer. Ich kenne" noch keine
Nachbarn", denn ich bin jeden Tag so lange am Studio. Jetzt
muss ich noch meinen Text für die nächste Folge lernen. Das ist
viel Arbeit, aber ich mache das gern. Schreib mal wieder!
Deine Schwester Marion

*first *cozy *know *neighbors

● Was lernst du von Marions Brief? (HINT: Choose the correct completion for each sentence.)

den Videotext
ein Schock   gern
einem Fußballteam   jeden Tag
einen Brief   keine Nachbarn
                                  nicht so groß

1. Lars schreibt _____ an Marion.
2. Für Marion ist das _____.
3. Lars hat die neue Wohnung in Köln _____.
4. Der erste FC Köln ist der Name von _____.
5. Marions Wohnung in Boston ist _____ wie die Koslowskis neue Wohnung in Köln.
6. Marion kennt _____.
7. Sie arbeitet _____ im Studio.
8. Sie lernt jetzt _____.

62 zweiundsechzig

The response to the chapter-opening correspondence offers further insights into cultural points raised in the video. A reading and accompanying activities deepen students' awareness and understanding of cultural aspects suggested in the chapter.

PERSPEKTIVEN

The chapter culminates in four-skills development through this final section, which includes the following features:

HÖR MAL ZU! features testimonials, interviews, narratives, and other types of listening passages, along with follow-up comprehension exercises.

HÖR MAL ZU!

Visit the past and listen to three famous people talk about how they live.

A Neue Wörter. (HINT: *You will hear several new words, each followed by a context. Use key words as well as words you already know to guess the meanings of the new words.*)

die Persönlichkeit: Beethoven, Maria Theresia und Martin Luther sind drei berühmte[a] Persönlichkeiten.
der Komponist: Beethoven ist ein deutscher Komponist.
das Geburtshaus: Wir besuchen Beethovens Geburtshaus. Hier ist Beethoven 1770 geboren.
das Hinterhaus: Das Beethoven-Haus ist eigentlich[b] ein Hinterhaus. Das heißt, das große Haus liegt an der Straße, und dieser kleinere Teil des Hauses liegt dahinten.
der Reformator: Martin Luther ist ein bekannter[c] Reformator. Er ist der Begründer[d] der religiösen Reformation in Deutschland.

PERSPEKTIVEN KAPITE

LIES MAL!

Zum Thema

Vier junge Menschen beschreiben ihre Wohnungen. Du lernst diese Menschen in Folge 4 des Videos besser kennen.

So wohne ich . . .

Mein Name ist Stefan Weigel. Ich komme aus Bern, und das liegt in der Schweiz. Mein Haus hat vier große Zimmer, drei Schlafzimmer und ein Wohnzimmer. Daneben gibt es eine Küche und ein Badezimmer.

Mein Name ist Anett Hofmann. Ich bin 17 Jahre alt und komme aus

LIES MAL! exposes students to a wide variety of German texts, including author-written passages, as well as authentic literary and non-literary reading selections.

SCHREIB MAL! guides students carefully through the pre-writing, writing, and editing processes and facilitates their use of chapter vocabulary and grammatical structures in a personalized context.

PERSPEKTIVEN KAPITE

INTERAKTION

● Interview   *Answers will vary.*

SCHRITT 1: Wie heißt du? Woher kommst du? Stell diese Fragen an drei Personen in deiner Klasse. Mach dir Notizen. (HINT: *Ask several students in your class these questions. Take notes.*)

MODELL: A: Wie heißt du?
B: Ich heiße <u>Melanie Krieger</u>. Und du?
A: Ich heiße <u>Nicholas Brown</u>. Woher kommst du, <u>Melanie</u>?
B: Ich komme aus <u>Windsor</u>.
A: <u>Windsor</u>, wo ist das?
B: <u>Windsor</u> liegt in <u>Ontario</u>.

SCHRITT 2: Das ist . . . Stell deiner Klasse eine Person vor. (HINT: *Introduce a person to your class.*)

SO GEHT

To ask where someone i say

Woher kommen Sie
Woher kommst du?

To answer, say

Ich komme (au

INTERAKTION, a combination of role-playing, partner, and group activities, gives students a chance to integrate what they have learned in real communication with others.

PERSPEKTIVEN KAPIT

SCHREIB MAL!

Wo ich wohne   *Texts will vary.*

● Your German-speaking penpal has written you a letter describing his/her apartment and asked you about your living quarters. Describe your room and your house or apartment.

Purpose: Let your penpal know more about you
Audience: A young person in Germany, Austria, or Switzerland
Subject: Your living quarters
Structure: Personal letter

TIPP ZUM **SCHR**

In this writing exercise, phrases, and constructi have already learned. W sentences. If you want sentences to help your flow better, use connec as **und**, **auch**, and **abe**

Schreibmodel

Sehr groß describes **das Haus**. To negate the phrase **sehr groß**, the writer uses the word **nicht** in front of it.

Here the writer connects two short sentences with the word **und** so that the letter flows more smoothly.

In this paragraph, the writer begins with a short description of the living room. He then describes the furniture in it and finishes by describing some activities he does there.

Portland, 30. Septembe

Lieber Jens,

wie geht's? Vielen Dank für deinen Brief.

Wir wohnen in einem Haus. Es ist nicht sehr groß. Mein Haus ein Wohnzimmer, drei Schlafzimmer, eine Küche und ein Badezimmer.

Mein Schlafzimmer ist klein aber schön. Es hat ein Bett, einen Schreibtisch, einen Nachttisch, eine Lampe, eine Kommode und für Bücher. Ich habe ein Telefon. Ich habe keinen Fernseher. Ich gern Musik und ich mache die Hausaufgaben im Schlafzimmer

Das Wohnzimmer ist groß. Es hat ein Sofa, einen Sofatisch, zwei Stühle, eine Stereoanlage und einen Fernseher. Im Wohnzimmer ich und ich sehe fern. Die Küche ist sehr schön und sehr hell. W in der Küche.

Wohnst du in einem Haus oder in einer Wohnung?

Herzliche Grüße!
Dein Keith

siebenundse

OTHER FEATURES

Many other features round out the chapters of *Auf Deutsch!* The linguistic notes in *Sprachspiegel* offer practical insights into the similarities between German and English. *Tipp zum Hören, Tipp zum Lesen,* and *Tipp zum Schreiben* tips aid students in developing listening, reading, and writing skills.

SO GEHT'S! Grammar notes provide brief but essential information for understanding language structures and/or for carrying out a particular activity.

BIST DU WORTSCHLAU? Vocabulary notes offer tips for learning and expanding vocabulary in German.

FOKUS INTERNET Cues direct students to the *Auf Deutsch!* Web Site where they can connect to the World Wide Web and explore cultural concepts more fully.

KULTURSPIEGEL Cultural notes provide information pertaining to concepts presented in the videos, readings, or activities.

WORTSCHATZ ZUM VIDEO / WORTSCHATZ ZUM HÖRTEXT / WORTSCHATZ ZUM LESEN Brief vocabulary lists aid viewing, listening, and reading comprehension.

PROGRAM COMPONENTS

BOOKS, VIDEOS, AND ORDERING INFORMATION

The 36 *Fokus Deutsch* videos, as well as the complete program of textbooks and supplementary materials for *Auf Deutsch!,* are available through the publishers. To order videos, call the Annenberg/CPB Foundation at 1-800-LEARNER. To order copies of the textbooks and supplements contact your McDougal Littell representative.

The following descriptions of components apply to all three levels of *Auf Deutsch!*

PUPIL'S EDITION

The three textbooks correlate to the three levels of video and contain viewing activities, vocabulary activities, grammar explanations and exercises, cultural and historical readings, listening comprehension activities, and reading and writing activities.

ARBEITSHEFT (WORKBOOK)

A combined Workbook and Laboratory Manual accompanies the Pupil's Edition for each level. Each chapter is divided into sections that mirror the sections in the main textbook, and each section, as appropriate, may contain both laboratory and workbook exercises. All sections provide practice in global listening comprehension, pronunciation, speaking, reading, and writing.

AUDIO PROGRAM

Each set of audio CDs or Cassettes provides thirty minutes of material correlated with the listening comprehension sections in the Pupil's Edition. In addition, the Audio Program provides another six hours of additional listening material correlated with the listening portions in the **Arbeitsheft** (Workbook).

WORLD WIDE WEB

Correlated with the **Fokus Internet** feature in the Pupil's Edition, this feature allows students to explore interesting links by connecting to the *Auf Deutsch!* Web Site (www.mcdougallittell.com). Available in fall 1999, this site also includes engaging web-based activities.

TEACHER'S EDITION

The Teacher's Edition is identical to the corresponding Pupil's Edition, except that it contains an interleaf with a planning guide, listening scripts, pacing guides for 50- and 90-minute classes, and teaching suggestions for each chapter.

AUDIOSCRIPT

Packaged with the Audio Program, the Audioscript contains the complete recording script of the Audio Program.

TEACHER'S RESOURCE CD-ROM

The Teacher's Resource CD-ROM contains visuals—from all three levels of the textbooks and videos—for use in creating overhead transparencies, Power Point™ slides for classroom use, and the complete Assessment Program in Microsoft Word 97 format. The Assessment Program consists of chapter quizzes, review tests, and a final exam.

ASSESSMENT PROGRAM

The *Auf Deutsch!* Assessment Program contains 12 chapter tests, 4 review tests, and a final exam. It is also available on the *Auf Deutsch!* Teacher's Resource CD-ROM.

OVERHEAD TRANSPARENCIES

A collection of Overhead Transparencies from the textbook contains visuals from the vocabulary sections as well as the grammar presentations.

HIGH SCHOOL DISTANCE LEARNING GUIDE

The High School Distance Learning Guide contains useful information on implementing a distance learning course and how to incorporate the *Fokus Deutsch* video series and the print materials in that environment. A project of this magnitude takes on a life of its own. So many people have helped with the video series and print materials that it is impossible to acknowledge the work and contributions of all of them in detail. Here are some of the highlights.

ACKNOWLEDGMENTS

A project of this magnitude takes on a life of its own. So many people have helped with the video series and print materials that it is impossible to acknowledge the work and contributions of all of them in detail. Here are some of the highlights.

MEMBERS OF THE ADVISORY BOARD, THE ANNENBERG/CPB PROJECT AND WGBH

Robert Di Donato, Chief Academic and Series Developer
Professor of German
Miami University of Ohio

Keith Anderson
Professor Emeritus and Acting Director of International Studies
St. Olaf College

Thomas Keith Cothrun
Past President, American Association of Teachers of German
Las Cruces High School

Richard Kalfus
German Instructor and Foreign Language Administrator
Community College District, St. Louis, Missouri

Beverly Harris-Schenz
Vice Provost for Faculty Affairs and Associate Professor of German
University of Pittsburgh

Marlies Stueart
Wellesley High School

Dr. Claudia Hahn-Raabe
Deputy Director and Director of the Language Program
Goethe-Institut

Jürgen Keil
Director
Goethe-Institut Boston

Manfred von Hoesslin
Former Director of the Language Department
Goethe-Institut Boston

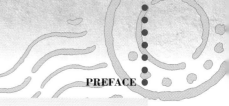

REVIEWERS AND FOCUS GROUP PARTICIPANTS

Karen Alms, Laguna Hills High School, CA
John Austin, Georgia State University, GA
Helga Bister-Broosen, University of North Carolina at Chapel Hill, NC
Marty Christopher, Woodward High School, OK
Donald Clark, Johns Hopkins University, MD
Sharon Di Fino, University of Florida, FL
Judy Graunke, Temple City High School, CA
Ingeborg Henderson, University of California, Davis, CA
Richard Kalfus, St. Louis Community College, Meramec, MO
David Kleinbeck, Midland College, TX
Alene Moyer, Georgetown University, DC
Margaret L. Peo, Victor J. Andrew High School, Orland Park, IL
Barbara Pflanz, University of the Redlands, CA
Monica Polley, Wilmette Junior High, Wilmette, IL
Donna Van Handle, Mount Holyoke College, MA
Morris Vos, Western Illinois University, IL

The authors of *Auf Deutsch!* would also like to extend very special thanks to the following organizations and individuals:

- The Annenberg/CPB Project (Washington, DC), especially to Pete Neal and Lynn Smith for their support across the board.

- WGBH Educational Foundation, especially to Michele Korf for her guidance in shaping the series, to Project Director Christine Herbes-Sommers for her tireless work on the project and for her wonderfully creative ideas, and to Producer-Director Fred Barzyk for his creative leadership.

- The Goethe-Institut, especially Claudia Hahn-Raabe for her stewardship in developing the series, and to Jürgen Keil in Boston for his creative and intellectual support and for sharing the use of Boston's beautiful Goethe-Institut building.

- InterNationes, especially to Rüdiger van den Boom and Beate Raabe.

Deutschland und Luxemburg
Einwohner
Deutschland (1998): 82,0 Mio
Luxemburg (1998): 418 000
Maßstab 2,0 cm = 100 km

DÄNEMARK

OSTSEE

NORDSEE

Flensburg

Helgoland

Hiddensee

Rügen
Sellin

Stralsund

Kiel

SCHLESWIG-
HOLSTEIN

Rostock
Greifswald

MECKLENBURG-
VORPOMMERN

Güstrow

Neubrandenburg

Ostfriesische Inseln

Cuxhaven

HAMBURG

Lübeck

Schwerin

Emden

Bremerhaven

Hamburg

Elbe

Prenzlau

Leer

BREMEN

Lüneburg

BRANDENBURG

Havel

POLEN

Oldenburg

Bremen

NIEDERSACHSEN

LÜNEBURGER
HEIDE

Kirchlinteln

Wolfsburg

BERLIN

Berlin

Oder

DIE NIEDERLANDE

Ems

Osnabrück

Hannover

Braunschweig

Brandenburg

Potsdam

Frankfurt

Oder

Weser

Bielefeld

TEUTOBURGER WALD

Hameln

Bad
Harzburg

Magdeburg

Eisenhüttenstadt

Münster

NORDRHEIN-WESTFALEN

Paderborn

Brocken

Wernigerode

SACHSEN-

Dessau

Wittenberg

Cottbus

Dortmund

HARZ

Göttingen

ANHALT

Eisleben

Halle

Neiße

Essen

Ruhr

Kassel

THÜRINGEN

Leipzig

Görlitz

Duisburg

Rheinhausen

Wuppertal

Krefeld

Düsseldorf

Marburg

Erfurt

Weimar

Wengelsdorf

SACHSEN

Dresden

Meißen

Köln

Gießen

Fulda

Eisenach

Kosmar

Gera

Zwickau

Chemnitz

Aachen

Bonn

Rhein

THÜRINGER WALD

Suhl

ERZGEBIRGE

BELGIEN

Limburg

HESSEN

RHÖN

Koblenz

Frankfurt

Main

Bayreuth

TSCHECHIEN

Mosel

EIFEL

Wiesbaden

RHEINLAND-

HUNSRÜCK

Mainz

Würzburg

LUXEMBURG

Luxemburg

Trier

PFALZ

Worms

Ludwigshafen

Mannheim

Nürnberg

FRÄNKISCHE ALB

BAYERN

BÖHMER WALD

SAARLAND

Saarbrücken

Kaiserslautern

Heidelberg

Rothenburg
ob der Tauber

Regensburg

BAYERISCHER
WALD

Mosel

Karlsruhe

BADEN-
WÜRTTEMBERG

Stuttgart

Straubing

Passau

Isar

FRANKREICH

VOGESEN

SCHWARZWALD

Neckar

SCHWÄBISCHE ALB

Tübingen

Ulm

Augsburg

Donau

München

Inn

Rhein

Rottweil

Freiburg

Friedrichshafen

Garmisch-
Partenkirchen

Tegernsee

Chiemsee

BAYERISCHE ALPEN

Berchtesgaden

ÖSTERREICH

Weil am Rhein

Konstanz

Lindau

Bodensee

Zugspitze

DIE SCHWEIZ

ISLAND
Reykjavik

NORWEGEN
Oslo
Stockholm

SCHWEDEN

FINNLAND
Helsinki

Tallinn
ESTLAND

LETTLAND
Riga

LITAUEN
Wilna

Minsk
WEISSRUSSLAND

(ZU RUSSLAND)

Kiew

NORDSEE
OSTSEE

Schottland
Nordirland

IRLAND
Dublin

England
Wales
GROSSBRITANNIEN
London

ATLANTISCHER
OZEAN

Kopenhagen
DÄNEMARK

DIE NIEDERLANDE
Den Haag
Berlin
DEUTSCHLAND
Brüssel
BELGIEN
Luxemburg

Warschau
POLEN

Prag
TSCHECHIEN
DIE SLOWAKEI

MOLDAWIEN
Kischinew

Der Ärmelkanal

Paris
FRANKREICH

LUXEMBURG
LIECHTENSTEIN
Bern
DIE SCHWEIZ

Wien
ÖSTERREICH

Budapest
UNGARN

RUMÄNIEN

SLOWENIEN
Mailand
Venedig
Ljubljana
Zagreb

Bukarest

ANDORRA
PORTUGAL
Madrid

MONACO
Korsika

KROATIEN
BOSNIEN UND
HERZEGOWINA
VATIKANSTADT
Rom
ITALIEN

Belgrad
SERBIEN UND
MONTENEGRO
Sarajevo

BULGARIEN
Skopje
Tirana
Sofia

MAKEDONIEN

ALBANIEN

ADRIATISCHES
MEER

Lissabon

SPANIEN
Mallorca

Sardinien
TYRRHENISCHES
MEER

GRIECHENLAND
Athen

IONISCHES
MEER

Straße von
Gibraltar

Algier
Tunis
MALTA

Sizilien

KRETA

MITTELMEER

Rabat
MAROKKO

TUNESIEN

ALGERIEN

Tripolis

LIBYEN

ÄG

Europa, Nordafrika und der Mittlere Osten

Maßstab 2,0 cm = 500 km

Moskau

RUSSLAND

KASACHSTAN

ARALSEE

USBEKISTAN

UKRAINE

KASPISCHES MEER

TURKMENISTAN

Tiblis

Baku

GEORGIEN ASERBAIDSCHAN

ARMENIEN

Eriwan

SCHWARZES MEER

Ankara

DIE TÜRKEI

Teheran

DER IRAN

SYRIEN

Bagdad

Nikosia

ZYPERN

Beirut

Damaskus

DER IRAK

DER LIBANON

KUWAIT

PERSISCHER GOLF

Tel Aviv

Amman

Kuwait

JORDANIEN

ISRAEL

TOTES MEER

Kairo

SAUDI ARABIEN

ÄGYPTEN

EU-LÄNDER (1998)	EINWOHNER (1998)
Belgien	10,2 Mio.
Dänemark	5,3 Mio.
Deutschland	82,0 Mio.
Finnland	5,1 Mio.
Frankreich	58,5 Mio.
Griechenland	10,5 Mio.
Großbritannien	58,9 Mio.
Irland	3,6 Mio.
Italien	57,5 Mio.
Luxemburg	0,4 Mio.
Niederlande	15,6 Mio.
Österreich	8,0 Mio.
Portugal	9,9 Mio.
Schweden	8,9 Mio.
Spanien	39,3 Mio.
Gesamtbevölkerungszahl	373,7 Mio.

Mio. = Millionen

EINFÜHRUNG

The fairy-tale castle Neuschwanstein near
Füssen is a familiar image from Germany.

In this chapter you will learn

- how German and English are related.
- the German alphabet.
- the basics of German pronunciation.
- useful classroom expressions.
- classroom vocabulary.
- the cardinal numbers.
- the days of the week.
- to tell time.
- where German is spoken.

DEUTSCH UND ENGLISCH: SCHWESTERSPRACHEN[a]

German and English are both Germanic languages; that is, they developed from a common parent language. While German and English are now unique languages, they still share approximately 35 percent common Germanic vocabulary (known as cognates) and many similar grammatical structures. In addition, over the centuries both German and English borrowed many words from French and Latin, and today German borrows words and expressions from English. Because of their similarities, German and English can be considered sister languages.

Learning German will be easier if you look for similarities with English. The **Sprachspiegel** (*language mirror*) boxes will help you discover many parallels in the sounds, words, and grammatical structures of English and German. As you learn the German alphabet (**das Alphabet**) and the numbers (**die Zahlen**), notice which words and expressions are similar in English.

[a]Deutsch . . . *German and English: sister languages*

DAS ALPHABET UND DIE AUSSPRACHE[a]

● Wie sagt man das? (HINT: *How do you say that? Pronounce the letters and words after the recording. Guess the English equivalent for each word.*)

[a]Das . . . *The alphabet and pronunciation*

A a	*A a*	(der) **A**gent (der) **A**pfel	D d	*D d*	(das) **D**ing (der) Win**d**	G g	*G g*	(die) **G**arage (der) Ta**g**
B b	*B b*	(das) **B**uch (das) Lau**b**	E e	*E e*	(das) **E**delweiß (das) **E**nde (die) **E**-Mail	H h	*H h*	(das) **H**aus
						I i	*I i*	(die) **I**dee (die) **I**ndustrie
C c	*C c*	(das) **C**afé (die) **C**D **Ch**ina (der) O**ch**se	F f	*F f*	(das) **F**oto	J j	*J j*	(der) **J**oghurt

K k	𝒦 𝓀	(die) **K**atze	SS ß	ℬℬ β	(der) Flu**ss** (der) Fu**ß**	Ö ö	Ö ö	(das) **Ö**l (die) **G**ötter
L l	ℒ 𝓁	(das) **L**amm (das) Sa**l**z	T t	𝒯 𝓉	(der) **T**rick (der) **Th**unfisch	Ü ü	Ü ü	(die) **M**ühle **M**ünchen
M m	ℳ 𝓂	(die) **M**usik	U u	𝒰 𝓊	(die) **U**-Bahn (die) B**u**tter	Äu äu	Ä u ä u	(die) **M**äuse
N n	𝒩 𝓃	(die) **N**uss	V v	𝒱 𝓋	(der) **V**ater (die) **V**ase	Ai ai	A i a i	(der) **M**ai
O o	𝒪 𝑜	(das) **O**hr (das) M**o**tto	W w	𝒲 𝓌	(das) **W**asser	Au au	A u a u	(die) **M**aus
P p	𝒫 𝓅	(das) **P**apier (der) **Pf**effer	X x	𝒳 𝓍	(das) **X**ylophon	Ee ee	ℰ e e	(die) B**ee**re
Q q	𝒬 𝓆	(das) **Q**uecksilber	Y y	𝒴 𝓎	(der) **T**yp (der) **Y**uppie	Ei ei	ℰ i e i	(das) **E**is
R r	ℛ 𝓇	(das) **R**adio (der) Auto**r**	Z z	𝒵 𝓏	(der) **Z**oo	Eu eu	ℰ u e u	(das) D**eu**tsch
S s	𝒮 𝓈	(die) **S**ee (die) **S**oftware (das) **Sch**iff (das) **Sp**iel (der) **St**ein	Ä ä	Ä ä	(die) **A**tmosph**ä**re (das) P**ä**ckchen	Ie ie	ℐ e i e	(die) St**ie**fmutter
						Oo oo	𝒪 𝑜 o o	(das) B**oo**t

WILLKOMMEN IM DEUTSCHKURS!ᵃ

DER LEHRER / DIE LEHRERIN SAGT:

Guten Morgen!

Guten Tag!

Macht die Bücher auf!
Macht die Bücher zu!
Alle zusammen!
Sprecht bitte Deutsch!
Auf Wiedersehen!

DIE SCHÜLER UND SCHÜLERINNEN SAGEN:

Guten Morgen, Herr _____ /
     Frau _____!
Guten Tag, Herr _____ /
     Frau _____!
Wie heißt _____ auf Deutsch?
Wie heißt _____ auf Englisch?
Bitte noch einmal!
Sprechen Sie bitte langsamer!
Wiedersehen! / Tschüss!

ᵃWillkommen . . . *Welcome to German class!*

● Ausdrücke. (HINT: *Pronounce each expression after your teacher.*)

IM KLASSENZIMMER

der Overheadprojektor
der Tisch
die Uhr
das Fenster
die Tafel
die Wand
die Tür
die Lehrerin
die Kreide
das Papier
der Schwamm
der Kugelschreiber
der Bleistift
das Heft
das Buch
der Stuhl
der Schüler, die Schülerin

Was ist das? (HINT: *What's that? Your teacher will point to an object in your classroom and ask* **Was ist das?** *Answer with one of the following expressions.*)

Das ist die _____.
Das ist der _____.
Das ist das _____.

DIE KARDINALZAHLEN[a]

So zählt man auf Deutsch:

0	null	10	zehn	20	zwanzig
1	eins	11	elf	21	einundzwanzig
2	zwei	12	zwölf	22	zweiundzwanzig
3	drei	13	dreizehn	23	dreiundzwanzig
4	vier	14	vierzehn	24	vierundzwanzig
5	fünf	15	fünfzehn	25	fünfundzwanzig
6	sechs	16	sechzehn	26	sechsundzwanzig
7	sieben	17	siebzehn	27	siebenundzwanzig
8	acht	18	achtzehn	28	achtundzwanzig
9	neun	19	neunzehn	29	neunundzwanzig

30	dreißig	80	achtzig	300	dreihundert
40	vierzig	90	neunzig	1000	tausend
50	fünfzig	100	hundert	1001	tausendeins
60	sechzig	101	hunderteins	2000	zweitausend
70	siebzig	200	zweihundert	3000	dreitausend

[a]Die . . . *The cardinal numbers*

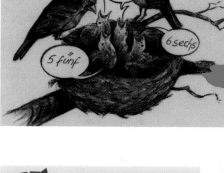

A Ein Dominospiel. (HINT: *Add up the two halves of each domino.*)

MODELL:  Fünf und eins macht sechs.

1.  2.   3.   4.   5.   6.

B Zahlen und Daten. Lies die Zahlen und Daten vor. (HINT: *Read the numbers and dates aloud.*)

MODELL: 54 → vierundfünfzig
         1945 → neunzehnhundertfünfundvierzig

1. 23	4. 55	7. 84	10. 217	13. 1871
2. 39	5. 61	8. 96	11. 333	14. 1990
3. 42	6. 78	9. 107	12. 1776	15. 2015

Fenster   Türen

Tische   Uhren

Wände   Tafeln

Kugelschreiber   Hefte

Overheadprojektoren

Schüler   Bücher

Bleistifte

Schwämme   Stühle

C Wie viele gibt es in deinem Klassenzimmer? (HINT: *How many are in your classroom?*)

MODELL: Wände: <u>vier (4)</u>

D Welche Zahlen sind das? (HINT: *What are these numbers? Give the numbers that apply to you personally.*)

MODELL: meine Glückszahl (*lucky number*): <u>zwanzig (20)</u>

1. meine Glückszahl
2. mein Alter (*age*)
3. meine Telefonnummer
4. meine Hausnummer
5. Personen in meiner Familie

DIE WOCHENTAGE[a]

Die Woche hat sieben Tage. Sie sind . . .

März

MONTAG	DIENSTAG	MITTWOCH	DONNERSTAG	FREITAG	SAMSTAG	SONNTAG

[a]Die . . . *The days of the week*

Tage. (HINT: *Complete the statements with names of the days.*)

1. Die Woche beginnt am _____.
2. Die Woche endet am _____.
3. Das Wochenende ist am _____ und _____.
4. Heute[a] ist _____ und morgen ist _____.
5. Mein Lieblingstag[b] ist _____.

[a]*Today*   [b]*favorite day*

UHRZEIT[a]

Wie viel Uhr ist es? / Wie spät ist es?

Es ist eins. Es ist ein Uhr.

Es ist sieben (Minuten) nach drei.

Es ist drei Uhr sieben.

Es ist drei Viertel nach vier.

Es ist vier Uhr fünfzehn.

Es ist halb sechs.

Es ist fünf Uhr dreißig.

Es ist achtzehn Minuten vor sieben.

Es ist sechs Uhr zweiundvierzig.

Es ist Viertel vor acht.

Es ist sieben Uhr fünfundvierzig.

Es ist fünf vor neun.

Es ist acht Uhr fünfundfünfzig.

[a]*Time (of day)*

A Wie viel Uhr ist es? (HINT: *Tell what time it is in German.*)

1.
2.
3.
4.
5.
6.

B Wann ist die Verabredung?

SCHRITT 1: Lies die Verabredungen. (HINT: *Read these appointments.*)

1.
Tee trinken mit Monika am Montag um 10.00 Uhr

2.
Lernen mit Ute am Mittwoch um 15.00 Uhr

3.
Samstag! Einkaufen mit Frank um 14.30 Uhr

SO GEHT'S!

To say when something takes place, use **um** plus time.

Das Fußballspiel beginnt **um** acht Uhr.
The soccer game starts at eight o'clock.

When referring to schedules, speakers of German use the 24-hour clock.

Die „Tagesschau" läuft **um** zwanzig Uhr.
The "Tagesschau" news comes on at eight o'clock (in the evening).

SCHRITT 2: Wochentage, Uhrzeiten und Personen. (HINT: *Write down the days, times, and persons with whom you will be doing the following activities.*)

1. Lernen für Biologie/Chemie/Mathe
2. Limo (*soft drink*)/Tee trinken
3. Einkaufen
4. Telefonieren mit _____

Wer spricht Deutsch? Wo spricht man Deutsch?[a]

German is the official language of Germany, Austria, and Liechtenstein. It is one of four official languages in Switzerland and one of three in Luxemburg and Belgium. There are approximately 100 million native speakers of German in these countries. But many more countries are home to people who speak German as their first language: France (Alsace-Lorraine), Italy (Southern Tyrol), Denmark, the Czech Republic (Bohemia), Poland, Rumania, Bosnia and Herzegovina, Hungary, Latvia, Lithuania, Estonia, Russia, and Ukraine. German is also the first language of many people in Brazil, Argentina, Canada, Namibia, Australia, and the United States (Pennsylvania Dutch). In total, approximately 150 million people around the world speak German as their native language.

You are among 18 million other people in the world learning German. What you are learning is called **Hochdeutsch** (*High German*). Many native speakers of German also speak a German dialect. But fortunately, wherever you study, travel, or work, you will always be able to communicate in High German. Soon you should have no problem understanding a community of over 150 million people.

[a]Wer . . . *Who speaks German? Where is German spoken?*

WORTSCHATZ

Im Deutschkurs — In German class

Alle zusammen! All together!
Auf Wiedersehen! Good-bye!
Bitte noch einmal! Once more please.
Guten Morgen! Good morning!
Guten Tag! Good afternoon!
Macht die Bücher auf. Open your books.
Macht die Bücher zu. Close your books.
Sprechen Sie bitte langsamer. Please speak more slowly.
Sprecht bitte Deutsch. Please speak German.

Tschüss. Bye.
Wie heißt _____ auf Deutsch/Englisch? What is _____ in German/English?

Im Klassenzimmer — In the classroom

die **Kreide** — chalk
die **Tafel** — blackboard
die **Tür** — door
die **Uhr** — clock; watch
die **Wand** — wall
der **Bleistift** — pencil
der **Kugelschreiber** — ballpoint pen
der **Lehrer** / die **Lehrerin** — teacher
der **Overheadprojektor** — overhead projector
der **Tisch** — table
der **Schüler** / die **Schülerin** — pupil; high school student
der **Schwamm** — blackboard eraser
der **Student** / die **Studentin** — college student
der **Stuhl** — chair
das **Buch** — book
das **Fenster** — window
das **Heft** — notebook
das **Papier** — paper

Die Wochentage — The days of the week

die **Woche** — week
der **Tag** — day
Montag — Monday
Dienstag — Tuesday
Mittwoch — Wednesday
Donnerstag — Thursday
Freitag — Friday
Samstag — Saturday
Sonntag — Sunday

Die Kardinalzahlen (The cardinal numbers)

null (zero), **eins** (one), **zwei** (two), **drei** (three), **vier** (four), **fünf** (five), **sechs** (six), **sieben** (seven), **acht** (eight), **neun** (nine), **zehn** (ten), **elf** (eleven), **zwölf** (twelve), **dreizehn** (thirteen), **vierzehn** (fourteen), **fünfzehn** (fifteen), **sechzehn** (sixteen), **siebzehn** (seventeen), **achtzehn** (eighteen), **neunzehn** (nineteen), **zwanzig** (twenty), **dreißig** (thirty), **vierzig** (forty), **fünfzig** (fifty), **sechzig** (sixty), **siebzig** (seventy), **achtzig** (eighty), **neunzig** (ninety), **hundert** (one hundred), **tausend** (one thousand)

Die Uhrzeit — Telling time

Wie viel Uhr ist es?
Wie spät ist es? What time is it?
Es ist fünf (Minuten) nach eins. It's five (minutes) after one.
Es ist fünf vor zwei. It's five to two.
Es ist Viertel nach drei. It's a quarter after three.
Es ist halb vier. It's three-thirty.
Es ist Viertel vor fünf. It's a quarter to five.
Es ist acht Uhr zwanzig. It's twenty after eight.

KAPITEL 1

ARBEITSLOS[a]

In this chapter, you will

- meet Marion Koslowski, who comes to Boston to help write this German course.
- meet the Koslowski family, whose story you will follow in the video.

You will learn

- words to describe family relationships.
- words to describe people and things.
- how to name, identify, and describe people and things, using the verbs **heißen** and **sein.**
- how to classify and categorize nouns according to gender.
- how to form plurals of nouns.
- how to write brief descriptions.
- some interesting facts about several cities in Germany.

[a]*Unemployed*

Liebe Mutti,

schöne Grüße[a] aus Boston! Ich bin schon drei Tage hier und finde Boston super. Das Paul-Revere-Haus ist sehr interessant. Die Arbeit[b] im Studio macht Spaß.[c] Professor Di Donato ist sehr nett und auch lustig. Die Assistentin Ines ist freundlich. Wie geht es euch?[d] Hat Papa eine neue Stelle?[e] Viele liebe Grüße an alle.

Deine Marion

[a]*greetings* [b]*work* [c]*macht . . . is fun* [d]Wie . . . *How are you all?* [e]*job*

Jugendliche vor ihrer Schule in Rheinhausen.

VIDEOTHEK

In dieser Folge . . .

lernen wir die Familie Koslowski kennen. Sie wohnt in Rheinhausen bei Duisburg. Herr Koslowski ist arbeitslos, und die Familie hat wenig Geld. Frau Koslowski hat aber eine Idee. Sie sieht ein Stellenangebot: „Hausmeister gesucht". Herr Koslowski ist skeptisch.*

Arbeitslos in Rheinhausen.

Hausmeister
für Wohnungsbaugesellschaft
in
Köln gesucht
Wohnung vorhanden.
Bewerbungen bitte an Herrn Becker, Aachener Straße 1217, 59109 Köln, Telefon: 0221/99 27 56

Ein interessantes Stellenangebot.

BIST DU WORTSCHLAU?[a]

Notice how German forms compound words.

die **Arbeit** (*work*) +
das **Amt** (*office*) →
das **Arbeitsamt** (*employment office*)
die **Arbeit** (*work*) +
los (*without; un-*) →
arbeitslos (*unemployed*)

Be wordwise by learning how to break words up into their meaningful parts.

[a]Bist . . . *Are you wordwise?*

SCHAU MAL ZU![a]

A Ja oder nein? Sieh dir das Minidrama zuerst einmal ohne Ton an. Rate dann, welche Aussagen <u>wohl</u> stimmen. (HINT: *Yes or no? Watch first without sound. Then guess which of the statements are <u>probably</u> true.*)

Ja oder nein?[b]
1. Herr Koslowski has no money for a bus ticket and therefore must walk.
2. As Herr Koslowski walks through the mall, he sees all of the things that he cannot afford to buy.
3. Marion is going for a motorcycle ride with her brother, Rüdiger.

[a]Schau . . . *Watch!* [b]Ja . . . *Yes or no?*

*In this episode . . . we get to know the Koslowskis. They live in Rheinhausen, near Duisburg. Mr. Koslowski is unemployed, and the family has little money. But Mrs. Koslowski has an idea. She sees a want ad: "Maintenance Man Wanted." Mr. Koslowski is skeptical.

4. Frau Koslowski keeps money hidden from her husband.
5. Herr Koslowski raises pigeons as a hobby.
6. Lars has come home from the school library.
7. Frau Koslowski shows her husband a want ad for a job in Cologne (**Köln**).
8. Herr Koslowski thinks the job would be a great opportunity.

B Wer sagt was? (HINT: *Who says what? Use the patterns in the model to ask and answer the question.*)

Hallo! Hi! Tag!

MODELL: A: Wer sagt: „Hallo"?
         B: Marion sagt: „Hallo".

1. Herr Koslowski
2. Marion
3. Lars
4. Rüdiger
5. Professor Di Donato

WORTSCHATZ ZUM VIDEO

das Geld	money
das Arbeitslosengeld	unemployment benefit
wegziehen	to move away
die Stelle	job
das Stellenangebot	want ad
der Hausmeister	maintenance man
Das ist doch nicht dein Ernst.	You can't be serious.
will nicht	doesn't want
Fußball	soccer

C Beschreib die Koslowskis. Ergänze die Sätze. (HINT: *Describe the Koslowskis by supplying the right name for each sentence.*)

1. Herr Koslowski   2. Frau Koslowski

3. Marion   4. Lars

a. _____ will nicht nach Köln ziehen.
b. _____ hat Interesse an Fußball.
c. _____ ist arbeitslos.
d. _____ sieht das Stellenangebot und hat eine Idee.

VOKABELN

EINE DEUTSCHE FAMILIE

SO GEHT'S!

Like English, German indicates possession by adding an **-s** (though without an apostrophe) to a person's name.

Marion → **Marions** Vater ist Heinz.

However, if the name ends with **-s** or **-z,** then German adds an apostrophe.

Lars → **Lars'** Schwester ist Marion.
Heinz → **Heinz'** Frau ist Vera.

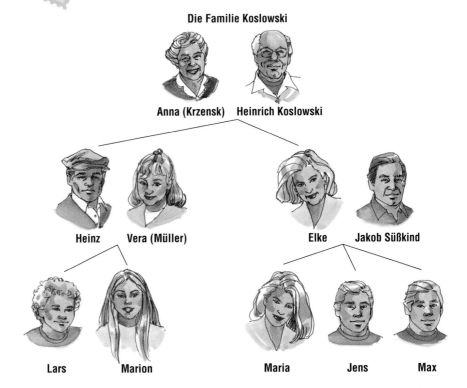

Die Familie Koslowski

Anna (Krzensk) Heinrich Koslowski

Heinz Vera (Müller) Elke Jakob Süßkind

Lars Marion Maria Jens Max

Und noch dazu[a]

der Bruder	*brother*	die Freundin	*(female) friend*	die Nichte	*niece*
der Cousin	*(male) cousin*	die Geschwister	*brothers and sisters,*	der Onkel	*uncle*
die Cousine	*(female) cousin*		*siblings*	die Schwester	*sister*
die Eltern	*(pl.) parents*	die Großeltern	*grandparents*	der Sohn	*son*
der Enkel	*grandson*	die Großmutter	*grandmother*	die Tante	*aunt*
die Enkelin	*granddaughter*	der Großvater	*grandfather*	die Tochter	*daughter*
das Enkelkind(er)	*grandchild,*	das Kind(er)	*child, children*	der Vater	*father*
	grandchildren	der Mann	*man; husband*	der Zwilling(e)	*twin(s)*
die Frau	*woman; wife*	die Mutter	*mother*		
der Freund	*(male) friend*	der Neffe	*nephew*		

[a]noch . . . *in addition*

Aktivitäten

A Deine Familie. (HINT: *Match each word with the sentence that defines the relationship to you.*)

1. der Bruder
2. die Enkelin
3. die Großeltern
4. die Cousine
5. der Neffe
6. der Onkel

a. _____ Das ist die Tochter von meinem[a] Onkel oder von meiner Tante.

b. _____ Das ist der Bruder von meinem Vater oder von meiner Mutter.

c. _____ Das ist der Sohn von meinem Bruder oder von meiner Schwester.

d. _____ Das ist der Sohn von meinen Eltern.

e. _____ Das ist die Tochter von meinem Sohn oder von meiner Tochter.

f. _____ Das sind die Eltern von meinen Eltern.

[a]*my*

B Tante Elke erzählt etwas von ihrer Familie. (HINT: *Complete the sentences according to the information in the family tree.*)

Ich bin Marions Tante Elke. Meine Eltern heißen _____[1] und _____.[2] Mein _____[3] heißt Jakob, und wir haben eine _____[4] Maria, einen _____[5] Jens und einen _____[6] Max. Max und Jens sind _____.[7] Mein _____[8] Heinz ist Marions _____.[9] Lars ist mein _____,[10] und Marion ist meine _____.[11] Sie sind mir sehr lieb!

C Erzähl mal! (HINT: *Tell about your real or imaginary family.*)

1. Wie heißt deine Mutter? —Meine Mutter heißt _____.
2. Wie heißt dein Vater? —Mein Vater heißt _____.
3. Hast du Geschwister? Wie viele? Wie heißen sie? —Sie heißen _____.
4. Wie heißt dein Großvater? —Er heißt _____.
5. Wie heißt deine Großmutter? —Sie heißt _____.
6. Hast du einen Freund / eine Freundin? Wie heißt er/sie? —Er/Sie heißt _____.

D Ein Interview. (HINT: *Interview a classmate about his/her real or imaginary family.*)

1. Wo wohnt deine Familie? —Meine Familie wohnt in _____.
2. Wie viele Geschwister hast du? —Ich habe _____ Geschwister.
3. Wie heißen deine Eltern? —Sie heißen _____ und _____.
4. Wie alt sind deine Eltern? —Sie sind _____ und _____ Jahre alt.
5. Wie heißt dein Lieblingsonkel oder deine Lieblingstante? —Er/Sie heißt _____.

SO GEHT'S!

The word **Lieblingsonkel** is a noun meaning *favorite uncle*; **Lieblingstante** means *favorite aunt*.

GEGENTEILE[a]

● Was bedeuten diese Gegenteile? (HINT: *What do the opposites mean?*
Look at the pairs of German words. Supply the English equivalents.)

arbeitslos	*unemployed*	angestellt	*employed*
alt		jung	
aufgeregt		ruhig	*calm*
böse		brav	*well-behaved*
faul	*lazy*	fleißig	
freundlich		unfreundlich	
gesund	*healthy*	krank	
glücklich	*happy; lucky*	unglücklich	
groß	*big*	klein	
groß	*tall* (person)	klein	
gut		schlecht	
interessant		langweilig	
lang		kurz	
lustig	*fun; funny*	ernst	
neugierig	*curious*	uninteressiert	
romantisch		unromantisch	
ruhig	*quiet*	laut	
scheu		unbefangen	*out-going*
schön	*beautiful, pretty*	hässlich	
schön	*nice, beautiful* (weather)	scheußlich	
nett, sympathisch	*nice, congenial*	unsympathisch	
traurig	*sad*	froh	

[a]*Opposites*

Aktivitäten

A Wie sind diese Personen <u>nicht</u>? (HINT: *Which adjective does <u>not</u> describe each person?*)

MODELL: Herr Koslowski ist nicht jung.

Herr Koslowski:	arbeitslos	gesund	jung
Frau Koslowski:	krank	freundlich	sympathisch
Marion Koslowski:	nett	alt	romantisch
Lars Koslowski:	unbefangen	scheu	neugierig

B Und diese Personen? (HINT: *Describe each person with appropriate adjectives.*)

MODELL: Herr Koslowski ist arbeitslos und traurig.

1. Frau Koslowski
2. Marion Koslowski
3. Lars Koslowski
4. Rüdiger
5. dein Freund / deine Freundin
6. dein Lehrer / deine Lehrerin

C Wer sind diese Personen? (HINT: *Tell about each person according to the pictures and the model.*)

MODELL: Er/Sie heißt _____.
Er/Sie kommt aus _____.
Er/Sie wohnt in _____.
Er/Sie ist _____.

1. Sofie

2. Herr Unruh

3. Bruno

4. Kim

STRUKTUREN

The personal subject pronouns in German are:

ich	*I*
du	*you* (familiar singular)
Sie	*you* (formal singular)
sie	*she/it*
er	*he/it*
es	*it*
wir	*we*
ihr	*you* (familiar singular)
Sie	*you* (formal plural)
sie	*they*

The form of the verb used with the pronoun **sie** and context will make it clear whether **sie** means *she* or *they.*

Note that German has several words that mean *you*: **du, ihr,** and **Sie.**

- Use **du** to address a relative, close friend, or person whom you know well.
- Use **ihr** to address several relatives, close friends, or persons whom you know well.
- Use **Sie** (with a capital **S**) to address either one or more strangers and adults with whom you are not close.

PERSONAL PRONOUNS AND THE VERBS HEISSEN AND SEIN

NAMING, IDENTIFYING, AND DESCRIBING

The charts below show the forms of the verbs **heißen** (*to be called/ named*) and **sein** (*to be*) in the present tense. Giving all such forms of a verb is called conjugating the verb. To give your name or to ask for someone's name, use the verb **heißen.**

heißen *to be called/named*					
INDIVIDUALS			**GROUPS**		
ich	**heiße**	*my name is*	wir	**heißen**	*our name is*
du	**heißt**	*your name is*	ihr	**heißt**	*your name is*
Sie	**heißen**	*your name is*	Sie	**heißen**	*your name is*
sie	**heißt**	*her name is/ it's called*			
er	**heißt**	*his name is/ it's called*	sie	**heißen**	*their name is/ they're called*
es	**heißt**	*it's called*			

Wie **heißen** Sie bitte?   *What's your name please?*
—Koslowski, Heinz Koslowski.   *—Koslowski, Heinz Koslowski.*

To identify or describe someone or something, use the verb **sein.**

sein *to be*					
INDIVIDUALS			**GROUPS**		
ich	**bin**	*I am*	wir	**sind**	*we are*
du	**bist**	*you are*	ihr	**seid**	*you are*
Sie	**sind**	*you are*	Sie	**sind**	*you are*
sie	**ist**	*she/it is*			
er	**ist**	*he/it is*	sie	**sind**	*they are*
es	**ist**	*it is*			

Ich heiße Marion. Wie heißt du?

Wer **ist** das?	Who is that?
—Das **ist** Frau Koslowski.	—That's Mrs. Koslowski.
Was **ist** das?	What is that?
—Das **ist** ein Telefon.	—That is a telephone.
Wie **ist** das Telefon?	What's the telephone like?
—Es **ist** modern.	—It's modern.

The pronoun **ich** is capitalized only when it starts a sentence. Note that the formal pronoun **Sie** is always capitalized.

Ich bin freundlich und neugierig. Wie bist du?

Übungen

A Neue Menschen, neue Namen. Ergänze das Verb **heißen.** (HINT: *New people, new names. Complete each sentence with the correct form of* heißen. *Use the box to the right.*)

heißt   heißen   heiße

BERT: Tag, wie _____1 du?

JENS: Ich _____2 Jens. Und du?

BERT: Ich _____3 Bert. Da drüben sind meine Freunde.

JENS: Und wie _____4 sie?

BERT: Sie _____5 Sylvia und Martin.

KARL: Hallo, _____6 ihr Rita und Paul?

RITA: Ja, ich _____7 Rita.

DIRK: Aber ich _____8 Dirk, nicht Paul!

HERR MÜLLER: Guten Tag, wie _____9 Sie bitte?

HERR BRAUN: Ich _____10 Braun, Robert Braun. Und er _____11 Ernst Schmidt.

B Eine Reporterin und die Familie Koslowski. Ergänze das Verb **sein.** (HINT: *Supply the appropriate forms of* sein. *Use the box to the right.*)

bin   ist   seid   sind   bist

1. Hallo, ich _____ Sonja Lederer, und das _____ Lars Koslowski.
2. Lars, _____ du neugierig? —Ja, ich _____ neugierig.
3. Lars, _____ dein Vater und deine Mutter hier? —Ja, sie _____ hier.
4. Herr und Frau Koslowski, _____ Sie angestellt? —Nein, wir _____ nicht angestellt.
5. Herr Koslowski, _____ Sie arbeitslos? —Ja, ich _____ arbeitslos.
6. Frau Koslowski, _____ Sie traurig? —Nein, ich _____ nicht traurig.
7. Marion und Lars, _____ ihr freundlich? —Ja, wir _____ sehr freundlich.
8. Marion, wer ist das? —Das _____ mein Freund Rüdiger. Er _____ sehr nett.

C Monikas Familie und Freunde. (HINT: *Use the chart to describe these people.*)

MODELL: Monikas Mitschülerin heißt Petra. Sie ist 18. Sie ist nett und freundlich.

ihre Mitschülerin	Petra	18	nett, freundlich
ihre Tante	Erika	46	lustig, optimistisch
ihre Cousins	Lars und Axel	12 und 13	sportlich, brav
ihr Deutschlehrer	Herr Klein	36	sehr intelligent, nett

SO GEHT'S!

Grammatical gender usually corresponds to natural gender with nouns that refer specifically to males or females: **der Mann, die Frau.** However, nouns that refer to both males and females may be feminine, masculine, or neuter: **die Person** (*the person*), **der Mensch** (*the human*), **das Kind.**

NOUNS: GENDERS AND PLURALS
CLASSIFYING NOUNS

Each German noun has a grammatical gender: feminine, masculine, or neuter. The form of the definite article identifies that gender: **die** (feminine), **der** (masculine), or **das** (neuter). Each of these words means *the*. The indefinite article also identifies gender: **eine** (feminine) or **ein** (masculine and neuter). Both these words mean *a/an*.

FEMININE	
die Frau	*the woman*
eine Frau	*a woman*
die Tür	*the door*
eine Tür	*a door*

MASCULINE	
der Mann	*the man*
ein Mann	*a man*
der Kalender	*the calendar*
ein Kalender	*a calendar*

NEUTER	
das Kind	*the child*
ein Kind	*a child*
das Telefon	*the telephone*
ein Telefon	*a telephone*

A German noun forms its plural in one of several ways. Note that plurals of all genders use the definite article **die.**

	SINGULAR	PLURAL
- (no change)	das Zimmer	die Zimmer
¨ (umlaut on stem vowel)	die Mutter	die M**ü**tter
-e	der Tag	die Tag**e**
¨e (umlaut on stem vowel)	der Stuhl	die St**ü**hl**e**
-er	das Kind	die Kind**er**
¨er (umlaut on stem vowel)	das Haus	die H**äu**s**er**
-n	die Lampe	die Lampe**n**
-en	die Frau	die Frau**en**
-nen	die Schülerin	die Schülerin**nen**
-s	das Radio	die Radio**s**

You should learn the gender and plural along with the noun itself. As you learn more nouns, you will begin to notice predictable patterns.

zwei Frauen

zwei Stühle

zwei Lampen

zwei Fahrräder

Übungen

A Nur eins, bitte. (HINT: *Restate the sentences in the singular.*)

MODELL: Tante Elkes Kinder sind sehr laut. →
Tante Elkes Kind ist sehr laut.

1. Lars' Tanten sind sehr nett.
2. Marions Cousinen sind jung.
3. Annas Mitschülerinnen sind sympathisch.
4. Dietmars Söhne sind in den USA.

B Der Deutschunterricht beginnt. Haben wir, was wir brauchen?
(HINT: *German class is starting. Do we have what we need?*)

MODELL: Im Klassenzimmer sind zwanzig Stühle.

Bleistift (-e)	Kugelschreiber (-)	Schwamm (¨e)
Buch (¨er)	Schüler (-)	Stuhl (¨e)
Heft (-e)	Schülerin (-nen)	Tafel (-n)

C Wer hat was? (HINT: *Tell what Marion, her brother Lars, and her cousins Jens and Max have. Read across.*)

MODELL: Marion hat ein Radio. Maria hat zwei <u>Radios</u>.

Marion hat . . .
    einen Stuhl.
    ein Buch.
    eine _____.[3]

Maria hat . . .
    zwei _____.[1]
    zwei _____.[2]
    zwei Uhren.

Lars hat . . .
    ein Fahrrad.
    einen Schreibtisch.
    einen _____.[6]

Jens und Max haben . . .
    zwei _____.[4]
    zwei _____.[5]
    zwei Kugelschreiber.

D Wie viele hast du? (HINT: *How many do you have?*)

MODELL: Ich habe zwei Fahrräder.

Bleistift	Freund	Kugelschreiber	Tante
Buch	Freundin	Onkel	Tisch

EINBLICKE

BRIEFWECHSEL

Liebe Marion,

vielen Dank[a] für deine Postkarte vom Paul-Revere-Haus. Wir vermissen[b] dich sehr, aber wir freuen uns,[c] dass du Boston so schön findest. Und du kennst[d] schon einige nette Leute: Professor Di Donato, Ines, die Kollegen im Studio. Die Arbeit ist bestimmt[e] interessant. Hier geht das Leben weiter. Lars spielt heute Fußball, und dein Vater . . . na ja, du kennst das Problem. Halt bloß[f] die Daumen, dass er die Stelle in Köln bekommt. Alles Liebe,

deine Mutti

[a]vielen . . . *many thanks*   [b]*miss*   [c]freuen . . . *are glad*   [d]*know*   [e]*certainly*   [f]*just*

KULTURSPIEGEL

At the end of her letter Frau Koslowski writes . . . **halt bloß die Daumen . . . ; Daumen** means *thumb(s)*. Remember Frau Koslowski's reaction in the video to the newspaper ad? What emotion is she expressing about the job in Köln? What is the English equivalent to the expression **halt bloß die Daumen**?

● Was schreibt Marion? Was schreibt ihre Mutter? (HINT: *Reread Marion's letter at the beginning of the chapter, then read her mother's response. You don't have to know every word to understand. Then answer the questions.*)

1. Does Marion like her job? How do you know this?
2. What is the German word for co-worker?
3. Does Marion like Boston? How does Frau Koslowski express this same idea in her response?
4. How does Frau Koslowski say that the family misses Marion?
5. What does Marion's mother write about Lars?

EINBLICK

Die Stadt Rheinhausen

Rheinhausen liegt am Rhein gegenüber der Stadt Duisberg. Seit 1975 ist Rheinhausen ein Teil der Stadt Duisburg. Duisburg hat über 500 000 Einwohner und ist die elftgrößte Stadt in Deutschland. Die Duisburger sind stolz auf die Oper, das Museum, den Sportpark, den Zoo, und die Seen.

Wichtige Adressen in Rheinhausen

Post
Beethovenstrasse
47226 Duisburg
Tel. (0 20 65) 30 06
Öffnungszeiten:
Mo–Fr 08:00–18:00 Uhr
Sa 08:00–12:00 Uhr

Sporthalle
Krefelderstrasse 86
47226 Duisburg
Tel. (0 20 65) 5 22 06

Arbeitsamt
Hochstrasse 116
47226 Duisburg
Tel. (0 20 65) 9 96 70

Haus der Jugend
Friedrich-Alfredstrasse 14
47226 Duisburg
Tel. (0 20 65) 9 05 83 76

Heinrich-Heine Gesamtschule
Flutweg 56
47228 Duisburg-Rheinhausen
Tel. (0 20 65) 2 11 27

Kultur- und Freizeitzentrum
Rheinhausen
Schwarzenbergerstrasse 147
47226 Duisburg
Tel. (0 20 65) 9 05 82 80

WORTSCHATZ ZUM LESEN

am Rhein	on the Rhine (River)
gegenüber der Stadt Duisburg	across from the city Duisburg
seit 1975	since 1975
ein Teil der Stadt	a part of the city
Einwohner	inhabitants
elftgrößte	eleventh largest
sind stolz	are proud of
Seen	lakes

In der Stadt Rheinhausen.

● Was und wo? (HINT: *What and where? Help members of the Koslowski family find the information they need.*)

1. Mrs. Koslowski has to send a letter to Lars's teacher. What address should she use?
2. Mr. Koslowski wants to find out when the unemployment office is open. What number should he call?
3. In which street is this office located?
4. Lars wants to participate in an indoor soccer league. Where could he probably do this?
5. Mrs. Koslowski has heard about a free art exhibit. Where is this exhibit most likely located?
6. Marion needs to call one of her teachers at school. What number should she call?
7. Is the post office open on Saturday afternoon?

FOKUS INTERNET

For more information about Rheinhausen, visit the *Auf Deutsch!* Web Site at www.mcdougallittell.com.

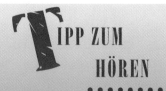

PERSPEKTIVEN

TIPP ZUM HÖREN

Listening is a skill you will develop little by little as you watch the ***Auf Deutsch*** videos and listen to the recorded texts. Learn to listen first for the general idea and try to focus on words you already understand. Then listen again for more and more details and try to put these details together in a meaningful way.

HÖR MAL ZU!

In this listening text, you will learn a little bit more about Germans in Germany.

A Wer wohnt wo? (HINT: *Look at the map of Germany and point to each city as you hear the name. Then listen as several people introduce themselves and describe the cities in which they live. Match each person with his/her hometown.*)

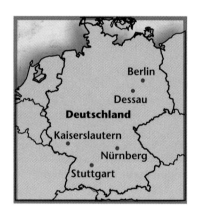

1. Janine Rehfeldt	**a.** _____ Berlin
2. Jörg Dobmeier	**b.** _____ Dessau
3. Gerd Schneider	**c.** _____ Kaiserslautern
4. Karola Grunow	**d.** _____ Nürnberg
5. Stefan Griese	**e.** _____ Stuttgart

B Wie ist es dort? (HINT: *Listen to the introductions again. This time concentrate on the information you hear about the cities. Match each city with one key word.*)

1. Berlin	**a.** _____ Amerikaner
2. Dessau	**b.** _____ Hauptstadt
3. Kaiserslautern	**c.** _____ Industrie
4. Nürnberg	**d.** _____ Architektur
5. Stuttgart	**e.** _____ Weihnachtsmarkt

LIES MAL!

Zum Thema

In the following text, Marion describes some of her relatives and a pet. What kinds of information would you expect to read in such a text?

● Ähnliche Wörter. (HINT: *Cognates. Look at the following excerpt from the reading and guess the meaning of each boldfaced word or phrase.*)

MODELL: **Cousine** heißt *cousin*.

Meine **Cousine**[1] Maria Koslowski **studiert Musik in**[2] Bonn. Sie **ist 25 Jahre alt und**[3] ist sehr **talentiert**[4] und fleißig. Sie **kann**[5] viele **Instrumente**[6] spielen: Klavier, **Flöte**[7] und **Klarinette.**[8] Aber sie ist mir unsympathisch. Sie spielt immer die **Primadonna**[9] und meint, sie ist **intelligenter**[10] als ihre **Cousins**[11] und Cousinen.

Marion erzählt . . .

Meine Oma Koslowski heißt Anna und ist sehr lieb. Sie wohnt in der Nähe von uns in Rheinhausen. Sie ist 75 Jahre alt und arbeitet noch gern im
5   Garten. Omas Eltern waren aus Polen. Oma spricht manchmal polnisch mit uns.

TIPP ZUM LESEN

You have learned that English and German are sister languages. Thus, many words look similar and have the same meaning in both languages. Remember that such words are called cognates. Look for cognates in everything you read to increase your understanding.

Nicht alle Verwandten wohnen in Rheinhausen. Mamas Bruder Robert
10   wohnt in Hamburg. Er hat keine Frau und keine Kinder. Wenn er zu Besuch kommt, bringt er tolle Geschenke mit.

Meine Cousine Maria Koslowski studiert Musik in Bonn. Sie ist 25 Jahre
15   alt und ist sehr talentiert und fleißig. Sie kann viele Instrumente spielen: Klavier, Flöte und Klarinette. Aber sie ist mir unsympathisch. Sie spielt immer die Primadonna und meint, sie ist
20   intelligenter als ihre Cousins und Cousinen.

Und dann die Katze von
meiner Oma. Sie heißt
Mischa. Sie ist drei Jahre alt
25 und ziemlich neugierig. Sie
ist ganz schwarz mit einer
weißen Pfote.

Zum Text

A Stimmt das? Stimmt das nicht? (HINT: *Are the statements correct or incorrect?*)

	DAS STIMMT.	DAS STIMMT NICHT.
1. Marions Oma heißt Anna.	☐	☐
2. Anna Koslowski wohnt in Köln.	☐	☐
3. Omas Katze heißt Helga.	☐	☐
4. Marions Onkel wohnt in Hamburg.	☐	☐
5. Onkel Robert hat zwei Kinder.	☐	☐
6. Maria Koslowski ist Marions Cousine.	☐	☐
7. Marions Cousine studiert in Bonn.	☐	☐
8. Maria Koslowski studiert Architektur.	☐	☐

B Marions Verwandte. (HINT: *Complete the chart with information about Marion's relatives. Make an X if there is no information about a given category.*)

NAME	VERWANDTSCHAFT MIT[a] MARION	ALTER	WOHNORT
Anna			in der Nähe von Rheinhausen
	der Onkel		
Maria		25 Jahre alt	
	die Katze		bei Oma[b]

[a]Verwandschaft . . . *relationship to*   [b]bei . . . *at grandmother's*

INTERAKTION

● Interview

SCHRITT 1: Wie heißt du? Woher kommst du? Stell diese Fragen an drei Personen in deiner Klasse. Mach dir Notizen. (HINT: *Ask several students in your class these questions. Take notes.*)

MODELL: A: Guten Tag!
           B: Tag!
           A: Wie heißt du?
           B: Ich heiße <u>Melanie Krieger</u>. Und du?
           A: Ich heiße <u>Nicholas Brown</u>. Woher kommst du, <u>Melanie</u>?
           B: Ich komme aus <u>Windsor</u>.
           A: <u>Windsor</u>, wo ist das?
           B: <u>Windsor</u> liegt in <u>Ontario</u>.

SCHRITT 2: Das ist . . . Stell deiner Klasse eine Person vor. (HINT: *Introduce a person to your class.*)

MODELL: Das ist Melanie. Melanie kommt aus Windsor. Windsor liegt in Ontario.

SO GEHT'S!

To ask where someone comes from, say

Woher kommen Sie? or
Woher kommst du?

To answer, say

Ich komme aus <u>(city)</u>.

SCHREIB MAL!

Eine Kurzbeschreibung

Select a character from the video and write a short paragraph about that person. Do not include his/her name.

Purpose:	Describe a character
Audience:	Your classmates
Subject:	A character from the video
Structure:	Descriptive paragraph

Schreibmodell

Start your description by answering basic questions about your character. Is he/she male or female? Is he/she a mother or father? How old is he/she?

Er ist ein Mann. Er ist 45 Jahre alt und wohnt in Rheinhausen. Er ist ein Vater und hat eine nette Familie. Seine Frau heißt Vera. Er hat eine Tochter, Marion und einen Sohn, Lars. Er ist fleißig und gesund. Manchmal ist er traurig, denn er ist arbeitslos.

End your description with adjectives that describe the person. Use the list of adjectives on page 16 as a guide.

TIPP ZUM SCHREIBEN

One goal of writing is to practice what you've learned, so be sure to use only those words and constructions that you already know.

Schreibstrategien

Vor dem Schreiben

- Begin your writing task by answering the following questions in German. Use the answers as the basis for your description.

  - Ist diese Person ein Mann oder eine Frau? Ist er/sie ein Vater / eine Mutter? ein Sohn / eine Tochter? . . .
  - Wie alt ist er/sie? Wo wohnt er/sie?
  - Wie beschreibst du diese Person?

- Jot down German words or phrases to describe this person. Put the words and phrases in an order that makes sense to you.

wohnt in Rheinhausen   nette Familie

Frau–Vera   Tochter–Marion

Sohn–Lars

arbeitslos   fleißig   ~~jung~~   gesund

45 Jahre alt (oder so)

ist ein Vater

      manchmal traurig

Beim Schreiben

- Write sentences using the words and phrases you jotted down.

- Add other words and phrases that you need. Refer to the vocabulary lists in the *Einführung* and this chapter if you cannot remember how to say something. This writing becomes your first draft.

Nach dem Schreiben

- Share your first draft with a partner. Can he/she guess the name of the character you are describing? Then do the same for your partner.

Stimmt alles?

- Compose your final draft. Double-check the form, spelling, and order of the words in each sentence.

WORTSCHATZ

Substantive

Die Familie

German	
die **Cousine**, -n	
die **Enkelin**, -nen	
die **Frau**, -en	
die **Freundin**, -nen	
die **Mutter**, ̈	
die **Großmutter**, ̈	
die **Nichte**, -n	
die **Schwester**, -n	
die **Tante**, -n	
die **Tochter**, ̈	
der **Bruder**, ̈	
der **Cousin**, -s	
der **Enkel**, -	
der **Freund**, -e	
der **Mann**, ̈er	
der **Neffe**, -n	
der **Onkel**, -	
der **Sohn**, ̈e	
der **Vater**, ̈	
der **Großvater**, ̈	
der **Zwilling**, -e	
das **Kind**, -er	
das **Enkelkind**, -er	
die **Eltern** (*pl.*)	
die **Großeltern** (*pl.*)	
die **Geschwister** (*pl.*)	

Nouns

The family

cousin (*female*)
granddaughter
woman; wife
close friend (*female*);
    girlfriend
mother
    grandmother
niece
sister
aunt
daughter

brother
cousin (*male*)
grandson
close friend (*male*);
    boyfriend
man; husband
nephew
uncle
son
father
    grandfather
twin

child
    grandchild

parents
grandparents
siblings, brothers
    and sisters

Verben

heißen
sein

Verbs

to be named/called
to be

Adjektive und Adverbien

angestellt/arbeitslos

aufgeregt/ruhig
böse/brav

fleißig/faul
freundlich/unfreundlich
froh/traurig
gesund/krank
glücklich/unglücklich
groß/klein

gut/schlecht
interessant/langweilig
jung/alt
lang/kurz
lustig/ernst
neugierig/uninteressiert
romantisch/unromantisch
ruhig/laut
scheu/unbefangen
schön/hässlich
schön/scheußlich
sympathisch,
    nett/unsympatisch

Adjectives and adverbs

employed/
    unemployed
upset, agitated/calm
naughty; angry,
    mad/well-
    behaved
industrious/lazy
friendly/unfriendly
happy/sad
healthy/ill, sick
happy/unhappy
big, large; tall/small;
    short
good/bad
interesting/boring
young/old
long; tall/short
fun(ny)/serious
curious/uninterested
romantic/unromantic
quiet; still/loud, noisy
shy/out-going
pretty, beautiful/ugly
nice/horrible, awful
nice, congenial/
    not nice,
    uncongenial

Pronomen

ich
du
Sie
sie
er
es
wir
ihr
sie

Pronouns

I
you (*infor. sg.*)
you (*form. sg. and pl.*)
she
he
it
we
you (*infor. pl.*)
they

KAPITEL 2

KEIN GELD

In this chapter, you will

- discover how Marion reacts to the news of a possible move to Cologne.

- see how the members of the Koslowski family live and spend their leisure time.

You will learn

- how to describe the color of objects and how to express one's favorite color.

- how to talk about leisure time activities and sports, and how to express enthusiasm and displeasure about certain activities.

- how to express possession.

- how to write a brief letter in German.

- about the **Abitur** and the **Abifete.**

Lieber Rüdiger,

es tut mir Leid,[a] dass du so lange auf Post von mir wartest. Ich habe viel Arbeit, aber alles läuft gut.[b] Ich darf aber nicht zu spät kommen. Professor Di Donato ist dann sauer.[c] Wir sprechen gerade im Video über das Abitur.[d] Ich denke also noch an unser Abitur, die schriftlichen und mündlichen Prüfungen noch dazu. So ein Stress.

    In Boston gibt es viel zu tun. In meiner Freizeit[e] gehe ich im Boston Common spazieren, segle mit Bekannten[f] und spiele oft Karten. Mein Leben hier ist schön. Nur vermisse ich dich, meine Familie und meine Heimat Rheinhausen sehr.

Viele Küsse.
Deine Marion

[a]es . . . I'm sorry [b]alles . . . everything's going well [c]angry [d]a comprehensive college entrance exam [e]leisure time [f]acquaintances, new friends

Viele Arbeiterfamilien wohnen in Doppelhäusern wie diesem.

VIDEOTHEK

Ein interessantes Stellenangebot.

In der letzten Folge . . .

ist Heinz Koslowski arbeitslos. Er findet keine Arbeit in Rheinhausen. Die Familie hat wenig Geld. Vera Koslowski hat aber eine Idee: Kann Heinz als Hausmeister in Köln arbeiten?

⬤ Weißt du noch?ᵃ Ja oder nein?

1. Herr Koslowski hat eine gute Stelle in Rheinhausen.
2. Frau Koslowski findet ein Stellenangebot in der Zeitung.
3. Familie Koslowski hat viel Geld.
4. Marions Freund heißt Rudolf.
5. Frau Koslowski geht fürs Abendessen einkaufen.
6. Lars spielt gern Fußball.

ᵃWeißt . . . *Do you remember?*

In dieser Folge . . .

kommt Marion spät nach Hause. Marions Eltern und Lars essen schon zu Abend. Lars sagt zu Marion: „Wir ziehen um—nach Köln!" Marion findet das nicht gut. Am nächsten Tag telefoniert Heinz Koslowski mit Herrn Becker.*

⬤ Was denkst du?ᵃ Ja oder nein?

1. Marion ist sauer, wenn Lars zu ihr sagt: „Wir ziehen um—nach Köln!"
2. Marion will nicht von Rheinhausen wegziehen.
3. Marion will ihr Abitur in Köln machen.
4. Herr Koslowski hat ein Vorstellungsgespräch bei Herrn Becker.

ᵃWas . . . *What do you think?*

Lars zeigt es Marion.

SCHAU MAL ZU!

Ⓐ Was passiert? (HINT: *Put the pictures on page 33 in the correct order.*)

---

*In this episode, Marion comes home late. Marion's parents and Lars are already eating supper. Lars says to Marion: "We're moving—to Cologne!" Marion does not like that. On the next day, Heinz Koslowski calls Mr. Becker up.

a. _____ Marion weint.

b. _____ Marion kommt zu spät zum Abendessen.

c. _____ Herr Koslowski telefoniert mit Herrn Becker.

d. _____ Vera und Heinz sind besorgt.

e. _____ Lars und seine Eltern sitzen am Tisch.

f. _____ Ein Stellenangebot. Etwas für Herrn Koslowski?

B Wer sagt was? (HINT: *Who says what?*)

MODELL: „Ohne mich!" → Marion sagt das.

WAS?
1. „Ohne mich!"
2. „Ich muss mal zum Friseur."
3. „Ich brauche neue Reifen."
4. „Ich rufe an wegen der Anzeige."
5. „Es tut mir Leid wegen vorhin. Entschuldige."
6. „Ist die Stelle noch frei?"

WER?
Herr Koslowski
Frau Koslowski
Marion
Lars

C Das Minidrama geht weiter. (HINT: *Choose the correct word or phrase to complete each sentence.*)

Abend
keine Uhr
Marion

Lars
Frau Koslowski
neue Reifen

Marion ist bei Rüdiger. Sie kommt spät nach Hause, denn sie hat _____.¹ Vera, Heinz und Lars essen schon zu _____.² _____³ sagt zu Marion: „Wir ziehen um nach Köln!" _____⁴ ist sauer und sagt: „Ohne mich!" Marion geht auf ihr Zimmer und weint. _____⁵ will zum Friseur gehen. Und Lars braucht _____⁶ für sein Fahrrad. Die ganze Familie hält zusammen.

WORTSCHATZ ZUM VIDEO

keine	no
besorgt	worried
der Friseur, -e	hairdresser
der Reifen, -	tire
das Fahrrad, ⸚er	bicycle
ohne	without
wegen	on account of
weint	crying
das Abitur	college entrance exam
zusammenhalten	to stick together
Ich rufe an	I'm calling
Ist die Stelle noch frei?	Is the position still available?
das Vorstellungsgespräch	job interview

VOKABELN

DIE FARBEN

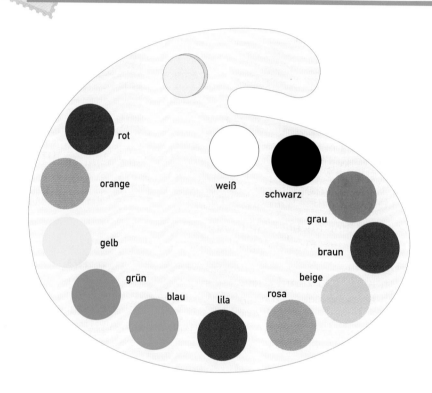

rot
orange
weiß
schwarz
grau
gelb
braun
grün
beige
blau
lila
rosa

Und noch dazu

dunkelblau	*dark blue*
hellblau	*light blue*

Aktivitäten

A Assoziationen. (HINT: *Which colors do you associate with each concept?*)

MODELL: die Tomate → rot

1. die Kreide
2. der Fußball
3. der Tisch
4. wandern
5. schwimmen
6. schreiben
7. froh
8. langweilig
9. krank

B Farben. Beschreib deine Sachen. (HINT: *Use color words to describe your belongings.*)

MODELLE: A: Welche Farbe hat dein Bleistift?
   B: Mein Bleistift ist gelb.

   A: Welche Farbe haben deine Hefte?
   B: Meine Hefte sind gelb.

1. mein Bleistift
2. meine Hefte
3. mein Deutschbuch
4. mein Computer
5. mein Kugelschreiber
6. mein Bett
7. meine Wand
8. mein Fahrrad
9. meine Tür

C Lieblingsfarben. Welche Farben haben die Koslowskis am liebsten? (HINT: *Based on what you know about the Koslowskis so far, what do you think their favorite colors are?*)

MODELL: Marion →
   A: Was ist Marions Lieblingsfarbe?
   B: Marions Lieblingsfarbe ist _____.

1. Marion   3. Frau Koslowski   5. Rüdiger
2. Lars   4. Herr Koslowski

SO GEHT'S!

Lieblingsfarbe is a noun meaning *favorite color.*

D Und was sind deine Lieblingsfarben? (HINT: *Name your favorite color and that of various persons.*)

MODELLE: A: Was ist deine Lieblingsfarbe?
   B: Meine Lieblingsfarbe ist <u>rot</u>.

   A: Was ist die Lieblingsfarbe von deinem Freund / deiner Freundin?
   B: Die Lieblingsfarbe von meinem Freund / meiner Freundin ist <u>grün</u>.

von meinem Bruder   von meiner Schwester
        Vater   Mutter
        Freund   Freundin
        Mitschüler   Mitschülerin
        Lehrer   Lehrerin

HOBBYS, SPORT, FREIZEIT

Was machen die Koslowskis gern in ihrer Freizeit?

Die Koslowskis spielen gern Karten.

Lars schaut gern Fußball im Fernsehen.

Frau Koslowski spielt gern Tennis.

Lars spielt gern Fußball.

Herr und Frau Koslowski tanzen gern.

Marion wandert gern mit Rüdiger.

Und noch dazu

Briefe schreiben	*to write letters*
fotografieren	*to take pictures*
kochen	*to cook*
Musik hören	*to listen to music*
segeln	*to sail*

Herr und Frau Koslowski gehen gern ins Theater.

Marion geht gern mit Rüdiger spazieren.

Marion schwimmt gern.

Aktivitäten

A Assoziationen. Welche Gegenstände assoziierst du mit diesen Aktivitäten? (HINT: *What objects do you associate with these activities?*)

AKTIVITÄTEN

1. tanzen
2. Tennis spielen
3. Briefe schreiben
4. segeln
5. Musik hören
6. fotografieren
7. wandern
8. schwimmen

GEGENSTÄNDE

Wasser
Kugelschreiber und Papier
Wanderschuhe
Tennisschläger
Segelboot   Tanzschuhe
Kamera
Radio

B Freizeit. Was macht die Familie Süßkind in der Freizeit? (HINT: *Say what the following people do.*)

MODELL: Jens / Computerspiele spielen →
          Jens spielt gern Computerspiele.

1. die Süßkinds / Karten spielen
2. Elke Süßkind / Tennis spielen
3. Jakob Süßkind / schwimmen
4. Jens und Max / Fußball im Fernsehen schauen
5. Maria / ins Theater gehen
6. Herr und Frau Süßkind / spazieren gehen

C Wie findest du diese Aktivitäten? (HINT: *Use each word once to say how you like these activities.*)

NÜTZLICHE WÖRTER

blöd	langweilig	super
echt gut	schön	teuer
einfach	schwer	toll

MODELL: A: Ins Kino gehen?
          B: Das finde ich super.

1. ins Konzert gehen
2. Musik hören
3. Schi laufen
4. schwimmen
5. spazieren gehen
6. Baseball spielen
7. im Internet surfen
8. Karten spielen
9. tanzen

D Interview. (HINT: *Interview a partner.*)

1. Gehst du gern ins Kino? ins Theater?
2. Gehst du gern spazieren? wandern?
3. Schwimmst du gern?
4. Spielst du gern Karten? Wenn ja, welche Kartenspiele?
5. Hörst du gern Musik?
6. Was schaust du gern im Fernsehen?

Und noch dazu

billig	*cheap*
blöd	*dumb, stupid*
echt gut	*really good*
einfach	*simple, easy; simply, easily*
leicht	*light; easy, easily*
neu	*new*
schwer	*heavy; difficult, hard*
super	*great*
teuer	*expensive*
toll	*neat*
ziemlich	*rather, quite*

STRUKTUREN

INFINITIVES AND THE PRESENT TENSE
DESCRIBING ACTIONS AND STATES

SO GEHT'S!

The simple present tense in German can express any one of the following in English:

Arbeitest du? —Ja, ich arbeite.
(1) *Do you work? —Yes, I work.*
or:
(2) *Are you working? —Yes, I am working.*

Du arbeitest nicht. —Doch, ich arbeite.
(3) *You don't work. —Yes, I do (work).*

The verbs **brauchen, arbeiten,** and **tanzen** are examples of regular verbs. The **-en** of the infinitive is dropped and endings are added to the verb stem to form the present tense. Unlike English, German verbs have distinct endings for most persons.

INFINITIVE: **brauchen** *to need* STEM: **brauch-**			
INDIVIDUALS		**GROUPS**	
ich brauch**e**	*I need*	wir brauch**en**	*we need*
du brauch**st**	*you need*	ihr brauch**t**	*you need*
Sie brauch**en**	*you need*	Sie brauch**en**	*you need*
sie/er/es brauch**t**	*she/he/it needs*	sie brauch**en**	*they need*

If a verb stem ends in a **-d** or **-t,** then an **-e-** is inserted before the endings **-t** and **-st.** If a verb stem ends in **-z,** the **du**-form ending is **-t.** The verbs **arbeiten** and **tanzen** follow these patterns.

INFINITIVE: **arbeiten** *to work* STEM: **arbeit-**		INFINITIVE: **tanzen** *to dance* STEM: **tanz-**	
INDIVIDUALS	**GROUPS**	**INDIVIDUALS**	**GROUPS**
ich arbeit**e**	wir arbeit**en**	ich tanz**e**	wir tanz**en**
du arbeit**est**	ihr arbeit**et**	du tanz**t**	ihr tanz**t**
Sie arbeit**en**	Sie arbeit**en**	Sie tanz**en**	Sie tanz**en**
sie/er/es arbeit**et**	sie arbeit**en**	sie/er/es tanz**t**	sie tanz**en**

The verb **haben** (*to have*) has irregular forms for **du** and **sie/er/es.**

INFINITIVE: **haben** *to have*
STEM: **hab-**

INDIVIDUALS		GROUPS	
ich hab**e**	*I have*	wir hab**en**	*we have*
du **hast**	*you have*	ihr hab**t**	*you have*
Sie hab**en**	*you have*	Sie hab**en**	*you have*
sie/er/es **hat**	*she/he/it has*	sie hab**en**	*they have*

Übungen

A Wie ist das bei der Familie Koslowski? (HINT: *Complete the sentences with the correct verb.*)

braucht	heißen	kommt	liegt
haben	ist	lernt	spielt

Die Familie Koslowski _____¹ aus Rheinhausen. Rheinhausen _____² in der Nähe von Duisburg. Die Eltern von Marion und Lars _____³ Vera und Heinz. Herr Koslowski _____⁴ arbeitslos. Die Koslowskis _____⁵ kein Geld. Heinz _____⁶ dringend eine neue Arbeit. Marion _____⁷ für das Abitur. Lars _____⁸ gern Fußball.

B Interview. Bilde Fragen. Dein Partner / Deine Partnerin beantwortet sie. (HINT: *Form questions. Your partner will answer them. Then exchange roles.*)

MODELL: wie alt / sein / du ?
   A: Wie alt bist du?
   B: Ich bin 18 Jahre alt.

1. wie / heißen / du ?
2. woher / kommen / du ?
3. wo / wohnen / deine Familie ?
4. wie alt / sein / dein Freund (deine Freundin) ?
5. was / brauchen / du ?

SO GEHT'S!

Each personal pronoun has a corresponding adjective that shows possession. These possessive adjectives have the same endings as **eine** (feminine) and **ein** (masculine and neuter). The plural forms end in **-e**, like the plural article **die**.

ich:	mein	*my*
du:	dein	*your*
Sie:	Ihr	*your*
sie:	ihr	*her/its*
er:	sein	*his/its*
es:	sein	*its*
wir:	unser	*our*
ihr:	euer	*your*
Sie:	Ihr	*your*
sie:	ihr	*their*

Note that **Ihr**, like the corresponding personal pronoun **Sie**, is always capitalized. You will have many opportunities throughout this book to practice these forms.

C Was machen sie in der Freizeit? Bilde Sätze. (HINT: *Form sentences using the words given.*)

MODELL: unser Vater / alte Rocklieder / singen →
Unser Vater singt alte Rocklieder.

1. Vera / mit ihrer Freundin / Karten spielen
2. deine Freundin / schwimmen gehen
3. Lars / mit seinen Freunden / gern ins Kino gehen
4. seine Freunde / nach der Schule / Fußball spielen
5. ich / E-Mails an meine Freunde / schreiben
6. eure Freunde / Briefe an euch / schreiben

D Was macht die Familie Koslowski in ihrer Freizeit? (HINT: *Say what each family member does.*)

1. **Die Familie Koslowski**

2. **Herr und Frau Koslowski**

3. **Marion**

4. **Frau Koslowski**

5. **Lars**

6. **Marions Eltern**

SO GEHT'S!

Some masculine nouns also have special accusative forms.

der Herr → de**n** Herr**n**
ein Herr → ein**en** Herr**n**

You will learn about more nouns that have these special accusative forms in later chapters.

THE NOMINATIVE AND ACCUSATIVE CASES
IDENTIFYING SUBJECTS AND DIRECT OBJECTS

The subject of a sentence tells who or what is performing the action described by the verb. The direct object tells who or what is being directly affected by that action. In the following examples, the subject is printed green, the direct object yellow.

Herr Koslowski braucht eine Stelle .

Er ruft Herrn Becker in Köln an.

Mr. Koslowski *needs* *a job* .

He *calls up* *Mr. Becker* *in Cologne.*

In German, subjects are in the nominative case, while direct objects are in the accusative case. In **Kapitel 1** you learned the forms of the nominative case: **die/eine** for feminine nouns, **der/ein** for masculine nouns, **das/ein** for neuter nouns, and **die** for plural nouns.* The forms of the accusative case are the same, except that the masculine article **der** becomes **den,** and **ein** becomes **einen.**

| Heinz ruft den Mann an. | *Heinz calls the man up.* |
| Marion hat einen Bruder. | *Marion has a brother.* |

So GEHT'S!

To say *there is* or *there are*, use the expression **es gibt**. The persons or things that follow **es gibt** are in the accusative case.

> Es gibt einen Tisch und zwei Stühle im Zimmer.
> *There are a table and two chairs in the room.*

> Gibt es ein Fenster im Klassenzimmer?
> *Is there a window in the classroom?*

Übungen

A Was weißt du schon über die Koslowskis? Ergänze die Substantive. (HINT: *Complete each sentence with the appropriate noun.*)

das Abitur	Herrn (*m.*)	ein Stellenangebot (*n.*)
einen Freund (*m.*)	Reifen (*pl.*)	ein Vorstellungsgespräch (*n.*)
seine Hausaufgaben	eine Stelle	

Heinz braucht dringend _____.¹ Frau Koslowski findet _____² in der Zeitung: „Hausmeister gesucht". Marion macht bald _____.³ Sie will nicht nach Köln ziehen. Marion hat auch _____.⁴ Er heißt Rüdiger. Lars macht _____,⁵ aber er spielt auch Fußball und Computerspiele. Er braucht neue _____⁶ für sein Fahrrad. Herr Koslowski ruft _____⁷ Becker an. Er hat in Köln _____⁸ mit Herrn Becker.

B Wer hat was? (HINT: *Use the chart to say what Marion and Lars have.*)

MODELLE: Marion hat einen Bruder.
          Lars hat eine Schwester.

	MARION	LARS
ein Bruder	☒	☐
ein Computerspiel	☐	☒
ein Cousin	☒	☒
ein Fahrrad	☐	☒
eine Uhr	☒	☐
eine Schwester	☐	☒

C Was gibt es in deinem Zimmer? (HINT: *Use the items in the box to say what is in your room.*)

MODELL: Es gibt <u>einen Schreibtisch</u> in meinem Zimmer.

das Bett
der Schreibtisch
die Lampe
das Telefon
das Buch
die Stereoanlage
der Stuhl

---

*There is no plural for **ein/eine,** just as there is no plural for *a/an* in English.

EINBLICKE

BRIEFWECHSEL

Liebe Marion,

vielen Dank für deinen Brief. Im Vergleich[a] zu Boston ist Rheinhausen stinklangweilig. An das Abitur will ich gar nicht denken. Die mündliche Prüfung in Englisch war grausam.[b] Die Lehrer waren alle so streng.[c] Ich denke aber gern an unsere Zeit zusammen—schlittschuh laufen, Filme sehen, tanzen. Segelst du jetzt wirklich? Gehst du im Winter in Neuengland schi laufen? Das ist super!

Ich gehe nicht so oft weg. Ohne dich ist alles nicht mehr so schön. Hoffentlich vergisst du uns hier in Rheinhausen nicht. Schreib bitte bald[d] wieder!

Dein Rüdiger

Marion in Boston.

[a]Im . . . *In comparison* [b]*terrible* [c]*strict* [d]*soon*

● Was schreibt Marion? Lies Marions Brief am Anfang des Kapitels noch einmal und Rüdigers Brief an sie. Stimmt das—ja oder nein? (HINT: *Read Marion's letter at the beginning of the chapter again. Are the statements correct—yes or no?*)

Ja oder nein?

1. Marion ist in Boston.
2. Boston ist langweilig.
3. Rüdiger wohnt in Rheinhausen.
4. Rüdiger ist Marions Bruder.
5. Marion segelt.
6. Rüdiger und Marion sehen gern Filme.

EINBLICK

Die Koslowskis in der Freizeit

Was machen die Leute aus Rheinhausen gern in der Freizeit? Lies jetzt, was die Familie Koslowski gern macht.

REPORTERIN: Was machen Sie gern in Ihrer Freizeit?

MARION KOSLOWSKI: Ja, in der Freizeit lerne ich gern für Geschichte. . . . Nein, natürlich nicht! Ich gehe gern wandern, ich spiele Tennis, und ich segle und schwimme gern. Mit Freunden gehe ich oft ins Kino, und mit meinem Freund Rüdiger fahre ich Motorrad. Das ist super!

REPORTERIN: Und Sie?

FRAU KOSLOWSKI: Na, ich weiß[a] nicht genau, so viel Freizeit habe ich ja nicht. Immer arbeiten, die Kinder und jetzt Probleme mit meinem Mann Heinz. Er ist nämlich arbeitslos. Ach ja, ins Theater. Ich gehe so gern ins Theater oder auch mal in ein Museum. . . . Vielleicht rufe ich meine Freundin Inge in Kanada an. Aber nein, wir haben ja im Moment kein Geld!

REPORTERIN: Und du?

LARS KOSLOWSKI: Fußball!!! Kicken mit meinen Freunden, meine Schwester Marion nerven. Und mein Fahrrad, ich fahre viel Fahrrad. Schule ist langweilig, das ist klar, aber in den Pausen ist immer was los.[b] Oh, meine Hausaufgaben[c] für morgen . . . bah!!

REPORTERIN: Und Sie?

HERR KOSLOWSKI: Freizeit?! Kein Kommentar!

[a]*know*   [b]ist . . . *something's always going on*   [c]*homework*

A Eine Reporterin interviewt die Koslowskis. Was machen sie in ihrer Freizeit? (HINT: *What do the Koslowskis do in their leisure time?*)

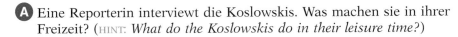

1. Marion   2. Vera   3. Lars   4. Heinz

B Interview. Frag einen Mitschüler / eine Mitschülerin nach seinen/ihren Freizeitbeschäftigungen. (HINT: *Interview a classmate about his/her leisure time activities.*)

MODELL: A: Was machst du gern in deiner Freizeit?
          B: Ich <u>wandre</u> gern in meiner Freizeit. *oder:*
             Ich <u>spiele</u> gern <u>Karten</u> in meiner Freizeit.

PERSPEKTIVEN

HÖR MAL ZU!

A Johannes, Frank und Alexandra besuchen das Burgstraße Gymnasium in Kaiserslautern (Rheinland-Pfalz). Sie sprechen über die Fächer, die Lehrer und ihre Freizeitbeschäftigungen. Hör gut zu! Über welche Fächer sprechen sie <u>nicht</u>? (HINT: *Johannes, Frank, and Alexandra attend the Burgstraße Gymnasium in Kaiserslautern. Listen closely as they talk about their subjects, their teachers, and their free-time activities. Identify which subjects are <u>not</u> specifically mentioned.*)

Johannes: Mathematik Sport Informatik Chemie
Frank: Englisch Physik Sport Biologie
Alexandra: Chemie Mathematik Englisch Kunst[a]

[a]*art*

B Johannes, Frank und Alexandra. Hör noch einmal zu. Ergänze die Sätze. (HINT: *Listen again and complete the sentences. There may be more than one correct answer.*)

Johannes ist gut in _____.[1] Er ist nicht so gut in _____.[2] Sein Lieblingslehrer unterrichtet[a] _____.[3] Er ist auch Projektleiter für _____.[4]

Frank ist gut in _____.[5] Er ist miserabel in _____.[6] Sein Lieblingslehrer unterrichtet _____.[7] In seiner Freizeit fährt er _____.[8]

Alexandra macht gern _____,[9] _____[10] und _____[11] macht sie nicht so gern. Frau Körner unterrichtet _____.[12] In ihrer Freizeit _____[13] Alex gern, vor allem _____.[14]

[a]*teaches*

LIES MAL!

Zum Thema

Nach dem Abitur feiern[a] die Abiturienten und die Abiturientinnen auf der Abifete. Hier ist ein Flugblatt[b] für eine Abifete im Raum Rheinland-Pfalz. Möchtest du gern mitmachen[c]?

[a]*celebrate* [b]*flyer* [c]*participate*

Zum Text

A Informationen. (HINT: *Scan the ad on page 45 for the following information.*)

- Wo ist die Abifete?
- Wann ist die Abifete?
- Wie viel kosten die Karten?

B Englisch im Deutschen. (HINT: *Find at least five English words in the brochure.*)

C Die Attraktionen der Abifete. Was gibt es bei der Fete und was nicht? Mach zwei Listen. (HINT: *Compare the words in the box with the brochure on page 45. Then make two lists, one with the attractions at the* Abifete *and one with attractions not at the* Abifete.)

For more information about the Abitur,
visit the ***Auf Deutsch!*** Web Site at
www.mcdougallittell.com.

Wahl der coolsten Abiturientin und
des coolsten Abiturienten

ein Kino

eine Verlosung

eine Kletterwand

Essen und Trinken

eine Klausur

eine Bühne

ein Shakespeare-Drama

ein Konzert von Celine Dion

ein Festzelt

ein Feuerwerk

INTERAKTION

A Kommst du mit zur Abifete? Vielleicht kommt dein Freund / deine Freundin doch mit. (HINT: *What are the three features of the party that might convince your friend to attend?*)

B Party! Mach ein Poster für eine Party an deiner Schule. Du brauchst attraktive Illustrationen. Vergiss auch nicht folgende Informationen. (HINT: *Create a poster for a school dance or celebration.*)

- der Name der Party
- die Attraktionen / das Entertainment

- der Name der Schule
- das Datum
- der Preis

Es gibt

Es gibt keine/keinen/kein

SCHREIB MAL!

Ein paar Zeilen

Write a few lines to an imaginary penpal in Germany, Austria, or Switzerland. Say something about where you live and what you do or don't like to do.

Purpose:	Introduce yourself to a penpal
Audience:	A young person in Germany, Austria, or Switzerland
Subject:	You and your activities
Structure:	Letter

Schreibmodell

Start your letter with **Liebe** (*Dear*), if you are writing to a female, or **Lieber,** if you are writing to a male.

Letters typically begin with the name of the city in which the letter is being composed as well as the date.

End the letter with **Herzliche Grüße!** (*Warm regards!*), then **Deine,** if you are female, or **Dein,** if you are male, plus your first name.

> Cincinnati, 14. Sept 2001
>
> Liebe Ingrid,
>
> ich heiße Beth Anderson und komme aus Cincinnati. Cincinnati ist schön und interessant. Ich höre gern Musik und spiele oft Tennis. Wie ist es in Zürich? Was machst du gern?
>
> Herzliche Grüße!
> Deine Beth

Schreibstrategien

Vor dem Schreiben

- First, answer the following questions. Then use your answers as the basis for your note.

  - **Wie heißt du?**
  - **Wo wohnst du?**
  - **Wie ist es dort?**
  - **Was machst du gern?**

- Jot down words or phrases in German that represent your ideas about what you do in your leisure time. Don't worry if you can't express everything you want to yet. In time, as you learn more German, you will be able to express yourself better.

- Put the words or phrases in an order that makes sense to you.

Beim Schreiben

- Begin to write sentences, using constructions and other words that you have learned. Refer to the vocabulary lists and the grammar explanations for the **Einführung** and **Kapitel 1** and **2,** if you can't remember how to say something. This writing becomes your first draft.

Nach dem Schreiben

- Share your first draft with another student, who should make helpful comments, ask important questions, and give useful advice. You will do the same for him/her.

- Review the other student's comments, questions, and advice. Clarify your own questions with him/her. He/She will do the same with you. Are the changes correct? How will you respond to his/her suggestions for improvement?

Stimmt alles

- Compose your final draft. Double check the form, spelling, and order of words in each sentence. Make sure that you have begun the letter with the appropriate salutation and ended it with an appropriate closing.

TIPP ZUM SCHREIBEN

In an interesting letter the writer tells something about him- or herself and asks something about the recipient.

Liebe Michael,
ich heiße Christina und komme aus San Diego. San Diego ist sehr schön und interessant. Ich höre gern Musik. Was machst du gern?

Deine Christina

WORTSCHATZ

Verben	Verbs
Aktivitäten	*Activities*
arbeiten	to work
fotografieren	to take pictures
gehen	to go
ins Kino gehen	to go to the movies
ins Theater gehen	to go to the theater
ins Konzert gehen	to go to a concert
spazieren gehen	to go for a walk
hören	to hear; to listen
Musik hören	to listen to music
kochen	to cook
schauen	to look, watch
im Fernsehen schauen	to watch on TV
schreiben	to write
Briefe/E-Mails schreiben	to write letters/ e-mail messages
schwimmen	to swim
segeln	to sail
spielen	to play
Computerspiele spielen	to play computer games
Fußball spielen	to play soccer
Karten spielen	to play cards
Tennis spielen	to play tennis
tanzen	to dance
trinken	to drink
Tee trinken	to drink tea
wandern	to (go for a) hike

Sonstige Verben	*Other verbs*
brauchen	to need
finden	to find
haben	to have
kommen	to come
liegen	to lie, be situated

machen	to do; to make
sitzen	to sit

Adjektive und Adverbien	Adjectives and adverbs
Die Farben	*The colors*
beige	beige
blau	blue
dunkelblau	dark blue
hellblau	light blue
braun	brown
gelb	yellow
grau	gray
grün	green
lila	lavender
orange	orange
rosa	pink
rot	red
schwarz	black
weiß	white

Sonstige Adjektive und Adverbien	*Other adjectives and adverbs*
billig	cheap, inexpensive
blöd	dumb, stupid
echt gut	really good; really well
einfach	simple, easy; simply, easily
leicht	light; easy, easily
neu	new
schwer	heavy; difficult, hard
super	great
teuer	expensive
toll	neat
ziemlich	rather, quite

WIE GEHT ES PAPA?[a]

In this chapter, you will

- learn how Marion copes with the family's decision to move to Cologne.

- see how Marion is getting along in Boston.

You will learn

- some verbs that have stem-vowel changes.

- how to negate sentences, using **nicht** or **kein.**

- how to describe your room and your apartment or house.

- about the concepts of **Heim** and **Heimat.**

- how three famous speakers of German lived in earlier times.

- how people in German-speaking countries live today.

[a]Wie . . . How's Dad doing?

Rheinhausen, 15. Oktober

Liebe Marion,

gerade[a] komme ich mit Mutti und Vati aus Köln zurück.[b] Du weißt ja schon, Papa ist jetzt Hausmeister. Wir bekommen[c] eine neue Wohnung. Die muss ich dir unbedingt beschreiben.[d] Ich habe ein tolles Zimmer mit vielen Fenstern. Muttis und Vatis Schlafzimmer ist schön groß. Du bekommst das kleine Kinderzimmer. Du bist ja doch nur selten hier. Es gefällt dir[e] aber sicher.

Papas Chef Herr Becker ist ganz nett. Er sagt, die Wohnung wird noch renoviert.[f] Ich kenne auch schon einen Nachbarn. Er heißt Michael und ist Bundesligafan wie ich. Viel Spaß[g] in Boston!

Dein Bruder Lars

[a]just   [b]back   [c]are getting   [d]Die . . . I just have to describe it to you.   [e]gefällt . . . you will like   [f]wird . . . will be renovated   [g]Viel . . . Have fun

Köln: eine Stadt mit Charakter.

VIDEOTHEK

Ist die Stelle noch frei?

In der letzten Folge . . .

telefoniert Heinz Koslowski mit Herrn Becker in Köln wegen der Hausmeisterstelle. Was weißt du noch über die letzte Folge?

⬤ Weißt du noch? Ja oder nein?

1. Marion ist froh, denn[a] die Familie zieht vielleicht nach Köln.
2. Marion weint, denn sie will in Rheinhausen bleiben.
3. Marion will, dass Rüdiger mit nach Köln zieht.
4. Die Familie will nicht mehr zusammenhalten.
5. Heinz telefoniert mit Herrn Becker. Er will wissen, ob[b] die Stelle in Köln noch frei ist.

[a]*because* [b]*whether*

Herr Becker ist am Telefon.

In dieser Folge . . .

wartet Herr Koslowski auf den Anruf von Herrn Becker. Endlich klingelt das Telefon. Es ist der Anruf aus Köln. Herr und Frau Koslowski fahren nach Köln. Was wird in Köln passieren?*

⬤ Was denkst du? Ja oder nein?

1. Herr Koslowski bekommt die Stelle als Hausmeister.
2. Familie Koslowski zieht nach Köln.
3. Marion zieht auch mit nach Köln.
4. Die Wohnung in Köln ist klein aber schön.

SCHAU MAL ZU!

A Wie reagieren die Koslowskis, wenn sie die Wohnung sehen? (HINT: *How do the Koslowskis react when they see the apartment?*)

Sind sie . . .

böse?	glücklich?	ruhig?
froh?	traurig?	zufrieden?

---

*In this episode, Mr. Koslowski is waiting for the call from Mr. Becker in Cologne. Finally, the telephone rings. It's the call from Cologne. Mr. and Mrs. Koslowski go to Cologne. What will happen in Cologne?

B Sieh dir das Video ohne Ton an. Wie findest du die neue Wohnung in Köln? (HINT: *Watch the video without sound. What do you think of the apartment in Cologne?*)

> Die Wohnung ist . . .
> groß.   neu.   alt.
> hell.   klein.   dunkel.

C Wie ist Marions Wohnung in Boston? Viel oder wenig? (HINT: *Does Marion's apartment in Boston have many or a few of the following things?*)

> Die Wohnung hat . . .
> viele Fenster.   viele Zimmer.   wenige Möbel.
> viele Möbel.   wenige Fenster.   wenige Zimmer.

D Die Zimmer. Sieh dir das Video mit Ton an. In welcher Reihenfolge sehen die Koslowskis diese Zimmer? (HINT: *In what order do the Koslowskis see these rooms?*)

> _____ das Badezimmer   _____ das Eltern-
> _____ das erste Kinderzimmer   schlafzimmer
> _____ das zweite Kinderzimmer   _____ die Küche

E Was hat Marion alles in ihrer Wohnung in Boston? (HINT: *What does Marion have in her apartment in Boston?*)

> In Marions Wohnung ist/sind . . .
> _____ eine Dusche.   _____ eine Mikrowelle.   _____ ein Sofa.
> _____ ein Herd.   _____ zwei   _____ ein Spiegel.
> _____ ein Kühlschrank.   Nachttische.   _____ eine
> _____ zwei Lampen.   _____ ein Sessel.   Toilette.

F Wie haben diese Leute den Telefonanruf beantwortet? (HINT: *How did these people answer the telephone?*)

1. Herr Koslowski
2. Frau Koslowski
3. Marion Koslowski
4. Professor Di Donato

> Hallo!   Ja, hier Koslowski.
>
> Koslowski.   Hallo, Marion. Hier ist . . .

WORTSCHATZ ZUM VIDEO

Es geht mir bestens.	*I'm doing very well.*
der Arbeitsvertrag	*employment contract*
bleiben	*to stay*
Ihr könnt machen was ihr wollt.	*You can do what you want.*
ausgezogen	*moved out*
Bruderherz	*beloved brother*
vielleicht	*maybe*
der Unsinn	*nonsense*
warten auf	*to wait for*
Gefällt es Ihnen?	*Do you like it?*
das erste	*the first*
zufrieden	*satisfied*

KULTURSPIEGEL

Normally, when answering the phone or calling someone in a German-speaking country, you identify yourself by your last name so that the person on the other end knows to whom he/she is speaking. However, a more casual way of answering the phone is becoming common: Many people now answer the phone with a simple **Hallo!**

VOKABELN

DIE ZIMMER DER WOHNUNG

Viele Wohnungen in Deutschland haben diese Zimmer.

eine Diele

ein Wohnzimmer

eine Küche

ein Badezimmer

ein Schlafzimmer für die Eltern

ein Kinderzimmer

Aktivitäten

A Was für ein Zimmer ist das? (HINT: *What kind of room is that? Name the room in which you find each of the following items.*)

MODELL: → das Wohnzimmer

1. _____   **2.** _____   **3.** _____   **4.** _____

B Was machst du in dem Zimmer? (HINT: *What do you do in the room?*)

MODELL: In der Küche esse ich.

in der Küche	esse ich
im Esszimmer	sehe ich Videos
im Wohnzimmer	koche ich
im Schlafzimmer	lerne ich
	lese ich
	schlafe ich
	telefoniere ich

C Interview

SCHRITT 1: Zimmer. Stelle einem Partner / einer Partnerin diese Fragen. (HINT: *Ask your partner these questions about rooms.*)

1. Was ist dein Lieblingszimmer?
2. Was machst du in diesem Zimmer? (Ich esse / trinke / spiele Karten / höre Musik / ?)
3. Wie viel Zeit verbringst du in diesem Zimmer? (Ich verbringe _____ Minuten/Stunden pro Tag in diesem Zimmer.)

SCHRITT 2: Noch einmal. Stelle einem anderen Partner / einer anderen Partnerin dieselben Fragen. (HINT: *Ask another partner the same questions.*)

SCHRITT 3: In Gruppen. (HINT: *Working in a small group, answer the questions in* Schritt 1. *One student records the answers in a grid like the one below.*)

Partner	Lieblingszimmer	Was machst du?	Zeit im Zimmer?
Max	Schlafzimmer	lesen	1 Stunde

ALLES FÜR HAUS UND HERD[a]

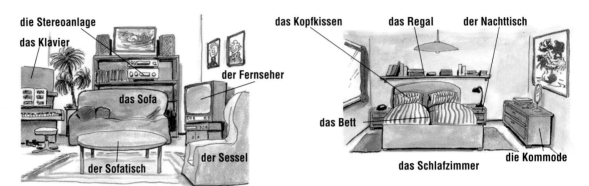

die Stereoanlage

das Klavier

der Fernseher

das Sofa

der Sessel

der Sofatisch

das Wohnzimmer

das Kopfkissen

das Regal

der Nachttisch

das Bett

die Kommode

das Schlafzimmer

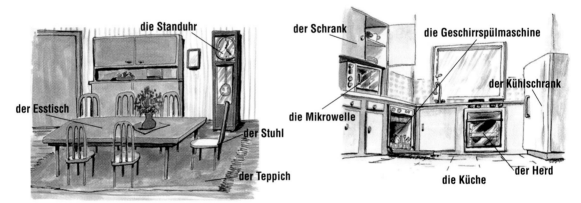

die Standuhr

der Schrank

die Geschirrspülmaschine

der Kühlschrank

der Esstisch

die Mikrowelle

der Stuhl

der Herd

der Teppich

die Küche

das Esszimmer

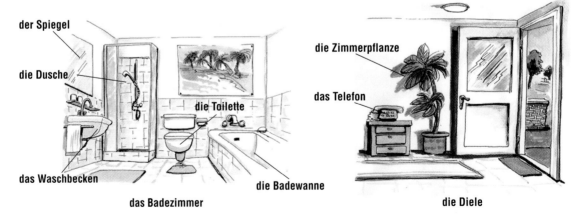

der Spiegel

die Dusche

die Toilette

die Zimmerpflanze

das Telefon

das Waschbecken

die Badewanne

das Badezimmer

die Diele

[a]*stove* (the figurative meaning is *home*)

Aktivitäten

A Wo? Such mit einem Partner / einer Partnerin diese Möbelstücke und Gegenstände im Haus, das auf Seite 56 zu sehen ist. (HINT: *Look for these pieces of furniture and objects in the house on page 56.*)

MODELL: A: Wo ist die Badewanne?
         B: Im Badezimmer.

MÖBELSTÜCKE UND GEGENSTÄNDE		RÄUME
die Badewanne	der Kühlschrank	im Badezimmer
das Bett	der Nachttisch	in der Diele
die Dusche	der Schrank	im Esszimmer
der Herd	das Sofa	in der Küche
das Klavier	der Spiegel	im Schlafzimmer
das Kopfkissen	der Teppich	im Wohnzimmer

B Die Koslowskis ziehen bald in ihre neue Wohnung. Was gehört in jedes Zimmer? (HINT: *The Koslowskis will soon be moving into their new apartment. What goes into each room?*)

MODELL: Das Bett gehört ins Schlafzimmer.

WAS?		WOHIN?
das Bett	das Regal	ins Badezimmer
der Esstisch	der Sessel	ins Esszimmer
der Fernseher	das Sofa	ins Kinderzimmer
der Herd	der Spiegel	ins Schlafzimmer
die Kommode	die Stereoanlage	ins Wohnzimmer
der Küchentisch	die Stühle	in die Küche
der Kühlschrank	das Telefon	
die Lampe		
der Nachttisch		

C Was hat Marion denn alles in ihrer Wohnung in Boston? (HINT: *What does Marion have in her apartment in Boston?*)

MODELL: Im Wohnzimmer hat Marion eine/einen/ein _____.

1. Im Wohnzimmer . . .
2. In der Küche . . .
3. Im Badezimmer . . .
4. Im Schlafzimmer . . .

D Was hast du alles in deinem Zimmer oder in deiner Wohnung? (HINT: *What do you have in your room or in your home? Name at least five things.*)

MODELL: In meinem Zimmer / In meiner Wohnung / In meinem Haus habe ich . . .

STRUKTUREN

THE PRESENT TENSE: VERBS WITH STEM-VOWEL CHANGES
MORE ON DESCRIBING ACTIONS

In addition to their regular verb endings, some German verbs change their stem vowels in the **du** and the **sie/er/es** forms.

VERBS WITH STEM-VOWEL CHANGE a → ä

INFINITIVE: **schlafen** *to sleep* STEM: **schlaf-**		
INDIVIDUALS		**GROUPS**
ich schlafe *I sleep*		wir schlafen *we sleep*
du schl**ä**fst *you sleep*		ihr schlaft *you sleep*
Sie schlafen *you sleep*		Sie schlafen *you sleep*
sie/er/es schl**ä**ft *she/he/it sleeps*		sie schlafen *they sleep*

VERBS WITH STEM-VOWEL CHANGE e → i AND e → ie

INFINITIVE: **essen** *to eat* STEM: **ess-**		INFINITIVE: **lesen** *to read* STEM: **les-**	
INDIVIDUALS	GROUPS	INDIVIDUALS	GROUPS
ich esse	wir essen	ich lese	wir lesen
du **i**sst	ihr esst	du **lie**st	ihr lest
Sie essen	Sie essen	Sie lesen	Sie lesen
sie/er/es **i**sst	sie essen	sie/er/es **lie**st	sie lesen

If a verb stem ends in **-ß, -z,** or **-s,** the ending for the **du**-form is simply **-t.** Note also that **nehmen** has a consonant change in the **du** and **sie/er/es** forms: **du nimmst, sie/er/es nimmt.**

SO GEHT'S!

Other verbs that follow the same pattern as **schlafen** are:

fahren — to drive
laufen — to run

Following the same pattern as **essen** are:

sprechen — to speak
geben — to give
nehmen — to take
vergessen — to forget

Following the same pattern as **lesen** are:

sehen — to see
fernsehen — to watch TV

The verb **fernsehen** is a separable-prefix verb. In the present tense, the prefix **fern** separates from the verb **sehen** and moves to the end of the sentence: **ich sehe am Abend fern** (*I watch TV in the evening*).

Übungen

A Du kennst jetzt die Koslowskis. Wer macht was gern? (HINT: *Now you know the Koslowskis. Who do you think likes to do what?*)

MODELL: Lars sieht gern fern.

1. Marion
2. Frau Koslowski
3. Herr Koslowski
4. Lars

a. sieht gern fern.
b. fährt gern Motorrad.
c. spricht gern mit den Nachbarn.
d. läuft gern im Park.
e. schläft gern.
f. liest gern Zeitung.
g. isst gern Pizza.

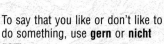

SO GEHT'S!

To say that you like or don't like to do something, use **gern** or **nicht gern.**

Ich lese **gern** Zeitung.
I like to read the newspaper.

Wir trinken **nicht gern** Milch.
We don't like to drink milk.

B Rüdiger, Lars und Marion, was macht ihr? (HINT: *Use the cues to direct questions to Rüdiger, Marion, and Lars.*)

MODELL: Lars, lesen / du / gern ? → Lars, liest du gern?

1. Rüdiger, / vergessen / du / das Buch ?
2. Lars, / essen / du / oft / Spaghetti ?
3. Marion, / geben / du / Rüdiger / ein Foto ?
4. Lars, / nehmen / du / den Bus ?
5. Marion, / sprechen / du / gern / am Telefon ?
6. Rüdiger, / sehen / du / gern / Filme ?

C Ein Interview

SCHRITT 1: Fragen und Antworten. (HINT: *Work with a partner. Restate the following questions in the* du-*form, as you ask and answer questions. Take notes.*)

MODELL: Lesen Sie gern Bücher?
      A: Liest du gern Bücher?
      B: Ja, ich lese gern Bücher. *oder:* Nein, ich lese nicht gern Bücher.

1. Essen Sie gern Pizza?
2. Sehen Sie gern Filme?
3. Sprechen Sie gern am Telefon?
4. Fahren Sie gern Auto?
5. Laufen Sie gern?
6. Sehen Sie gern fern?

SCHRITT 2: Du und dein Partner / deine Partnerin. (HINT: *Report the results of your question/answer session.*)

MODELL: Mein Partner / Meine Partnerin und ich essen gern Pizza.
  oder: Mein Partner / Meine Partnerin isst gern Pizza. Ich esse nicht gern Pizza.

D Was macht Marion wann? (HINT: *Tell what Marion does at what time.*)

MODELL: **6:30** noch schlafen → Um sechs Uhr dreißig schläft Marion noch.

1.  **10:15** ein Buch lesen
3. **12:45** Pizza essen
5. **22:00** einen Film sehen

2.  **11:30** am Telefon sprechen
4.  **15:00** mit Rüdiger Motorrad fahren

E Stell dir vor: Du bist Privatdetektiv. Was macht die Familie Fischer tagsüber? (HINT: *Imagine that you are a private detective. Tell at what time the Fischers do the following activities.*)

MODELL: Um <u>sieben Uhr</u> liest Herr Fischer Zeitung. Um . . .

Herr Fischer
Frau Fischer
Fritz Fischer (der Sohn)
Franziska Fischer (die Tochter)

Vitamin C nehmen
Zeitung lesen
Auto fahren
am Telefon sprechen
im Park laufen

BASIC NEGATION WITH KEIN AND NICHT
MAKING NEGATIVE STATEMENTS

German has two words that express negation: **kein** (*no / not a / not any*) and **nicht** (*not*). The negative article **kein** is used before nouns. It takes the same endings as **ein** and the possessive adjectives.

Ich habe **keine** Lampe / **keinen** Stuhl / **kein** Bett.
I have no lamp / chair / bed. / I haven't any lamp / chair / bed.

Wir haben heute **keine** Zeit.
We have no time today.

Nicht is used before adjectives, adverbs, prepositional phrases, and after direct objects.

Marion ist **nicht** glücklich.
Marion is not happy.
Rüdiger fährt **nicht** schnell Motorrad.
Rüdiger does not ride his motorcycle fast.
Die Koslowskis fahren heute **nicht** nach Duisburg.
The Koslowskis are not going to Duisburg today.
Ich kaufe die Lampe / den Stuhl / das Bett **nicht.**
I am not buying the lamp / chair / bed.

If in doubt, use this rule of thumb: **ein → kein, nicht** is used in most other instances.

> Ist das **eine** Lampe? —Nein, das ist **keine** Lampe.
> Haben Sie **einen** Fernseher? —Nein, ich habe **keinen** Fernseher.
>
> Ist das die Lampe? —Nein, das ist **nicht** die Lampe.
> Haben Sie den Fernseher? —Nein, ich habe den Fernseher **nicht.**

Übungen

A Marion und Lars sind verschieden. Wieso? (HINT: *Marion and Lars are different. How?*)

MODELL: Marion ist romantisch. Und Lars? →
         Lars ist nicht romantisch.

1. Marion lernt fleißig. Und Lars?
2. Lars sieht gern fern. Und Marion?
3. Marion hat Rüdiger gern. Und Lars?
4. Lars spielt oft Computerspiele. Und Marion?
5. Marion denkt oft an die Schule. Und Lars?
6. Lars will nach Köln ziehen. Und Marion?

B Wie ist Marions Wohnung in Boston? Verbessere die Sätze mit **nicht** oder **kein.** (HINT: *What's Marion's apartment in Boston like? Correct the sentences with* nicht *or* kein.)

MODELLE: Marions Wohnung ist klein. → Marions Wohnung ist nicht klein.
          Marions Wohnung hat ein Kinderzimmer. → Marions Wohnung hat kein Kinderzimmer.

1. Die Möbel in Marions Wohnung sind alt.
2. Marions Wohnung hat einen Balkon.
3. Marion findet die Wohnung modern.
4. In Marions Wohnung ist ein Computer im Badezimmer.
5. In Marions Wohnung ist eine Standuhr im Wohnzimmer.
6. Marion hat ein Klavier im Wohnzimmer.

C Das Haus in Rheinhausen und die Wohnung in Köln. Wie sind sie ähnlich? Wie sind sie verschieden? (HINT: *How are the house and apartment similar? How are they different? Use the chart to write sentences. Negate with* nicht *and* kein.)

MODELLE: Das Haus hat Möbel. Die Wohnung hat keine Möbel.
          Das Haus und die Wohnung sind nicht klein.

	DAS HAUS	DIE WOHNUNG
Möbel	☒	☐
klein	☐	☐
einen Garten	☒	☐
einen Balkon	☐	☐
ein Arbeitszimmer	☐	☐
schön	☒	☒
sehr groß	☐	☐

EINBLICKE

BRIEFWECHSEL

Liebstes Bruderherz,

der Schock meines Lebens. Du schreibst einen Brief an mich. Vielen Dank. Ich finde das sehr lieb von dir. Mutti hat die Wohnung in Köln schon ein wenig beschrieben, aber ich bin froh, dass sie dir gefällt. Wann siehst du das erste[a] Fußballspiel in Köln? Ist der erste, FC Köln gut?

Ich habe jetzt auch eine Wohnung. Nicht ganz so groß wie eure in Köln, aber doch gemütlich.[b] Sie hat eine Küche, ein Bad, ein Wohnzimmer und ein Schlafzimmer. Ich kenne[c] noch keine Nachbarn,[d] denn ich bin jeden Tag so lange im Studio. Jetzt muss ich noch meinen Text für die nächste Folge lernen. Das ist viel Arbeit, aber ich mache das gern. Schreib mal wieder!

Deine Schwester Marion

Marion in ihrer Wohnung.

[a]*first* [b]*cozy* [c]*know* [d]*neighbors*

● **Was lernst du von Marions Brief?** (HINT: *Choose the correct completion for each sentence.*)

den Videotext	gern
ein Schock	jeden Tag
einem Fußballteam	keine Nachbarn
einen Brief	nicht so groß

1. Lars schreibt _____ an Marion.
2. Für Marion ist das _____.
3. Lars hat die neue Wohnung in Köln _____.
4. Der erste FC Köln ist der Name von _____.
5. Marions Wohnung in Boston ist _____ wie die neue Wohnung der Koslowskis in Köln.
6. Marion kennt _____.
7. Sie arbeitet _____ im Studio.
8. Sie lernt jetzt _____.

EINBLICK

Trautes Heim

Die Worte *Heim* und *Heimat* bedeuten viel. Das Heim ist das Haus oder die Wohnung: Dort ist es gemütlich, dort ist die Familie. Gemütlich ist es auch in der Heimat: Das ist die Region, aus der man kommt. In der Heimat hat man viele Freunde oder Verwandte.

Die Heimat ist aber eigentlich im Kopf. Man hat ein Heimatgefühl, und das sind Erinnerungen, Gefühle, Gedanken, Bilder von einer Landschaft oder einer Stadt. Alle sind mit der Heimat und dem persönlichen Leben verbunden. Das Heim und die Heimat sind sehr vertraut. Was ist „Heimat" für dich?

In den Dolomiten in Südtirol.

A Heim und Heimat. Lies den Text noch einmal durch. Kombiniere die Satzteile. (HINT: *Combine the sentence parts.*)

1. Im Heim
2. In der Heimat
3. Erinnerungen und Gedanken
4. Das Heim und die Heimat

a. _____ sind ein Teil des Heimatgefühls.
b. _____ ist die Familie.
c. _____ sind sehr vertraut.
d. _____ hat man viele Freunde und Verwandte.

B Was assoziierst du mit *Heim* und *Heimat*? Schreib eine Liste und vergleiche sie mit der eines anderen Schülers / einer anderen Schülerin. Welche Konzepte haben beide  Listen gemeinsam? Wie sind beide Listen verschieden? (HINT: *Write up a list with your associations of "home" and "homeland." Compare your list with that of another student. What concepts do your lists have in common? How are your lists different?*)

WORTSCHATZ ZUM LESEN

traut	*beloved*
das Heim	*home*
die Heimat	*home(land)*
bedeuten	*to mean*
die Verwandte	*relatives*
gemütlich	*familiar; cozy*
eigentlich	*actually*
der Kopf	*head; here: thoughts*
das Bild	*picture*
das Gefühl	*feeling*
die Erinnerung	*remembrance*
verbunden mit	*tied to*
vertraut	*familiar; intimate*

PERSPEKTIVEN

HÖR MAL ZU!

Visit the past and listen to three famous people talk about how they live.

A Neue Wörter. (HINT: *You will hear several new words, each followed by a context. Use key words as well as words you already know to guess the meanings of the new words.*)

die Persönlichkeit: Beethoven, Maria Theresia und Martin Luther sind drei berühmte[a] Persönlichkeiten.

der Komponist: Beethoven ist ein deutscher Komponist.

das Geburtshaus: Wir besuchen Beethovens Geburtshaus. Hier ist Beethoven 1770 geboren.

das Hinterhaus: Das Beethoven-Haus ist eigentlich[b] ein Hinterhaus. Das heißt, das große Haus liegt an der Straße, und dieser kleinere Teil des Hauses liegt dahinten.

der Reformator: Martin Luther ist ein bekannter[c] Reformator. Er ist der Begründer[d] der religiösen Reformation in Deutschland.

das Arbeitszimmer: Luther arbeitet an seiner Bibelübersetzung[e] in seinem Arbeitszimmer.

[a]*famous* [b]*really* [c]*well-known* [d]*founder* [e]*Bible translation*

B Wer wohnt wo? Hör zu. (HINT: *Listen to the interviews and match the persons with the dwellings: a house, a palace, and a fortress.*)

1. _____

2. _____

3. _____

a.

b.

c.

3. „Dann geh' ich eben zum ersten FC Köln! Bundesliga!" —„Warte doch erstmal ab!"

4. „Hier! Guck mal! . . . Na, was sagst du?"

5. „Ich denke, das machen wir doch alle. Zusammenhalten, oder?"

6. „Hausmeister für Wohnungsbaugesellschaft in Köln gesucht. Wohnung vorhanden."

7. „Ja, dann also auf gute Zusammenarbeit." —„Auf gute Zusammenarbeit!"

8. „Mehr können wir nicht für Sie tun, Herr Koslowski. Ja, für eine Vermittlung sind Sie zu alt."

9. „Könnten wir die Wände weiß haben?" —„Ja, wir machen es alles so, wie Sie es haben wollen."

B Am Telefon. Marion spricht am Telefon. Stell ihre Aussagen und Fragen in die richtige Reihenfolge. Arbeite mit einem Partner / einer Partnerin. (HINT: *Marion is talking on the phone in her apartment in Boston. Here is her side of the conversation. Put her statements and questions in the proper order. To whom do you think Marion is talking?*)

- Nein, er weiß es noch nicht.
- Bitte, ich habe noch zu tun.
- Ja, bitte.
- Tschüss.
- Ja, ich spiele noch Marion, hörst du?
- Was ist los?

VOKABELN

A Informationen, bitte. Gib die Informationen für diese Personen an. (HINT: *Provide the information for each person. Use the words in the large box on the next page for help with hobbies.*)

Name:	
Vorname[a]:	
Wohnort[b]:	
Alter[c]:	
Beruf[d]:	
Hobbys:	

Name:	
Vorname:	
Wohnort:	
Alter:	
Beruf:	
Hobbys:	

[a]*first name* [b]*place of residence* [c]*age* [d]*occupation*

Tauben züchten[a]

kochen

Motorrad fahren

ins Theater gehen

Fußball spielen

fernsehen   wandern

E-Mails schreiben

Filme sehen

schwimmen

Zeitung[b] lesen

segeln

ins Kino gehen

fotografieren

?   Bücher lesen

tanzen

Computerspiele spielen

[a]raising pigeons   [b]newspaper

Name:	
Vorname:	
Wohnort:	
Alter:	
Beruf:	
Hobbys:	

Name:	
Vorname:	
Wohnort:	
Alter:	
Beruf:	
Hobbys:	

B Wie beschreibst du die Familie Koslowski? (HINT: *Use the vocabulary and structures you have learned to write as much as you can about each family member. Include personality traits, interests, relationships, and comments about other family members. Choose words and phrases from each of the boxes. Use ideas and patterns similar to those in the model.*)

MODELL: Das ist Heinz Koslowski. Er hat eine Frau. Sie heißt _____. Er hat zwei _____, eine _____ und einen _____. Die _____ heißt Marion und ist _____ Jahre alt. Der _____ heißt Lars. Er ist _____ Jahre alt und spielt gern _____. Heinz Koslowski ist _____ und _____. Er _____ gern. Er _____ nicht gern. Er . . .

1. Heinz Koslowski
2. Vera Koslowski

3. Marion Koslowski
4. Lars Koslowski

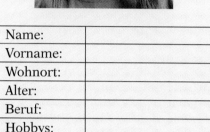

Frau   Mutter   Mann
Schwester   Sohn
Tochter
Vater   Bruder

traurig   froh   jung
arbeitslos   alt
klein   freundlich
romantisch   groß

C Wie ist Rüdiger? Wir wissen nicht sehr viel über Marions Freund Rüdiger. Wie stellst du ihn dir vor? (HINT: *What's Rüdiger like? We don't know much about Marion's boyfriend. How do you imagine him?*)

1. Wie ist er?
2. Wie ist Rüdigers Familie?
3. Was macht Rüdiger gern in der Freizeit?

D Die Wohnungen der Familie Koslowski. Beschreib die Wohnung der Familie in Rheinhausen und die Wohnung in Köln. Welche Zimmer hat jede? Welche Wohnung findest du besser? Warum? (HINT: *Describe the family's dwellings in Rheinhausen and Köln in terms of rooms and spaces. Which dwelling do you like better? Why?*)

E Neue Wohnung, neue Stadt. Beschreib die Zimmer in Marions Wohnung in Boston. Welche Zimmer hat die Wohnung nicht? Was hat Marion in der Wohnung? Was hat sie wohl nicht? (HINT: *Describe Marion's new apartment. Describe the furnishings, and what things Marion probably does not have.*)

F Wie ist Rüdigers Wohnung? Was denkst du? (HINT: *What's Rüdiger's apartment like? Use your imagination to describe the place Rüdiger calls home.*)

STRUKTUREN

A Marion kommt in Boston an. Ergänze **heißen** und **sein.** (HINT: *Marion has just arrived on the set in Boston to begin filming the German course with Professor Di Donato. To make her feel a bit at home, the crew has rehearsed some German to introduce themselves. Provide the correct form of heißen and sein to complete the sentences.*)

FRED: Hallo Marion. Ich _____[1] Fred, ich _____[2] der Regisseur.

CHRIS UND STEVE: Guten Tag! Wir _____[3] Chris und Steve, wir _____[4] die Techniker.

MARION: Und du, wer _____[5] du, oh, entschuldige[a] wer _____[6] Sie?

BILL: Ich _____[7] der Kameramann, ich _____[8] Bill.

MARION: Und wie _____[9] ihr?

AIMEE UND DEBORAH: Hallo, Marion. Wir _____[10] Aimee und Deborah, wir machen dein Make-up.

MARION: Hallo, und danke. Ihr _____[11] aber alle Amerikaner, oder? Also, ich spreche jetzt ein bisschen Englisch. *Nice to meet you.*

[a]*pardon*

B Was macht eigentlich ein Hausmeister für die Bewohner? Ergänze die richtigen Formen der Verben. (HINT: *What does a maintenance man actually do for the tenants? Provide the correct forms of the verbs.*)

Die Bewohner _____[1] (brauchen) den Hausmeister, denn er _____[2] (machen) Ordnung. Er _____[3] (arbeiten) viel und hilft den Bewohnern. Herr Koslowski _____[4] (sein) froh mit seiner neuen Stelle, und er _____[5] (haben) viel Spaß. Wenn er etwas Kaputtes _____[6] (finden), _____[7] (reparieren) er es. Die Bewohner _____[8] (sagen): „Vielen Dank, Herr Koslowski!"

C Wortsalat

SCHRITT 1: Falsche Sätze. Bilde Sätze mit den Satzelementen. (HINT: *Form sentences with the sentence elements. Refer back to pages 38 and 39 for help with verb forms. Note that the information is incorrect.*)

> MODELL: Marion / bleiben / in Rheinhausen →
> Marion bleibt in Rheinhausen.

1. Heinz Koslowski / haben / einen Job
2. Herr Koslowski / warten / auf Professor Di Donato
3. Lars / spielen / immer / Nintendo
4. Marion / haben / ein Haus / in Köln
5. Marion / wohnen / bei den Mertens

SCHRITT 2: Richtige Sätze. Korrigiere jetzt die Sätze. Schreib sie neu mit **nicht** oder **kein.** (HINT: *Now correct the sentences. Rewrite them with* nicht *or* kein.)

> MODELL: Marion bleibt in Rheinhausen. →
> Marion bleibt nicht in Rheinhausen.

EINBLICKE

Familie Koslowski: Wer bin ich? Ergänze die Sätze mit Namen und Pronomen (**er** oder **sie**). (HINT: *Complete the sentences with names and pronouns (he or she). Normally, a person's name begins the paragraph and pronouns take the place of the name in later references, alternating occasionally with the name. Read the paragraphs aloud to yourself to decide the best use of names and pronouns for a smooth flow.*)

_____[1] ist ziemlich ruhig. _____[2] geht gern ins Theater und ins Konzert. Am Nachmittag trinkt _____[3] gern Kaffee mit den Nachbarn. _____[4] schreibt auch gern Briefe.

Am Morgen liest _____⁵ die Zeitung, dann geht _____⁶ spazieren. Nach dem Essen geht _____⁷ zu seinen Tauben,ᵃ denn _____⁸ ist Mitgliedᵇ in einem Taubenzüchterverein.ᶜ

_____⁹ geht nicht gern in die Schule. _____¹⁰ fährt gern mit seinem Fahrrad zu seinen Freunden. Wenn _____¹¹ zu Hause ist, spielt _____¹² immer Nintendo. Am liebsten necktᵈ _____¹³ seine Schwester.

_____¹⁴ fährt gern mit Rüdiger auf dem Motorrad. Manchmal geht _____¹⁵ auch mit Rüdiger ins Kino. _____¹⁶ und ihr Freund hören gern Musik oder gehen in einer Disko tanzen.

ᵃpigeons   ᵇmember   ᶜpigeon breeding club   ᵈteases

PERSPEKTIVEN

⬤ Projekt Stammbaum: Eine nette Familie. (HINT: *Create a family tree. Working in groups of three or four pick a family name you might encounter in a German-speaking country. Create family members for three generations. The family spokesperson should introduce himself/herself and one additional family member to the entire class. Give names, ages, personal characteristics, interests, and relationships to each other.*)

Der umzug nach Köln[a]

In this chapter, you will

- see how Marion adjusts to her family's move to Cologne.

You will learn

- vocabulary to describe where you live.
- vocabulary to describe your neighborhood.
- how to ask yes/no-questions and questions that begin with a question word.
- how to say dates, using ordinal numbers.
- how to write an e-mail message in German.
- more about the city of Cologne.
- about an interesting museum near Düsseldorf.

[a]*Move*

Köln, 3. Februar

Liebe Marion,

Grüße aus Köln! Der Umzug und die erste Nacht sind
überstanden.[a] Gestern haben wir schwer gearbeitet. Zuerst
haben Papa und ich einen Transporter geholt.[b] Es war ganz
toll, mit so einem Monstrum zu fahren. Das Ding war vielleicht
laut. Unsere Nachbarn[c] in Rheinhausen haben geholfen, die
Möbel zu packen. Der Abschied[d] war aber nicht leicht. Die
Fahrt nach Köln war total langweilig, nur Autobahn,
schmutzige Fabriken[e] und Mietshäuser.[f]

Heute fahre ich mit Sebastian Rad, er zeigt mir die Schule.
Hier ist alles so groß und fremd.[g] Ich kann kaum glauben, dass
wir jetzt in Köln wohnen!

Dein Lars

[a]survived [b]picked up [c]neighbors
[d]saying good-bye [e]factories [f]apartment
buildings [g]strange

VIDEOTHEK

Auf gute Zusammenarbeit!

Köln: Eine Stadt mit Flair.

In der letzten Folge . . .

klingelt das Telefon. Herr Becker ruft an. Heinz Koslowski bekommt die Hausmeisterstelle in Köln. Die Koslowskis haben jetzt eine neue Wohnung.

⬤ Weißt du noch?

1. Wie viele Zimmer hat die neue Wohnung in Köln?
2. Welche Zimmer sind das?
3. Wie ist die Wohnung? modern? alt? groß? klein?
4. Zieht Marion mit nach Köln, oder bleibt sie in Rheinhausen?

In dieser Folge . . .

zieht Familie Koslowski nach Köln. Die Nachbarn helfen beim Packen in Rheinhausen. Heinz, Vera und Lars fahren mit einem Transporter nach Köln. Marion bleibt aber in Rheinhausen und wohnt bei den Mertens.

⬤ Was denkst du? Ja oder nein?

1. Lars möchte[a] in Rheinhausen bleiben.
2. Marion ist froh, dass die Familie wegzieht.
3. Das Wohnhaus in Köln ist ganz hoch.
4. Die Familie bleibt die erste[b] Nacht im Hotel.

[a]*would like*   [b]*first*

WORTSCHATZ ZUM VIDEO

die Römer	*Romans*
gegründet	*founded*
die Spuren	*traces*
der Dom	*cathedral*
der Schlüssel	*key*
verstecken	*to hide*
fertig	*ready; exhausted*
schenken	*to give (as a gift)*
vorsichtig	*careful(ly)*
das wäre geschafft	*that's that!*
die kommt	*she'll get along*
schon klar	*all right*
erwachsen	*grown-up*

SCHAU MAL ZU!

Ⓐ Wer sagt das? Heinz, Vera, Marion oder Lars? (HINT: *Who says that?*)

MODELL: „Fertig zum Umziehen!" → Heinz

1. „Auf nach Köln!"
2. „Danke noch mal fürs Helfen."
3. „Tschüss Mama. Ruft an, wenn ihr da seid."
4. „Mann, wohnen wir hoch!"
5. „Ich gehe ins Bett. Erste Nacht in Köln."
6. „Was Marion wohl jetzt macht."

B Welche Stadt? (HINT: *Name the city in which each person lives.*)

MODELL: 1. Anett wohnt in Wengelsdorf.

1.

Anett

2.

Stefan

3.

Anja

4.

Claudia

5.

Iris

6.

Gürkan

C Welche Wohnung? (HINT: *Match each person pictured above with the description of his/her home.*)

a. _____ Diese Wohnung ist 78 Quadratmeter groß. Die Wohnung hat drei Zimmer, ein Bad, eine Küche und einen Salon.ᵃ

b. _____ Die Wohnung hat drei große Zimmer: zwei Schlafzimmer und ein Wohnzimmer.

c. _____ Das Einfamilienhaus hat ein großes Wohnzimmer, ein Schlafzimmer für die Eltern, zwei Kinderschlafzimmer, eine schöne Küche und einen Keller.

d. _____ Die Wohnung ist 66 Quadratmeter groß. Es gibt drei Zimmer, eine Küche, ein Bad und einen Balkon.

e. _____ Das Haus hat vier Zimmer, eine große Küche und einen großen Balkon.

f. _____ Das Haus hat zwei Stockwerke. Im ersten Stock sind die Küche, das Esszimmer, das Wohnzimmer und ein Gäste-WC. Im zweiten Stock sind die Schlafzimmer und ein Bad.

ᵃ*sitting room*

So GEHT'S!

Ein Meter = rund drei Fuß
Ein Quadratmeter = rund neun Quadratfuß

← 1 Meter →

1 Meter

Ein Quadratmeter

D Marion sagt verschiedenes zum Thema Familie. Ist sie traurig? glücklich? voller Hoffnung? (HINT: *Say how Marion feels, when she says these things about her family: sad, happy, full of hope.*)

	TRAURIG	GLÜCKLICH	VOLLER HOFFNUNG
1. Meine Eltern sind gut zu mir.	☐	☐	☐
2. Ich liebe sie. Sie lieben mich.	☐	☐	☐
3. Ich muss mein Abi machen.	☐	☐	☐
4. Wir können telefonieren.	☐	☐	☐
5. Wir bleiben eine Familie. Wir halten zusammen.	☐	☐	☐

VOKABELN

WO WOHNE ICH?

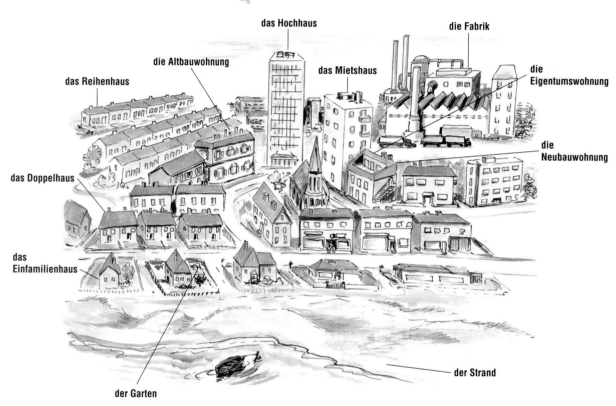

das Reihenhaus
die Altbauwohnung
das Hochhaus
das Mietshaus
die Fabrik
die Eigentumswohnung
die Neubauwohnung
das Doppelhaus
das Einfamilienhaus
der Garten
der Strand

die Stadt

Und noch dazu

die Miete	rent	vermieten	to rent out, let (to)
der Berg	mountain	wegziehen (zieht . . . weg)	to move away
das Haus	house	ziehen	to pull
das Bauernhaus	farmhouse	eigen	own
bezahlen	to pay (for)	möbliert	furnished (apartment)
einrichten (richtet . . . ein)	to furnish	monatlich	monthly
mieten	to rent, lease (from)	zentral	centrally located
umziehen (zieht . . . um)	to move (to another place)	auf dem Land	in the country

Aktivitäten

A Wo findet man diese Wohnungen? (HINT: *Say where you might find these dwellings.*)

MODELL: Eine Neubauwohnung findet man in der Stadt.

1. ein Bauernhaus
2. ein Einfamilienhaus
3. ein Hochhaus
4. eine Altbauwohnung   **a.** in der Stadt
5. ein Mietshaus   **b.** auf dem Land
6. ein Reihenhaus   **c.** in der Stadt und auf dem Land
7. eine Neubauwohnung
8. ein Doppelhaus
9. eine Eigentumswohnung

B Was für Wohnungen haben diese Leute? Was für eine Wohnung hast du? (HINT: *What kind of dwellings do these people have? What kind of a dwelling do you have?*)

MODELL: Was für eine Wohnung haben die Mertens?
—Die Mertens haben ein Einfamilienhaus.

1. Was für eine Wohnung haben die Koslowskis in Rheinhausen?
2. Was für eine Wohnung hat Marion in Boston?
3. Was für eine Wohnung hat deine Familie?

C Wo möchtest du gern wohnen? Warum? (HINT: *Where would you like to live? Why?*)

MODELL: Ich möchte gern in einer Altbauwohnung wohnen.
Sie ist gemütlich.

WO	WARUM
Ich möchte gern { in einer Altbauwohnung / in einem Bauernhaus / in einem Doppelhaus / in einer Eigentumswohnung / in einem Hochhaus / in einer Neubauwohnung / in einem Reihenhaus / ? } wohnen.	Sie/Es ist gemütlich.[a] Ich habe gern Nachbarn. Es ist ruhig. Ich wohne gern hoch.[b] Ich wohne gern auf dem Land. Ich wohne gern in einer Stadt. Ich habe gern einen Garten. Ich habe gern viele Tiere.[c] Ich habe gern meine eigenen vier Wände. ?

[a]*cozy; comfortable*   [b]*high*   [c]*animals*

DIE UMGEBUNG

die Großstadt

die Kleinstadt

der Vorort

das Dorf

DAS STADTVIERTEL

Und noch dazu

die Luft	air
die Ruhe	quiet, stillness
der Mensch	person
der Nachbar / die Nachbarin	neighbor
der Ort	place (in neighborhood)
das Land	country; countryside
allein	alone
oft	often
sauber	clean
schmutzig	dirty
selten	seldom
zusammen	together
mit der Straßenbahn fahren	to take the streetcar
Rad fahren	to ride a bicycle
zu Fuß gehen	to walk

Aktivitäten

A Stadtleben oder Landleben? Assoziierst du das mit der Stadt oder mit dem Land? (HINT: *What do you associate with city and country life?*)

	STADT	LAND
1. Man braucht kein Auto.	☐	☐
2. Die Luft ist schmutzig.	☐	☐
3. Man kann die Natur genießen.[a]	☐	☐
4. Man hat wenige[b] Nachbarn.	☐	☐
5. Es ist ruhig.	☐	☐
6. Es gibt Cafés, Restaurants und Kinos.	☐	☐
7. Man hat einen großen Garten.	☐	☐
8. Die Luft ist frisch und sauber.	☐	☐
9. Man kann mit der Straßenbahn fahren.	☐	☐
10. Man kann im Wald[c] wandern.	☐	☐

[a]*enjoy* [b]*few* [c]*forest*

B Die Umgebung

SCHRITT 1: Wo wohnen sie wahrscheinlich? (HINT: *Where do you think these people probably live?*)

1. Silvia: wandert sehr gern
2. Erik: geht oft ins Kino, tanzt abends
3. Veronika: schwimmt gern im Meer
4. Karin: fährt oft Rad

   a. in einer Großstadt
   b. in einem Dorf
   c. in einem Vorort
   d. am Strand

SCHRITT 2: Es ist schon 2010! Denk an Marion und Lars. Was machen sie gern? Wo wohnen sie? (HINT: *It is already 2010! Think about Marion and Lars. What do they like to do? Where do they live?*)

MODELL: Marion schwimmt gern. Vielleicht wohnt sie am Strand.

C Vorteile und Nachteile. Welche Vorteile und Nachteile hat das Stadtleben? das Landleben? Schreib jeweils zwei Vorteile und zwei Nachteile auf. (HINT: *What are the advantages and disadvantages of city life and country life? Write two advantages and two disadvantages for each.*)

D Wo wohnst du lieber? auf dem Land? in der Stadt? Warum? (HINT: *Say where you prefer to live—in the country or in the city—and why.*)

BIST DU WORTSCHLAU?

There is an important difference between the German words **wohnen** and **leben**. Both mean *to live:* **wohnen** in the sense of *to reside* and **leben** in the sense of *to carry out one's existence* and *to be alive.* Remember these differences when you see or hear the words **wohnen** and **leben** in context—and especially when you want to use the German word for *to live.*

Ich **wohne** bei meinen Eltern. Wir **leben** gut.
I live with my parents. We live well.

SO GEHT'S!

Just as you use **gern** to say you *like* to do something, use the word **lieber** with a verb to say you *prefer* to do something.

Ich wohne **gern** in der Stadt.
I like to live in the city.

Ich wohne **lieber** auf dem Land.
I prefer to live in the country.

STRUKTUREN

YES/NO-QUESTIONS
ASKING QUESTIONS WITH YES/NO-ANSWERS

Yes/no-questions call for a response of *yes* or *no*. In German, yes/no-questions begin with a conjugated verb followed by the subject.

Fährst du heute in die Stadt?	*Are you going into the city today?*
Zieht Marion nach Köln?	*Is Marion moving to Cologne?*

W-QUESTIONS
ASKING QUESTIONS FOR INFORMATION

W-questions call for specific information or some explanation in the response. In German, w-questions begin with a question word; the conjugated verb follows in second position, and the subject usually follows the verb. The most common question words are **wer** (*who*), **wen** (*whom [accusative]*), **was** (*what*), **wann** (*when*), **wie** (*how*), **wie viel** (*how much*), **wie viele** (*how many*), **wo** (*where*), and **warum** (*why*).

Wer ist der Hausmeister?	*Who is the maintenance man?*
Wen besuchst du?	*Whom are you visiting?*
Was ist das?	*What's that?*
Wann beginnt das Schuljahr?	*When does the school year begin?*
Wie findest du meine neue Wohnung?	*How do you like my new apartment?*
Wie viel kostet die Fahrt nach Köln?	*How much is the fare to Cologne?*
Wie viele Nachbarn helfen den Koslowskis beim Umzug?	*How many neighbors are helping the Koslowskis move?*
Wo wohnen die Koslowskis?	*Where do the Koslowskis live?*
Warum ziehen die Koslowskis nach Köln?	*Why are the Koslowskis moving to Cologne?*

Übungen

A Ja oder nein? Bilde Fragen aus den Satzelementen. (HINT: *Form yes/no questions using the sentence elements.*)

MODELL: Marion / bleiben / in Rheinhausen → Bleibt Marion in Rheinhausen?

1. Heinz, Vera und Lars / fahren / nach Köln
2. Herr Koslowski / sein / am Abend / müde
3. Lars und Marion / arbeiten / immer zusammen
4. Lars / spielen / oft / Computerspiele
5. die Koslowskis / mieten / eine Wohnung / in Duisburg
6. Marion / schreiben / oft / Briefe

B Fragen mit Pronomen. Bilde Fragen. (HINT: *Form yes/no questions with subject pronouns.*)

MODELL: sie (*sg.*): Deutsch lernen → Lernt sie Deutsch?

1. ihr: in Rheinhausen bleiben
2. wir: in Köln wohnen
3. ich: nach Freiburg fahren
4. er: heute schwimmen
5. Sie: müde[a] sein
6. du: Hunger haben
7. sie (*pl.*): fleißig arbeiten
8. es: schwer sein

[a]*tired*

C Was passt? Welche Antwort passt zu welcher Frage? (HINT: *Match each question to the statement that answers it.*)

1. Wer bleibt in Rheinhausen?
2. Warum ist Marion traurig?
3. Wie sind die Nachbarn?
4. Wie viele Möbel haben die Koslowskis?
5. Wann besucht Marion die Familie in Köln?
6. Wie kommen Herr und Frau Koslowski und Lars nach Köln?

a. Marion bleibt in Rheinhausen.
b. Sie haben sehr viele Möbel.
c. Sie besucht die Familie am Wochenende.
d. Sie haben einen Transporter.
e. Ihre Familie fährt ohne sie nach Köln.
f. Sie sind sehr nett.

D Die Nachbarn haben Fragen über Marion. Lies jede Antwort, und bilde dann die Frage. (HINT: *Read each answer, then complete its question.*)

MODELL: FRAU HENNING: <u>Wann</u> macht Marion das Abitur?
HERR KORTE: Sie macht es im Mai.

HERR KORTE: _____[1] wohnt Marion jetzt?
FRAU HENNING: Marion wohnt jetzt bei den Mertens.
FRAU KAISER: _____[2] alt ist sie denn?
HERR KORTE: Marion ist fast achtzehn Jahre alt.
FRAU HENNING: _____[3] bleibt sie denn in Rheinhausen?
FRAU KAISER: Sie macht im Mai das Abitur. Und ihr Freund ist in Rheinhausen.
HERR KORTE: _____[4] heißt der Freund?
FRAU HENNING: Der Freund heißt Rüdiger.
FRAU KAISER: _____[5] fühlt sie sich[a]?
FRAU HENNING: Marion ist ein bisschen traurig.

[a]*fühlt . . . does she feel*

ORDINAL NUMBERS
GIVING DATES

You have already learned to count in German using cardinal numbers. To give dates, you need to use ordinal numbers, such as *first, second, third,* and so forth. To state the date, use the article **der** plus the ordinal number plus **-te.**

<blockquote>

Heute ist **der zweite** Juni.   *Today is June second.*

</blockquote>

You can also state the date with the phrase **wir haben den** plus ordinal number plus **-ten.**

<blockquote>

Heute **haben wir den zehnten** Juni.   *Today is June tenth. (lit.: Today we have the tenth of June.)*

</blockquote>

To state the date when an event takes place, use the word **am** plus the ordinal number.

<blockquote>

Wann hast du Geburtstag?   *When is your birthday?*
—**Am** dreizehn**ten** April.   *—On April thirteenth.*

</blockquote>

To form the ordinal numbers up through *nineteenth,* add **-te(n)** to the end of the cardinal number.

CARDINAL NUMBER	ORDINAL NUMBER	
vier	vier**te(n)**	*fourth*
sechs	sechs**te(n)**	*sixth*
achtzehn	achtzehn**te(n)**	*eighteenth*

The following four numbers are exceptions to this pattern.

CARDINAL NUMBER	ORDINAL NUMBER	
eins	erste(n)	*first*
drei	dritte(n)	*third*
sieben	siebte(n)	*seventh*
acht	achte(n)	*eighth*

Form the ordinal numbers for *twentieth* and higher by adding **-ste(n)** to the cardinal number.

CARDINAL NUMBER	ORDINAL NUMBER	
zwanzig	zwanzigste(n)	*twentieth*
fünfunddreißig	fünfunddreißigste(n)	*thirty-fifth*
sechshundert	sechshundertste(n)	*six hundredth*

SPRACHSPIEGEL

Writing ordinal numbers is simpler in German than in English. Just add a period after the number.

2. April	*April 2nd*
3. Mai	*May 3rd*
5. Juli	*July 5th*

Note that in German the ordinal number precedes the name of the month.

Übungen

A Daten. Der Wievielte ist heute? Den Wievielten haben wir heute? (HINT: *Practice asking and saying the day's date in two different ways.*)

MODELLE: 6. Januar →
　　　　A: Der Wievielte ist heute?
　　　　B: Heute ist der sechste Januar.

　oder:　A: Den Wievielten haben wir heute?
　　　　B: Heute haben wir den sechsten Januar.

1. 9. Januar	**4.** 17. April	**7.** 28. Juli	**10.** 3. Oktober
2. 11. Februar	**5.** 21. Mai	**8.** 31. August	**11.** 7. November
3. 12. März	**6.** 25. Juni	**9.** 1. September	**12.** 8. Dezember

B Geburtstag feiern! Wann haben diese Leute Geburtstag? (HINT: *Celebrate a birthday! When are these people's birthdays? Work with a partner. Take turns asking and answering questions about the birthdays of these internationally known Germans.*)

MODELL:　A: Wann hat Steffi Graf Geburtstag?
　　　　B: Sie hat am vierzehnten Juni Geburtstag.

Steffi Graf: Tennisspielerin
Geburtsort: Mannheim
Geburtsdatum: 14. Juni 1969

Wim Wenders: Filmregisseur
Geburtsort: Düsseldorf
Geburtsdatum: 14. August 1945

C Und du? Wann hast du Geburtstag? (HINT: *You and your partner ask each other when your birthdays are and report your findings to the class.*)

MODELL:　A: Wann hast du Geburtstag?
　　　　B: Ich habe am _____ Geburtstag.
　　　　A: __B__ hat am _____ Geburtstag.
　　　　B: __A__ hat am _____ Geburtstag.

SPRACHSPIEGEL

The German names for the months are cognates of the English names.

Januar—Februar—März
April—Mai—Juni
Juli—August—September
Oktober—November—Dezember

KULTURSPIEGEL

Steffi Graf has won 7 Wimbledon titles. In 1988 she won the Golden Grand Slam by winning the Australian Open, French Open, Wimbledon, the U.S. Open, and the Olympic Gold Medal in Seoul. Movie director Wim Wenders is best known in the U.S. for his films *Paris, Texas,* and *Der Himmel über Berlin.*

EINBLICKE

BRIEFWECHSEL

Boston, 17. Februar

Lieber Bruder,

schon wieder Post von dir. Der Umzug hört sich sehr stressig an. Hat euch schon jemand[a] aus Rheinhausen besucht?

Wie in Köln gibt's auch hier in Boston viele Fabriken und Mietshäuser. Die ersten paar Tage hatte ich ein wenig Angst, denn die Stadt ist so groß. Jetzt kenne ich Boston aber schon viel besser. Es gibt echt viel zu tun. Und Köln ist sicher auch interessant. Du gehst bestimmt bald zu einem Bundesligaspiel. Wenn du dann in die Schule gehst, lernst du andere Jungs kennen. Gruß an Mama und Papa.

Deine Marion

[a]*somebody*

Was schreiben Lars und Marion? Lies noch einmal die Briefe oben und auf Seite 77. Was stimmt? Was stimmt nicht? (HINT: *Reread the above letter and the letter on page 77. Which statements are true? Which are not true? If a statement is true, say* Das stimmt; *if a statement is not true, say* Das stimmt nicht.)

1. Die Koslowskis ziehen mit dem Auto um.
2. Die Nachbarn helfen der Familie beim Umziehen.
3. Alle sind froh, dass die Koslowskis wegziehen.
4. Die Fahrt nach Köln ist uninteressant.
5. Lars findet Köln groß und fremd.
6. Boston hat viele Fabriken und Mietshäuser.
7. Wenn Lars in die Schule geht, macht er neue Freunde.

EINBLICK

Köln: Eine Metropole

Die Familie Koslowski zieht nach Köln. Köln ist eine Großstadt, die
viertgrößte Stadt von Deutschland, und hat über eine Million Einwohner.
Was weiß Marion denn über Köln?

- Die Römer haben die Stadt gegründet.
- Der berühmte Kölner Dom ist schon 750 Jahre alt.
- Neben[a] dem Dom ist das Römisch-Germanische Museum.
- In Köln gibt es auch viele Radio- und Fernsehstationen.

„Eigentlich ist Köln ganz schön," sagt Marion.

Aber in Köln gibt es noch viel mehr: Jedes Jahr ist die „Art Cologne",
ein internationaler Kunstmarkt. Es gibt Konzerte und Theater, eine
Sporthochschule, eine Kunsthochschule und eine Musikhochschule. Und
natürlich auch eine Universität. Es gibt auch einen Zoo. Na, Marion, ist
das nichts?

[a]*next to*

Köln am Rhein.

KULTURSPIEGEL

A **Hochschule** is an institution of higher
education (not a *high school*). There
are various kinds of **Hochschulen,**
such as a **Musikhochschule,**
Kunsthochschule, and an **Universität.**

A Köln. Ergänze die Sätze. (HINT: *Complete the sentences.*)

1. Köln ist die _____ Stadt von Deutschland.
2. Köln hat mehr als _____ _____ Einwohner.
3. In Köln gibt es viele Radio- und _____.
4. Es gibt eine Sporthochschule, eine Kunsthochschule, eine _____
   und eine _____.

B Meine Heimatstadt. Beschreibe deine Heimatstadt oder Heimat. (HINT:
Describe your hometown or homeland.)

MODELL: Meine Heimatstadt ist Köln. Köln ist weltberühmt.[a] Die
Stadt ist schön und alt. Köln ist auch sehr groß. Es ist ein
Funk- und Fernsehzentrum. Westdeutscher Rundfunk,
Deutsche Welle und viele Kabelfernsehsender senden aus
Köln.

- Wie ist deine Heimatstadt/Heimat? Ist sie weltberühmt? schön?
  alt? modern? groß? klein? interessant? romantisch? ruhig?
- Ist deine Heimatstadt bekannt[b]? Ist sie für Radio und Fernsehen
  bekannt? Industrie? Computer? Finanz? Film? Transport?
  Restaurants und Hotels? Unterhaltung[c]? Landwirtschaft[d]?
  Bergbau[e]?
- Was macht man dort?

[a]*world-famous* [b]*well-known* [c]*entertainment* [d]*agriculture* [e]*mining*

PERSPEKTIVEN

HÖR MAL ZU!

Drei Berliner und wie sie wohnen.

A Dirk, Helga und Karola wohnen in Berlin. Wo und wie wohnen die drei Berliner? (HINT: *Indicate the type of dwelling, rooms, and furniture each person has.*)

WORTSCHATZ ZUM HÖRTEXT

der Arbeitsplatz	work area
türkis	turquoise
die Hausaufgabe	homework
das Nilpferd	hippopotamus
die Vase	vase
das Spielzeugtier	toy animal
sich befinden	to be located
verbringen	to spend (*time*)
das Kuscheltier	stuffed animal

WOHNUNGEN	DIRK	HELGA	KAROLA	ZIMMER	DIRK	HELGA	KAROLA
Hochhaus	☐	☐	☐	Wohnzimmer	☐	☐	☐
Mietshaus	☐	☐	☐	Schlafzimmer	☐	☐	☐
Reihenhaus	☐	☐	☐	Küche	☐	☐	☐
				Kinderzimmer	☐	☐	☐
				Arbeitszimmer	☐	☐	☐
MÖBEL							
Ledercouch	☐	☐	☐				
Regale	☐	☐	☐				
Hochbett	☐	☐	☐				
Antiquitäten	☐	☐	☐				

B Hör dir die Beschreibungen noch einmal an. Wer hat was? Ergänze die Sätze! (HINT: *Listen to the passage one more time and complete the sentences.*)

1. _____ hat einen Geschirrspüler.
2. _____ und _____ haben einen Computer.
3. _____ hat ein Klavier.
4. _____ hat ein Nilpferd.
5. _____ hat einen großen Schreibtisch.
6. _____ hat eine alte Wanduhr.
7. _____ hat einen Balkon.
8. _____ hat eine Ledercouch und Vasen in türkis.

FOKUS INTERNET

For more information about museums in the German-speaking countries, visit the *Auf Deutsch!* Web Site at www.mcdougallittell.com.

LIES MAL!

Zum Thema

Lies den folgenden Bericht über ein Museum in Mettmann.

Starker Alter–Wie hat der Steinzeitrambo gelebt?

Wer ist stärker? Der Neandertaler oder der Bodybuilder von heute? Was denkst du?

„Willkommen, liebe Zuschauer! Zu unserem heutigen Wettkampf treffen sich der Neandertaler und ein Athlet aus unserer Zeit. Wer wird den Stein als Erster stemmen?"

5 Tatsächlich: Der Alte, rund 60 000 Jahre alt, wird siegen, berichtet der Reporter. Ein Steinzeitrambo also? Keineswegs! Er braucht zwar Kraft zum Überleben, aber auch Intelligenz.

10 Für diesen Jäger und Sammler aus der Frühzeit Europas gibt es in Mettmann (Nordrhein-Westfalen) ein Museum. 1856 findet man zwischen Köln und Düsseldorf Knochen des Alten. Man nennt ihn Neandertaler nach dem Tal, wo man ihn
15 findet.

Und wie hat der Neandertaler gelebt?

Es gibt keine Einfamilienhäuser, keine Mietshäuser, keine Reihenhäuser und absolut keine Hochhäuser. Nur ab und zu eine Höhle. Eine Höhle hat aber auch Vorteile. Man zahlt keine Miete und
20 die Nebenkosten sind gering. Ein Feuer, ein paar Felle und schon ist die Höhle warm und gemütlich. An den Wänden ein paar Zeichnungen und aus der Höhle wird ein Heim. Allerdings sucht man warmes Wasser, Dusche und WC umsonst. Eine Rekonstruktion dieser Frühzeitwohnung ist nur eine von vielen realistischen Szenen im Neanderthal-Museum.
25 Woher kommen wir? Wer sind wir? Wohin gehen wir? Die Museumsbesucher sollen darüber nachdenken. Es gibt fünf Räume in dem Museum: Leben und Überleben, Werkzeug und Wissen, Mythos und Religion, Umwelt und Ernährung. Man geht auf eine Reise durch die Geschichte und lernt mit Kopfhörer, Video und Texttafeln.

WORTSCHATZ ZUM LESEN

der Wettkampf	*contest*
stemmen	*lift*
siegen	*win*
die Kraft	*strength*
der Jäger	*hunter*
der Knochen	*bone*
die Höhle	*cave*
der Vorteil	*advantage*
zahlen	*to pay*
gering	*miniscule*
das Fell	*skin*
umsonst	*unsuccessfully*
das Werkzeug	*tool*
der Raum	*room*
die Umwelt	*environment*
die Ernährung	*diet*

Zum Text

A Was passt? Ergänze die Sätze. (HINT: *Choose the correct completion to each sentence.*)

1. Neandertaler wohnen in [Hochhäusern / Höhlen].
2. Eine Höhle ist [teuer / billig].
3. Das Museum hat [viele Zimmer / fünf Zimmer].
4. Man lernt mit [Videos / Büchern] viel über die Neandertaler.
5. Neandertaler sind [16 000 / 60 000] Jahre alt.
6. Das Neandertal liegt zwischen Köln und [Düsseldorf / Duisburg].

B Wie beschreibst du die Höhle eines Neandertalers? die Wohnung eines modernen Menschen? (HINT: *How do you describe the cave of a Neanderthal? the home of a modern person?*)

Eine Höhle . . . *ist sehr groß.*

Eine Wohnung . . . *ist teuer.*

INTERAKTION

Rollenspiel: Ein Reporter / Eine Reporterin interviewt einen Neandertaler und macht sich Notizen. Berichte nachher der Klasse von deinen Ergebnissen. (HINT: *Work with a partner and role play an interview between a modern-day reporter and a Neanderthal person. Report your findings to the class.*)

REPORTER / REPORTERIN	NEANDERTALER
1. Wo wohnen Sie?	• Auf dem Land. / In einer Höhle.
2. Was gibt es in Ihrer Höhle?	• In meiner Höhle ist/sind . . .
3. Wie groß ist Ihre Familie?	• In meiner Familie sind . . .
4. Arbeiten Sie?	• Ja./Nein.
5. Was machen Sie in Ihrer Freizeit?	• Ich (wandere / schwimme / ?)

TIPP ZUM SCHREIBEN

An e-mail message is usually a casual form of writing. It is often a "stream of consciousness," that is, writing what comes to mind. When answering an e-mail, look at the questions that have been asked and formulate responses to them. Also, ask yourself what else might be of interest to your penpal. Finally, what questions can you pose to him/her?

SCHREIB MAL!

E-Mail schreiben

Describe your town or city to your German penpal.

Purpose:	Let your penpal know more about you and your surroundings
Audience:	A young person in Germany, Austria, or Switzerland
Subject:	Your town or city
Structure:	Personal e-mail

Schreibmodell

Liebe Carla,

vielen Dank für deine E-Mail. Unsere Wohnung in Dessau ist nicht weit vom Stadtzentrum. In meinem Stadtviertel gibt es einen Supermarkt, eine Bank, ein Kino, ein Café und einen Park. Der Park ist sehr schön. Es gibt einen Tennisplatz. Ich spiele dort Tennis. Spielst du Tennis? Es gibt viele schöne Altbauwohnungen in meinem Stadtviertel, aber auch Neubauwohnungen. Sie finde ich aber nicht schön. Meine Großeltern wohnen auf dem Land. Sie haben einen Bauernhof und wohnen in einem alten Bauernhaus. Wohnst du auf dem Land oder in der Stadt? Was gibt es in deinem Viertel?

Herzliche Grüße,
deine Monika

Remember, yes/no questions begin with the verb.

This w-question begins with **was** (*what*). W-questions ask for information.

Schreibstrategien

Vor dem Schreiben

- Thinking in terms of questions and answers will not only develop your reading skills in German but also improve your writing abilities in German. Take a sheet of paper and follow these steps. At the end, you will find you have everything you need to describe your city or town in German.

  1. Read the e-mail message again, sentence by sentence. Pause at the end of each sentence and write down the question(s) it answers.

  MODELL: Unsere Wohnung in Dessau ist nicht weit vom Stadtzentrum.
  Wo wohnst du? Wie heißt die Stadt? Wohnst du in einem Haus oder in einer Wohnung?

  2. Then write any new questions you can think of based on the information in this sentence. Put a star in front of these new questions.

Liebe Monika,

*ich wohne in eine*ʳ
Kleinstadt in Vermont.
Die
~~*Der*~~ *Stadt heißt*
Bennington. In
Bennington wohnen
19.000 Menschen. Wie viele
~~*Was*~~
Menschen wohnen in
Dessau? Die Stadt hat
drei Supermärkte, zwei
*Kino*ˢ *ein Theater und*
ein Museum. Ich gehe
gern ins Kino. Gehst du
~~*Du gehst*~~
gern ins Kino? Meine
Großeltern wohnen auf
dem Land. Sie wohnen
in einem Bauernhaus.
Ich bin gern auf dem
Land. Ich fahre auch
gern Rad. Ich spiele
gern nicht Tennis.

Schöne Grüße,
Carla

MODELL: * Wie ist dein Stadtviertel?

If you find an answer to one of the new questions later in the note, check off that question.

MODELL: In meinem Stadtviertel gibt es einen Supermarkt, eine Bank, ein Kino, ein Café und einen Park.
✔ Wie ist dein Stadtviertel?

3. When you come across a question your penpal asks, answer it as completely as you can. You can also add a question for your penpal.

MODELL: Spielst du Tennis? →
Ich spiele gern Tennis. Ich spiele auch _____. Spielst du auch _____?

4. Look at the starred questions that you did not check off. You can pose any or all of these to your penpal.

5. Review the answers you write to your penpal's questions. Do you want to add any further information?

Beim Schreiben

- You are ready to write your e-mail message. Make up a name for your penpal and begin. Draw from the ideas in your questions and answers, but feel free to bring in any thoughts that come to mind.

Nach dem Schreiben

- Share your first draft with a partner, who should make helpful comments and ask important questions. You will do the same for your partner.

- Review your partner's comments and questions. If you don't understand something he/she has written, ask him/her to explain or elaborate. Your partner will do the same with you. Are the changes correct? How will you respond to his/her suggestions for improvement?

Stimmt alles?

- Compose your final draft. Double-check the form, spelling, and order of words in each sentence.

- You might want to add a sketch of your house, apartment, or room, or maybe even a floorplan.

WORTSCHATZ

Substantive	Nouns
Meine Umgebung	*My surroundings*
die **Bank, -en**	bank
die **Fabrik, -en**	factory
die **Luft**	air
die **Miete, -n**	rent
die **Post**	post office; mail
die **Stadt, -̈e**	city
die **Großstadt, -̈e**	big city, metropolis
die **Kleinstadt, -̈e**	small town
die **Wohnung, -en**	dwelling; apartment
die **Altbauwohnung, -en**	pre-1945 building
die **Eigentumswohnung, -en**	condominium
die **Neubauwohnung, -en**	post-1945 building
die **Umgebung**	surroundings
der **Berg, -e**	mountain
der **Garten, -̈**	garden
der **Ort, -e**	place
der **Vorort, -e**	suburb
der **Strand, -̈e**	shore; beach
der **Supermarkt, -̈e**	supermarket
das **Café, -s**	café
das **Dorf, -̈er**	village
das **Haus, -̈er**	house
das **Bauernhaus, -̈er**	farmhouse
das **Doppelhaus, -̈er**	town house
das **Einfamilienhaus, -̈er**	single-family house
das **Hochhaus, -̈er**	high rise
das **Mietshaus, -̈er**	apartment building
das **Reihenhaus, -̈er**	row house
das **Kino, -s**	movie theater
das **Land, -̈er**	country; countryside
das **Restaurant, -s**	restaurant
das **Stadtviertel, -**	neighborhood

Sonstige Substantive	Other nouns
die **Ruhe**	quiet, stillness
der **Mensch, -en***	person; human being
der **Nachbar, -n*** / die **Nachbarin, -nen**	neighbor (*male*) / neighbor (*female*)

Verben	Verbs
bezahlen	to pay (for)
einrichten (richtet . . . ein)	to furnish
mieten	to rent, lease (from)
umziehen (zieht . . . um)	to move
vermieten	to rent out, let (to)
wegziehen (zieht . . . weg)	to move away
ziehen	to pull

Adjektive und Adverbien	Adjectives and adverbs
allein	alone
eigen	own
möbliert	furnished (*apartment*)
monatlich	monthly
oft	often
sauber	clean
schmutzig	dirty
selten	seldom
zentral	centrally located
zusammen	together

Sonstiges	Other
auf dem Land	in the country
mit der Straßenbahn fahren	to take the streetcar
Rad fahren	to ride a bicycle
zu Fuß gehen	to walk

***NOMINATIVE**	**ACCUSATIVE**
der Mensch	den Menschen
der Nachbar	den Nachbarn

KAPITEL 5

DAS KARNEVALSFEST

In this chapter, you will

- discover what happens at a carnival party in Cologne.
- see Mr. Koslowski at his new job.

You will learn

- the names of some holidays.
- the names of the months and seasons.
- how to talk about the weather.
- how to talk about people and things.
- how to describe people, things, and ideas.
- to read poetry in German.
- how to write a short poem in German.
- about the favorite festivals of four people from Germany, Austria, and Switzerland.

In Köln feiert man Karneval.

Liebe Marion,

nett, dass du so oft schreibst. Wir wissen, wie schwer du arbeitest. Hier bei uns ist nach dem Umzug endlich etwas Ruhe. Papa ist froh, endlich wieder Arbeit zu haben. Gerade hat er ein Karnevalsfest für das ganze Haus vorbereitet,[a] und alle Hausbewohner haben geholfen. Das Fest hat viel Spaß gemacht. Die meisten Leute haben lustige Kostüme getragen. Essen, Getränke, Musik und Stimmung waren toll—dann aber kam der Regen.[b] Papa hat das Fest aber gerettet.[c] Feiert[d] man auch Karneval in Boston?

Alles Liebe,
deine Mutti

[a]prepared [b]rain [c]saved [d]celebrate

VIDEOTHEK

In der letzten Folge . . .

ziehen die Koslowskis ohne Marion nach Köln. Marion wohnt immer noch in Rheinhausen bei den Mertens. Die Nachbarn helfen den Koslowskis beim Umzug. Sie ziehen in die neue Wohnung in Köln. Sie wohnen hoch oben im dritten Stock.

● Weißt du noch? Ja oder nein?

1. Marion ist in Rheinhausen geblieben,[a] aber sie will in Köln wohnen.
2. Marion wohnt bei Rüdiger in Rheinhausen.
3. Heinz, Vera und Lars fahren mit einem Transporter nach Köln.
4. Die erste Nacht in Köln schläft die Familie in der neuen Wohnung.

[a]ist . . . *stayed in Rheinhausen*

Auf nach Köln!

In dieser Folge . . .

geht Heinz Koslowski mit Herrn Becker in seine neue Werkstatt.[a] Die Werkstatt ist aber unordentlich, denn der letzte Hausmeister ist schnell ausgezogen. Es sind viele alte Sonnenschirme in der Werkstatt. Herr Becker will sie nicht mehr. Die Koslowskis planen das Karnevalsfest in der Straße. Alle Nachbarn feiern mit.

● Was denkst du? Ja oder nein?

1. Heinz Koslowski mag[b] Unordnung.
2. Er bringt die Sonnenschirme auf die Straße und der Sperrmüll bringt sie weg.
3. Vera und Heinz Koslowski bereiten das Straßenfest vor.
4. Das Wetter ist sehr gut, nur ist es etwas heiß, und man braucht die Sonnenschirme.
5. Das Fest ist ein großer Erfolg.[c]

[a]*workshop* [b]*likes* [c]*success*

So eine Unordnung!

SCHAU MAL ZU!

A Herr Koslowski rettet das Fest.

SCHRITT 1: Bring die Bilder in die richtige Reihenfolge. (HINT: *Put the scenes in the correct sequence.*)

a. _____

b. _____

c. _____

d. _____

e. _____

f. _____

SCHRITT 2: Was passiert in dieser Folge? (HINT: *Match the captions with the pictures.*)

i. _____ Die Koslowskis bereiten ein Karnevalsfest vor.

ii. _____ Es beginnt zu regnen.

iii. _____ Die Koslowskis holen die Sonnenschirme aus dem Keller.

iv. _____ Es ist schon zehn nach sieben.

v. _____ Zu spät! Der Lastwagen fährt weg.

vi. _____ Die Leute feiern unter den Sonnenschirmen.

B Welche Feste feiern sie? (HINT: *Say what holidays these people celebrate.*)

MODELL: Tobias feiert _____.

1. _____ Tobias
2. _____ Daniela
3. _____ Anja

a. Erntedankfest
b. Oktoberfest
c. Wiener Festwochen

WORTSCHATZ ZUM VIDEO

die Hauptsache	*main thing*
der Sonnenschirm	*sun umbrella*
tropfen	*to drip*
der Wasserhahn	*faucet*
die Stadtverwaltung	*city government*
die Müllabfuhr	*garbage removal*
der Sperrmüll	*restricted garbage*
die Laune	*mood, spirits*
das Erntedankfest	*Thanksgiving*

VOKABELN

FESTE UND FEIERTAGE

An Silvester sieht man Feuerwerke und feiert auf der Straße.

Am Neujahr tanzt und singt man.

Am Valentinstag gibt man Schokolade.

Zum Karneval trägt man ein Kostüm und feiert auf der Straße.

Zum Muttertag schenkt man Blumen.

Zum Geburtstag gibt man Geschenke.

Und noch dazu

die Chanukka	*Hanukkah*
der Vatertag	*Father's Day*
(das) Weihnachten	*Christmas*
Alles Gute!	*All the best!*
Gesundheit!	*Bless you! (After a sneeze)*
Gratuliere!	*Congratulations!*
Gute Reise!	*Bon voyage!*
Guten Rutsch ins neue Jahr!	*Happy New Year!*
Herzlich willkommen!	*Welcome!*
Herzlichen Glückwunsch zum Geburtstag!	*Happy Birthday!*
Viel Glück!	*Good luck!*
Viel Spaß!	*Have fun!*
Wie schade.	*How sad.*
bringen	*to bring*
verbringen	*to spend*

Aktivitäten

A Feiertage. Was passt zusammen? Was macht man an welchem Fest?
(HINT: *Match each holiday with at least one appropriate activity.*)

MODELL: Zu Weihnachten gibt man Geschenke.

1. Zu Weihnachten	Man trägt Kostüme.
2. Zum Karneval	Man gibt Geschenke.
3. Zum Geburtstag	Man geht ins Restaurant.
4. Am Valentinstag	Man sieht Feuerwerke.
5. Zum Muttertag	Man geht spazieren.
6. An Silvester	Man isst und trinkt.
7. Zu Chanukka	Man verbringt den Tag mit der Familie oder mit Freunden.

B Was sagt man dazu? (HINT: *Find an appropriate phrase for each occasion.*)

MODELL: A: Heute habe ich Geburtstag!
          B: Alles Gute zum Geburtstag! *oder:*
          B: Herzlichen Glückwunsch zum Geburtstag!

1. Heute ist der vierzehnte Februar.
2. Wir fahren morgen nach Deutschland!
3. Unser neues Baby ist da!
4. Morgen haben wir einen schwierigen Test.
5. Ich bin zum ersten Mal hier in der Schweiz!
6. Der erste Januar ist bald da.
7. Leider[a] können wir nicht kommen.

[a]*Unfortunately*

C Ein schönes Fest

SCHRITT 1: Plan zusammen mit einem Partner / einer Partnerin ein Fest. (HINT: *Plan a party with a partner.*)

• Welches Fest feiert ihr?
• Was macht ihr?
• Was braucht ihr dazu?
• Tragt ihr Kostüme?
• Was esst ihr?
• Was trinkt ihr?

SCHRITT 2: Berichtet der Klasse, was für ein Fest ihr feiert und was ihr macht. (HINT: *Report to the class what kind of party you're having and what you're doing.*)

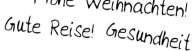

Gratuliere!   Viel Glück!

Herzlich willkommen!

Wie Schade.

Alles Gute zum Valentinstag!

Viel Spaß!

Guten Rutsch ins neue Jahr!

Frohe Weihnachten!

Gute Reise!   Gesundheit

DIE JAHRESZEITEN UND DIE MONATE

der Frühling

März, April, Mai

der Sommer

Juni, Juli, August

der Herbst

September, Oktober, November

der Winter

Dezember, Januar, Februar

WIE IST DAS WETTER HEUTE?

Die Sonne scheint. Es ist heiter. Es ist schön warm.

Es ist wolkig. Es regnet.

Es ist kühl. Es ist neblig.

Es ist kalt. Schnee liegt auf den Bergen.

Es ist windig.

Es ist heiß.

Und noch dazu

die Wolke	*cloud*	der Wind	*wind*	Es blitzt.	*It's lightning.*
der Nebel	*fog*	Es schneit.	*It's snowing.*	frisch	*fresh*
der Regen	*rain*	Es donnert.	*It's thundering.*	kühl	*cool*

Aktivitäten

A In welcher Jahreszeit macht man das meistens? im Frühling? im Sommer? im Herbst? im Winter? (HINT: *Say in which season one usually does these things.*)

MODELL: Man läuft meistens im Winter Schi.
Man liegt meistens im Sommer in der Sonne.

Schi laufen	einen Sonnenschirm benutzen
schwimmen	am Strand liegen
Fußball spielen	kühles Wasser trinken
in der Sonne liegen	heiße Schokolade trinken
einen Regenschirm benutzen	

B Alles über Wetter

SCHRITT 1: Was machst du bei diesem Wetter? (HINT: *Say what you do in what kind of weather.*)

1. Ich gehe spazieren, _____.
2. Ich spiele Computerspiele, _____.
3. Ich kaufe einen Regenschirm, _____.
4. Ich trinke Cola, _____.
5. Ich spiele nicht Tennis, _____.
6. Ich laufe morgen[a] Schi, _____.

a. denn es regnet.
b. denn es ist heiß.
c. denn es ist schön warm.
d. denn es schneit.
e. denn es ist kalt.
f. denn es ist windig.

SCHRITT 2: Wie sagt man das noch? (HINT: *How does one say that another way?*)

1. Der Nebel ist dicht.[b] Es ist _____.
2. Der Wind ist stark.[c] Es ist _____.
3. Der Regen fällt. Es _____.
4. Der Schnee fällt. Es _____.

SCHRITT 3: Gegenteile. (HINT: *Give an expression with the opposite meaning.*)

MODELL: Es ist neblig. → Es ist heiter.

1. Es ist kühl.
2. Es ist wolkenlos.
3. Es ist windstill.
4. Es ist kalt.

[a]*tomorrow* [b]*dense* [c]*strong*

C Gesetzliche Feiertage in Deutschland. Was kannst du über diese Feiertage sagen? (HINT: *Give as much information as you can about each holiday.*)

MODELL: In Deutschland feiert man am 1. Januar Neujahr. Es ist Winter. Das Wetter ist kalt. Es regnet oder schneit.

FEIERTAG	DATUM	JAHRESZEIT	WETTER
Neujahr	1. Januar	Winter	kalt, Regen, Schnee
Maifeiertag	1. Mai		
Tag der deutschen Einheit	3. Oktober		
erster Weihnachtstag	25. Dezember		

STRUKTUREN

PERSONAL PRONOUNS IN THE ACCUSATIVE CASE
TALKING ABOUT PEOPLE AND THINGS

You have already learned to use personal pronouns as subjects in sentences. Now you will learn to use personal pronouns as direct objects.

SUBJECT PRONOUNS (NOMINATIVE CASE)		**DIRECT OBJECT PRONOUNS (ACCUSATIVE CASE)**	
INDIVIDUALS			
ich	*I*	mich	*me*
du	*you*	dich	*you*
Sie	*you*	Sie	*you*
sie	*she*	sie	*her*
er	*he*	ihn	*him*
es	*it*	es	*it*
GROUPS			
wir	*we*	uns	*us*
ihr	*you*	euch	*you*
Sie	*you*	Sie	*you*
sie	*they*	sie	*them*

Wo ist Marion? — *Where's Marion?*

SUBJECT
—**Sie** ist im Wohnzimmer. — *—She's in the living room.*

DIRECT OBJECT
—Ach ja, ich sehe **sie.** — *—Oh yes, I see **her.***

Kennen Sie Herrn Koslowski? — *Do you know Mr. Koslowski?*

SUBJECT
—**Er** ist der neue Hausmeister. — *—**He** is the new building superintendent.*

DIRECT OBJECT
—Nein, ich kenne **ihn** nicht. — *—No, I don't know **him.***

Lars, wo ist dein Fahrrad? — *Lars, where is your bicycle?*

SUBJECT
—**Es** ist unter dem Baum. — *—**It's** under the tree.*

DIRECT OBJECT
—Ich sehe **es** nicht. — *—I don't see **it.***

The chart on the left shows all the subject pronouns and direct object pronouns. Notice that the forms are the same in the nominative and accusative cases for **Sie, sie** singular and plural, and **es.** Remember: The direct object is the person or thing that is directly affected by the action of the verb.

Übungen

A Wann kommt Marion zu Besuch? Vera Koslowski spricht mit Marion am Telefon. Ergänze das Gespräch mit Akkusativpronomen. (HINT: *When is Marion coming for a visit? Complete the telephone conversation with accusative pronouns.*)

FRAU KOSLOWSKI: Marion? Hallo.

MARION: Hallo, Mama. Na, wie geht's?

FRAU KOSLOWSKI: Ganz gut. Bitte sprich lauter, ich höre _____[1] (*you*) nicht so gut.

MARION: Du hörst _____[2] (*me*) nicht? Okay, ich habe nicht viel Zeit; also, wann sehe ich _____[3] (*you, pl.*)?

FRAU KOSLOWSKI: Kommst du nicht am Samstag? Dann siehst du _____[4] (*us*).

MARION: Super! Bis Samstag. Und grüße Papa und Lars.

FRAU KOSLOWSKI: Ja, ich grüße _____[5] (*them*). Tschüss, Marion.

MARION: Tschüss, Mama.

B Auf dem Fest. Wer macht das auch? (HINT: *Say who else does each activity. Use an accusative pronoun in place of the underscored noun.*)

MODELL: Frau Koslowski sieht <u>Lars</u>. (Herr Koslowski) →
Herr Koslowski sieht ihn auch.

1. Herr Peschke singt <u>ein Lied</u>.[a] (Herr Becker)
2. Die Koslowskis tanzen <u>den Tango</u>. (die Müllers)
3. Heinz trägt <u>die Sonnenschirme</u>. (Lars)
4. Vera hat <u>die Musik</u> gern. (Frau Schrott)
5. Die Nachbarn genießen[b] <u>das Fest</u>. (die Koslowskis)
6. Die Koslowskis finden <u>den Karnevalszug</u>[c] toll. (die Nachbarn)

[a]*song* [b]*enjoy* [c]*carnival parade*

C Die Koslowskis feiern Karneval in Köln. Ergänze **durch, für, gegen, ohne, um.** (HINT: *Complete the blanks with a logical accusative preposition.*)

In Köln ist im Februar Karnevalszeit. Menschen in exotischen Kostümen laufen _____[1] die Straßen _____[2] den Dom herum. _____[3] bunte Kostüme gäbe es[a] keinen Karneval. Karneval ist _____[4] viele Leute eine Zeit zum Feiern. Wer kann _____[5] so ein schönes Fest sein?

[a]gäbe . . . *there would be*

D Was sagt Marion? Bilde Sätze. (HINT: *Use the elements in the given order to construct sentences.*)

MODELL: Die Familie / ziehen / ohne / ich / nach Köln. →
Die Familie zieht ohne mich nach Köln.

1. Mein Vater / mieten / einen Transporter / für / der Umzug.
2. Lars / sein / in Köln. // Ohne / er / sein / das Leben / sehr ruhig.
3. Rüdiger und ich / laufen / heute / um / der See.
4. Ohne / der Bus / kommen / Lars / nicht zur Schule.
5. Die Leute / tanzen / durch / die Straßen.

SO GEHT'S!

A preposition connects a noun or pronoun with other words in a sentence. The preposition also indicates a type of relationship—such as time, space, direction, or cause—between the noun or pronoun and the verb. The following prepositions use object nouns and pronouns in the accusative case.

durch (*through*): Die Koslowskis fahren **durch die Innenstadt.**

für (*for*): Lars braucht neue Reifen **für sein Fahrrad.**

gegen (*against*): Marion ist **gegen den Umzug** (*move*) nach Köln.

ohne (*without*): Marion sagt: „Ihr könnt **ohne mich** nach Köln gehen!"

um (. . . **herum**) (*around*): Rüdiger fährt mit Marion **um den See** (**herum**).

The masculine definite article **der** (*the*) becomes **den** in the accusative case. The masculine indefinite article **ein** (*a*) and the masculine **kein** (*not a*) become **einen** and **keinen,** respectively, in the accusative case.

ATTRIBUTIVE ADJECTIVES
DESCRIBING PEOPLE, THINGS, AND IDEAS

You have already seen that adjectives describe nouns (people, things, places, and ideas). You have used adjectives after the verb **sein.**

Die Luft ist **frisch.**	*The air is fresh.*
Der Tee ist **heiß.**	*The tea is hot.*
Das Wetter ist **schlecht.**	*The weather is bad.*
Die Sonnenschirme sind **alt.**	*The umbrellas are old.*

Adjectives can also come before nouns. When this happens, the adjective takes a special ending.

Frisch**e** Luft ist gesund.	*Fresh air is healthy.*
Ich trinke gern heiß**en** Tee.	*I like to drink hot tea.*
Es ist schlecht**es** Wetter.	*It's bad weather.*
Wir haben alt**e** Sonnenschirme.	*We have old umbrellas.*

An adjective ending corresponds to the gender, case, and number (singular or plural) of the noun that follows it. When adjectives are not preceded by articles or possessives, then they have endings as shown in the table below.

ADJECTIVE + NOUN

	NOMINATIVE	ACCUSATIVE
FEM	Ah, frisch**e** Luft!	Ich mag frisch**e** Luft.
MASC	Ah, heiß**er** Tee!	Ich mag heiß**en** Tee.
NEUT	Schön**es** Wetter heute!	Ich liebe schön**es** Wetter.
PLUR	Guck mal! Alt**e** Uhren!	Ich liebe alt**e** Uhren.

Note that the nominative and accusative endings are identical except for masculine nouns, where **-er** becomes **-en.** This pattern is the same as the one you learned for articles in **Kapitel 2.**

When used as an attributive adjective, **teuer** drops an **e.**

Die Häuser sind teuer.	*The houses are expensive.*
Das sind teure Häuser.	*Those are expensive houses.*

   When adjectives are preceded by a definite article, **ein, kein,** or a possessive, then they have somewhat different endings. You will learn these endings in **Kapitel 17.**

SPRACHSPIEGEL

Just as in German, adjectives in English once had special endings when they appeared before nouns. Remnants of these endings still show up in certain expressions: *the olde shoppe, the olden days.*

Übungen

A Alles, was schön ist. Ergänze die fehlenden Ausdrücke. (HINT: *Supply the missing noun phrases with correct endings on the adjectives. The gender of unfamiliar vocabulary is given in parentheses.*)

MODELL: Ich finde _____ (frisch / Blumen) besonders schön. →
Ich finde frische Blumen besonders schön.

1. Ich bekomme gern _____ (schön / Blumen) zum Geburtstag.
2. Wo finde ich _____ (alt / Stühle)?
3. Tragen die Nachbarn _____ (lustig / Kostüme)?
4. Trinkst du gern _____ (heiß / Tee)?
5. Isst du gern _____ (frisch / Obst)ᵃ? (*f.*)
6. Siehst du gern _____ (bunt / Feuerwerke)?
7. Hörst du gern _____ (klassisch / Musik)? (*f.*)

ᵃ*fruit*

B Was und wann? Ergänze die fehlenden Adjektivendungen. Verwende Adjektive aus der Liste. (HINT: *Select adjectives from the list to complete each sentence. Add the correct ending.*)

MODELL: An Silvester sieht man _____ Feuerwerke. →
An Silvester sieht man bunte Feuerwerke.

bunt, schön, komisch, heiß, kühl, kalt, dicht, stark

1. Am Valentinstag gibt man _____ Blumen.
2. Es gibt heute _____ Nebel.
3. Im Sommer trinkt man _____ Wasser.
4. Im Herbst haben wir _____ Wetter. (*n.*)
5. Im Winter trinkt man _____ Schokolade. (*f.*)
6. _____ Wind ist nicht schön.
7. Zum Karneval trägt man _____ Kostüme.

C Kleinanzeigen. Schreibe mindestens fünf kurze Kleinanzeigen mit Elementen aus jeder Spalte. Achte auf die Adjektivendungen. (HINT: *Write at least five short classified ads with elements from each column. Pay attention to adjective endings.*)

MODELLE: Junge Frau sucht helles, möbliertes Zimmer.

Netter Mann sucht kleine, gemütliche Wohnung.

alt	Familie, -n	billig	Altbauwohnung
amerikanisch	Frau, -en	eigen	Bauernhaus
deutsch	Mann, ⸚er	gemütlich	Haus
freundlich	Lehrer, -	hell	Wohnung
jung	Lehrerin, -nen	möbliert	Zimmer
nett	?	ruhig	?
?		unmöbliert	
		?	

EINBLICKE

BRIEFWECHSEL

Meine Lieben in Köln,

ich vermisse euch alle ganz furchtbar—auch die Nervensäge
Lars. Das Karnevalsfest hat bestimmt viel Spaß gemacht. Woher
hatte Papa denn die vielen Sonnenschirme? Schade, dass man in
Boston Karneval nicht feiert—ich vermisse das bunte Treiben.[a] In
New Orleans gibt es Mardi Gras—das ist so ähnlich.[b] In den
USA sind Straßenfeste sehr beliebt. Es gibt immer Trödel[c] und
viel Kitsch zu kaufen, wie beim Flohmarkt. Musik, Essen[d] und
Getränke[e] sind immer dabei wie in Deutschland. Hier in Boston
gibt es immer viele Buden[f] mit Essen aus verschiedenen[g] Ländern.
Am Wochenende war ich mit Herrn Di Donato auf einem
Straßenfest im italienischen Stadtviertel. Das war lustig.

Liebe Grüße an alle,
eure Marion

[a]das . . . hustle and bustle [b]similar [c]old or used items [d]food [e]drinks [f]booths [g]different

A Was steht im Brief? Vervollständige die Sätze. (HINT: *Complete the sentences according to the letter on page 97.*)

1. Marion schreibt [oft / nicht so oft].
2. Papa ist froh, endlich wieder [Urlaub / Arbeit] zu haben.
3. Die Hausbewohner haben [geschlafen / geholfen].
4. Die Party war [toll / langweilig].
5. Das Wetter war [gut / schlecht].

B Was passt? Kombiniere die Satzteile. (HINT: *Combine the sentence parts.*)

1. Marion vermisst
2. Die Koslowskis hatten viel Spaß
3. Karneval feiert man auch
4. Straßenfeste sind
5. Getränke und Essen
6. Marion war

a. gibt es meistens auf einem amerikanischen Straßenfest.
b. in New Orleans.
c. ihre Familie.
d. im italienischen Stadtviertel.
e. auf dem Karnevalsfest.
f. beliebt in den USA.

EINBLICK

Die Flinserln aus der Steiermark in Österreich

Der Karneval hat nicht nur in Köln alte Wurzeln. In der Schweiz, in Österreich und in Venedig hat Karneval eine sehr lange Tradition. Karneval in Österreich heißt „Fasching". In Bad Aussee in der Steiermark gibt es den „Ausseer Fasching" mit den Flinserln. Die Flinserln laufen als Paar durch die Straßen von Bad Aussee. Ein Mann und eine Frau—die Frau ist aber in Wirklichkeit ein Mann—tragen wunderschöne Kostüme. Diese Kostüme sind aus weißem Leinen und sind mit Pailletten dekoriert. Es dauert oft länger als ein ganzes Jahr, bis so ein Kostüm fertig für den Fasching ist. Dazu trägt man eine Maske— sie heißt „Gugel"—über dem Kopf. Das sieht schon etwas unheimlich aus!

Die Flinserln bilden dann den Flinserlzug zusammen mit Musikern, die Flinserlmusik spielen und auch Kostüme tragen. Viele Flinserln tragen dazu weiße Taschen voll mit Nüssen. Die Nüsse bekommen die Kinder, die mit den Flinserln durch die Straßen gehen. Möchtest du auch so ein Kostüm tragen?

WORTSCHATZ ZUM LESEN

die Flinserln	*glittery costumed figures*
die Wurzeln	*roots*
Venedig	*Venice*
die Pailletten	*sequins*
der Flinserlzug	***Flinserl** parade*
die Taschen	*bags*
die Nüsse	*nuts*

● Stimmt das? (HINT: *Indicate which statements are true and which are not.*)

1. Karneval feiert man nicht nur in Deutschland.
2. Die Flinserln gibt es in ganz Österreich.
3. Die Flinserln sind zwei Männer, aber sie laufen als Mann und Frau durch die Straßen.
4. Ein Flinserlkostüm kann man in ein paar Monaten machen.
5. Die Flinserln tragen keine Masken.
6. Kinder laufen oft mit den Flinserln durch die Straßen.

PERSPEKTIVEN

HÖR MAL ZU!

Dagmar Römer is a **Gymnasium** teacher in Kaiserslautern in the federal state of Rheinland-Pfalz. Listen as she talks about her favorite festival.

die Zelte	tents
genießen	to enjoy
angenehm	pleasant
der Vergnügungspark	amusement park
das Riesenrad	Ferris wheel
die Achterbahn	roller coaster
die Süßigkeiten	sweets

A Frau Römer erzählt über zwei Feste. Hör den Text an und ergänze die Sätze. (HINT: *Listen and complete the sentences.*)

| das Wetter | das Oktoberfest | kühl |
| die Kinder | der Wurstmarkt | warm |

1. Das Lieblingsfest von Frau Römer ist _____.
2. Den Wurstmarkt feiert man früher als _____.
3. _____ fahren gern mit dem Riesenrad.
4. Anfang September ist _____ meistens schön.
5. Am Tag ist es _____ und die Nächte sind nicht zu _____.

B Wurstmarkt und Oktoberfest. Hör den Text noch einmal und ergänze die fehlenden Informationen. (HINT: *Listen to the text again and supply the missing information about the two celebrations.*)

	WURSTMARKT	**OKTOBERFEST**
Wo?	Bad Dürkheim	_____
Wann?	_____	September und Oktober
Wie alt?	_____	100 Jahre

For more information about the **Wurstmarkt** or the **Oktoberfest**, visit the **Auf Deutsch!** Web Site at www.mcdougallittell.com.

LIES MAL!

Zum Thema

● Below are some poems about the four seasons. Think of some poems or sayings about the seasons in your language.

Die vier Jahreskinder

a. „Kuckuck!" „Kuckuck!" ruft's aus
dem Wald.
Lasset uns singen, tanzen und
springen!
Frühling, Frühling wird es nun
bald.

b. Trarira, der Sommer der ist da
Wir wollen in den Garten
und woll'n des Sommers warten.
Trarira, der Sommer, der ist da.

A.H. Hoffmann von Fallersleben (1798–1874)

c. Es war eine Mutter,
die hatte vier Kinder:
den Frühling,
den Sommer,
den Herbst
und den Winter.
Der Frühling bringt Blumen,
der Sommer den Klee,
der Herbst bringt Trauben,
der Winter den Schnee.

d. Bunt sind schon die Wälder,
gelb die Stoppelfelder,
und der Herbst beginnt.
Rote Blätter fallen,
graue Nebel wallen,
kühler weht der Wind.

e. A, B, C, die Katze lief im Schnee,
und als sie dann nach Hause kam,
da hatt' sie weiße Stiefel an,
A, B, C, die Katze lief im Schnee.

J.G. von Salis-Seewis (1762–1834)

WORTSCHATZ ZUM LESEN

der Wald	forest
warten (auf)	to wait (for)
der Klee	clover
die Traube	grape
bunt	colorful
das Stoppelfeld	field of stubble
wallen	to flow
wehen	to blow
die Katze	cat
laufen	to run
der Stiefel	boot

Frauen Studenten und Studentinnen
Babys
Menschen in den Tropen (in tropischen Klimas)
alle Menschen
Schüler und Schülerinnen Eltern
Lehrer und Lehrerinnen
Menschen in Europa oder Nordamerika
Männer Kinder

Zum Text

A Lies das Gedicht „c" auf Seite 111. Beantworte dann die Fragen. (HINT: *Read poem "c" on page 111, then answer the questions.*)

1. Was nennt[a] der Dichter die vier „Jahreszeiten"?
2. Wie heißen die vier Kinder?
3. Was bringt jedes Kind?
4. Wer oder was ist „die Mutter"? Was glaubst[b] du?

[a]*calls* [b]*think*

B Assoziationen

SCHRITT 1: Lies jetzt alle Gedichte noch einmal. Welche Bilder kommen in den Sinn? Welche Wörter oder Ausdrücke beschreiben welche Jahreszeit? Mach vier Listen. (HINT: *Read all the poems once again. Which images come to mind? Which words or expressions describe which season? List these words and phrases accordingly.*)

FRÜHLING	SOMMER	HERBST	WINTER

SCHRITT 2: Welche Bilder assoziierst du mit jeder Jahreszeit? Schreib Stichwörter. (HINT: *What images do you associate with each season? Write key words that you associate with each season.*)

SCHRITT 3: Für wen sind diese Gedichte? Warum glaubst du das? (HINT: *Who do you think was the intended audience for each poem or verse. Why? Use words or phrases from the poems to explain your answers.*)

INTERAKTION

A Zum Thema Jahreszeit

SCHRITT 1: Ein Interview. Frag einen Partner / eine Partnerin zum Thema Jahreszeit. (HINT: *Question a partner about his/her favorite season, associations, and related activities.*)

- Was ist deine Lieblingsjahreszeit?
- Was ist dein Lieblingsmonat?
- Welche Assoziationen hast du?
- Wie ist das Wetter?
- Was machst du gern?

SCHRITT 2: Was sagt dein Partner / deine Partnerin? Berichte der Klasse. (HINT: *Report your partner's answers to the class.*)

MODELL: Jasons Lieblingsjahreszeit ist Frühling, sein Lieblingsmonat ist Mai. Es gibt schöne Blumen und frische Luft. Jason spielt gern Tennis. Im Frühling ist es schön warm, aber nicht heiß.

B Lieblingsfeste

SCHRITT 1: Arbeitet in Kleingruppen. Stellt einander Fragen zum Thema Feste. Macht Notizen. (HINT: *Work in small groups. Question one another on the subject of holidays, and take notes.*)

- Was ist dein Lieblingsfest?
- Wann findet das Fest statt?
- Was macht man beim Fest?
- Was isst und trinkt man beim Fest?

SCHRITT 2: Das Allerlieblingsfest. Erzähl der Klasse. (HINT: *Which holiday is the most favorite of all in your group? Tell the class about it.*)

SCHREIB MAL!

Wie ist der Frühling?

Write a short poem about your favorite season or month or about an event you really enjoy, for example your birthday.

Purpose:	To express your feelings
Audience:	Your classmates
Subject:	A season, month, or event
Structure:	Poem

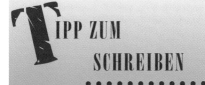

TIPP ZUM SCHREIBEN

Writing poetry allows you to express feelings and emotions through just a few words. To get the most meaning across, select verbs that are full of action and adjectives that are "colorful."

Schreibmodell

In this poem about spring, the writer begins the poem with *flowers.*

The three verbs poetically describe the movement of the flowers, but they also make an effective transition to line four, which shifts to **Karneval.**

Frühling

Blumen!

grün, bunt

singen, tanzen, Spaß haben

Wir feiern Karneval.

Frühling.

With adjectives **grün** and **bunt,** the writer describes how green and colorful nature is in the spring.

The last line summarizes the content of the poem by repeating the title.

Frühling

Blumen

grün, frische

laufen, Rad fahren, wandern

Ich
Ich habe Frühling gern.

Herzlich willkommen!

Schreibstrategien

Vor dem Schreiben

- Think of a season, month, or event to write your poem about.

- Next, brainstorm a list of words and phrases you associate with your chosen topic. Use only words or phrases that you know in German. Note: If you aren't able to list at least six words to describe your topic, select a new one.

Beim Schreiben

Your poem will have five lines. It is called a **Fünfzeiler.** Follow these steps to write your poem:

- Look at the words you wrote down. Think about a title for your poem. Since your poem will deal with your favorite season, month, birthday, or other event, you may want to make the title and first word of the poem the name of the season or month, the word **Geburtstag,** or the name of the event. Or you can begin your poem with a word that you associate with your topic. Write the word on line one.

- On line two, write two adjectives, separated by a comma, that describe what you wrote on line one.

- On line three, write three verbs to complement what you have already written. The verbs may be in any form you like—infinitive form, present tense, third person singular.

- Write a phrase or a sentence to sum up what you have already said in your poem.

- You can end your poem by repeating line one or you can write a new word that summarizes the content or atmosphere of the poem.

Nach dem Schreiben

- Read your poem aloud to yourself, slowly and deliberately.

- Experiment a little. Make any word changes that you feel improve the flow of your poem and provide the effect you want your poem to make.

Stimmt alles?

- Compose your final draft. Double-check the form and spelling of words in each line. Write your name under the title.

- Share your poem with the class.

WORTSCHATZ

Substantive / Nouns

die **Blume, -n**	flower
die **Chanukka**	Hanukkah
die **Jahreszeit, -en**	season
die **Sonne**	sun
die **Straße, -n**	street
die **Wolke, -n**	cloud
der **Feiertag, -e**	holiday
der **Frühling, -e**	spring
der **Geburtstag, -e**	birthday
der **Herbst, -e**	fall
der **Karneval**	carnival
der **Monat, -e**	month
der **Muttertag**	Mother's Day
der **Nebel**	fog
der **Neujahrstag**	New Year's Day
der **Regen**	rain
der **Schnee**	snow
der **Sommer, -**	summer
der **Valentinstag**	Valentine's Day
der **Vatertag**	Father's Day
der **Wind, -e**	wind
der **Winter, -**	winter
das **Fest, -e**	festival; party
das **Feuerwerk, -e**	fireworks
das **Geschenk, -e**	gift
das **Kostüm, -e**	costume
das **Wetter**	weather
(das) **Silvester**	New Year's Eve
(das) **Weihnachten**	Christmas

Januar (January), **Februar** (February), **März** (March), **April** (April), **Mai** (May), **Juni** (June), **Juli** (July), **August** (August), **September** (September), **Oktober** (October), **November** (November), **Dezember** (December)

Verben / Verbs

bringen	to bring
feiern	to celebrate
Spaß machen	to be fun, enjoyable
tragen (trägt)	to wear; to carry
schenken	to give (as a gift)
singen	to sing
verbringen	to spend (time)

Adjektive und Adverbien / Adjectives and adverbs

frisch	fresh
heiß/kalt	hot/cold
heiter/wolkig	clear/cloudy
heute	today
neblig	foggy
schön	(a) nice (day)
warm/kühl	warm/cool
windig	windy

Sonstiges / Other

durch (+ *acc.*)	through
für (+ *acc.*)	for
gegen (+ *acc.*)	against
ohne (+ *acc.*)	without
um (. . . herum) (+ *acc.*)	around

Alles Gute!	All the best!
Die Sonne scheint.	The sun is shining.
Es blitzt.	It's lightning.
Es donnert.	It's thundering.
Es regnet.	It's raining.
Es schneit.	It's snowing.
Gesundheit!	Bless you!
Gratuliere!	Congratulations!
Gute Reise!	Bon voyage!
Guten Rutsch ins neue Jahr!	Happy New Year!
Herzlich willkommen!	Welcome!
Herzlichen Glückwunsch zum Geburtstag!	Happy Birthday!
Viel Glück!	Good luck!
Viel Spaß!	Have fun!
Wie schade.	How terrible.

DER UNFALL[a]

In this chapter, you will

- find out why Marion is in the hospital.

You will learn

- names of parts of the body.
- how to talk about hospitals and doctors.
- how to say what you can or want to do.
- how to say what you are obliged or permitted to do.
- to understand and express tips for better health.
- what some people in Germany and Austria do for their health.

[a]*Accident*

Das Bertha-Krankenhaus in Rheinhausen.

Marion darf die E-Mail-Adresse von Professor Anke Finger, einer Kollegin von Professor Di Donato, benutzen. Marion bekommt eine E-Mail aus Deutschland.

Liebe Marion,

ich muss dir jetzt schnell noch das Neueste erzählen. Stell dir vor,[a] Konstanze Harth aus unserer alten Klasse ist im Walsertal im Schiurlaub.[b] Die Superschifahrerin fällt gleich am ersten Tag hin und muss nach Oberstdorf ins Krankenhaus. Das Bein[c] ist nicht gebrochen, aber das linke Knie muss operiert werden. Spritzen[d] gegen eine Infektion gibt's auch, aber es soll nicht ganz so schlimm sein. Die Adresse vom Krankenhaus liegt dabei. Dann kannst du ihr gute Besserung wünschen. Konstanze freut sich[e] bestimmt.
Deine Daniela

PS Schreib bald.[f] Konstanze muss nur noch zehn Tage im Krankenhaus bleiben.

Krankenhaus Oberstdorf
Trettachstraße 16
87561 Oberstdorf

[a]Stell . . . *Imagine* [b]*skiing vacation* [c]*leg*
[d]*shots* [e]freut . . . *will be happy* [f]*soon*

VIDEOTHEK

In der letzten Folge . . .

ist Herr Koslowski sehr zufrieden mit der neuen Stelle in Köln. Herr Becker bittet ihn, die Sonnenschirme auf den Sperrmüll[a] zu bringen. Herr Koslowski ruft den Sperrmüll an, aber am nächsten Morgen klingelt der Wecker[b] zu spät. Die Koslowskis bereiten alles für das Karnevalsfest vor.[c] Man feiert auf der Straße, aber dann kommt der Regen. Die Sonnenschirme retten den Tag.

● Weißt du noch? Ja oder nein?

1. Herr Becker ist glücklich, dass die Sonnenschirme immer noch da sind.
2. Herr Becker will[d] alles ordentlich haben.
3. Herr Koslowski vergisst, den Sperrmüll anzurufen.
4. Herr Becker ist sauer, dass die Sonnenschirme immer noch im Keller liegen.

[a]*trash for large objects* [b]*alarm* [c]bereiten . . . vor *prepare* [d]*wants*

Die Koslowskis bereiten alles für das Fest vor.

In dieser Folge . . .

fahren Heinz und Vera mit dem Zug nach Rheinhausen. Vom Bahnhof[a] fahren sie mit dem Taxi zum Bertha-Krankenhaus. Sie sind sehr nervös, weil Marion im Krankenhaus liegt, und vergessen die Blumen für Marion im Taxi. Im Krankenhaus sehen sie einige Patienten und werden immer nervöser. Endlich finden sie Marion.

● Was denkst du? Ja oder nein?

1. Marion ist sehr krank.
2. Marion ist nicht sehr glücklich und trennt sich[b] von Rüdiger.
3. Marion will zu den Eltern nach Köln ziehen.
4. Marion will die Schule so kurz vor dem Abi wechseln.
5. Rüdiger ist froh, dass Marion nach Köln zieht.

[a]*train station* [b]trennt . . . *separates*

Die Koslowskis fahren zum Krankenhaus.

SCHAU MAL ZU!

Ⓐ Bring die Bilder auf Seite 119 in die richtige Reihenfolge. Schreib dann kurz, was passiert. (HINT: *Put the pictures on page 119 in the correct sequence. Then write a brief summary of the events.*)

a. _____

b. _____

c. _____

d. _____

e. _____

f. _____

g. _____

h. _____

B Wann sagen sie das?

Bring die Aussagen in die Reihenfolge, wie du sie im Video hörst. (HINT: *Number the utterances 1 through 6 as you hear them in the video.*)

_____ **a.** Um die Ecke links.

_____ **b.** Wie geht's dir denn Kind?

_____ **c.** Ruth zieht zu den Eltern zurück. Ich muss sowieso aus dem Zimmer.

_____ **d.** Oh, vielen Dank!

_____ **e.** Zum Bertha-Krankenhaus, bitte!

_____ **f.** Wie war der Name, bitte?

C Angst haben. Wann, wo oder warum haben sie Angst?

SCHRITT 1: Wer sagt was? (HINT: *Who says what?*)

1. Stefan	**a.** _____	im Krankenhaus
2. Iris	**b.** _____	beim Zahnarzt[a]
3. Grace	**c.** _____	Gewitter—Blitz und Donner
4. Dirk	**d.** _____	wenn die Eltern krank sind
5. Tobias	**e.** _____	wenn die Oma ins Krankenhaus muss
6. Anja	**f.** _____	beim Schifahren

SCHRITT 2: Wann hast du denn Angst? Gib zwei Beispiele. (HINT: *When are you afraid? Give two examples.*)

[a]*dentist*

D Glücksbringer. Marion hat zwei Glücksbringer. Welche? (HINT: *Marion has two good luck charms. What are they?*)

a. eine Katze?

b. ein Kleeblatt?

c. ein Schwein?

d. einen Teddybären?

KULTURSPIEGEL

In addition to the **Kleeblatt** (*clover leaf*) and **Schwein** (*pig*), common lucky charms in Germany include the **Marienkäfer** (*lady bug*), **Schornsteinfeger** (*chimney sweep*), and **Hufeisen** (*horse shoe*). Which of these are also considered lucky where you are from? It is a gesture of good luck in Germany to press your thumbs to your fists (**die Daumen drücken**). What good luck gestures do you know?

VOKABELN

KÖRPERTEILE

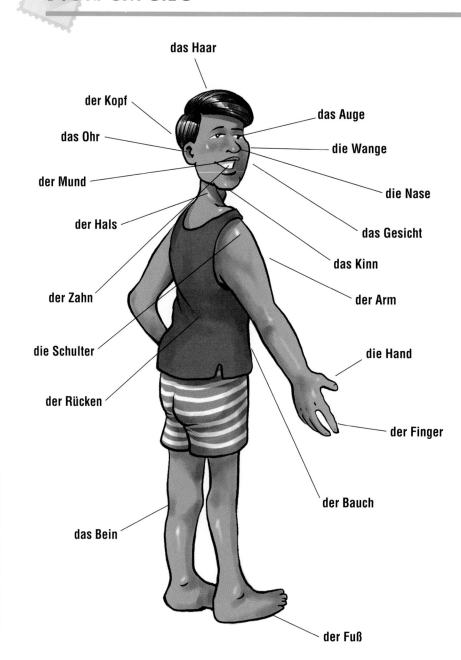

das Haar

der Kopf

das Ohr

der Mund

der Hals

der Zahn

die Schulter

der Rücken

das Bein

das Auge

die Wange

die Nase

das Gesicht

das Kinn

der Arm

die Hand

der Finger

der Bauch

der Fuß

Und noch dazu

aufmachen (macht . . . auf)	*to open*
zumachen (macht . . . zu)	*to close*
denken	*to think*
hören	*to hear*
sehen (sieht)	*to see*

Aktivitäten

A Simon sagt! Mach, was dein Lehrer / deine Lehrerin sagt, aber nur wenn er/sie ruft: „Simon sagt!" (HINT: *Do what your teacher says, but only if he/she first says:* Simon sagt.)

MODELLE: Simon sagt: „Hebt[a] die Hände."
Simon sagt: „Berührt[b] die Nase."

[a]*raise*   [b]*touch*

B Körperteile. Welche Körperteile brauchst du für diese Aktivitäten? (HINT: *Say which parts of the body you use for these actions.*)

MODELL: Zum Laufen braucht man Beine.

laufen   schreiben   kochen
lachen   denken
sprechen
tanzen   sehen
essen   schwimmen   hören

C Was tut weh? Was für Schmerzen haben sie? (HINT: *What hurts? What kinds of aches or pains do these people have?*)

MODELL: BEA: Der Zahn tut mir weh. → Bea hat Zahnschmerzen.

1. KALLE: Der Kopf tut mir weh.
2. MARIANNE: Der Fuß tut mir weh.
3. ALEX: Der Bauch tut mir weh.
4. SILKE: Das Bein tut mir weh.
5. JENS: Die Ohren tun mir weh.
6. SVEN: Die Augen tun mir weh.

SO GEHT'S!

You can use an infinitive as a neuter noun. In English, the noun has an *-ing* ending. In German, the noun is the same as the infinitive, but it begins with a capital letter.

laufen (*to run*) → (das) Laufen (*running*)

The abbreviation **zum (zu dem)** in front of the noun means *for:* **zum Laufen** (*for running*).

BIST DU WORTSCHLAU?

As you have seen, German often creates a compound noun by combining two or more nouns.

der Kopf (*head*) +
die Schmerzen (*aches*) =
die Kopfschmerzen (*headache*)

The gender of the compound noun is the same as the final noun in that compound. How many new words can you create by combining the parts of the body with **Schmerzen**?
Use **haben** to express a particular ache or pain: **Ich habe Kopfschmerzen.** (*I have a headache.*)

GESUNDHEIT

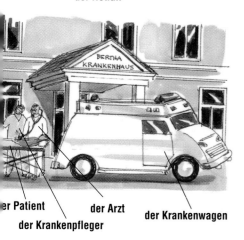

der Notfall

der Patient
der Arzt
der Krankenpfleger
der Krankenwagen

Im Wartesaal

Frau Mörsdorf hat eine Erkältung. Sie hustet und niest. Sie muss sich immer wieder die Nase putzen. Tobias hat die Grippe und hohes Fieber. Er hat auch Kopfschmerzen.

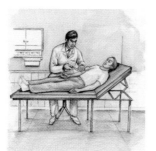

Der Patient ist sehr krank. Er bekommt eine Spritze.

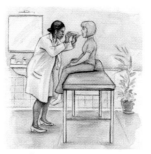

Die Ärztin untersucht die Patientin. Die Patientin fühlt sich nicht wohl.

Die Ärztin schreibt dem Patienten ein Rezept. Er hat viele Wunden und Schmerzen.

Und noch dazu

der Husten	*cough*	operieren	*to operate (on)*
das Medikament	*medicine*	wehtun (tut weh)	*to hurt*
das Niesen	*sneezing*	zeigen	*to show*
das Thermometer	*thermometer*		

Aktivitäten

A Welches Wort passt nicht? (HINT: *Which word does not fit with the others?*)

1. der Patient   der Arzt   der Notfall   der Krankenpfleger
2. die Spritze   die Wunde   die Grippe   die Erkältung
3. der Schmerz   das Fieber   das Niesen   das Medikament
4. das Rezept   die Spritze   die Kopfschmerzen   das Medikament

B Was passiert im Krankenhaus? Ergänze die Sätze. (HINT: *Choose the correct phrase to complete each sentence.*)

1. _____ untersucht ein krankes Kind.
   a. Eine Ärztin   **b.** Ein Patient   **c.** Ein Krankenwagen
2. Eine Ärztin schreibt einem Patienten _____.
   a. ein Medikament   **b.** ein Rezept   **c.** eine Spritze
3. Ein junger Mann hat eine Infektion und er bekommt _____.
   a. eine Spritze   **b.** eine Wunde   **c.** einen Patienten
4. Eine alte Frau hat _____, und sie niest und hustet.
   a. eine Erkältung   **b.** einen Unfall   **c.** eine Wunde
5. Eine Patientin ist sehr krank. Sie fühlt sich _____.
   a. wohl   **b.** nicht wohl   **c.** sehr wohl
6. _____ fährt sehr schnell.
   a. Der Notfall   **b.** Der Krankenwagen   **c.** Das Medikament

C Wann muss man das? Beantworte jede Frage wie im Modell.
(HINT: *Answer with* wenn *plus the cue, according to the model.*)

MODELL: Wann muss man sich immer die Nase putzen?
         (eine Erkältung haben) →
         Wenn man eine Erkältung hat.

1. Wann muss man ins Krankenhaus gehen?
   (sehr krank sein)
2. Wann muss man mit dem Krankenwagen fahren?
   (einen Unfall haben)
3. Wann muss man eine Spritze bekommen?
   (eine Infektion haben)
4. Wann bekommt man ein Rezept?
   (Medizin brauchen)

SO GEHT'S!

To give a short, incomplete answer to a question that begins with **wann,** you can use **wenn** plus the subject and any other information. In constructions with **wenn,** the conjugated verb goes at the *end* of the sentence.

   Wann hast du Angst?
   When are you afraid?

   —Wenn ich allein **bin.**
   —*When I'm alone.*

Remember, **wann** is a question word and appears only in a question; **wenn** only appears in an answer or statement.

STRUKTUREN

MODAL VERBS KÖNNEN AND WOLLEN
SAYING WHAT YOU CAN OR WANT TO DO

In German and English, modal verbs describe ability, desire, intention, obligation, and permission to do something. In sentences, the modal verb comes in the second position and the main verb at the end. The modal verb is conjugated, and the main verb appears as an infinitive. Two common modal verbs are **können** and **wollen.**

INFINITIVE: **können** *to be able, can*			
STEM: **könn-**			
INDIVIDUALS		GROUPS	
ich **k**a**nn**	*I am able / can*	wir **können**	*we are able / can*
du **k**a**nnst**	*you are able / can*	ihr **könnt**	*you are able / can*
Sie **können**	*you are able / can*	Sie **können**	*you are able / can*
sie/er/es **k**a**nn**	*she/he/it is able / can*	sie **können**	*they are able / can*

Können describes an ability or talent.

> Rüdiger **kann** Motorrad **fahren.**   *Rüdiger can ride a motorcycle.*

INFINITIVE: **wollen** *to want, intend* (*to do something*); *to desire*			
STEM: **woll-**			
INDIVIDUALS		GROUPS	
ich **wi**ll	*I want*	wir **wollen**	*we want*
du **wi**llst	*you want*	ihr **wollt**	*you want*
Sie **wollen**	*you want*	Sie **wollen**	*you want*
sie/er/es **wi**ll	*she/he/it wants*	sie **wollen**	*they want*

Wollen describes an intention or desire. It often appears without another verb.

> Marion **will** nicht nach   *Marion does not want (intend)*
> Köln **ziehen.**   *to move to Cologne.*
> Lars **will** neue Reifen.   *Lars wants (desires) new tires.*

Übungen

A Willst du das? Ergänze die Sätze mit **wollen.** (HINT: *Complete the sentences with a form of* wollen.)

will (x2)   wollen (x3)
willst   wollt

1. Grace und Dirk _____ zu Hause bleiben.
2. Wann _____ wir Tante Elke und Onkel Jakob besuchen?
3. Marion _____ nach Köln. Rüdiger muss in Rheinhausen bleiben.
4. _____ ihr gesund bleiben? Dann müsst ihr gesund essen.
5. Ich _____ mehr Deutsch lernen.
6. _____ du auch mehr Deutsch lernen?
7. _____ Sie lange leben? Dann müssen Sie richtig essen.

B Kannst du das? Bilde Sätze mit den richtigen Formen von **können.** (HINT: *Create sentences with the correct forms of* können.)

MODELL: Rüdiger kann Motorrad fahren.

Rüdiger		Spanisch
Vera Koslowski		gut schwimmen
Tante Elke und Vera	kann	Klavier spielen
Lars	kannst	Fußball spielen
Herr Koslowski	können	gut kochen
ich	könnt	Rad fahren
wir		Motorrad fahren

C Es ist aus! Im Krankenhaus sprechen Rüdiger und Marion über ihre Beziehung. Ergänze die Dialoge mit **wollen** oder **können.** (HINT: *It's over. While in the hospital, Rüdiger and Marion discuss their relationship. Use a form of either* wollen *or* können *to complete the dialogue.*)

RÜDIGER: Also, du _____[1] jetzt auch nach Köln gehen? Warum? Ich _____[2] das nicht verstehen.

MARION: Na, ich _____[3] meine Eltern sehen.

RÜDIGER: Und wir? _____[4] wir nicht zusammen sein? Ohne dich _____[5] ich nicht le . . .

MARION: So ein Quatsch!

RÜDIGER: Aber wo _____[6] du das Abitur machen?

MARION: Ich _____[7] die Schule wechseln. Und meine Eltern _____[8] mich in Köln haben.

RÜDIGER: Ach, _____[9] ihr nicht wieder nach Rheinhausen ziehen?

MARION: Nein, das geht nicht. Mein Vater _____[10] Hausmeister bleiben.

RÜDIGER: Na, dann ist es für uns aus.

MARION: Es tut mir Leid. Wir _____[11] uns schreiben, oder?

RÜDIGER: Vielleicht. Mal sehen.

SPRACHSPIEGEL

Words that look and sound alike in German and English don't always have the same meaning. Be careful not to confuse the third-person form of **wollen (er/sie/es will)**—which indicates desire—with the English verb *will*—which indicates future action.

Marion **will** ins Kino gehen.
*Marion **wants** to go to the movies.*

---

will   kann
  willst
könnt   kannst
wollen   können

MODAL VERBS MÜSSEN, DÜRFEN, AND SOLLEN

SAYING WHAT YOU ARE OBLIGED OR PERMITTED TO DO

Three modal verbs express obligation: **müssen, dürfen,** and **sollen.**

INDIVIDUALS			GROUPS		
INFINITIVE: **müssen** *to have (to do something); must* STEM: **müss-**					
ich	muss	*I have to / must*	wir	müssen	*we have to / must*
du	musst	*you have to / must*	ihr	müsst	*you have to / must*
Sie	müssen	*you have to / must*	Sie	müssen	*you have to / must*
sie/er/es	muss	*she/he/it has to / must*	sie	müssen	*they have to / must*
INFINITIVE: **dürfen** *to be permitted (to do something)* STEM: **dürf-**					
ich	darf	*I am permitted*	wir	dürfen	*we are permitted*
du	darfst	*you are permitted*	ihr	dürft	*you are permitted*
Sie	dürfen	*you are permitted*	Sie	dürfen	*you are permitted*
sie/er/es	darf	*she/he/it is permitted*	sie	dürfen	*they are permitted*
INFINITIVE: **sollen** *to be supposed (to do something); should* STEM: **soll-**					
ich	soll	*I am supposed to / should*	wir	sollen	*we are supposed to / should*
du	sollst	*you are supposed to / should*	ihr	sollt	*you are supposed to / should*
Sie	sollen	*you are supposed to / should*	Sie	sollen	*you are supposed to / should*
sie/er/es	soll	*she/he/it is supposed to / should*	sie	sollen	*they are supposed to / should*

Müssen describes an obligation or compulsion to do something.

Heinz Koslowski **muss** eine neue Stelle finden. — *Heinz Koslowski must find a new job.*

Dürfen expresses permission to do something.

Darf ich bitte mitfahren? — *Am I permitted to come along?*

Sollen suggests an obligation—usually imposed by someone else—to do something.

Marion **soll** ihr Abitur machen. — *Marion is supposed to take her Abitur.*

Übungen

A Muss ich das wirklich? Ergänze die Minidialoge mit **müssen, dürfen** oder **sollen.** (HINT: *Do I have to do that? Complete the mini-dialogues with a form of* müssen, dürfen, *or* sollen.)

A: Mama, kann ich heute Fußball spielen?
B: Lars, du _____ (müssen) zuerst einen Brief an Marion schreiben.

C: Wie ist deine neue Stereoanlage?
D: Ganz toll! Ich _____ (dürfen) sie aber nicht zu laut spielen.

E: Marion _____ (sollen) das Abi machen.
F: Das stimmt. Ohne das Abi kann sie nicht auf die Uni.

G: Was _____ (sollen) wir denn machen? Der Zug ist schon weg.
H: Dann _____ (müssen) ihr mit dem Bus fahren.

B Guter Rat. Die Koslowskis sind krank. Was müssen, dürfen und sollen sie (nicht) machen? (HINT: *Good advice. The Koslowskis are sick. How can they get better?*)

MODELL: Marion: Fieber
müssen: Wasser trinken →
Marion hat Fieber. Sie muss Wasser trinken.

1. Herr Koslowski: Fußschmerzen
   a. müssen: gute Schuhe tragen
   b. dürfen: nicht laufen
   c. sollen: die Füße massieren
2. Frau Koslowski: Kopfschmerzen, Schnupfen
   a. müssen: Aspirin nehmen
   b. dürfen: nicht einkaufen gehen
   c. sollen: Tee trinken
3. Lars: Halsweh, Ohrenschmerzen
   a. müssen: zu Hause bleiben
   b. dürfen: Michael nicht besuchen
   c. sollen: ruhig sein

C Verboten!

SCHRITT 1: Was darfst du als Schüler/Schülerin nicht tun? Schreib eine Liste, und lies sie der Klasse vor. (HINT: *Compile a list of things that you are not allowed to do using* nicht dürfen. *Then read the list aloud.*)

MODELL: Ich darf nicht zu oft Computerspiele spielen.

SCHRITT 2: Sag jetzt, was die anderen Schüler nicht machen sollen. (HINT: *Now report what other students are not allowed to do using* sollen.)

MODELL: Steve und Susan sollen keine Medikamente nehmen.
Max soll nicht Auto fahren.

SO GEHT'S!

The meanings of **müssen** and **dürfen** change somewhat with the use of **nicht**. **Müssen** takes on a less urgent meaning.

Marion **muss** nach Köln umziehen.
Marion must move to Cologne.
Marion **muss nicht** nach Köln umziehen.
Marion doesn't have to move to Cologne.

Dürfen, on the other hand, takes on a stronger meaning with **nicht**.

Lars **darf** nachmittags sein Rad fahren.
Lars is permitted to ride his bicycle in the afternoons.
Lars **darf nicht** abends sein Rad fahren.
Lars is not permitted to ride his bicycle at night.

EINBLICKE

1.

2.

3.

4.

5.

BRIEFWECHSEL

Hi Daniela,

deine E-Mail ist eine tolle Überraschung.[a] Von wem hast du denn die Adresse? Von meiner Mutter? Ist ja echt[b] super—geht so schnell. Ich darf mit Professorin Finger zum Boston College fahren und ihren Computer benutzen.[c]

Die Story von Konstanzes Schiunfall ist ja ein Ding. Danke für die Adresse vom Krankenhaus. Ich schreibe gleich an sie.

Erinnerst du dich[d] an meinen Motorradunfall mit Rüdiger? . . . Meine Eltern kommen ganz aufgeregt[e] ins Krankenhaus, wissen nicht, was mit mir los ist und können mich nicht finden. Das war vielleicht ein Stress. Ich hoffe, Konstanzes Eltern müssen so was nicht durchmachen.[f]

Schreib bald wieder! E-Mailen und Surfen im Internet machen viel Spaß!

Deine Marion

[a]*surprise* [b]*really* [c]*use* [d]Erinnerst . . . *Do you remember* [e]*excited, worked up* [f]*to go through, experience*

● **Zwei E-Mails.** Lies noch einmal die E-Mails am Anfang des Kapitels und oben. Schau dir dann diese Bilder an! Such einen Satz aus den zwei E-Mails, der zu jedem Bild passt. (HINT: *Reread the e-mails at the beginning of the chapter and above. Then look at the pictures and match a sentence from either e-mail message to an appropriate picture.*)

EINBLICK

Health and fitness are important concepts for many people in German-speaking countries. But everyone has different ideas when it comes to accomplishing those goals.

Achim, 27, lebt in Graz: Fitness ist für mich ein Muss. Mein Körper fühlt sich ohne regelmäßige[a] Bewegung[b] einfach nicht gut. Und ohne Sport

[a]*regular* [b]*movement*

erkältet man sich schnell und ist krank. Also, ich laufe jeden Tag fünf
Kilometer, versuche dreimal die Woche zu schwimmen und Handball zu
spielen, und am Wochenende gehe ich segeln oder rudern.[c]

Saliha, 46, lebt in Frankfurt: Gesund zu essen und fit zu bleiben ist
manchmal ganz schön schwierig, denn ich bin allergisch gegen so viele
Nahrungsmittel;[d] und im Sommer sind die Ozonwerte in der Stadt so
hoch, dass ich nicht einmal nach draußen gehen kann. Mit meinen
Freundinnen fahre ich aber oft zum Fitness-Center. Da gibt es auch eine
Joghurt-Bar und frische Fruchtsäfte. Heutzutage muss man auf gesunde
Ernährung[e] einfach aufpassen.[f]

Ralf, 35, lebt in Erlangen: Mein Fitness- und Gesundheitskonzept besteht
aus Colaflaschen, Chips und Videos. Viele sind heute vollkommen
verrückt: Jeder will bis zum Umfallen Arme, Beine, Gesicht und Körper
modellieren, nur um immer schöner und gesünder zu sein. Das ist doch
Quatsch. Die Leute sind doch krank im Kopf. Meine Empfehlung? Ohne
Sport tut nichts weh!

Stefan und Nina, 18 und 19, leben in Basel: Im Winter fahren wir Schi
und im Sommer machen wir viele Radtouren. Unsere Diät ist streng
biologisch, das heißt, nur Obst[g] und Gemüse[h] aus dem Bioladen. Man ist,
was man isst. Da ist schon was dran. Medikamente finden wir auch
nicht so gut. Wir verschreiben lieber viel Vitamin C und Wasser gegen
Kopfschmerzen und Erkältung. Die Pharmaindustrie hat schon genug
Geld.

[c]*rowing* [d]*food* [e]*nutrition* [f]*pay attention to* [g]*fruit* [h]*vegetables*

A Gesundheit und Fitness. Wer meint das? Wer macht das? Verbinde die
Namen mit den Meinungen und Aktivitäten. (HINT: *Match the names
with the opinions and activities.*)

NAMEN	MEINUNGEN UND AKTIVITÄTEN
1. Achim	a. Man ist, was man isst.
2. Saliha	b. Er schwimmt, segelt und rudert.
3. Ralf	c. Er treibt keinen Sport.
4. Stefan und Nina	d. Man muss auf gesunde Ernährung aufpassen.
	e. Fit zu bleiben ist schwierig.
	f. Medikamente sind nicht so gut.
	g. Sie nehmen viel Vitamin C.
	h. Er läuft jeden Tag fünf Kilometer.
	i. Fitness ist für ihn ein Muss.
	j. Sie geht oft zum Fitness-Center.
	k. Ohne Sport tut nichts weh!
	l. Er trinkt viel Cola und isst Chips.

B Interviews. Interviewen Sie andere Schüler/Schülerinnen. Was machen
sie für die Gesundheit?

PERSPEKTIVEN

HÖR MAL ZU!

How do you make an appointment with a doctor? What do you say to a friend in the hospital? How does a doctor give a patient the results of an examination? Three dialogues will give some answers to these questions.

A Hörtext 1: Was braucht Joachim? Vervollständige jeden Satz. (HINT: *What does Joachim need? Provide the correct completion to each sentence.*)

1. Joachim braucht [einen Termin / eine Operation].
2. Er spricht mit [der Ärztin / der Sprechstundenhilfe].
3. Er hat am [23. / 30.] April einen Termin.
4. Er muss um [dreizehn Uhr fünfzehn / fünfzehn Uhr dreizehn] da sein.
5. Joachims Familienname ist [Wolf / Fuchs].

B Hörtext 2: Was stimmt? Was stimmt nicht? (HINT: *If the statement is true, say* Das stimmt. *If the statement is not true, say* Das stimmt nicht.)

1. Nadie und Meike sind Schwestern.
2. Das Bein tut Meike weh.
3. Meike weiß alles über Nadie.
4. Nadie spielt Volleyball.
5. Jetzt ist eine Sehne in der Wade gerissen.
6. Nadie darf nicht fernsehen.
7. Nadie will ihre Hausaufgaben machen.

C Hörtext 3: Was fehlt Herrn Wolters? Was will der Arzt, dass er tut? Kreuze an. (HINT: *Check all the things that are wrong with Mr. Wolters and all the things the doctor wants him to do.*)

1. Herr Wolters hat
   a. _____ starken Bluthochdruck.
   b. _____ hohe Cholesterinwerte.
   c. _____ schwache Lungen.
   d. _____ eine überlastete Leber.
   e. _____ Probleme mit den Nieren.
   f. _____ Herzkrankheit.
   g. _____ psychologische Probleme.

2. Der Arzt will, dass Herr Wolters
   a. _____ zu einem Spezialisten geht.
   b. _____ mehr Tests hat.
   c. _____ eine Operation hat.
   d. _____ Tabletten nimmt.
   e. _____ gesund isst.
   f. _____ schwimmen geht.
   g. _____ Fußball spielt.

WORTSCHATZ ZUM HÖRTEXT

der Termin	appointment
die Sprechstundenhilfe	receptionist
der Urlaub	vacation
das Turnier	tournament
die Wade	calf
die Sehne	tendon
reißen: gerissen	to tear: torn
die Hausaufgaben	homework
der Bluthochdruck	high blood pressure
Cholesterinwerte (*pl.*)	cholesterol count
die Leber	liver
überlastet	overworked
Nieren	kidneys
das Herz	heart
die Ernährung	nutrition

LIES MAL!

Wie bleibt man bis ins hohe Alter fit?

Ein paar Tipps

1. Ausreichend schlafen
   * täglich vor Mitternacht ins Bett
   * Schlaf verjüngt. Erforderliche Schlafdauer: circa acht Stunden pro Nacht
   * Dann können sich Körper und Geist regenerieren.
2. Auf das Gewicht achten
   * Jedes Pfund zu viel treibt Blutdruck und Cholesterinwerte hoch.
3. Sich ausreichend bewegen
   * Jeden Tag mindestens zwanzig Minuten wandern, laufen, Rad fahren, schwimmen, Ball spielen, Gymnastik machen oder tanzen.
   * Stoffwechsel, Herz und Kreislauf bleiben fit und jung.
4. Gesund essen
   * für körperliche Fitness: jeden Tag frisches Obst und Gemüse essen
   * besonders wichtig: Knoblauch, Zwiebel, Sellerie, Spinat und Joghurt
   * für geistige Fitness: Birnen und Nüsse
5. Täglich zwei Liter Wasser trinken,
   * dann können Organe problemlos arbeiten
   * dann bleibt die Haut glatt und faltenfrei
6. Nicht rauchen
   * Nikotin macht alt. Rauchen macht krank.
   * Wer mit fünfzehn anfängt, verkürzt sein Leben um fünfzehn Jahre.
   * Wer mit vierzig aufhört, gewinnt sieben Jahre.
   * Und wer eine schöne Haut haben will, raucht nicht.
7. Freude am Leben nicht vergessen
   * jeden Tag einmal aus vollem Herzen lachen
   * einmal mit einem netten Menschen sprechen
8. Ins Licht gehen—jeden Tag zwei Stunden Tageslicht oder zehn Minuten Sonne
   * Wenn wir nicht genug Sonnenlicht bekommen, werden wir missmutig, depressiv und anfällig für Krankheiten.
   * direktes Sonnenlicht aber streng vermeiden

WORTSCHATZ ZUM LESEN

ausreichend	enough
erforderlich	required
der Geist	mind
achten	to pay attention
jedes	each
hoch treiben	to raise
mindestens	at least
der Stoffwechsel	metabolism
der Kreislauf	circulation
der Knoblauch	garlic
die Birne	pear
die Haut	skin
faltenfrei	smooth
verkürzen	to shorten
aufhören	to stop
lachen	to laugh
missmutig	bad tempered
anfällig	susceptible
vermeiden	to avoid

A Ein gesunder Körper braucht auch einen gesunden Geist und eine gesunde Seele. Wie kann man die Körperteile, den Geist und die Seele fit halten? Lies den Text noch einmal. Mach eine Tabelle, und füll sie in Stichworten aus. (HINT: *A healthy body needs a healthy mind and spirit. What can one do to keep the body parts, mind, and spirit fit? Read the text again. Make a chart and fill it out with key words.*)

HERZ	HAUT	ALLE ORGANE	GEIST	SEELE

B Ein beispielhaftes Leben. Wer ist über 65 Jahre alt, noch sehr gesund und aktiv? Beschreib so einen Menschen: Wie alt ist er/sie? Was macht er/sie? Wie bleibt er/sie froh und fit? (HINT: *Describe someone who is over 65, still very healthy, and active. Tell how old he/she is and what he/she does to stay happy and fit.*)

INTERAKTION

● Lebensstil

SCHRITT 1: Eine Umfrage. Arbeitet in Kleingruppen. Stellt einander die folgenden Fragen und macht euch dabei Notizen. (HINT: *Work in small groups. Each member of the group should ask the other members of the group one or two of the following questions. Everyone should take notes.*)

1. Was und wie viel trinkt ihr am Tag?
2. Esst ihr jeden Tag Obst und Gemüse? Wie viel Stück[a] pro Tag?
3. Macht ihr Sport? Wie oft und wie lange?
4. Passt ihr auf euer Gewicht auf? Wie?
5. Nehmt ihr Vitamintabletten?
6. Lacht ihr jeden Tag?
7. Bekommt ihr genug Sonnen- oder Tageslicht?

SCHRITT 2: Die Resultate. Vergleiche die Antworten in deiner Gruppe mit den vorhergehenden Tipps und stell ein Gruppenprofil zusammen. Lebt deine Gruppe gesund? Was muss die Gruppe noch für die Gesundheit tun? Berichte der Klasse die Resultate. (HINT: *Compare the answers in your group with the preceding tips and compile a group profile. Does your group have a healthy lifestyle? What else does the group as a whole have to do for health? Report the results to the class.*)

[a]*piece[s]*

SCHREIB MAL!

Eine Broschüre machen

● Mach eine Broschüre für die körperliche und geistige Gesundheit. Schreibe Tipps und illustriere die Broschüre mit Bildern oder Fotos aus Zeitschriften oder dem Internet. (HINT: *Create a brochure promoting physical and mental health. Write tips and illustrate the brochure with pictures or photos from magazines or the Internet.*)

Purpose:	Provide a service
Audience:	The German-speaking public
Subject:	Good physical and mental health
Structure:	Brochure

TIPP ZUM SCHREIBEN

It will be much easier for you to write in German if you also try to think in German. When you approach a particular topic, think of related words, phrases, and sentences you have seen in reading texts or have heard in the video, listening passages, or class discussions. Jot down ideas in simple, straightforward language that is already familiar to you. Even though these ideas may not be as complex as those you would express in your native language, they will start you thinking in a second language.

Schreibmodell

Fit sein!

Bist du immer müde? Fühlst du dich nicht wohl? Willst du mehr Energie haben?

Hier sind einige Tipps.

Werde glücklich und gesund!

● Jeden Tag zwei Liter Wasser trinken.

● Jeden Tag drei Stück Obst und drei Portionen Gemüse essen.

Glücklich sein!

● Acht Stunden jede Nacht schlafen.

● Drei- oder viermal die Woche 40 Minuten Aerobic machen.

Brochures often include pictures to give people a quick idea of the content.

Nach zwei Wochen siehst du positive Resultate!

Since this brochure is intended for classmates, it uses the familiar form of *you* (**du**).

Schreibstrategien

Vor dem Schreiben

- Consider what you are asked to write. Since a brochure advertises or promotes something, you will want to keep your writing simple, upbeat, and positive.

- Think about health and fitness. Quickly write down all the German words and phrases that are associated with health and fitness that you know. Don't worry about spelling, punctuation, and grammar.

- Next, leaf through the chapter and write down any other ideas.

- Create your brochure with your classmates in mind. You know what appeals to them in terms of interests and lifestyles.

Beim Schreiben

- Begin to write sentences, using constructions and other words you have learned.

  1. Topic sentence: What is the point of the brochure?
  2. Tips: What can readers do to reach the goals of good health and fitness? List key steps or ideas. Modal verbs will help you express what readers must do or are supposed to do.
  3. Benefits: What are the benefits of good health and fitness? What can a healthy person do?
  4. Conclusion: Sum up your ideas in a concluding sentence.
  5. Illustrations: Select pictures from magazines or the Internet or draw some yourself to illustrate your brochure.
  6. Layout: Organize the text and art in your brochure. Don't tape down the art permanently; instead, write a brief description in pencil where each one goes, for example, "aerobic class picture."

- This is your first draft.

Nach dem Schreiben

- Trade first drafts with a partner. Your partner should make comments and ask questions. He/She may ask to see your illustrations.

- Review your partner's comments and decide what changes to make.

Stimmt alles?

- You are ready to assemble your final draft. Double-check the form, spelling, and word order in each sentence.

- Choose a format that is comfortable for you: a folded brochure, a pamphlet, a booklet, etc.

- Arrange the text and tape down your art. Share your brochure with the class.

Wie lebst du gesund?

1. *Du sollst viel Wasser trinken.*
2. *Du musst mehr Rad fahren oder wandern.*
3. *Du kannst nehmen Vitamin C.*
4. *Du darfst nicht so viel Cola und Chips essen.*

WORTSCHATZ

Substantive

Die Körperteile

die **Hand**, ⸚e	hand
die **Nase**, -n	nose
die **Schulter**, -n	shoulder
die **Wange**, -n	cheek
der **Arm**, -e	arm
der **Bauch**, ⸚e	abdomen
der **Finger**, -	finger
der **Fuß**, ⸚e	foot
der **Hals**, ⸚e	neck; throat
der **Kopf**, ⸚e	head
der **Körper**, -	body
der **Mund**, ⸚er	mouth
der **Rücken**, -	back
der **Zahn**, ⸚e	tooth
das **Auge**, -n	eye
das **Bein**, -e	leg
das **Gesicht**, -er	face
das **Haar**, -e	hair
das **Kinn**, -e	chin
das **Ohr**, -en	ear

Im Krankenhaus

die **Erkältung**, -en	cold
die **Gesundheit**	health
die **Grippe**, -n	influenza, flu
die **Spritze**, -n	vaccine, shot
die **Wunde**, -n	wound
der **Arzt**, ⸚e / die **Ärztin**, -nen	doctor
der **Husten**	cough
der **Krankenpfleger**, - / die **Krankenpflegerin**, -nen	nurse

Nouns

Parts of the body

At the hospital

der **Krankenwagen**, -	ambulance
der **Notfall**, ⸚e	emergency
der **Patient**, -en / die **Patientin**, -nen	patient
der **Schmerz**, -en	ache, pain
die **Halsschmerzen** (*pl.*)	sore throat
die **Bauch-, Ohren-, Rücken-, Kopfschmerzen** (*pl.*)	stomach-, ear-, back-, headache
das **Fieber**	fever
das **Krankenhaus**, ⸚er	hospital
das **Medikament**, -e	medicine
das **Niesen**	sneezing
das **Rezept**, -e	prescription
das **Thermometer**, -	thermometer

Verben

Verbs

aufmachen (macht . . . auf)	to open
denken	to think
hören	to hear
husten	to cough
niesen	to sneeze
operieren	to operate (on)
putzen: die Nase putzen	to clean: to blow one's nose
sehen (sieht)	to see
untersuchen	to examine
wehtun (tut . . . weh)	to hurt
sich wohl fühlen: Ich **fühle** mich **wohl.** Er/Sie **fühlt** sich **wohl.**	to feel well I feel well. He/She feels well.
zeigen	to show
zumachen (macht . . . zu)	to close

WIEDERHOLUNG 2

VIDEOTHEK

● Bring die Bilder in die richtige Reihenfolge. Schreib dann kurz, was passiert. (HINT: *Put the pictures in the correct sequence. Then write a brief summary of the events.*)

a.

b.

c.

d.

e.

f.

g.

h.

i.

VOKABELN

A Umgebung und Wohnungen. Welches Wort fehlt? (HINT: *Supply the missing nouns.*)

1. Städte
   a. Diese Stadt ist groß. Sie ist eine _____.
   b. Diese Stadt ist klein. Sie ist eine _____.
   c. Hier wohnt man nahe an der Stadt: ein _____.
   d. Kleiner als eine Stadt, ein _____ ist auf dem Land.
   e. Man übernachtet in Hotels. Man isst in _____ oder _____.
   f. Willst du einen Film sehen? Dann gehst du ins _____.
   g. Willst du für die ganze Woche einkaufen? Ein _____ hat alles, was du brauchst.

2. Häuser und Wohnungen
   a. Dieses Haus ist für eine Familie. Es ist ein _____.
   b. Dieses Haus hat viele Stockwerke. Es ist sehr hoch. Es ist ein _____.
   c. Diese Wohnung ist über 55 Jahre alt. Sie ist eine _____.
   d. Ein _____ liegt auf dem Land.
   e. In einem _____ kann man eine Wohnung mieten.
   f. Seit[a] 1945 sieht man neue Wohnungen. Man nennt sie _____.
   g. Eine eigene Wohnung in einem großen Haus heißt eine _____.

[a]*since*

B Alles über Feiertage: Daten, Wetter, Aktivitäten. Wähle einen Feiertag, und beschreib ihn. Beantworte die Fragen. (HINT: *Choose one of the holidays, and then describe it as completely as possible. Answer the following questions in your description.*)

Silvester	Muttertag
Neujahrstag	Weihnachten
Valentinstag	deinen Geburtstag
Karneval	Chanukka

1. Wie heißt der Feiertag?
2. An welchem Datum oder in welchem Monat feiert man den Feiertag?
3. In welcher Jahreszeit ist das?
4. Wo feiert man diesen Feiertag?
5. Wie ist das Wetter?
6. Wie feiert man dieses Fest?
7. Was kann man machen?
8. Was kann man nicht machen?
9. Hast du diesen Feiertag gern? Warum (nicht)?

C Welches Wort oder welcher Ausdruck passt nicht? (HINT: *Which word or expression does not belong?*)

1. Krankenhaus	Patientin	Krankenpfleger	Geschenk
2. Bauernhaus	Einfamilienhaus	Umgebung	Neubauwohnung
3. Blume	Schnee	Regen	Wolke
4. feiern	Spaß machen	wehtun	Feuerwerke
5. Ruhe	Dorf	Stadt	Vorort
6. Gesicht	Nachbar	Auge	Mund
7. Spritze	Rezept	Krankenhaus	Medikament
8. Notfall	Wunde	Schmerz	Umgebung
9. Gute Reise	Viel Glück	Viel Spaß	Wie schade

D Der Mensch

SCHRITT 1: Körperteile. Beschreib den Menschen. (HINT: *Describe the human being.*)

Beschreib . . .
1. den Kopf. (Der Kopf hat Haare, Ohren, . . .)
2. das Gesicht.
3. den Körper.

SCHRITT 2: Krankheiten und Symptome. Welche Körperteile tun weh? Welche Schmerzen hat man? (HINT: *Tell which body parts hurt or what aches or pains accompany each disease or symptom.*)

MODELL: Die Erkältung: Die Nase, der Hals und die Augen tun weh. Man hat auch Kopfschmerzen.

1. die Grippe
2. die Allergie
3. das Fieber
4. der Husten

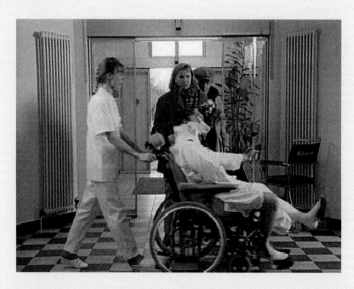

STRUKTUREN

A Professor Di Donato fragt Marion.

SCHRITT 1: Marions Antworten. Ergänze die Sätze mit Artikeln, Personalpronomina und Adjektivendungen im Akkusativ. (HINT: *Professor Di Donato asks Marion some questions. Here are her answers. Complete the sentences using articles, personal pronouns, and adjective endings in the accusative.*)

1. Was ich mache? Ich gehe zur Schule, durch _____ (der Park) und über _____ (die Brücke). Dann arbeite ich oft für _____ (mein Onkel) an der Tankstelle. Hausaufgaben, Volleyball, na, und dann ist auch schon Abend.
2. Klar, ich rufe _____ (sie) oft an. Es ist nicht einfach ohne _____ (ich), sagen sie.
3. Die Schule? Hhhmm, ich finde _____ (sie) stressig. Ich muss durch _____ (das Abi) kommen, das ist alles. Aber ich habe sehr (gut) Lehrer, besonders _____ (der Geschichtslehrer) finde ich super.
4. Meine Freunde kommen _____ (ich) besuchen. Die Mertens sind sehr tolerant; nur _____ (mein Freund) mögen sie nicht so sehr.

SCHRITT 2: Professor Di Donatos Fragen. Bring die Fragen in die richtige Reihenfolge (1–4) in Bezug auf die Antworten in **Schritt 1.** (HINT: *Here are Professor Di Donato's questions. Put them in the correct order [1–4] for the answers in* Schritt 1.)

_____ **a.** Wer kommt dich besuchen?   _____ **c.** Wie findest du deine Schule?

_____ **b.** Rufst du deine Eltern an?   _____ **d.** Was machst du jeden Tag?

B Was ist Stefans Geschichte? Stefans Familie zieht nach München, aber Stefan will bis Juli in Augsburg bleiben. Bilde Sätze. (HINT: *What is Stefan's story? Stefan's family is moving to Munich, but Stefan wants to stay in Augsburg until July. Construct sentences. Use the given word order, but use the correct form of each word.*)

1. ihr / können / ohne / ich / nach München / ziehen
2. ich / wollen / hier / bleiben
3. ich / haben / eine / Freundin / hier / und / gut / Freunde
4. die Familie Weber / haben / ein / Haus
5. die Webers / haben / ein / Zimmer / für / ich
6. ich / dürfen / dort / durch / der Winter und der Frühling / wohnen
7. heute / haben / wir / der / zwölft / Februar
8. am / acht / März / können / ich / ihr / in München / besuchen
9. und / am / erst / Juli / müssen / ich / auch / nach München / ziehen

C Rüdiger und Ahmet sprechen über Marion. Ergänze die Sätze mit Modalverben. (HINT: *Provide the correct form of the appropriate modal.*)

MODELL: Mann, das _____ doch nicht wahr sein! (müssen, dürfen) →
Mann, das darf doch nicht wahr sein![a]

RÜDIGER: He, hier ist Rüdiger. Hast du mal eine Minute?

AHMET: Klar doch, was ist denn los?

RÜDIGER: Marion. Marion _____[1] nach Köln ziehen. (dürfen, wollen)

AHMET: Was? Aber sie _____[2] doch bei den Mertens wohnen. (sollen, können) Sie _____[3] ihr Abitur machen. (können, müssen)

RÜDIGER: Schon. Aber der Unfall . . . Ich _____[4] sie nicht verlieren[b]! (sollen, dürfen)

AHMET: Was _____[5] wir denn machen? (sollen, wollen)

RÜDIGER: Du _____[6] gar nichts tun. (müssen, können) Ich _____[7] etwas machen. (sollen, müssen) Aber ich weiß nicht, was . . .

AHMET: _____[8] ihr nicht noch einmal zusammen reden[c]? (wollen, sollen)

RÜDIGER: Das _____[9] sie ja nicht. (können, wollen) Sie sagt, sie _____[10] nach Köln. (können, müssen)

AHMET: Mensch, das tut mir Leid!

[a]Mann . . . *Man, that can't be true!* [b]*lose* [c]*talk*

EINBLICKE

Köln. Stimmt das? Oder stimmt das nicht? (HINT: *If the statement is true, say* Das stimmt. *If the statement is not true, say* Das stimmt nicht.)

1. Köln ist eine kleine, gemütliche Stadt.
2. Köln ist die viertgrößte Stadt in Deutschland.
3. Köln hat über eine Million Einwohner.
4. Die Türken haben Köln gegründet.
5. Der berühmte Kölner Dom ist 1998 schon 1000 Jahre alt!
6. Neben dem Dom liegt das Römisch-Germanische Museum.
7. In Köln gibt es nur eine Fernsehstation.
8. Es gibt Konzerte und Theater.
9. Köln hat eine Sporthochschule, eine Kunsthochschule und eine Musikhochschule, aber keine Universität.

PERSPEKTIVEN

● Ein Fest für die Neandertaler

SCHRITT 1: Work in small groups and invent a celebration for Neanderthal people. Remember where they lived, how long ago, and what the climate must have been like at that time.

- Wie heißt das Fest?
- Wann und wo feiert man das Fest?
- Warum feiern die Neandertaler?
- Was essen und trinken sie?
- Was tragen sie?
- Was machen sie?
- Gibt es Feuer? Feuerwerke? Musik?
- ?

SCHRITT 2: As a group, present your ideas to the class. Then vote on which holiday you would most like to celebrate if you lived in Neanderthal times.

DER URLAUB[a]

In this chapter, you will
- find out about the travel plans that Marion and her mother make.
- discover some interesting facts about Vienna and Zurich.

You will learn
- names for articles of clothing.
- how to describe what people are wearing.
- about various modes of transportation.
- to express actions using two-part verbs.
- how to tell others what to do using the imperative.
- about the island of Hiddensee near Rügen.
- about travel etiquette.
- how to write descriptive prose.

[a]*Vacation*

Liebe Marion,

schöne Grüße aus Athen. Sonniges Griechenland? Quatsch! Seit wir
hier sind, ist es kühl und nass.[a] Habe warme Klamotten[b] vergessen
und friere[c] furchtbar, vor allem abends. Badeanzug und Shorts
werde ich wohl nicht anziehen. Muss Pullover, feste Schuhe und
Jeans kaufen, bevor wir unsere Studientour beginnen. Morgen gehen
wir zur Plaka,[d] da soll alles preiswert sein. Die Museen in Athen
sind fantastisch. Wie ist das Wetter auf Rügen? Schreib bald!

Deine Juliane
PS: Gruß an deine Mutter!

[a]*wet* [b]*clothes* (slang)
[c]*am freezing* [d]*a market in Athens*

**Der Hauptbahnhof
Köln.**

VIDEOTHEK

Wir müssen schnell zu Marion!

In der letzten Folge . . .

hatten[a] Marion und Rüdiger einen Unfall und sind im Krankenhaus. Herr und Frau Koslowski fahren mit dem Zug[b] nach Rheinhausen. Dann fahren sie mit dem Taxi zum Krankenhaus. Sie sind aber so nervös, dass sie die Blumen im Taxi vergessen. Im Krankenhaus sehen sie Notfälle überall und werden immer nervöser.

● Weißt du noch? Ja oder nein?

1. Marion und Rüdiger hatten einen Autounfall.
2. Herr und Frau Koslowski fahren mit dem Taxi zum Krankenhaus.
3. Das Krankenhaus heißt Bertha-Krankenhaus.
4. Marion liegt fast tot[c] im Zimmer 212.
5. Marion muss nach Köln ziehen, denn sie ist sehr krank.

[a]*had* [b]*train* [c]*dead*

In dieser Folge . . .

wollen Marion und ihre Mutter in den Urlaub fahren. Sie fahren nämlich auf die Insel Rügen. Dann kann sich Marion nach dem Unfall erholen. Herr Koslowski und Lars bleiben zu Hause in Köln. Marion und ihre Mutter packen die Koffer.

● Was denkst du?

1. Warum wollen Marion und ihre Mutter auf eine Insel fahren?
2. Wo ist diese Insel, und was kann man dort machen?
3. Mit welchem Verkehrsmittel[a] fahren sie in den Urlaub?
4. Was machen Lars und Herr Koslowski zu Hause in Köln?

[a]*means of transportation*

Ich habe überhaupt nichts anzuziehen!

WORTSCHATZ ZUM VIDEO

der Urlaub	*vacation*
überhaupt	*at all*
außerdem	*besides*
die Eintrittskarte	*ticket*
übrigens	*by the way*
das Osterei	*Easter egg*
ziehen: es zieht	*to pull: it's drafty*
der Eintopf	*stew*

SCHAU MAL ZU!

A Sieh dir jetzt das Video mit Ton an, und beantworte die Fragen. (HINT: *Watch the video with sound and answer the questions.*)

1. Welche Probleme hat Marion mit dem Kofferpacken?
   a. Sie hat nichts anzuziehen.   **b.** Sie kann ihren Koffer nicht zumachen.   **c.** Sie darf sehr wenig mitnehmen.
2. Wie kommen Marion und Frau Koslowski nach Rügen?
   a. Sie fahren mit dem Auto.   **b.** Sie fliegen.
   c. Sie fahren mit dem Zug.
3. Was machen dann Herr Koslowski und Lars in Köln?
   a. Sie spielen Karten.   **b.** Sie gehen zum Fußballspiel.
   c. Sie essen jeden Tag im Restaurant.

B Wohin fahren diese Menschen gern in den Urlaub? (HINT: *Say where these people like to go on vacation.*)

MODELL: Marion fährt gern _____.

1. Marion	4. Stefan	7. Dirk
2. Professor Di Donato	5. Daniela	8. Claudia
3. Anja	6. Grace	9. Gürkan

> in die USA   an die Ostsee   nach Sizilien
>
> nach Australien   nach Norwegen und Schweden
>
> nach Frankreich   in die Türkei   nach Deutschland
>
> nach Italien   nach Spanien   in die Schweiz

C Wien und Zürich

SCHRITT 1: Kann man das in Wien, in Zürich oder in beiden Städten machen? (HINT: *Can you do that in Vienna, Zurich, or both cities?*)

	IN WIEN	IN ZÜRICH	IN BEIDEN STÄDTEN
1. die Schlösser sehen	☐	☐	☐
2. durch die alten Gassen gehen	☐	☐	☐
3. in die Oper gehen	☐	☐	☐
4. Deutsch sprechen	☐	☐	☐
5. am See spazieren gehen	☐	☐	☐
6. sich die alte Architektur ansehen	☐	☐	☐
7. die Lipizzaner sehen	☐	☐	☐

SCHRITT 2: Was möchtest du dort tun? (HINT: *Now say what you would like to do in either Vienna or Zurich.*)

MODELL: Ich möchte in Zürich durch die alten Gassen schlendern.

KULTURSPIEGEL

In German-speaking countries inside doors in both houses and public buildings are typically kept shut. Someone is likely to say, "Es zieht!" (*It's drafty!*) when there's an open door.

„Es zieht!"

Der Stefansdom in Wien ist eine Reise wert.

VOKABELN

KLEIDUNGSSTÜCKE

der Trenchcoat
der Mantel
das Kostüm
der Frauensakko
die Jeans
die Jacke
die Bluse
die Krawatte
das Hemd
das Kleid
der Hut
das Jackett
der Anzug
die Hose
die Socke
der Schuh
der Stiefel
der Sportschuh
der Pullover
der Badeanzug
die Shorts
der Rucksack
das T-Shirt
die Tasche
der Rock
die Sandale

Und noch dazu

die Badehose	*swimming trunks*	der Regenmantel	*raincoat*
		an•probieren	*to try on*
die Mütze	*cap*	(probiert . . . an)	
die Unterwäsche	*underwear*	an•ziehen	*to put on*
der Anorak	*parka*	(zieht . . . an)	
der Gürtel	*belt*	aus•sehen	*to look,*
der Jogginganzug	*jogging suit*	(sieht . . . aus)	*appear*

Aktivitäten

A Was tragen sie?

SCHRITT 1: Wer trägt was? Beantworte die Fragen. (HINT: *Who's wearing what? Answer the questions according to the pictures.*)

Kristoph

Frau Stegemeyer

Stefanie

Herr Degenhart

1. Trägt Kristoph Jeans oder einen Rock?
2. Wer trägt eine Mütze und Stiefel?
3. Trägt Kristoph Schuhe oder Sandalen?
4. Trägt Herr Degenhart einen Anzug oder eine Jacke?
5. Wer trägt eine Krawatte?
6. Trägt Frau Stegemeyer einen Mantel oder einen Anorak?
7. Wer trägt einen Frauensakko?
8. Wer trägt eine Tasche?

SCHRITT 2: Beschreib, was jede Person trägt. (HINT: *Describe—as fully as you can—what each person is wearing.*)

B Wie heißen die Kleidungsstücke?

SCHRITT 1: Welches Kleidungsstück passt nicht zu den anderen? (HINT: *Which piece of clothing does not go with the others?*)

1. das Hemd   die Bluse   das Kleid   das T-Shirt
2. der Rock   die Shorts   die Jeans   die Hosen
3. die Tasche   der Gürtel   der Rucksack   die Unterwäsche
4. der Anzug   die Mütze   der Sombrero   der Hut
5. der Trenchcoat   der Mantel   die Krawatte   der Anorak
6. die Sandalen   die Socken   die Stiefel   die Schuhe

SCHRITT 2: Was ist ein anderes Wort dafür? (HINT: *Give the broader term for each piece of clothing.*)

1. Jeans sind _____.
2. Ein Sombrero ist _____.
3. Ein Trenchcoat ist _____.
4. Stiefel und Sandalen sind _____.

C Was trägst du wann und wo? Arbeite mit einem Partner / einer Partnerin. Stellt Fragen an einander. (HINT: *What do you wear when? Work with a partner and ask each other questions.*)

Was trägst du,

1. wenn es heiß ist?
2. wenn es regnet?
3. wenn du auf eine Party gehst?
4. wenn es schneit?
5. wenn du zur Schule gehst?
6. beim Sport?
7. in einem eleganten Restaurant?
8. zu Hause am Abend?

MIT DEM ZUG REISEN

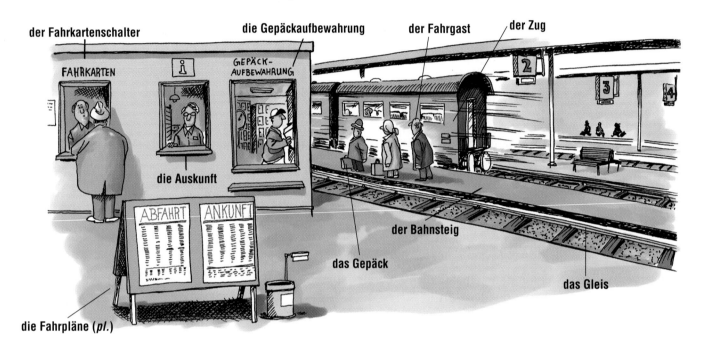

der Fahrkartenschalter
die Gepäckaufbewahrung
der Fahrgast
der Zug
die Auskunft
der Bahnsteig
das Gepäck
das Gleis
die Fahrpläne (*pl.*)

der Bahnhof

BIST DU WORTSCHLAU?

The gender of most German nouns corresponds to the sex of the person(s) named. However, some nouns are masculine or feminine but refer to both male and female persons.

der Gast	*guest*
der Fahrgast	*passenger*
der Mensch	*human (being)*
die Person	*person*

Und noch dazu

die Bahn	*railroad*	buchen	*to book*
der Aufenthalt	*stay*	dauern	*to last*
der Bus	*bus*	ein•packen	*to pack*
das Auto	*car*	(packt . . . ein)	
das Fahrrad	*bicycle*	ein•steigen	*to get on (a*
mit dem Rad	*to travel by*	(steigt . . . ein)	*train, bus,*
fahren	*bicycle*		*etc.)*
das Flugzeug	*airplane*	fliegen	*to fly*
das Motorrad	*motorcycle*	um•steigen	*to transfer*
das Schiff	*ship*	(steigt . . . um)	
an•rufen	*to call*	gefährlich	*dangerous*
(ruft . . . an)		nah	*near*
aus•steigen	*to get out (of a*	preiswert	*reasonably*
(steigt . . . aus)	*train, bus,*		*priced*
	etc.)	weit	*far*

Aktivitäten

A Reisevorbereitungen. Was macht man, wenn man eine Reise mit dem Zug macht? Wähl die richtigen Wörter. (HINT: *Travel preparations. When one travels by train, what does one do? Choose the correct words.*)

1. Man fährt mit dem Taxi zum [Gleis / Bahnhof].
2. Wenn man Informationen braucht, geht man [an die Auskunft / ans Flugzeug].
3. Hier bekommt man [Fahrgäste / Fahrpläne].
4. Jetzt will man wahrscheinlich [einen Aufenthalt / eine Fahrkarte] kaufen.
5. Fahrkarten bekommt man am [Gepäck / Fahrkartenschalter].
6. Endlich kommt [der Zug / der Bus] auf dem [Bahnsteig / Gleis] an.
7. Man wartet auf dem [Schalter / Bahnsteig], dann steigt man ein.

B Eine Fahrkarte bitte. Du bist Angestellte(r) am Fahrkartenschalter im Bahnhof von München. Ein Fahrgast möchte eine Fahrkarte nach Berlin kaufen. Beantworte seine Fragen mit Hilfe des Fahrplans. (HINT: *You are an agent at the ticket window of a train station in Munich. A customer would like to buy a ticket to Berlin. Answer his/her questions, using the schedule.*)

	ABFAHRT	ANKUNFT	1. KLASSE	2. KLASSE
	MÜNCHEN	BERLIN		
Intercity	8.15	17.30	205,- DM	175,- DM
D-Zug	9.00	20.45	190,- DM	160,- DM
Intercity	14.15	23.30	205,- DM	175,- DM

FAHRGAST: Ich möchte heute Nachmittag von München nach Berlin fahren. Wann fährt der nächste Zug ab?

ANGESTELLTE(R): Der Zug fährt _____ ab.

FAHRGAST: Wissen Sie, wie lange die Fahrt dauert?

ANGESTELLTE(R): Ungefähr[a] _____ Stunden.

FAHRGAST: Wann komme ich in Berlin an?

ANGESTELLTE(R): Um _____.

FAHRGAST: Was kostet eine Fahrkarte?

ANGESTELLTE(R): Erster oder zweiter Klasse?

FAHRGAST: Zweiter Klasse, bitte

ANGESTELLTE(R): Das macht _____ Mark.

FAHRGAST: Gut. Ich möchte einen Platz reservieren.

[a]*approximately*

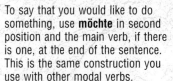

SO GEHT'S!

To say that you would like to do something, use **möchte** in second position and the main verb, if there is one, at the end of the sentence. This is the same construction you use with other modal verbs.

Ich **möchte** eine Fahrkarte (**kaufen**).
I would like (to buy) a ticket.

The following chart shows all the forms.

ich möchte	wir möchten
du möchtest	ihr möchtet
Sie möchten	Sie möchten
sie/er/es möchte	sie möchten

STRUKTUREN

PRESENT TENSE: TWO-PART VERBS
MORE ON DOING THINGS

German has a number of verbs that combine with an adverb, preposition, or other word to form a two-part verb, often called a separable-prefix verb. You have already learned two such verbs: **anrufen** and **umziehen.**

In present-tense sentences, the conjugated verb goes in second position, and the first part of the verb—the adverb, preposition, or other word—goes at the end of the sentence.

> Die Koslowskis **ziehen** nächste Woche **um.**
>
> *The Koslowskis are moving next week.*

If a modal verb occupies the second position, the two-part verb appears in its infinitive form as one word at the end of the sentence.

> Herr Koslowski **soll** Herrn Becker morgen **anrufen.**
>
> *Mr. Koslowski is supposed to call Mr. Becker tomorrow morning.*

In incomplete sentences beginning with **wenn,** the conjugated two-part verb appears as one word at the end.

> Wann ist Frau Koslowski froh? Wenn ihre Schwester am Wochenende **anruft.**
>
> *When is Mrs. Koslowski happy? When her sister calls on the weekends.*

The following are some other common two-part verbs.

aufhören	*to stop (doing something)*
aufpassen	*to watch out; to pay attention*
aufstehen	*to get up*
aussehen	*to look, appear*
einladen	*to invite*
einpacken	*to pack*
mitbringen	*to bring along*
mitkommen	*to come along*
vorbeikommen	*to come by*
zurückkommen	*to come back*

In **Wortschatz** lists, this book identifies such two-part verbs with a dot between the first part and the infinitive: **vorbei•kommen.** This device will help you recognize two-part verbs in the vocabulary lists at the end of each chapter. Just remember, the dot is not part of the word.

SPRACHSPIEGEL

Like German, English also has two-part verbs: *to come by, to go out, to come along.* Unlike the German verbs, the English verbs do not appear as one word.

> Wann **kommen** Sie **vorbei**?
> *When are you coming by?*
> Ich möchte heute Abend **ausgehen.**
> *I would like to go out tonight.*

In both spoken languages, the adverb, preposition, or other word of two-part verbs receives the stress.

> Erwin muss **aufstehen.**
> *Erwin has to get up.*

Übungen

A Was macht die Familie? Ergänze die Sätze, und beschreib die Bilder.
(HINT: *Complete the sentences to describe the pictures.*)

1. Die Koslowskis
___ ___.
(umziehen)

2. Marion ___ aber
traurig ___.
(aussehen)

3. Marion und ihre
Mutter ___ ihre
Kleider ___.
(einpacken)

4. Am Bahnhof ___
Marion und ihre
Mutter in den Zug
___. (einsteigen)

B Marion und ihre Mutter fahren weg. Bilde Sätze aus den Satzelementen.
(HINT: *Form complete sentences from the sentence elements.*)

MODELL: Marion / anziehen / heute / den Mantel . → Marion zieht heute den Mantel an.

1. Frau Koslowski / einkaufen[a] / bunte Ostereier .
2. wann / zurückkommen / ihr / wieder ?
3. Marion / einpacken / Hosen, Schuhe, Socken,
Blusen und Pullover .

4. Lars / aussehen / fröhlich .
5. Die Mutter und die Tochter / einsteigen /
in den Zug .

[a]*to shop (for)*

C Lars schreibt einen Brief an seinen Freund Peter. Ergänze den Brief
mit den Verben. (HINT: *Complete the letter with the appropriate two-part
verbs.*)

Hallo Peter,
Mensch, endlich sind meine Mutter und Marion weg. Und
was machen wir so? Na, Papa ___ natürlich ___[1] und
___ immer Cola ___.[2] Heute gehen wir ins Stadion, Köln
gegen Dortmund. Echt Klasse! Mama ___ oft ___,[3] die
erleben wohl nichts! Ach, für sonntag im Park, ___ du da
dein Frisbee ___[4]? Ich ___ auch meine neuen Sportschuhe
___.[5] Und wo ___ wir eigentlich aus dem Bus ___[6]? Oh
Mann, ich kann kaum noch warten. Mach's gut,
dein Lars

mitbringen   einpacken
aussteigen   anziehen
einkaufen   anrufen

The German word **bitte** softens imperative statements, as does its English counterpart *please.*

> Komm **bitte** mit.
> (*Please come along.*)

Used alone or together, two special words, **doch** and **mal**, also soften the effect of imperative statements and alter the meaning somewhat, as the following examples suggest. However, **doch** and **mal** are often untranslatable.

> Komm **doch** vorbei.
> (*Why don't you*) *come by.*
> Komm **mal** vorbei.
> *Come by* (*sometime*).
> Komm **doch mal** vorbei.
> (*Why don't you*) *come by*
> (*sometime*).

In an imperative, **doch** adds emphasis. **Mal** tends to make a statement or question sound more casual. You can see why **doch** and **mal** are sometimes called "flavoring particles," since they change the flavor of the command.

IMPERATIVES
TELLING OTHERS WHAT TO DO

When you request something of a person or persons whom you address with **Sie,** start the sentence with the verb and then the subject pronoun **Sie.**

> **Lesen Sie** dieses Buch.   *Read this book.*

Also notice that with two-part verbs, the adverb goes at the end of the sentence.

EXPLANATORY SENTENCES	IMPERATIVE SENTENCES
Sie fahren nicht so schnell.	**Fahren Sie** nicht so schnell!
You don't drive so fast.	*Don't drive so fast!*
Sie rufen mich heute **an.**	**Rufen Sie** mich heute **an.**
You'll call me today.	*Call me today.*

When you request something of persons whom you address with **ihr,** start the sentence with the verb and drop the pronoun subject **ihr.**

> **Fahrt** nicht so schnell!   *Don't drive so fast!*
> **Lest** dieses Buch.   *Read this book.*
> **Ruft** mich **an.**   *Call me up.*

When you request something of someone whom you address with **du,** start the sentence with the verb and drop the **-(s)t** ending from the **du-**form of the present-tense verb. If the verb has a stem-vowel change from **a → ä,** drop the umlaut. Also drop the subject pronoun **du.** Note that German commands sometimes have an exclamation mark.

> **Fahr** nicht so schnell!   *Don't drive so fast!*
> **Lies** dieses Buch.   *Read this book.*
> **Ruf** mich **an.**   *Call me up.*

Übungen

A Imperativsätze. Ergänze die Sätze mit den fehlenden Verben. (HINT: *Supply the missing imperative forms of the verb.*)

MODELL: Spielen Sie Karten! (Sie)
<u>Spielt</u> Karten! (ihr)
<u>Spiel</u> Karten! (du)

1. _____ lauter! (Sie)
   _____ lauter! (ihr)
   Sing lauter! (du)

2. Lesen Sie die Zeitung! (Sie)
   _____ die Zeitung! (ihr)
   _____ die Zeitung! (du)

3. Kommen Sie schnell zurück! (Sie)
   ____ schnell ____! (ihr)
   ____ schnell ____! (du)

4. ____ nicht so viel! (Sie)
   Esst nicht so viel! (ihr)
   ____ nicht so viel! (du)

5. ____ die Kleidung ____! (Sie).
   ____ die Kleidung ____! (ihr)
   Pack die Kleidung ein! (du)

6. Stehen Sie früh auf! (Sie)
   ____ früh ____! (ihr)
   ____ früh ____! (du)

B Was sagen die Koslowskis zueinander? Ergänze die Sätze mit dem Imperativ und den Partikeln **doch** oder **mal.** (HINT: *Complete the suggestions, using the* du *or* ihr *imperative as indicated and the flavoring particles* doch *or* mal.)

MODELL: FRAU KOSLOWSKI: Marion, . . . ! (du / eine Bluse einpacken) →
Marion, pack eine Bluse ein!

1. MARION: Lars, . . . ! (du / nicht so viel Computerspiele spielen)
2. HERR KOSLOWSKI: Marion und Vera, . . . ! (ihr / viele Fotos machen)
3. LARS: Papa, . . . ! (du / sehr schnell fahren)
4. MARION: Mama, ... (du / mir zuhören)
5. FRAU KOSLOWSKI: Lars und Heinz, . . . ! (ihr / den Eintopf bald essen)

C Arbeitet in Kleingruppen. Erwähnt Probleme oder Symptome. Was schlagen die anderen Schüler/Schülerinnen vor? (HINT: *Work in small groups. Mention problems or symptoms of illness. What do the other students suggest?*)

MODELLE: A: Ich habe Kopfschmerzen.
B: Nimm doch zwei Aspirin!
C: Wir haben Bauchschmerzen.
D: Trinkt viel Selterswasser!

PROBLEME UND SYMPTOME	VORSCHLÄGE
(Kopf)schmerzen haben	Vitamintabletten nehmen
Fieber haben	zum Arzt / zur Ärztin gehen
Husten haben	einen Spanischkurs /
sich nicht wohl fühlen	Golfkurs machen
kein Geld haben	mit dem (Bus, Taxi) fahren
kein (Auto, Fahrrad) haben	Orangen essen
nicht (Spanisch, Golf)	viel Wasser trinken
können	einen Job suchen
?	?

EINBLICKE

BRIEFWECHSEL

Liebe Juliane,

von Köln nach Rügen—eine Weltreise!

Wir sind heute Morgen schon um 7.16 Uhr von Köln abgefahren. Die Fahrt mit dem ICE nach Berlin hat nur fünfeinhalb Stunden gedauert[a]. Wir sind über Hannover, Braunschweig und Magdeburg gefahren.

In Berlin hatten wir unseren ersten Schock. Wir mussten mit der S-Bahn vom Bahnhof Zoo zum Bahnhof Lichtenberg fahren—und das mit meinem Koffer. Ich konnte den kaum[b] tragen!

Von Berlin-Lichtenberg sind wir mit einem Regionalzug weitergefahren nach Bergen auf Rügen. Hier gab's den zweiten Schock. Um nach Sellin zu kommen, mussten wir zuerst nach Putbus fahren. Von Putbus sind wir dann mit dem romantischen „rasenden[c] Roland" nach Sellin gefahren. Stell dir vor, wir waren heute über 12 Stunden mit dem Zug unterwegs.

Jetzt bin ich furchtbar müde, aber gespannt auf[d] ein Abenteuer[e]. Ich schreib bald wieder mehr.

Deine Marion

[a]lasted   [b]hardly   [c]speeding   [d]gespannt . . . looking forward to   [e]adventure

● Urlaub und Abenteuer. Welche Städte erwähnt Marion im Brief?
(HINT: *What cities does Marion mention in her letter?*)

_____ Bergen	_____ Essen	_____ Potsdam
_____ Berlin	_____ Hannover	_____ Putbus
_____ Braunschweig	_____ Köln	_____ Sellin
_____ Dortmund	_____ Magdeburg	_____ Stralsund
_____ Düsseldorf	_____ Neubrandenburg	

Bergen
Sellin
Stralsund
Neubrandenburg
Berlin
Hannover   Potsdam
Braunschweig
Essen   Magdeburg
Dortmund
Düsseldorf
Köln
Deutschland

EINBLICK

Hiddensee

Nicht nur Marion und ihre Mutter suchen Ruhe und Erholung[a] weg von der Großstadt und draußen in der Natur. Schon seit dem letzten Jahrhundert suchen viele Menschen diese Art[b] von Erholung.

Einige Kilometer vor der Nordwestküste Rügens liegt Hiddensee, eine ganz kleine Insel. Hier leben auf neunzehn Quadratkilometern[c] nur etwa 1.300 Einwohner. Es gibt fast keine Autos. Wer die Insel besucht, muss zuerst mit der Fähre fahren. Auf Hiddensee selbst kann man dann wandern, mit dem Rad fahren oder mit einer Pferdekutsche[d] fahren.

Es gibt sechzehn Kilometer Sandstrand auf der Insel. Wer Glück hat, kann hier nach Stürmen im Herbst und Frühling noch Bernstein[e] finden.

Viele bekannte Schriftsteller,[f] Maler[g] und Schauspieler[h] haben diese Insel schon besucht und hier Urlaub gemacht, zum Beispiel Thomas Mann, Sigmund Freud, Ernst Barlach, Gustav Gründgens und Käthe Kollwitz.

Auf der Insel ist auch heute alles noch ein wenig ruhiger als auf Rügen und die Natur ist noch unverdorben.[i]

[a]recuperation [b]type [c]square kilometers [d]horse-drawn carriage
[e]amber [f]writers [g]painters [h]performers [i]unspoiled

For more information about Hiddensee visit the **Auf Deutsch!** Web Site at www.mcdougallittell.com.

Das Idyll von Hiddensee.

Hiddensee. Stimmt das oder stimmt das nicht? Verbessere die falschen Aussagen. (HINT: *Is the information about Hiddensee true or false? Correct the false statements.*)

1. Hiddensee ist eine Stadt auf Rügen.
2. Man kommt mit einer Fähre nach Hiddensee.
3. Auf der Insel wohnen keine Menschen.
4. Auf der Insel kann man mit dem Rad fahren, mit der Kutsche fahren oder zu Fuß gehen.
5. Berühmte[a] Leute haben auf Hiddensee schon Urlaub gemacht.
6. Auf Hiddensee findet man Ruhe und Erholung.
7. Man kann am Strand Gold finden.

[a]Famous

PERSPEKTIVEN

HÖR MAL ZU!

Lydia und Steffen wohnen in Berlin und organisieren für die Sommerferien eine Radtour auf Rügen. Sie wollen mit Freunden eine Woche lang quer durch die Insel radeln und abends auf Campingplätzen übernachten. Wie machen Lydia und Steffen ihre Pläne?

A Was machen Lydia und Steffen auf Rügen? Erzähl! (HINT: *Say what Lydia and Steffen do on Rügen.*)

1. [Sieben / Acht] Freunde fahren mit nach Rügen.
2. Sie brauchen [fünf / drei] Zelte.
3. Nick [kauft[a] / mietet] ein Rad auf Rügen.
4. [Nur die Jungen[b] / Alle] haben Schlafsäcke.
5. Sie nehmen [Werkzeug / einen Fahrplan] mit.

[a]*buys*   [b]*boys*

B Was soll jede Person mitnehmen? Warum? (HINT: *What should each person take along? Why?*)

WAS	WARUM
Anzug	kaltes Wetter
Anorak	warmes Wetter
Badeanzüge	zum Schlafen
Bluse	zum Schwimmen
Jeans	zum Klettern[a]
Jogginganzug	
Rock	
Shorts	
Unterwäsche	

[a]*climbing*

LIES MAL!

Zum Thema

● Wie oft machst du das im Urlaub? **Immer, manchmal** oder **gar nicht.** (HINT: *How often do you do that when on vacation? Always, sometimes, or not at all?*)

WORTSCHATZ ZUM HÖRTEXT

mindestens	*at least*
die Zelte	*tents*
die Schlafsäcke	*sleeping bags*
der Kulturbeutel	*toilet kits*
das Werkzeug	*tools*
die Fahrradpannen	*broken bicycles*

	IMMER	MANCHMAL	GAR NICHT
1. schnell durch Museen rennen	☐	☐	☐
2. traditionelles Essen probieren	☐	☐	☐
3. Achterbahn[a] fahren	☐	☐	☐
4. Shorts tragen	☐	☐	☐
5. laut sprechen	☐	☐	☐
6. Atmosphäre genießen	☐	☐	☐
7. im Hotel übernachten	☐	☐	☐

[a]*roller coaster*

Die Kunst, falsch zu reisen

Wenn du reist, verlange alles: Natur, Meer, Gebirge, Großstadt und Wüste. Wenn das nicht geht, dann
5 schimpfe. Wenn du reist, dann nimm keine Rücksicht auf deine Mitreisenden. Denke immer, nur du hast bezahlt, die anderen fahren alle
10 umsonst. Im Hotel schlage immer heftig mit den Türen und gib nie Trinkgeld, das verdirbt das Volk. In der fremden Stadt muss alles sein wie es bei dir zu Hause ist—wenn die
15 fremde Stadt anders ist, dann schimpfe.

Die Leute müssen auch rechts fahren, dasselbe Telefon und dieselbe Toilette haben wie du und auch genau dasgleiche essen. Tun sie das nicht, dann schimpfe. Trage immer kurze Gebirgshosen, einen kleinen grünen Hut (mit Rasierpinsel), schwere Nagelschuhe (besonders gut
20 geeignet für Museen) und einen Wanderstock.

Gehe immer schnell durch fremde Städte und Dörfer und besonders in Museen eile immer.

Mit den Fremden sprich immer gleich von Politik oder Religion. Sage immer deine Meinung und kritisiere stark.
25 Sprich immer sehr laut. Sprichst du die fremde Sprache nicht so gut, dann sprich lauter: man versteht dich dann besser.

Kurz: handele, schimpfe, ärgere dich, kritisiere, und sei immer laut.

Aus: Kurt Tucholsky, „Die Kunst, falsch zu reisen." Gesammelte Werke, Band III, Hamburg: Rowohlt Verlag GmbH, 1960.

WORTSCHATZ ZUM LESEN

verlangen	*to demand*
das Meer	*ocean, sea*
das Gebirge	*mountains, alpine region*
das Wüste	*desert*
schimpfen	*to grumble, moan*
reisen	*to travel*
Rücksicht auf andere nehmen	*to be considerate of others*
bezahlen	*to pay*
umsonst	*free*
schlagen	*to beat*
das Trinkgeld	*tip*
verderben (verdirbt)	*to spoil*
fremd	*foreign, strange*
eilen	*to rush*
die Fremden	*foreigners, strangers*
gleich	*right away*
sich ärgern	*to get upset*

Zum Text

A Reisetipps. Vergleiche mit Hilfe des Lesetexts die zwei Reisenden. (HINT: *Complete the comparison of the two kinds of travelers with help from the reading text.*)

Der kultivierte Reisende . . .

1. verlangt nichts.
2. ____
3. schließt die Türen immer leise.
4. ____
5. will fremde Städte erleben.[a]
6. will fremde Küche[b] essen.
7. ____
8. geht langsam durch Museen.
9. redet nie über Politik oder Religion.
10. ____

Der unkultivierte Reisende . . .

1. ____
2. nimmt keine Rücksicht auf Mitreisende.
3. ____
4. gibt nie Trinkgeld.
5. ____
6. ____
7. trägt seine Tracht.[c]
8. ____
9. ____
10. kritisiert alles und spricht immer laut.

[a]*experience* [b]*cuisine* [c]*regional dress*

B Die Kunst, richtig zu reisen. Ergänze die Sätze. (HINT: *Complete the sentences.*)

1. Es muss nicht immer alles so sein wie ____.
2. ____ das Gastland nicht.
3. Die Kleidung muss zu ____ passen.
4. Wenn du in ein Museum gehst, ____.
5. Sprichst du die fremde Sprache nicht, dann ____ und versuche die andere Sprache zu lernen.

[a]sei... *be polite*

Das Riesenrad in Wien.

Klima und Situation
sei höflich[a]
kritisiere
nimm dir Zeit
bei dir zu Hause

INTERAKTION

Ein Ausflug

SCHRITT 1: Plan mit zwei oder drei Mitschülern/Mitschülerinnen einen Ausflug. Mach eine Liste mit 10 Punkten.

- Wohin wollt ihr fahren?
- Wie könnt ihr dorthin kommen?
- Wie lange könnt ihr bleiben?
- Was nehmt ihr alles mit?
- Wie könnt ihr das alles bezahlen?

SCHRITT 2: Einer/Eine soll der Klasse von seinen/ihren Plänen berichten. Welche Gruppe hat die interessantesten Pläne?

SCHREIB MAL!

Mein Traumurlaub

● Beschreib deinen idealen Urlaub. Mach dann eine Liste von allem, was du machen musst—benutze die du-Form im Imperativ. (HINT: *Describe your ideal vacation. Then, list everything you need to do—use the* du-*form in the imperative, since you will be addressing yourself.*)

Purpose: Write about a dream vacation and how you'll get ready
Audience: Your classmates and yourself
Subject: A dream vacation and a list of preparations
Structure: Paragraph and list of preparations

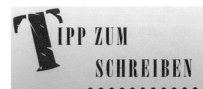

TIPP ZUM SCHREIBEN

When you write about yourself and your dreams, use your imagination. You can (1) write about somewhere you want to go and why and what you need to do in preparation. Or, (2) you can describe your vacation as if you are already there and plan the things you are going to do.

Schreibmodell

In this paragraph the topic sentence states that the writer wants to go on vacation to Austria. The rest of the paragraph (the body) explains that statement with details about where in Austria the writer wants to go and what he/she wants to do there.

Since the writer is directing this list to himself/herself, he/she uses the **du**-form imperative.

Ich möchte gern im Mai Urlaub in Österreich machen. Das Wetter soll warm und sonnig sein. In Wien gibt es viel zu tun. Am Tag will ich die vielen Museen und Schlösser besuchen. Ich kann auch lange Spaziergänge in der Ringstraße und durch die vielen Parks machen. Am Nachmittag kann ich in einem schönen Kaffeehaus sitzen. Dort isst man Torte und liest Zeitung. Ich kann auch die Wohnungen von Freud und Mozart besuchen. Am Abend will ich in die Oper gehen. Ich kann auch ins Theater oder ins Kino gehen.

Was du machen musst:
1. Kauf eine Flugkarte.
2. Reservier ein Zimmer im Hotel.
3. Kauf einen Stadtplan[a] von Wien.
4. Pack alles in das Gepäck ein.

The body of the paragraph is organized in chronological order, that is, things the writer will do during the day and in the evening.

[a]*map*

Schreibstrategien

Vor dem Schreiben

- Answering **W**-questions such as the following will start you thinking about your subject in German. For example: **Wo bist du? Wohin willst du fahren? Warum? Wann fährst du dorthin? Wie fährst du dorthin?**

- Jot down words or phrases in German that answer those questions. Put the words or phrases in an order that makes sense to you.

Beim Schreiben

- With your notes in hand write five descriptive sentences.

- Look at each sentence you wrote and jot down what you might need to do ahead of time to prepare for your vacation. Make a list of items and tasks. Use the **du**-form imperative in your list. For example you might jot down: **Pack die Sandalen ein.**

- Now review your paragraph again for any statements you made about what you want to do while you are there. Using the **du**-form imperative, add these things to your list of items and tasks. For example you might jot down: **Mach einen langen Spaziergang am Strand.**

Nach dem Schreiben

- Exchange first drafts with a classmate. Make helpful comments, ask important questions, and give useful advice to each other.

- Decide which changes you will make and write your final draft.

Stimmt alles?

- Remember to double-check the form, spelling, and word order in each sentence. Hand your final draft in to your teacher.

TIPP ZUM SCHREIBEN

If you get stuck during the writing, leaf through readings, activities, and vocabulary lists in this chapter for ideas and examples.

Wir möchten zelten. Wir fahren mit dem Auto zum Campingplatz. Ich will mit drei Freunden ans Meer fahren. Wir nehmen unsere Fahrräder mit. Wir gehen schwimmen und liegen in der Sonne.

Vorbereitungen:
1. Ruf Mark, Sara und Steve an.
2. Reservier einen Campingplatz.
3. Bring das Fahrrad mit.
4. Packt zwei Badehosen ein.

KAPITEL 7

WORTSCHATZ

Substantive

Kleidungsstücke

die **Badehose**, -n	swim trunks
die **Bluse**, -n	blouse
die **Hose**, -n	(pair of) pants
die **Jacke**, -n	jacket
die **Krawatte**, -n	tie
die **Mütze**, -n	cap
die **Sandale**, -n	sandal
die **Socke**, -n	sock
die **Tasche**, -n	purse; pocket
die **Unterwäsche**	underwear
der **Anorak**, -s	parka
der **Anzug**, ¨e	suit
der **Badeanzug**, ¨e	swimsuit
der **Frauensakko**, -s	jacket
der **Gürtel**, -	belt
der **Hut**, ¨e	hat
der **Jogginganzug**, ¨e	jogging suit
der **Mantel**, ¨	coat
der **Pullover**, -	pullover, sweater
der **Regenmantel**, ¨	raincoat
der **Rock**, ¨e	skirt
der **Rucksack**, ¨e	backpack
der **Schuh**, -e	shoe
der **Sportschuh**, -e	tennis shoe
der **Stiefel**, -	boot
der **Trenchcoat**, -s	trenchcoat; raincoat
das **Hemd**, -en	shirt
das **Jackett**, -s	jacket
das **Kleid**, -er	dress
das **Kostüm**, -e	woman's suit
das **T-Shirt**, -s	T-shirt
die **Jeans** (*pl.*)	blue jeans
die **Shorts** (*pl.*)	shorts

Sonstige Substantive

die **Auskunft**, ¨e	information
die **Bahn**, -en	rail
die **Gepäckaufbewahrung**, -en	baggage check

Nouns

Articles of clothing

Other nouns

der **Aufenthalt**, -e	stay
der **Bahnhof**, ¨e	train station
der **Bahnsteig**, -e	platform
der **Bus**, -se	bus
der **Fahrgast**, ¨e	passenger
der **Fahrkartenschalter**, -	ticket window
der **Fahrplan**, ¨e	schedule
der **Zug**, ¨e	train
das **Auto**, -s	car
das **Fahrrad**, ¨er	bicycle
mit dem **Fahrrad** fahren	to go by bicycle
das **Flugzeug**, -e	airplane
das **Gepäck**	baggage
das **Gleis**, -e	track
das **Motorrad**, ¨er	motorcycle
das **Schiff**, -e	ship

Verben

an•**probieren**	to try on
an•**rufen**	to call on the phone
an•**ziehen**	to put on
aus•**sehen**	to look, appear
aus•**steigen**	to get off/out of (*a train, car, etc.*)
buchen	to book
dauern	to last
ein•**packen**	to pack
ein•**steigen**	to get in/on
fliegen	to fly
um•**steigen**	to transfer (*trains, buses, etc.*)
vorbei•**kommen**	to drop by

Verbs

Adjektive und Adverbien

gefährlich	dangerous
nah	near, close by
preiswert	economical
weit (weg)	far (away)

Adjectives and adverbs

KAPITEL 8

AUF DER INSEL RÜGEN

In this chapter, you will

- see and hear about Marion's spring trip to Rügen.

You will learn

- vocabulary for traveling and staying in a hotel.
- vocabulary for vacation and leisure time activities.
- how to talk about the past, using the present perfect tense and the simple past tense of **sein, haben,** and **wissen.**
- how to write a diary entry.
- what several German speakers like to do on their vacations.
- more about Hiddensee, an island near Rügen.

Sellin ist ein Ostseebad auf der Insel Rügen.

Sellin / Rügen,   Montag

Liebes Tagebuch,
die Seeluft in Sellin ist wirklich gut und die Pension[a] gefällt uns
sehr. Am allerschönsten ist es, den Stress vom Umzug zu vergessen
und Zeit mit Marion zu verbringen.[b] Wir haben schon einiges
unternommen,[c] sind 'runter zur Seebrücke gelaufen, haben einen
Strandspaziergang gemacht und den kleinen Kurpark besucht.
Marion macht überall Fotos.
      Und jetzt mache ich die Augen zu. Die frische Seeluft macht doch
müde. Der Junge Michael hier in der Pension ist sehr nett. Ob
Marion ihn auch sympathisch findet? Vielleicht denkt sie in den
nächsten Tagen nicht so oft an Rüdiger.

[a]bed and breakfast   [b]spend
[c]done

VIDEOTHEK

In der letzten Folge . . .

packen Marion und Frau Koslowski die Koffer, denn sie fahren in den Urlaub. Sie fahren mit dem Zug nach Rügen. Herr Koslowski und Lars bleiben aber zu Hause in Köln und freuen sich auf[a] das Fußballspiel.

● Weißt du noch?

1. Welche Kleidungsstücke packt Marion ein?
2. Warum fahren Marion und ihre Mutter in den Urlaub?
3. Zu welcher Jahreszeit fahren sie nach Rügen? Woher weißt du das?
4. Welches Fußballspiel sehen Herr Koslowski und Lars?

[a]freuen . . . *are looking forward to*

Vergiss den Regenmantel nicht!

In dieser Folge . . .

kommen Frau Koslowski und Marion in Sellin an. Michael Händel, der Sohn vom Pensionsinhaber,[a] trifft sie am Bahnhof und bringt sie zur Pension.

● Was denkst du? Ja oder nein?

1. Marion und Frau Koslowski schlafen in einem Zelt.
2. Frau Koslowski wird krank, und die beiden müssen nach Köln zurück.
3. Marion verliebt sich[b] in Michael.
4. Marion und Michael segeln zusammen auf dem Meer.[c]
5. Frau Koslowski verliebt sich in Herrn Händel.

[a]*owner of the bed and breakfast*   [b]verliebt . . . *falls in love*   [c]*sea*

Herzlich willkommen in Sellin!

SCHAU MAL ZU!

A Zitate. Wer sagt das? Frau Händel, Frau Koslowski, Marion oder Michael? Wem sagt er/sie das? (HINT: *Identify the speaker of each quotation on page 165, and state to whom he or she is saying it.*)

MODELL: „Guck mal, wer da ist!" →
Frau Koslowski sagt das zu Marion.

Dann wünsche ich Ihnen einen angenehmen Aufenthalt.

Wie gefällt es Ihnen in Sellin?

Guck mal, wer da ist!

Frühstück gibt es bis um zehn.

Pass auf!

B Beschreib das Zimmer in der Pension, wo Marion und ihre Mutter wohnen. (HINT: *Describe the room at the bed and breakfast inn where Marion and her mother are staying.*)

1. Das Zimmer ist . . .
2. Das Zimmer hat . . .
3. Im Zimmer ist/sind . . .

C SCHRITT 1: Was macht Marion auf Rügen? Was macht sie nicht? (HINT: *Indicate Marion's activities while on Rügen.*)

Fotos machen	schwimmen	spazieren gehen	?
Rad fahren	segeln	wandern	

SCHRITT 2: Beschreib jetzt in vollständigen Sätzen, was Marion tut. (HINT: *Now state in full sentences what Marion does.*)

MODELL: Marion geht mit Michael wandern.

D Du bist auf Rügen. Was möchtest du gern dort machen? (HINT: *State at least five things you would like to do on Rügen.*)

MODELL: Auf Rügen möchte ich gern . . .

E Die Kunst

SCHRITT 1: Im Video sieht man einige Kunstwerke. Welche Epochen der Kunst werden im Video erwähnt? (HINT: *In the video we see several works of art. Which periods of art are mentioned in the video?*)

die Klassik	das Barock	der Impressionismus
die Romantik	der Expressionismus	die Renaissance

SCHRITT 2: Schau das Video noch einmal an. Pass auf die Bilder der Kunstwerke auf. Beschreib dann eins der Kunstwerke. Was für eine Stimmung hat das Werk? (HINT: *Watch the video segment again. Pay attention to the pictures of the art works. Then describe one of the works of art. What is the mood of the art work?*)

Denk an:

die Landschaft[a]	das Wetter	die Menschen
die Jahreszeit	die Farben	die Aktivitäten

MODELL: Ein Bild hat viele Menschen. Die Menschen sind glücklich.

[a]*scenery*

WORTSCHATZ ZUM VIDEO

das Andenken	souvenir
schwindelig: Es wird mir schwindelig.	I'm getting dizzy.
die Gnade	mercy
Wasser hat keine Balken.	Water can't support you. (One can easily drown.)
bloß	just
abenteuerlich	adventuresome
verschollen	lost

aufgeregt   ruhig
freundlich
schön
glücklich
unglücklich
interessant
langweilig
hässlich
unfreundlich

VOKABELN

IM HOTEL

der Aufzug

das Einzelzimmer

die Treppe

das Doppelzimmer

der Schlüssel

PRIVAT

der Gast

das Hotel

die Rezeption

Und noch dazu

die Ferien- wohnung	vacation apartment
die Jugend- herberge	youth hostel
die Pension	bed and breakfast
die Reservierung	reservation
die Übernachtung	overnight stay
der erste Stock	second floor
der zweite Stock	third floor
das Erdgeschoss	first floor
das Formular	form
das Zelt	tent
ab•reisen	to depart
aus•füllen	to fill out
links	to the left
rechts	to the right

Aktivitäten

A Übernachtungen. Beantworte die Fragen. (HINT: *Use the phrases to answer the questions about overnight stays.*)

in einem Hotel	in einer Jugendherberge
in einer Ferienwohnung	in einem Zelt
in einer Pension	auf einem Bauernhof

1. Wo übernachten Marion und ihre Mutter auf der Insel?
2. Wo übernachtest du gern,
   a. wenn du in einer fremden Stadt bist?
   b. wenn du auf dem Land bist?
   c. wenn du am Strand bist?
   d. wenn du in den Bergen bist?

B Wer sagt was? Was sagt der Gast, und was sagt der Empfangschef? (HINT: *State who says each line, the guest or the desk clerk.*)

1. Ich habe eine Reservierung für zwei Personen.
2. Ich möchte ein Zimmer mit Dusche.
3. Hier ist der Schlüssel. Sie haben Zimmer drei.
4. Um wie viel Uhr gibt es Frühstück?
5. Ist es möglich in diesem Hotel Faxe zu schicken?
6. Der Aufzug ist links um die Ecke.
7. Wann reisen Sie ab, bitte?
8. Füllen Sie bitte dieses Formular aus.

C Im Hotel. Wähl die richtigen Wörter. (HINT: *Choose the correct words to complete the sentences.*)

1. Zuerst geht der Gast an [den Aufzug / die Rezeption].
2. Der Gast füllt dann [ein Formular / eine Reservierung] aus.
3. Der Gast bekommt [das Erdgeschoss / den Schlüssel].
4. Das Zimmer ist [an der Rezeption / im zweiten Stock].
5. Heute muss der Gast [die Treppen / die Dusche] steigen, denn [der Aufenthalt / der Aufzug] funktioniert nicht.

D An der Rezeption. Bilde Sätze aus den Satzteilen. (HINT: *Form sentences from the phrases in each column.*)

1. Ich möchte ein Zimmer für zwei Personen
2. Hat das Zimmer
3. Sind Hunde
4. Ich wünsche Ihnen
5. Ihr Zimmer liegt
6. Herzlich willkommen
7. Was kostet
8. Wann wollen Sie

a. erlaubt?
b. ein Doppelzimmer?
c. im zweiten Stock.
d. reservieren.
e. ein Bad?
f. abreisen?
g. einen schönen Aufenthalt.
h. in Salzburg!
i. Nächte.

WAS KANN MAN ALLES IM URLAUB MACHEN?

Thermal-Brunnen	Thermalbad	Massage	Sauna	Thermalkur	Wanderwege	Liegewiesen	Schwimmen
Wildgehege	Reiten	Tennis	Klettern	Fliegen	Golf	Angeln	Gastronomie
Tischtennis	Tanz	Billard	Konzerte	Theater	Museen	Kinderspaß	Kongresse
Bogenschießen	Bridge	Grillparty	Minigolf	Kunsthalle	Promenieren	Burgen	Thermal-Brunnen

Und noch dazu

Burgen besichtigen	*to visit castles*	in die Sauna gehen	*to go to the sauna*
Golf spielen	*to play golf*	Schi laufen	*to ski*
Kunstwerke betrachten	*to look at works of art*	in der Sonne liegen	*to sunbathe*
eine Kur machen	*to visit a health spa*	besuchen	*to visit*
		joggen	*to jog*

Aktivitäten

A Was kann man Im Kur machen? Schau dir dich die Bilder an, und beantworte die Fragen. (HINT: *What can one do in Baden-Baden? Refer to the pictures and answer the questions.*)

1. Was kann man dort spielen?
2. Was kann man besichtigen?
3. Was kann man besuchen?
4. Was kann man hören?

5. Was kann man in der Kunsthalle machen?
6. Was sonst kann man im Kur machen?

B Wo kann man das in den Ferien machen? (HINT: *Where can you do this on vacation?*)

1. angeln
2. tanzen
3. reiten
4. joggen
5. Schi laufen
6. Kunstwerke betrachten
7. in der Sonne liegen
8. Tischtennis spielen

a. _____ auf der Liegewiese
b. _____ im Wald[a]
c. _____ im Tanzsaal
d. _____ in der Kunsthalle
e. _____ im Hotel
f. _____ auf dem See
g. _____ in den Bergen[b]
h. _____ im Park

[a]*forest, woods*   [b]*mountains*

C Synonyme. Wie kann man das anders sagen? (HINT: *Find the synonyms.*)

1. _____ angeln
2. _____ joggen
3. _____ klettern
4. _____ im Zelt übernachten
5. _____ Rad fahren
6. _____ Schi laufen

a. Schi fahren
b. radeln
c. bergsteigen gehen
d. fischen
e. zelten
f. laufen

D Eine Umfrage. Arbeitet in Kleingruppen. Fragt einander, was ihr gern / lieber macht. (HINT: *Work in small groups. Ask each other about your likes and preferences with regard to activities.*)

MODELLE: A: Angelt ihr gern?
           B: Ja, ich angele gern. Und du?
           C: Ich angele nicht gern.
           A: Was machst du denn lieber?
           C: Ich klettere lieber. Klettert ihr gern?

angeln	klettern	Computerspiele
fernsehen	Postkarten schreiben	spielen
ins Theater gehen	Rad fahren	Tennis spielen
joggen	Schi laufen	wandern
schwimmen	segeln	tanzen
		?

STRUKTUREN

THE PRESENT PERFECT TENSE: PART 1
TALKING ABOUT THE PAST

In German, to talk about things that happened in the past, you can use the *present perfect tense*. This tense consists of the present-tense form of **haben,** as an auxiliary, plus the past participle of the main verb. In a statement, the conjugated form of **haben** goes in second position and the past participle goes at the end of the sentence. (For the present tense of **haben,** see page 39.)

Herr Koslowski **hat** als Stahlarbeiter **gearbeitet.**
Marion und Lars **haben** in Rheinhausen **gewohnt.**

Mr. Koslowski worked as a steel worker.
Marion and Lars lived in Rheinhausen.

For most verbs, the verb stem combines with the prefix **ge-** and the suffix **(-e)t** to form the past participle. These verbs are sometimes called regular verbs.

INFINITIVE	STEM	AUXILIARY	+	PAST PARTICIPLE
arbeiten	arbeit-	hat		**ge**arbeit**t**
fragen	frag-	hat		**ge**frag**t**
haben	hab-	hat		**ge**hab**t**
lernen	lern-	hat		**ge**lern**t**
machen	mach-	hat		**ge**mach**t**
wohnen	wohn-	hat		**ge**wohn**t**

Some verbs show irregular stem changes in the past participle.

INFINITIVE	STEM CHANGE	AUXILIARY	+	PAST PARTICIPLE
bringen	bring- → br**ach**-	hat		gebr**ach**t
denken	denk- → d**ach**-	hat		ged**ach**t
kennen	kenn- → k**ann**-	hat		gek**ann**t
wissen	wiss- → w**uss**-	hat		gew**uss**t

Verbs that begin with the prefix **be-** or **er-** and those that end with **-ieren** do not add the prefix **ge-.**

INFINITIVE	STEM	AUXILIARY	+	PAST PARTICIPLE
besuchen	besuch-	hat		besucht
erleben	erleb-	hat		erlebt
studieren	studier-	hat		studiert

Übungen

A Wer hat das gemacht? Ändere das Subjekt. (HINT: *Restate each sentence twice, changing the subject as suggested. Be sure to change the form of* haben *as well.*)

1. <u>Marion und ihre Mutter</u> haben in einer Pension gewohnt. (der Gast, ich)
2. <u>Michael</u> hat ihr Gepäck ins Zimmer gebracht. (Herr und Frau Händel, wir)
3. <u>Marion</u> hat viele Fotos gemacht. (die Gäste, ihr)
4. <u>Marion und ihre Mutter</u> haben den Kurpark besucht. (du, Frau Händel)
5. <u>Sie</u> haben am Abend gearbeitet. (ich, Michael)

B Was macht die Familie? Was hat sie gemacht? Setze die Sätze vom Präsens ins Perfekt. (HINT: *Restate the sentences in the present perfect tense.*)

MODELL: Marion packt den Koffer. → Marion hat den Koffer gepackt.

1. Frau Koslowski macht einen Eintopf.
2. Herr Koslowski kauft zwei Eintrittskarten für das Fußballspiel.
3. Herr Koslowski arbeitet schwer.
4. Frau Koslowski bringt die Ostereier mit.
5. Lars spielt Nintendo.
6. Marion denkt nicht mehr an Rüdiger.

BIST DU WORTSCHLAU?

Look at these examples. How does English form most past participles? How does that compare to German?

hören → gehört   *hear* → *heard*
tanzen → getanzt   *dance* → *danced*
träumen →   *dream* →
   geträumt   *dreamed /*
                 dreamt
sagen → gesagt   *say* → *said*
kaufen → gekauft   *buy* → *bought*
suchen → gesucht   *seek* → *sought*

C Ich habe das schon gemacht. Antworte auf die Vorschläge. Benutze das Perfekt und das Adverb **schon.** (HINT: *Answer the suggestions, by saying that you have already done that. Use the present perfect tense and the adverb* schon.)

MODELL: Besuch das Museum. →
          Ich habe das Museum schon besucht.

1. Besichtige die Burgen.
2. Mach einen langen Spaziergang.
3. Spiel Karten.
4. Frag im Hotel.
5. Kauf ein interessantes Buch.
6. Bring das Gepäck ins Zimmer.

D Interview

SCHRITT 1: Bilde Fragen mit **du** im Perfekt. (HINT: *Form questions with* du *in the present perfect tense.*)

MODELL: gestern / arbeiten → Hast du gestern gearbeitet?

1. gestern Abend / tanzen
2. heute Morgen / Musik hören
3. je[a] / Kunstwerke betrachten
4. Hausaufgaben[b] / machen
5. oft / Tischtennis spielen
6. gestern / Deutsch lernen

SCHRITT 2: Partnerarbeit. Stell die Fragen an deinen Partner / deine Partnerin. Mach dir dabei Notizen. (HINT: *Ask your partner the questions and take notes.*)

SCHRITT 3: Erzähl der Klasse, was dein Partner / deine Partnerin gemacht und nicht gemacht hat. (HINT: *Tell what your partner did or did not do.*)

[a]*ever*   [b]*homework*

THE SIMPLE PAST TENSE OF SEIN, HABEN, WISSEN

MORE ON TALKING ABOUT THE PAST

Some German verbs occur more commonly in the simple past tense (**das Imperfekt**) than in the present perfect. Three such verbs are **sein, haben,** and **wissen.**

INFINITIVE: **sein** *to be*					
INDIVIDUALS			GROUPS		
ich	war	*I was*	wir	waren	*we were*
du	warst	*you were*	ihr	wart	*you were*
Sie	waren	*you were*	Sie	waren	*you were*
sie/er/es	war	*she/he/it was*	sie	waren	*they were*

Marion und ihre Mutter **waren** auf der Insel Rügen.

Marion and her mother were on the island of Rügen.

INFINITIVE: **haben** *to have*					
INDIVIDUALS			GROUPS		
ich	hatte	*I had*	wir	hatten	*we had*
du	hattest	*you had*	ihr	hattet	*you had*
Sie	hatten	*you had*	Sie	hatten	*you had*
sie/er/es	hatte	*she/he/it had*	sie	hatten	*they had*

Rüdiger und Marion **hatten** einen Motorradunfall.

Rüdiger and Marion had a motorcycle accident.

INFINITIVE: **wissen** *to know*					
INDIVIDUALS			GROUPS		
ich	wusste	*I knew*	wir	wussten	*we knew*
du	wusstest	*you knew*	ihr	wusstet	*you knew*
Sie	wussten	*you knew*	Sie	wussten	*you knew*
sie/er/es	wusste	*she/he/it knew*	sie	wussten	*they knew*

So GEHT'S!

The simple past tense is often called the narrative past because it is used to narrate a series of connected events in the past. The present perfect tense is used in conversation. It is often called the conversational past.

Ich **wusste** nicht, dass Rüdiger und Marion einen Motorradunfall hatten.
Wusstest du, dass Marion und ihre Mutter auf der Insel Rügen waren?

I didn't know that Rüdiger and Marion had a motorcycle accident.
Did you know that Marion and her mother were on the island of Rügen?

Übungen

A Marion sagt: „Ich war noch nie auf einem Segelboot."

SCHRITT 1: Wo waren die anderen noch nicht? (HINT: *Use the cues to say where each person or group has not yet been.*)

MODELL: Michael: in Baden-Baden →
Michael war noch nie in Baden-Baden.

1. Herr und Frau Händel: im Ausland
2. ich: auf einem Schiff
3. du: auf der Insel Rügen
4. Lars: in einer Kunsthalle
5. ihr: im Alpenland
6. wir: in Berlin

SCHRITT 2: Und in der Klasse? Wo warst du noch nicht? Wo waren deine Mitschüler / Mitschülerinnen noch nicht? (HINT: *Ask others in your class where they have not yet been. They will ask you too.*)

MODELL: Wo warst du noch nicht? →
Ich war noch nicht in einem Zug.

B Auf einer Wanderung. Ergänze die Sätze mit **haben** in der Vergangenheitsform. (HINT: *Complete the sentences with the correct forms of* haben *in the simple past tense.*)

1. Marion _____ einen Rucksack.
2. Michael und Marion _____ keine Probleme.
3. Du _____ heute Fieber.
4. _____ ihr einen schönen Spaziergang?
5. Ja, wir _____ ganz gutes Wetter.
6. Ich _____ heute wirklich einen tollen Tag.

C Fragen und Sätze. Was wissen sie? Bilde Fragen und Sätze in der Vergangenheit. (HINT: *Form questions and statements in the simple past tense.*)

MODELL: was / wissen / Sie / von Rügen ? →
Was wussten Sie von Rügen?

1. woher / wissen / du / das ?
2. wissen / ihr / etwas / von diesem Hotel ?
3. wie viel / wissen / Michael / vom Segeln ?
4. wir / wissen / fast nichts / vom Klettern .
5. ich / wissen / schon viel / von dieser Insel .
6. die Gäste / wissen / die Notfallnummer .

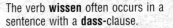

SO GEHT'S!

The verb **wissen** often occurs in a sentence with a **dass**-clause.

Wussten Sie, **dass** Marion in Boston **war**?
Did you know that Marion was in Boston?

The word **dass** begins the clause, the subject follows, and the verb goes at the end of the clause. This construction is the same as the **wenn**-clause, which you already know.

D Was wussten sie? Bilde Fragen mit wissen und dass. (HINT: *Form questions with the simple past tense of* wissen *and a* dass-*clause.*)

MODELL: du / Die Zugreise dauert zwölf Stunden. →
Wusstest du, dass die Zugreise zwölf Stunden dauert?

1. du / Rügen liegt in der Ostsee.
2. Sie / Es ist im Frühling dort neblig.
3. ihr / Rügen hat weiße Kreidefelsen.[a]
4. Michael / Es gibt auf dem Meer keinen Wind.
5. Herr und Frau Händel / Marion und ihre Mutter sind aus Köln.

[a]*chalk cliffs*

EINBLICKE

BRIEFWECHSEL

Liebes Tagebuch,

wie froh ich bin, dass wir auf Urlaub sind. Leider[a] ist es zu kalt zum schwimmen, aber Mama und ich waren gestern in Binz und haben uns im Strandkorb[b] ein bisschen gesonnt.

Und wer will schon schwimmen, wenn man Abenteuer[c] sucht . . . und findet?! Gestern haben Michael und ich im Wald eine Wanderung gemacht. Es war etwas neblig, aber doch so schön. Wir haben auch die Kreidefelsen besichtigt, die Caspar David Friedrich gemalt hat. Am Strand haben wir dann große Stücke Kreide gefunden. Man kann wirklich damit schreiben, wie in der Schule. Am Strand haben wir ein Picknick gemacht.

Dann hatte Michael eine tolle Idee. Er hat ein Segelboot, und wir sind nachmittags losgesegelt. Es war so aufregend,[d] ich war noch nie auf einem Segelboot. Natürlich hatte ich meine Kamera dabei, und ich habe wieder viele Fotos gemacht. Der Sonnenuntergang war einmalig. Wir hatten keinen Wind zum Segeln, aber es war sehr gemütlich im Boot. Ich habe an das Goethe-Gedicht gedacht, das wir im Deutschunterricht lernen mussten.

Aber jetzt bin ich hundemüde[e] und ich schlafe fast beim Schreiben ein. Morgen schreibe ich weiter über das Abenteuer auf Rügen.

[a]unfortunately   [b]beach chair   [c]adventure   [d]exciting   [e]dog-tired

● Tagebucheinträge. Lies Veras Tagebucheintrag auf Seite 163 noch einmal. Lies dann auch noch einmal Marions. Wer erwähnt was? Vera, Marion, beide oder keine von beiden? (HINT: *Reread Vera's diary entry at the beginning of the chapter. Then reread Marion's. Who mentions what: Vera? Marion? both? neither of them?*)

WER ERWÄHNT WAS?	VERA	MARION	KEINE
1. wie schön es ist, in Urlaub zu sein	☐	☐	☐
2. die frische Seeluft in Sellin	☐	☐	☐
3. eine Segelbootsfahrt	☐	☐	☐
4. Fotografieren	☐	☐	☐
5. ein Picknick am Strand	☐	☐	☐
6. einen Besuch im Selliner Kurpark	☐	☐	☐
7. den Maler Caspar David Friedrich	☐	☐	☐
8. einen Spaziergang in Binz	☐	☐	☐
9. einen einmaligen Sonnenuntergang	☐	☐	☐
10. den sonnigen Wald	☐	☐	☐
11. ein Gedicht von Bettina von Arnim	☐	☐	☐
12. die Kreidefelsen	☐	☐	☐

EINBLICK

Urlaub auf Rezept

Urlaub! Wo soll es denn hingehen? Nach Italien? In die Schweiz? Viele deutsche Urlauber wollen den Blick von einem Alpengipfel[a] oder einen warmen, romantischen Abend in Italien. Andere aber, wie Marion und ihre Mutter wollen Urlaub und Erholung.[b] Wer gesundheitliche Probleme
5 hat, verbindet Erholung mit Gesundheit und macht eine Erholungsreise oder eine Kur. Die Kur ist eine typisch deutsche Sache. Bekannte Kurstädte in Deutschland sind Baden-Baden, Bad Ems, Bad Dürkheim und Bad Harzburg. In Bad Ems zum Beispiel, gibt es Badebecken[c] schon seit dem Mittelalter. Heute gibt es wunderschöne Kurparks und große
10 Unterhaltungsangebote[d] in allen Kurorten.

Bad Ems—eine historische Kurstadt.

[a]*alpine peaks* [b]*recuperation* [c]*bathing tubs* [d]*entertainment offerings*

● Urlaub. Kombiniere die Satzteile. (HINT: *Match the sentence parts.*)

1. Die Kur   a. gibt es wunderschöne Kurparks.
2. Heute   b. wollen den Blick von einem Alpengipfel.
3. Viele Urlauber   c. ist eine Kurstadt.
4. Bad Ems   d. ist eine typisch deutsche Sache.

PERSPEKTIVEN

HÖR MAL ZU!

Hör zu, was Katrin, Judith, Mehmet und Boris über Urlaub erzählen.

A Wer fährt wohin im Urlaub? (HINT: *Who travels where for vacation?*)

MODELL: Katrin fährt in die Schweiz oder nach Österreich.

WORTSCHATZ ZUM HÖRTEXT

vor allen Dingen	*above all*
entweder . . . oder	*either . . . or*
die Freude	*pleasure*
teilen	*to share*
bieten	*to offer*
Ereignisse	*events*
stattfinden	*to take place*

WER	**WOHIN**
1. Katrin	a. nach Italien
2. Judith	b. in die Türkei
3. Mehmet	c. in die Schweiz oder nach Österreich
4. Boris	d. nach Jamaika

B Wer erwähnt das? Katrin, Judith, Mehmet oder Boris? (HINT: *Who mentions that? Katrin, Judith, Mehmet, or Boris?*)

MODELL: die Architektur →
Boris

1. die Musik
2. die Berge
3. die Großstadt
4. tolle Hotels und Clubs
5. die Sandstrände
6. heißes Wetter und Palmen
7. von der Hauptstadt ans Meer fahren
8. Freunde

LIES MAL

Zum Thema

A Was weißt du schon von Hiddensee? (HINT: *Answer the following questions, based on what you learned about Hiddensee in the last chapter.*)

1. Wo liegt Hiddensee?
2. Wie viele Leute wohnen dort?
3. Wie fährt man um die Insel?

B Wo findet man welche Informationen? Überfliege den folgenden Text. Welches Thema passt zu welchem Paragraphen (1–6)? (HINT: *Scan the following text, and match each of the topics a–f with the section [1–6] that gives that information.*)

a. _____ Verkehr[a]
b. _____ Informationen
c. _____ Restaurants
d. _____ Übernachtung
e. _____ Anreise[b]
f. _____ Tourenverlauf[c]

[a]*traffic*   [b]*approach*   [c]*tour route*

Weiteres über Hiddensee

Herrlich—hier bewegen sich nur Pferdefuhrwerke und Fahrräder auf den Straßen. Hiddensee ist autofrei! Die achtzehn Kilometer lange Insel
5 ist ein schmales Handtuch, lediglich dreieinhalb Kilometer breit. Und damit ist die Fahrradroute festgelegt: Es geht immer geradeaus, ist aber nie
10 langweilig, denn Steilküste, Moor, Dünen und Heide wechseln ständig. Schon Gerhard Hauptmann, Gustaf Gründgens und Stummfilmstar Asta Nielsen liebten diese ganz spezielle Hiddensee-Atmosphäre.

1. _____ Über Stralsund mit der Bahn nach Bergen auf Rügen
15 (Regionalzug). Von dort sind es zwanzig Kilometer bis zur Fähre von Schaprode nach Hiddensee.

2. _____ Zwanzig Kilometer,
20 weitgehend eben. Das Besondere: Die Insel ist autofrei, also besonders für kleine Kinder geeignet.

3. _____ Schaprode-Neuendorf (Info.-Tel. der Fähre: 0 38 31/26 81 16). Von Neuendorf nach Vitte. Am Ortseingang von Kloster:
25 Heimatmuseum und Haus Seedorn (Gerhard-Hauptmann-Wohnhaus). Grieben und Halbinsel Alter Bessin. Der Weg in den Nationalpark Boddenlandschaft ist für Fahrräder gesperrt, aber eine Wanderung wert. Für den Rückweg können Sie die Fährverbindungen ab Kloster oder Vitte nutzen.

WORTSCHATZ ZUM LESEN

das Pferdefuhrwerk	horse-drawn carriage
schmal	narrow
das Handtuch	hand towel
lediglich	only
festgelegt	fixed
das Moor	bog
die Heide	heath
wechseln	to change
der Stummfilmstar	silent film star
weitgehend	largely
geeignet	suitable
gesperrt	off-limits
nutzen	to use

30   4. _____ Hotel „Haus am Hügel", Hügelweg 8, 18565 Kloster, Tel. 03 83 00/2 34.

5. _____ Während der Tour Gasthaus „Zum Enddorn" in Grieben. Fischspezialitäten gibt es im „Haus am Hügel" (siehe oben) und im Restaurant „Norderende" in Vitte.

35   6. _____ Tourist-Info. Norderende 162, 18565 Vitte, Tel. 03 83 00/6 42 26. Karten: siehe Rügen.

Zum Text

A Gib Informationen über Hiddensee.

1. Wie kommt man nach Hiddensee?
2. Welche Verkehrsmittel gibt es auf Hiddensee?
3. Wo kann man übernachten?
4. Was kann man alles auf Hiddensee machen?

B Eine kleine Insel. Erkläre, was diese Sätze bedeuten. (HINT: *Explain what these sentences mean.*)

1. Hiddensee ist autofrei.
2. Die Insel ist ein schmales Handtuch.
3. Die Fahrradroute ist festgelegt aber nie langweilig.

INTERAKTION

● Ein Urlaub auf Hiddensee

SCHRITT 1: Du willst deinen Urlaub auf Hiddensee verbringen und brauchst Informationen. Schreib mindestens sechs Fragen. (HINT: *You want to spend your vacation on Hiddensee and need information. Write at least six questions you could ask if you called the information number.*)

SCHRITT 2: Du bist Tourist/Touristin, und du stellst Fragen an deinen Partner / deine Partnerin—den Auskunftsbeamten / die Auskunftsbeamtin. Tausch dann die Rollen. (HINT: *Play the role of a tourist and ask your partner—the information official—your questions about Hiddensee. Then exchange roles.*)

SCHREIB MAL!

Liebes Tagebuch

● Schreib einen Tagebucheintrag. (HINT: *Write a diary entry. You can choose one of the following ideas to get you started.*)

was ich _____ erlebt habe

heute
gestern
letztes Wochenende
im (April)

letzten (Sommer)
im Urlaub in (Florida)
?

Purpose:	Record your thoughts and ideas
Audience:	A classmate and yourself
Subject:	A past event
Structure:	Diary entry

TIPP ZUM SCHREIBEN

People usually do not share their diary or journal pages with other readers. However, you will share your mock diary entry with your instructor and/or other students. You may write about yourself personally or you may assume a fictional persona and write from his/her viewpoint.

Schreibmodell

Diary entries are similar to personal letters and begin with a personal greeting (*Dear Diary*).

> *Dienstag, den 29. April 1999*
>
> Liebes Tagebuch,
>
> am Samstag habe ich Golf gespielt. Am Anfang des Spiels habe ich ganz toll gespielt. Ich habe den Ball weit geschlagen. Aber dann habe ich den Ball zu weit geschlagen und er hat einen Mitspieler auf den Kopf getroffen! Ich habe den Mann ins Krankenhaus gebracht. Ich hatte Angst. Der Mann hatte schreckliche[a] Kopfschmerzen. Es hat mir wirklich Leid getan.[b] So einen schlechten Tag möchte ich nie wieder erleben.

Diary entries usually begin with the date the entry is being made.

Note that the writer expressed how he/she feels. Since diaries are where writers express thoughts and ideas for themselves, they are usually very personal in nature.

[a]*terrible*   [b]*I was very sorry.*

Schreibstrategien

Vor dem Schreiben

- Think of specific events that took place, people who were there, and what you did. Jot down words or phrases in German that represent your ideas.

- Put the words or phrases in chronological order or in any other order that makes sense to you. For example, if you are describing an adventure and the people involved, you might list all the words having to do with the people in one column under the heading **die Menschen** and all the words having to do with what happened in the adventure under the heading **das Abenteuer.**[a]

[a]*adventure*

Beim Schreiben

- Begin your entry by writing today's date. If you are writing from a fictitious point of view, you may choose to give a date in the past. Remember the style of dates in German: **14. Februar 2001.**

- Address your diary entry (**Liebes Tagebuch,**). Then begin writing on the next line. The first word should begin with a lowercase letter unless the word is a noun in which case it will begin with an uppercase letter. See the **Schreibmodell** on the previous page.

- Write about one event or a series of events that took place in the past. Use constructions and words that you have learned. Since you are writing about something that has already happened, use the simple past-tense forms of **sein, haben,** or **wissen** or the present-perfect tense forms of other verbs. You learned how to form the past participles for these verbs in this chapter.

- This is your first draft.

Nach dem Schreiben

- Exchange first drafts with a partner. Read your partner's draft and give helpful suggestions and useful advice. If your partner's diary entry is personal, respect your partner's feelings if you comment on the content.

- Review the comments and suggestions your partner has written on your diary entry. Ask him/her to explain anything that is unclear to you. He/She will do the same for you. Are the changes correct? Decide how you will incorporate his/her suggestions for improvement.

- Compose your final draft. Then check the form, spelling, and order of words in each sentence. Give your final draft to your instructor.

den Juni 15. 1999

Liebes Tagebuch,
Ich habe am Wochenende
meinen Cousin auf dem
Land besucht. Das
Wetter war am Samstag
sehr schön. Wir haben
gespielt Fußball. Am
Sonntag haben wir
geangelt. Wir hatten viel
Spaß.

WORTSCHATZ

Substantive / Nouns

Im Hotel / At a hotel

die **Ferienwohnung, -en**	vacation apartment
die **Jugendherberge, -n**	youth hostel
die **Pension, -en**	bed and breakfast inn
die **Reservierung, -en**	reservation
die **Rezeption, -en**	reception desk
die **Treppe, -n**	staircase
die **Übernachtung, -en**	overnight stay
der **Aufzug, ¨e**	elevator
der **Gast, ¨e**	guest
der **Schlüssel, -**	key
der **Stock**, *pl.* **Stockwerke**	floor, story
der **erste Stock**	second floor
der **zweite Stock**	third floor
das **Doppelzimmer, -**	double room
das **Einzelzimmer, -**	single room
das **Erdgeschoss**	ground floor
das **Formular, -e**	form
das **Hotel, -s**	hotel
das **Zelt, -e**	tent

Verben / Verbs

ab•reisen	to depart
angeln, geangelt	to fish
arbeiten, gearbeitet	to work
aus•füllen	to fill out
besuchen, besucht	to visit
besichtigen, besichtigt	to visit (as a sightseer)
Burgen besichtigen	to visit castles
betrachten, betrachtet	to look at, view
Kunstwerke betrachten	to view works of art
denken, gedacht	to think
erleben, erlebt	to experience
fragen, gefragt	to ask
in die Sauna gehen	to go to a sauna
haben, gehabt	to have
joggen	to jog
kennen, gekannt	to know, be acquainted with
klettern, ist geklettert	to climb
Schi laufen	to ski
lernen, gelernt	to learn, study (for class, test)
in der Sonne liegen	to sunbathe
machen, gemacht	to make; to do
eine Kur machen	to go to a spa
reiten	to ride (an animal)
spielen, gespielt	to play
Billard spielen	to play pool, billiards
Golf spielen	to play golf
Tischtennis spielen, . . . gespielt	to play ping-pong
studieren, studiert	to study
wissen, gewusst	to know (as a fact)
wohnen, gewohnt	to live, reside

Adverbien / Adverbs

gestern	yesterday
links	to the left
rechts	to the right

KAPITEL 9

ABENTEUER UND LIEBE[a]

In this chapter, you will

- discover more about Marion's spring vacation and how she embellishes her story.

You will learn

- how to identify and talk about countries and cities.
- about different natural landscapes in Germany and how to talk about them.
- more about describing past events.
- to write descriptive prose and dialogue.
- about the history of the German Hanse and stories of pirates.

[a]*love*

Die berühmten Kreidefelsen von Rügen.

Liebe Daniela,

heute muss ich dir mein Rügenabenteuer erzählen. Ich habe einen sehr netten Jungen kennen gelernt—ganz anders als Rüdiger. An einem Tag haben wir eine schöne Wanderung und ein Picknick gemacht. Da ist er dann auf die Idee gekommen, in seinem kleinen Segelboot eine Tour zu machen. Wir sind zum Hafen[a] gerannt und losgesegelt. Es hat wahnsinnig viel Spaß gemacht—die Sonne, die Seeluft, die schöne Gesellschaft.[b] Ich habe auch viel fotografiert. Plötzlich[c] hatten wir keinen Wind mehr. Es ist dunkel und kalt geworden, aber Michael hat alles sehr gemütlich gemacht. Leider ist Michaels Vater bald gekommen und war echt sauer. Wir hatten das Licht vergessen, und es war schwer, das Boot ohne Licht im Dunkeln zu sehen. Meine Mutter hat sich auch Sorgen gemacht.

   Tja, wir mussten natürlich wieder nach Köln fahren. Ob ich Michael jemals wieder sehe?

Viele Grüße,
Marion

[a]*harbor*
[b]*company*
[c]*suddenly*

VIDEOTHEK

Herzlich willkommen in Sellin!

Mir ist kalt.

In der letzten Folge . . .

sind Frau Koslowski und Marion in Sellin auf Rügen angekommen. Sie haben in der Pension der Familie Händel übernachtet. Marion und Michael haben sich kennen gelernt.[a]

● Weißt du noch?

1. Was haben Marion und ihre Mutter in Sellin zusammen gemacht?
2. Was hat Marion mit Michael unternommen[b]?
3. Wie findet Marion die ganze Geschichte?

[a]Marion... *Marion and Michael got to know each other.*   [b]*do*

In dieser Folge . . .

erzählt Marion ihre Geschichte von Anfang an. Und die Geschichte „Verschollen auf See" geht weiter.

● Was denkst du? Ja oder nein?

1. Wird Marion vielleicht[a] böse auf Michael?
2. Wird sie vielleicht jetzt mehr an Rüdiger denken?
3. Findet jemand Marion und Michael auf dem Meer?
4. Was will Marion am Ende der Geschichte tun? in Sellin bei Michael bleiben?

[a]*perhaps*

WORTSCHATZ ZUM VIDEO

deprimiert	depressed
ernähren	to feed
das Ansehen	respect
an•tun	to do (to someone)
kämpfen (um)	to fight (for)
sich Sorgen machen (um)	to worry (about)
überleben	to survive
schwach	weak
die Schuldgefühle	feelings of guilt
sich erholen	to recuperate

SCHAU MAL ZU!

A Eine Wiederholung. Marion erzählt ihre Geschichte von Anfang an, doch einige Details stimmen nicht ganz. Wenn eine Aussage nicht stimmt, verbessere sie. (HINT: *Marion retells her story by embellishing the facts. If a statement isn't right, correct it.*)

1. Herr Koslowski ist arbeitslos und sehr deprimiert.
2. Frau Koslowski will die Familie zusammenhalten.
3. Lars nervt Marion.
4. Herr Koslowski bekommt eine Stelle als Hausmeister in Köln.
5. Die Stelle ist eine Stelle ohne Ansehen und ohne Prestige. Herr Koslowski verdient nur sehr wenig Geld.

6. Marion muss allein in Rheinhausen bleiben.
7. Die Wohnung in Köln ist sehr klein.
8. Marion hat einen Unfall mit Rüdiger. Sie liegt im Krankenhaus.
9. Die Lage ist sehr, sehr kritisch.
10. Marions Eltern kommen und stehen ihr Tag und Nacht zur Seite.
11. Marion überlebt den Unfall, aber sie ist sehr schwach.

B Verschollen auf See. Was passiert? Sag, welches Bild (a–f) zu welchem Text (i–vi) passt. Bring dann die Bilder in die richtige Reihenfolge (1–6). (HINT: *Match the pictures [a–f] to the captions [i–vi]. Then put the pictures in the correct order [1–6].*)

i. __C__ Frau Koslowski macht sich Sorgen.
ii. _____ Herr Händel und Herr Klier retten Michael und Marion.
iii. _____ Ohne Wind kann man nicht segeln.
iv. _____ Herr Klier sieht das Boot.
v. _____ Marion muss Michael verlassen.
vi. _____ Herr Klier und Herr Händel suchen Marion und Michael.

C Was denkst du? Wie geht die Geschichte für Marion und Michael weiter? Werden sie sich je wieder sehen? Begründe deine Antwort. (HINT: *Say how the story continues for Marion and Michael. Will they ever see each other again? Give reasons for your answer.*)

D Wie finden die Gäste Marion in der Geschichte? Wer sagt das? Daniela, Iris, Dirk, Anett, Erika oder Grace?

1. Die Geschichte ist einfach, dennoch interessant. Marion ist hübsch.
2. Marion erinnert sie an sich selbst,[a] als sie jung war.
3. Marion scheint sich mit irgendwas zu beschäftigen.[b] Sie will gerne wissen, was das ist.
4. Marion ist jung und dynamisch, aber auch ein bisschen unsicher.
5. Es ist gut, dass Marion in Rheinhausen zurückgeblieben ist, denn das Abitur ist sehr schwierig.
6. Ihre Familie und ihre Freunde sind Marion sehr wichtig.

[a]erinnert... *reminds her of herself*   [b]scheint... *appears to be concerned with something*

a. _____

b. _____

c. _____

d. _____

e. _____

f. _____

VOKABELN

EUROPA

ISLAND
Reykjavik

Norden
Westen — Osten
Süden

NORWEGEN
SCHWEDEN
FINNLAND
Helsinki
Oslo
Stockholm
Tallinn
ESTLAND
LETTLAND
Riga
LITAUEN
Wilna
Moskau
(ZU RUSSLAND)
WEISSRUSSLAND
RUSSLAND
Minsk

Schottland
Nordirland
NORDSEE
Kopenhagen
DÄNEMARK
OSTSEE
IRLAND
England
Dublin
Wales
DIE NIEDERLANDE
Berlin
Warschau
POLEN
GROSSBRITANNIEN
London
Den Haag
Kiew
UKRAINE
Der Ärmelkanal
Brüssel
DEUTSCHLAND
BELGIEN
Luxemburg
Prag
TSCHECHIEN
Paris
LUXEMBURG
DIE SLOWAKEI
MOLDAWIEN
LIECHTENSTEIN
Wien
Bratislava
Kischinew
ATLANTISCHER
OZEAN
FRANKREICH
Bern
DIE SCHWEIZ
ÖSTERREICH
Budapest
UNGARN
RUMÄNIEN
SLOWENIEN
Ljubljana
Zagreb
Mailand
Venedig
Bukarest
SCHWARZES
MEER
KROATIEN
Belgrad
SERBIEN UND
MONTENEGRO
BOSNIEN UND
HERZEGOWINA
Sarajevo
BULGARIEN
ANDORRA
MONACO
VATIKANSTADT
Rom
Skopje
Sofia
Tirana
PORTUGAL
Madrid
ITALIEN
ALBANIEN
MAKEDONIEN
Ankara
Lissabon
DIE TÜRKEI
SPANIEN
Mallorca
TYRRHENISCHES
MEER
ADRIATISCHES MEER
GRIECHENLAND
IONISCHES
MEER
Athen

Aktivitäten

A Länder und Hauptstädte. Arbeite mit einem Partner / einer Partnerin. Stellt einander Fragen. (HINT: *Work with a partner and ask each other questions.*)

> MODELL: A: Was ist die Hauptstadt von Griechenland?
> B: Athen. Was ist die Hauptstadt von der Schweiz?

1. von der Schweiz
2. von Deutschland
3. von Österreich
4. von Polen
5. von der Slowakei
6. von Russland
7. von der Türkei
8. von Italien
9. von ?

So GEHT'S!

The names of some countries include the feminine article **die: die Schweiz.** After **von** and **in, die** becomes the feminine dative form **der,** when talking about a location.

Bern ist die Hauptstadt **von der Schweiz.**
Bern liegt **in der Schweiz.**

B Wo liegt diese deutsche Stadt? im Norden? im Süden? im Osten? im Westen? und in welchem Bundesland? Schau dir die Karte am Anfang des Buches an, und arbeite mit einem Partner / einer Partnerin. (HINT: *Work with a partner. Look at the map at the front of the book and ask each other the location of German cities. Answer by general location and then identify the federal state.*)

> MODELL: A: Wo liegt Dresden?
> B: Dresden liegt im Osten Deutschlands, in Sachsen. Wo liegt München?

C Kontinente und Länder

SCHRITT 1: Fragen für dich. Beantworte sie. (HINT: *Answer the questions about yourself.*)

- Wo bist du geboren? (Ich bin in _____ [Land oder Kontinent] geboren.)
- Wo sind deine Eltern geboren? (Meine Eltern sind in _____.)
- Und deine Großeltern? (Meine Großeltern sind in _____.)
- Welche Länder hast du besucht? (Ich habe _____.)
- Welche Länder möchtest du gern besuchen? (Ich möchte gern _____.)

SCHRITT 2: Interview. Stelle jetzt die Fragen an deinen Partner / deine Partnerin. (HINT: *Now interview a partner.*)

So GEHT'S!

Just as a few countries include the feminine article **die,** some include the plural article **die: die USA.** With **von** or **in, die** becomes **den,** when talking about location.

Sind Sie **in den USA** geboren? Wie heißt die Hauptstadt **von den USA?**

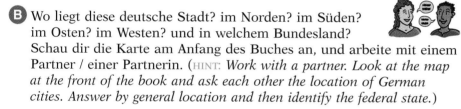

LANDSCHAFTEN

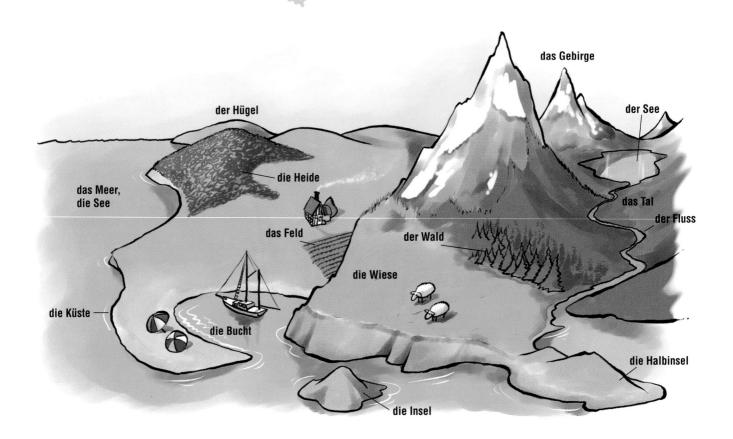

das Gebirge

der See

der Hügel

die Heide

das Meer,
die See

das Tal

der Fluss

das Feld

der Wald

die Wiese

die Küste

die Bucht

die Halbinsel

die Insel

Und noch dazu

die Natur	*nature*		das Picknick	*picnic*
die Sonne	*sun*		suchen	*to look for, seek*
der Himmel	*sky; heaven*		unternehmen	*to do, undertake*
der Pilz	*mushroom*		zelten	*to camp*
das Abenteuer	*adventure*			

Aktivitäten

A Wie gut kennst du Deutschland? Schau dir das Bild auf der vorigen Seite an. Identifiziere dann diese Namen. (HINT: *How well do you know Germany? Identify the names of these German landmarks.*)

1. der Schwarzwald
2. das Erzgebirge
3. die Schwäbische Alb
4. der Bodensee
5. die Lüneburger Heide
6. der Rhein
7. Sylt in der Nordsee
8. die Lübecker Bucht
9. Rügen
10. die Ostsee

a. eine Halbinsel
b. eine Hügellandschaft
c. eine Bucht
d. eine Waldlandschaft
e. eine Insel
f. eine Gebirgskette
g. ein See[a]
h. eine Heidelandschaft
i. eine See[b]
j. ein Fluss

[a]der See = *lake*   [b]die See = *sea*

B Was kann man dort machen? Kombiniere. (HINT: *Combine sentence parts to say what one can do in various geographical locations.*)

MODELL: Auf der See kann man segeln.

1. auf der See
2. am Strand
3. im Wald
4. auf der Wiese
5. an einem Fluss
6. auf einem See
7. im Tal
8. im Gebirge

C Wie gut kennst du die Geographie Europas? (HINT: *How well do you know the geography of Europe? Identify these geographical features.*)

MODELL: Dänemark und Italien →
          Dänemark und Italien sind Halbinseln.

1. der Inn und die Donau
2. die Nordsee und die Ostsee
3. Helgoland und Sylt
4. der Zürichsee und der Genfer See
5. der Wiener Wald und der Thüringer Wald
6. die Bayerischen Alpen und die Schweizer Alpen
7. Großbritannien und Irland

D Interview. Warst du schon[a] mal dort? Hast du das schon gesehen? (HINT: *Ask your partner where he/she has been and what natural wonders he/she has seen.*)

MODELLE: A: Warst du schon mal im Schwarzwald.
           B: Nein, ich war noch nie im Schwarzwald.
           A: Hast du schon das Erzgebirge gesehen?
           B: Nein, ich habe das Erzgebirge noch nicht gesehen.

[a]*already*

angeln

Drachen[a] steigen lassen

segeln

klettern

ein Picknick machen

zelten

in der Sonne liegen

wandern

[a]*kites*

STRUKTUREN

THE PRESENT PERFECT TENSE: PART II
MORE ON TALKING ABOUT THE PAST

In the last chapter you learned to form sentences in the present perfect tense.

> Marion **hat** viele Fotos **gemacht.**   *Marion took a lot of pictures.*

As you also learned, most verbs form their past participles with the suffix **-(e)t.** However, many verbs form their past participles with the suffix **-en.**

INFINITIVE	STEM	AUXILIARY	+	PAST PARTICIPLE
geben	geb-	hat		**ge**geb**en**
lesen	les-	hat		**ge**les**en**
schlafen	schlaf-	hat		**ge**schlaf**en**

In addition, several verbs show a stem change in the past participle.

INFINITIVE	STEM CHANGE	AUXILIARY	+	PAST PARTICIPLE
finden	find- → f**u**nd-	hat		gef**u**nden
nehmen	nehm- → n**omm**-	hat		gen**omm**en
schreiben	schreib- → schr**ieb**-	hat		geschr**ieb**en

With two-part verbs, the **ge** is inserted in the middle of the participle after the separable prefix.

INFINITIVE	STEM	AUXILIARY	+	PAST PARTICIPLE
an•rufen	ruf-	hat		angerufen
auf•hören	hör-	hat		aufgehört
auf•passen	pass-	hat		aufgepasst

Verbs that begin with the prefixes **be-, er-, ge-,** and **ver-** do not add the prefix **ge-,** regardless of whether the past participle ends in **-(e)t** or **-(e)n.**

INFINITIVE	STEM	AUXILIARY	+	PAST PARTICIPLE
besuchen	besuch-	hat		besuch**t**
erleben	erleb-	hat		erleb**t**
vergessen	vergess-	hat		vergess**en**

Verbs that show movement from one place to another or change require the auxiliary **sein** in the present perfect tense, as does the verb **bleiben.**

> Vera und Marion **sind** mit dem Zug **gefahren.**   *Vera and Marion traveled by train.*
> Heinz und Lars **sind** zu Hause **geblieben.**   *Heinz and Lars stayed home.*

The past participle of these verbs can end in **-(e)t** or **-(e)n,** with stem changes.

INFINITIVE	STEM	AUXILIARY	+	PAST PARTICIPLE
passieren	passier-	ist		passiert
reisen	reis-	ist		gereist
wandern	wander-	ist		gewandert
gehen	geh- → gang-	ist		gegangen
kommen	komm-	ist		gekommen
werden	werd- → word-	ist		geworden

The verb **sein** itself forms the present perfect tense with **sein** as the auxiliary and the past participle **gewesen.**

Übungen

A **Haben** oder **sein**? Wähl die richtige Form. (HINT: *Select the correct form of* haben *or* sein.)

MODELL: Marion und ihre Mutter <u>sind</u> nach Rügen gefahren.

ist   haben (2x)
hat   sind

1. Marion _____ noch nie Segelboot gefahren.
2. Michael _____ sie deshalb eingeladen.
3. Marion und Michael _____ das Segelboot genommen.
4. Marion und Michael _____ lange auf See geblieben.
5. Michael sagt: „Wir _____ es vergessen."

B Die Prinzessin und der Frosch. Erzähl die Geschichte im Perfekt. (HINT: *Tell the story in the present perfect tense. Pay attention to the auxiliaries.*)

1. Die Prinzessin spielt am Brunnen[a] Ball.
2. Ein Frosch lebt im Brunnen.
3. Die Prinzessin findet den Frosch ganz eklig.[b]
4. Sie nimmt den Frosch aber mit.
5. Der Frosch braucht viel Liebe.
6. Endlich küsst die Prinzessin den Frosch.
7. Der eklige Frosch wird ein charmanter Prinz.

[a]*fountain* [b]*disgusting*

C Interview. Was hast du denn im Urlaub alles erlebt? (HINT: *Ask a partner, what he/she experienced on his/her last vacation.*)

MODELL: A: Was hast du denn in deinem letzten Urlaub erlebt?
         B: Ich bin nach _____ gefahren und habe/bin dort _____.
             Dann habe/bin ich _____. Und du? Was hast du denn in deinem letzten Urlaub erlebt?

Like German, English forms many past participles with the ending **-(e)n:** *be → been; see → seen.*
    Do any past participles in English have stem changes?
    Long ago even English formed the present perfect tense of some verbs with the auxillary *to be: The sun is risen.*

SO GEHT'S!

If a verb can have a direct object, it takes the auxiliary **haben.**

    Herr Koslowski **hat** eine neue Stelle **bekommen.**
    Mr. Koslowski got a new job.

THE SIMPLE PAST TENSE OF THE MODAL VERBS
MORE ON TALKING ABOUT THE PAST

As you have already learned, **sein, haben,** and **wissen** occur more frequently in the simple past tense than in the present perfect tense. This is also true of the modal verbs. Note that for each modal verb, the simple past-tense forms for **ich** and **sie/er/es** have no endings. Note, too, that **können, müssen,** and **dürfen** drop the umlaut in the simple past tense.

INDIVIDUALS			GROUPS		
INFINITIVE: wollen *to want, intend (to do something); to desire*					
PAST-TENSE STEM: wollte-					
ich	**wollte**	*I wanted*	wir	wollten	*we wanted*
du	wolltest	*you wanted*	ihr	wolltet	*you wanted*
Sie	wollten	*you wanted*	Sie	wollten	*you wanted*
sie/er/es	**wollte**	*she/he/it wanted*	sie	wollten	*they wanted*
INFINITIVE: sollen *to be supposed (to do something); should*					
PAST-TENSE STEM: sollte-					
ich	**sollte**	*I was supposed to*	wir	sollten	*we were supposed to*
du	solltest	*you were supposed to*	ihr	solltet	*you were supposed to*
Sie	sollten	*you were supposed to*	Sie	sollten	*you were supposed to*
sie/er/es	**sollte**	*she/he/it was supposed to*	sie	sollten	*they were supposed to*
INFINITIVE: können *to be able, can*					
PAST-TENSE STEM: konnte-					
ich	**konnte**	*I was able / could*	wir	konnten	*we were able / could*
du	konntest	*you were able / could*	ihr	konntet	*you were able / could*
Sie	konnten	*you were able / could*	Sie	konnten	*you were able / could*
sie/er/es	**konnte**	*she/he/it was able / could*	sie	konnten	*they were able / could*

Marion **wollte** in Rheinhausen bleiben.
Marion und Michael **sollten** nicht zu weit aufs Meer segeln.
Lars **konnte** gestern nicht Fußball spielen.

Marion wanted to stay in Rheinhausen.
Marion and Michael were not supposed to sail too far out on the sea.
Lars was unable to (couldn't) play soccer yesterday.

INDIVIDUALS			GROUPS		
INFINITIVE: **müssen** *to have (to do something); must*					
PAST-TENSE STEM: **musste-**					
ich	**musste**	*I had to*	wir	mussten	*we had to*
du	musstest	*you had to*	ihr	musstet	*you had to*
Sie	mussten	*you had to*	Sie	mussten	*you had to*
sie/er/es	**musste**	*she/he/it had to*	sie	mussten	*they had to*

INDIVIDUALS			GROUPS		
INFINITIVE: **dürfen** *to be permitted (to do something)*					
PAST-TENSE STEM: **durfte-**					
ich	**durfte**	*I was permitted*	wir	durften	*we were permitted*
du	durftest	*you were permitted*	ihr	durftet	*you were permitted*
Sie	durften	*you were permitted*	Sie	durften	*you were permitted*
sie/er/es	**durfte**	*she/he/it was permitted*	sie	durften	*they were permitted*

Herr Koslowski **musste** eine neue Stelle finden.
Lars **durfte** nicht nach Rügen mitfahren.

Mr. Koslowski had to find a new job.
Lars was not permitted to go along to Rügen.

Übungen

A Ein Picknick. Ergänze die Lücken. (HINT: *Fill in the blanks.*)

Letzten Monat _____[1] [sein] wir auf einem Ausflug[a] im Wald. Wir _____[2] [wollen] ein Picknick machen und Fußball spielen. Ich _____[3] [sollen] Getränke[b] mitbringen. Sonja und Bernd _____[4] [wollen] mitkommen, aber sie _____[5] [dürfen] es nicht. Sie _____[6] [müssen] nämlich zu Hause bleiben und für Chemie lernen. Schade!

[a]*day trip* [b]*drinks*

B Deine Kindheit. Erzähl über dein Leben als Kind. Benutze Modalverben im Imperfekt. (HINT: *Write about your life as a child. Use the simple past tense of modal verbs.*)

MODELL: Als ich jung war, durfte ich oft in den Park gehen. Ich konnte dort spielen. Ich wollte ein Skateboard haben, aber ich durfte es nicht. Ich sollte jeden Tag in die Schule gehen.

Als ich jung war, durfte ich (nicht) _____.
Ich konnte _____.
Ich wollte _____.
Ich sollte _____.
Ich musste _____.

EINBLICKE

BRIEFWECHSEL

Die „Albert Johannes".

Liebe Marion,

endlich warst du mal segeln und dazu noch mit einem klasse Jungen. Du weißt, wie gerne ich segle. Dieses Jahr habe ich mit meiner Familie eine Segelreise gemacht. Wir sind gerade gestern wieder zurückgekommen.

Sieben Tage lang waren wir auf der Ostsee, nicht weit von Rügen. Das Schiff heißt „Albert Johannes" und hat Platz für fast zwanzig Leute. An einem Abend haben wir in einer ganz einsamen Bucht angelegt und sind mit dem Beiboot zum Strand gerudert. Da haben wir dann ein Grillfest gemacht.

Also, die Fahrt mit diesem Schiff ist keine Luxuskreuzfahrt.[a] Alle müssen mithelfen. Wir mussten auch unsere Schlafsäcke und anderes Bettzeug mitbringen. Trotzdem hatte ich noch nie einen besseren Urlaub. Wenn es geht, will ich nächstes Jahr unbedingt wieder mitfahren. Hoffentlich kann ich dann eine längere Tour machen und Kopenhagen sehen.

Bis bald,

deine Daniela

[a]luxury cruise

● Stimmt das oder stimmt das nicht? Was steht im Brief? Korrigiere die falschen Sätze. (HINT: *What does the letter say? Correct any false statements.*)

1. Marion geht oft und gern segeln.
2. Danielas Familie hat eine Segelreise gemacht.
3. Das Schiff heißt „Alexander Johannes".
4. Auf dem Schiff waren vierzig Personen.
5. Die Reise war eine Luxusreise.
6. An einem Abend gab es ein Grillfest.
7. Daniela will nie wieder eine solche Reise machen.

EINBLICK

Die Hanse und die Hansekogge

Im zwölften Jahrhundert[a] wollten norddeutsche Kaufleute ihre Interessen im Ausland vertreten, und so haben sie ein loses Bündnis[b] gegründet.[c] Im vierzehnten Jahrhundert ist aus diesem Bündnis ein mächtiger Städtebund geworden. Bis zum siebzehnten Jahrhundert sind Rostock, Lübeck, Hamburg, Bremen und um die neunzig andere Städte durch Handel[d] reich und politisch sehr stark geworden. Noch heute nennen sich einige norddeutsche Städte „Hansestadt".

Die Hansestädte haben die Hansekogge gebraucht. Die Kogge war ein wichtiges Transportschiff. Dieser Schiffstyp hat fast 300 Jahre den Handel zwischen den Nord- und Ostseeküsten dominiert. Koggen haben Waren wie Fische, Getreide, Bier, Salz und Tuche über die offene See transportiert.

1962 hat man im Hafen von Bremen das Wrack einer solchen Kogge gefunden. Seit dieser Zeit restauriert man das Schiff. Im Jahr 2000 kann man vielleicht endlich die Kogge im Schifffahrtsmuseum in Bremen besichtigen.

Der Bremer Hafen im 16. Jahrhundert.

[a]*century* [b]*alliance* [c]*founded* [d]*trade*

● Was weißt du von der Hanse und der Hansekogge? Vervollständige die Sätze. (HINT: *Complete the sentences with the correct words or phrases.*)

1. Man hat die Hanse im _____ Jahrhundert gegründet.
   a. zwölften **b.** vierzehnten **c.** siebzehnten
2. _____ haben die Hanse gegründet.
   a. Urlauber **b.** Kaufleute **c.** Piraten
3. Städte in _____ haben in der Hanse teilgenommen.
   a. ganz Deutschland **b.** Süddeutschland **c.** Norddeutschland
4. Um die _____ Städte waren Hansestädte.
   a. neun **b.** neunzehn **c.** neunzig
5. Eine Kogge ist _____.
   a. eine Stadt **b.** ein Schiff **c.** ein Transportwagen
6. Man hat eine Kogge in _____ gefunden.
   a. Bremen **b.** Lübeck **c.** Rostock
7. Im Jahr 2000 kann man die restaurierte Kogge _____ sehen.
   a. im Museum **b.** auf der See **c.** im Hafen

FOKUS INTERNET

For more information about the Hanse, visit the **Auf Deutsch!** Web Site at www.mcdougallittell.com.

PERSPEKTIVEN

HÖR MAL ZU!

WORTSCHATZ ZUM HÖRTEXT

die Ferienplätze	vacation places
der Jugendreiseveranstalter	youth travel organizer
die Schulferien	school vacation
das Internat	boarding school
basteln	to do crafts
Angebote	offerings
das Lagerfeuer	campfire
Teilnehmer	participants
die Vollverpflegung	room and board
die Wasserratten	persons who like to swim (lit.: water rats)
sich wohl fühlen	to feel good
das Freibad	open-air swimming pool
Kegelbahnen	bowling alleys
entdecken	to discover
strapaziös	strenuous

Vier Texte über Ferienplätze.

A Überflieg die Angebote unten. Hör dann einmal gut zu. Hör ein zweites Mal zu. Sag dann für jedes Angebot welche Informationen falsch sind. (HINT: *Scan the offerings below. Listen to all the texts carefully once. Then listen a second time. Finally, for each offering say what information in the chart is false.*)

ANGEBOT	WOHIN?	WAS GIBT ES DA?
1	München / Münster	Feriencamps mit Basteln, Baseball, Bumerang werfen / Ferien auf dem Bauernhof
2	Orlik / Orleans	Badespaß, Tischtennis und Nachtwanderungen / Kurort, Tennis und Bungalows
3	Walsertal / Wallis	Bergsteigen, Solarberghütten und Schilaufen / Saunas, Kegelbahnen und Reitstall
4	Nordpol / Polen	Kajak durch einen Nationalpark paddeln / Anorak tragen und zum Nordpol trecken

B Welches Angebot? Frag drei Mitschüler / Mitschülerinnen: Welches Angebot findest du am besten? Wohin möchtest du fahren? Warum? Mach dir dabei Notizen, und berichte dann der Klasse. (HINT: *Ask three students which of the four offers they find the best, where they would like to go, and why. Take notes and report to the class.*)

LIES MAL!

Zum Thema

● Wie ist das Leben eines Piraten? Wann und wie haben sie gelebt?

TIPP ZUM LESEN

When you read a text in a second language it is sometimes difficult to recognize proper nouns—names of places and people. Scan the following article for place names, then see if you can find these places on the map of Europe at the beginning of this book.

Aus dem Leben eines deutschen Piraten

Ahoi, Freunde! Glaubt ihr, nur die
Engländer haben Piraten . . . oder einen
Robin Hood? Ganz und gar nicht! Ich erzähl'
euch etwas über die deutschen Seeräuber
5   im vierzehnten Jahrhundert—der Blütezeit[a]
der Hanse.

Ich heiße eigentlich Klaus Alkun und
komme aus Wismar an der Ostsee. Man
nennt mich aber meistens den Störtebeker.[b]
10 Viele halten mich für einen schlimmen
Verbrecher, für einen richtigen Piraten oder
Seeräuber auf gut Deutsch gesagt. Auf der
anderen Seite feiert man den Namen
Störtebeker in Liedern und Legenden. Es
15 stimmt, ich habe viel in meinem Leben
gekämpft. Im Jahre 1397 musste ich wegen
einer Schlägerei meine Heimatstadt Wismar
verlassen. Aber ich habe doch versucht,
den Armen zu helfen und auch für ihre
20 Freiheit und ihre Rechte zu kämpfen. Leute,
die ein besseres Leben gesucht haben,
habe ich um mich gesammelt. Wir haben
gegen Dänemark, den Deutschen Orden*
und die reichen Hansestädte gekämpft.

25   Die Insel Helgoland in der Nordsee war eine Zeit lang unser
Stützpunkt. Von hier aus konnten wir die Hanseschiffe, die Koggen aus
Hamburg, plündern und den Handel mit England ganz schön stören.

Die Insel Rügen ist auch eine wichtige Zuflucht für mich. Jeden
Sommer segle ich mit meinen Seeräubern in den Jasmunder Bodden
30 und zünde die Fackeln für die Störtebeker Festspiele an. Dort könnt ihr
eine tolle Geschichte aus meinem Leben auf der Freilichtbühne sehen.
Also Freunde, bis dann!

[a]*heyday*   [b]*nickname for Klaus Alkun*

WORTSCHATZ ZUM LESEN

halten für	*to consider*
der Verbrecher	*criminal*
die Lieder	*songs*
die Schlägerei	*brawl*
eine Zeit lang	*for some time*
der Stützpunkt	*home base*
stören	*to disrupt*
die Zuflucht	*refuge*
der Bodden	*bay*
an•zünden, angezündet	*to light*
die Fackeln	*torches*
die Freilichtbühne	*open-air stage*

---

*The **Deutscher Orden** (*Teutonic Order of Knights*) was founded in the year 1190 to aid
injured and needy crusaders.

Zum Text

● Ein interessantes Leben. Wähl die richtigen Antworten. (HINT: *Choose the correct answers.*)

1. Wie heißt der Pirat? Er heißt _____
   a. Robin Hood. **b.** Klaus Albrecht. **c.** Störtebeker.
2. Woher ist er gekommen?
   a. Er ist aus England gekommen. **b.** Er ist aus Dänemark gekommen. **c.** Er ist aus Wismar gekommen.
3. Was ist ein Seeräuber? Das ist _____
   a. ein Krimineller. **b.** ein Lehrer. **c.** ein Pirat.
4. Hat er Gutes getan?
   a. Ja, er hat den Armen geholfen. **b.** Ja, er hat Amerika entdeckt.
   c. Ja, er hat die Störtebeker Festspiele organisiert.
5. Was hat er noch gemacht?
   a. Er hat den Handel mit England unterstützt.[a] **b.** Er hat Hanseschiffe geplündert. **c.** Er hat ein Buch über den Deutschen Orden geschrieben.

[a]*supported*

INTERAKTION

● Rollenspiel. Frag Störtebeker!

SCHRITT 1: Schreib fünf Fragen, die du an Störtebeker stellen willst.
(HINT: *Write down five questions you want to ask Störtebeker.*)

SCHRITT 2: Arbeite mit einem Partner / einer Partnerin. Eine Person spielt Störtebeker, die andere stellt ihm Fragen. (HINT: *Work with a partner. One plays Störtebeker, the other asks him questions. Reverse roles.*)

TIPP ZUM SCHREIBEN

Writing in a second language is easier if you keep your sentences short and to the point, especially in writing dialogue. It also helps to relate the events in chronological order or the information in a logical sequence.

SCHREIB MAL!

Ein Abenteuer

● Schreib eine kurze Abenteuergeschichte. (HINT: *Write a short adventure story.*)

Purpose: Practice writing a narrative
Audience: A classmate
Subject: An adventure
Structure: Narrative or dialogue

Schreibmodell

Spaziergang mit Oskar

Ich bin mit meinem Hund, Oskar, im Wald spazierengegangen. Es war Herbst. Der Tag war wunderschön. Die Sonne hat geschienen. Der Himmel war strahlend blau! Oskar hat sich sehr gefreut. Er ist überall hingelaufen und hat alles angeschnuppert.[a] Plötzlich habe ich einen Fuchs[b] gesehen. Oskar hat ihn auch gesehen. Der Fuchs war sehr groß! Ich hatte Angst—Angst um mich und Angst um meinen Hund! Aber dann habe ich gedacht, Oskar ist sehr groß und kann sehr laut bellen.[c] Oskar hat gebellt und ist auf den Fuchs zugelaufen. Ich habe gerufen: „Oskar, komm her! Komm zu mir!" Oskar hat aber nicht zugehört. Er ist gelaufen! Der Fuchs hat Oskar gesehen und ist schnell weggelaufen! Ich habe Oskar noch einmal zugerufen! Er hat mich angeschaut und ist dann endlich zu mir gekommen. Wir sind dann sofort nach Hause gegangen. So ein Abenteuer will ich nicht wieder erleben.

The writer keeps sentences short and to the point.

The events of the adventure are related in chronological order.

The writer uses exclamation marks to indicate excitement or anxiousness.

Did you notice that the writer answered these questions: **Wo oder wohin? Wann? Wer? Was? Wie? Und dann?**

[a]smelled [b]fox [c]bark

Schreibstrategien

Vor dem Schreiben

- Think of Marion's conversation with Professor Di Donato and how she took her very simple story and exaggerated it, so that it became an adventure. You can do the same. Begin with a simple idea, such as a vacation you once took, then alter the facts. For example, consider how you could change elements 1–3 in the following sentence to make it more exotic or mysterious.

<u>Meine Eltern und ich</u> sind <u>im Sommer</u> <u>nach Iowa</u> gefahren.
      1   2   3

TIPP ZUM SCHREIBEN

If you combine the narrative and dialogue forms, you will need to use quotation marks. Quotation marks are placed differently in German than in English. In German the opening quotation marks are placed at the base of the first word; the closing marks are placed at the top of the last word.

Karin sagt: „Hilf mir, bitte!"
Karin says, "Help me, please!"

Note that in German a colon, rather than a comma, is used before the quotation marks.

Camping

Sara und ich ~~haben~~ [sind]
Campen gegangen. Wir
wollen zelten. Aber [wir] ~~,~~ haben
das Zelt vergessen. Wir
haben eine Pension
gefunden. Wir hatten
aber kein Geld. Wir
haben unsere Eltern
~~ge~~anrufen. Sie haben
mit Kreditkarte bezahlt.

*All sentences begin with the subject. Maybe you could start one or two with **dann** or **leider.***

- Begin the writing process by thinking about how you would answer the following questions about your adventure. You don't need to write complete sentences at this point. Just quickly jot down words or phrases in German that answer the questions. Don't worry if you can't express everything you want to yet. In time, as you learn more German, you will be able to express yourself better.

Wo oder wohin?	**Wer?**	**Was?**	**Warum?**
Wann?	**Wen?**	**Wie?**	**Und dann?**

- Put the words or phrases in the order you think you will use them in telling your story. Some words and phrases may be used more than once.

Beim Schreiben

- Decide what form you will use to tell your story. Will you write it in narrative form or as a conversation in dialogue form? Perhaps you will combine both forms as the writer of the **Schreibmodell** did.

- Begin writing sentences using the words and phrases you jotted down in your pre-writing.

- Since you are relating something that happened, you will want to use action words. To help you recall the action words you know, look through the lists of verbs in the **Wortschatz** sections up through this chapter. Remember to use the present perfect tense for most verbs and the past tense for **sein, haben,** and the modal verbs.

- This is your first draft.

Nach dem Schreiben

- Trade first drafts with a partner. Comment on each other's work and ask questions as needed.

- Review your partner's changes and suggestions for improvement and decide what changes you will make.

- Look over your work again. Are you happy with the flow of your story or are there sentences that should be moved? Are there sentences that you don't really need in the story? If you wrote in dialogue form, is it clear who is speaking and to whom?

- Give your story a title. The title might be one word or phrase from your story or it could be simply a statement of the time of year or place your adventure happened. For example, **Mein Abenteuer im Juni** or **Mein Abenteuer in Seattle.**

- Write your final draft. After you've finished, check the form, spelling, and order of words in each sentence. Hand in your final draft to your teacher.

WORTSCHATZ

Substantive

Europäische Länder

German	Nouns
Belgien	Belgium
Dänemark	Denmark
Deutschland	Germany
England	England
Finnland	Finland
Frankreich	France
Griechenland	Greece
Großbritannien	Great Britain
Irland	Ireland
Island	Iceland
Italien	Italy
Liechtenstein	Liechtenstein
Luxemburg	Luxemburg
die **Niederlande**	The Netherlands
Norwegen	Norway
Österreich	Austria
Portugal	Portugal
Schweden	Sweden
die **Schweiz**	Switzerland
Spanien	Spain

Landschaften / Landscapes

die **Bucht, -en**	bay
die **Halbinsel, -n**	peninsula
die **Heide, -n**	heath
die **Insel, -n**	island
die **Küste, -n**	coast
die **See**	sea
die **Wiese, -n**	meadow, grazing land
der **Fluss, ̈e**	river
der **Hügel, -**	hill
der **See, -n**	lake
der **Wald, ̈er**	forest
das **Feld, -er**	field
das **Gebirge**	mountains
das **Meer, -e**	sea
das **Tal, ̈er**	valley

Sonstige Substantive / Other nouns

German	Other nouns
die **Natur**	nature
die **Sonne**	sun
der **Himmel**	sky; heaven
der **Pilz, -e**	mushroom
das **Abenteuer, -**	adventure
das **Picknick, -s**	picnic

Verben mit *haben* / Verbs with *haben*

German	Verbs with haben
an•rufen, angerufen	to call up
auf•hören, aufgehört	to stop
auf•passen, aufgepasst	to pay attention, watch out
besuchen, besucht	to visit
erleben, erlebt	to experience
finden, gefunden	to find
geben (gibt), gegeben	to give
lesen (liest), gelesen	to read
nehmen (nimmt), genommen	to take
schlafen (schläft), geschlafen	to sleep
schreiben, geschrieben	to write
sehen (sieht), gesehen	to see
suchen, gesucht	to look for, seek
unternehmen (unternimmt), unternommen	to do, undertake
vergessen (vergisst), vergessen	to forget
zelten, gezeltet	to camp

Verben mit *sein* / Verbs with *sein*

German	Verbs with sein
gehen, ist gegangen	to go
kommen, ist gekommen	to come
laufen (läuft), ist gelaufen	to run
passieren, ist passiert	to happen
reisen, ist gereist	to travel
wandern, ist gewandert	to (go for a) hike
werden (wird), ist geworden	to become

VIDEOTHEK

● Das Abenteuer. Bring die Bilder in die richtige Reihenfolge. Schreib dann kurz, was passiert. (HINT: *Put the pictures in the correct sequence. Then write briefly what happens.*)

a.

b.

c.

d.

e.

f.

g.

h.

i.

VOKABELN

A Was tragen sie? Beschreib jede Person. Nenne die Kleidungsstücke, die sie tragen. (HINT: *Describe each person. Name the articles of clothing they are wearing.*)

1.
2.
3.
4.

B Was trägst du bei diesem Wetter? (HINT: *Completely describe what you wear under each set of weather conditions.*)

1. Heute ist es kalt und regnerisch. Die Straßen sind nass[a] und die Temperatur liegt bei zehn Grad.
2. Heute scheint die Sonne. Es ist schön warm. Am Strand sitzt man bequem in einem Strandkorb und genießt die Meeresluft.
3. Seit Wochen hängen schon die Eiszapfen[b] von den Dächern. Mindestens fünf Zentimeter Schnee liegen auf dem Boden.[c] Dies ist herrliches Wetter zum Schifahren.
4. Endlich wieder ein bisschen Sonne. Die Osterblumen fangen an zu blühen. Die Vögel[d] zwitschern. Der Frühling ist endlich da.

[a]*wet* [b]*icicles* [c]*ground* [d]*birds*

C Auf Reisen. Ergänze die Dialoge. (HINT: *Complete the dialogues, using the words in the box. There are more words than you need.*)

A: Hallo! Können Sie mir sagen, wo man Fahrkarten kaufen kann?
B: Gehen Sie geradeaus. Dort können Sie Fahrkarten und Auskünfte bekommen.
C: Auf welchem _____1 kann man auf den Zug nach Luxemburg warten?
D: Der Zug fährt auf Gleis 3.
E: Mensch, ich finde meinen roten Koffer[a] nicht.
F: Geh mal zur _____2 'rüber. Vielleicht hast du ihn mit den anderen Koffern eingecheckt.
G: Ich muss nächste Woche nach Wien. Wie sollte ich hinfahren?
H: Mit dem _____3 geht es am schnellsten,[b] aber mit der _____4 ist es viel romantischer.

[a]*suitcase* [b]*am... the fastest*

> Aufenthalt   Bahn
> Fahrgast   Bahnsteig
> Fahrkartenschalter
> Flugzeug
> Gepäckaufbewahrung

Aufzug   Erdgeschoss
Links   Doppelzimmer
Hotel   Frühstück
Nacht   Dusche
Reservierung   Stock
WC   Zimmer
Übernachtung   Zelt

D Im Hotel. Ergänze den Dialog. (HINT: *Complete the dialogue, using the words in the box. There are more words than you need.*)

REZEPTION: Guten Tag! Herzlich willkommen im _____[1] Post.

GAST: Guten Tag. Ich habe ein _____[2] reserviert.

REZEPTION: Wie war der Name, bitte?

GAST: Spörli.

REZEPTION: Es tut mir Leid, Herr Spörli, ich finde Ihre _____[3] nicht. Was für ein Zimmer war das?

GAST: _____.[4]

REZEPTION: Ach ja. Hier ist die Reservierung. Entschuldigen Sie bitte.

GAST: Hat das Zimmer _____[5] und _____[6]?

REZEPTION: Natürlich. Alle Zimmer haben Dusche und WC.

GAST: Was kostet das Zimmer pro _____[7]?

REZEPTION: 150 Mark, inklusive Frühstück.[a] Frühstück wird bis zehn Uhr serviert.

GAST: Wo ist denn das Frühstückszimmer?

REZEPTION: _____[8] um die Ecke.[b]

GAST: Und mein Zimmer?

REZEPTION: Im dritten _____.[9] Der _____[10] ist gegenüber.[c]

[a]*breakfast* [b]*corner* [c]*across the way*

E Wie gut kennst du Europa? Beantworte jede Frage mit einem vollständigen Satz. (HINT: *Answer in complete sentences.*)

1. Wie heißen die drei großen deutschsprachigen Länder?
2. Wie heißt das kleine Land zwischen der Schweiz und Österreich?
3. In welchem Land spricht man Griechisch? Spanisch? Finnisch?
4. Welches Land hat Rom als Hauptstadt? Paris? Kopenhagen?
5. Welches Land ist für Schokolade und die Alpen bekannt? für Tulpen? für den Shamrock?
6. In welchem Land wohnen die Norweger? die Schweden?

F Landschaften

SCHRITT 1: Welches Wort passt nicht zu den anderen? (HINT: *Choose the word that does not fit.*)

1. die Bucht	der Fluss	die Wiese	das Meer
2. der Hügel	der Strand	das Gebirge	der Berg
3. das Feld	die Wiese	der See	die Heide
4. die Küste	der Strand	die Bucht	der Wald
5. der See	die See	der Ozean	das Meer

SCHRITT 2: Wie gut kennst du diese Landschaften? Ergänze die Sätze. (HINT: *Complete the sentences. Use the words in* Schritt 1 *to help you.*)

1. Der Rhein ist ein _____ in Deutschland.
2. Das höchste europäische _____ heißt die Alpen.
3. Die Lüneburger _____ ist eine Attraktion in Norddeutschland.
4. Der Thüringer _____ ist eine bekannte Waldlandschaft.

STRUKTUREN

A Vor der Reise. Was sagen die Koslowskis? (HINT: *Use the imperative to complete the sentences.*)

MODELL: Marion, _____ auch den Pullover _____! (einpacken) →
Marion, *pack* auch den Pullover *ein*!

1. Vera, _____ auch mal eine Postkarte! (schreiben)
2. Lars, _____ vorsichtig mit dem Fahrrad! (fahren)
3. Marion, _____ auf dich _____! (aufpassen)
4. Marion und Vera, _____ bald _____! (zurückkommen)
5. Papa und Lars, _____ an uns! (denken)
6. Mama _____, der Zug fährt ab! (kommen)
7. Heinz und Lars, _____ auch den Eintopf! (essen)

B Guter Rat. Bilde Sätze. (HINT: *Use the cues to form imperative sentences.*)

du-Form:
1. vergessen / dein Buch / nicht
2. lesen / diesen Zeitungsartikel
3. schlafen / nicht im Klassenzimmer

ihr-Form:
4. sprechen / nicht so laut
5. mitbringen / eure Bücher
6. vorbeikommen / um zehn Uhr

Sie-Form:
7. fahren / mit der Bahn
8. ausfüllen / das Formular
9. betrachten / die Kunstwerke im Museum

C Was sagen deine Familienmitglieder oder deine Freunde? (HINT: *List at least three suggestions you might receive from family members or friends.*)

MODELLE: Meine Mutter sagt: Komm nicht so spät nach Hause!

D Marions Geschichte. Erzähl Marions Geschichte. Ergänze die Geschichte mit den richtigen Verbformen. (HINT: *Complete the story with the given verbs in the simple past tense or present perfect tense.*)

Marion Koslowski, eine junge, kreative Frau _____[1] [müssen] ihren Freund Rüdiger verlassen. Marions Vater _____[2] [sein] arbeitslos. Marions Mutter _____[3] [wollen] die Familie zusammenhalten. Endlich _____[4] Marions Vater eine Stelle als Hausmeister _____[5] [bekommen]. Marion _____[6] [haben] Angst, dass die Familie auseinander bricht. Marions Familie _____[7] nach Köln _____[8] [ziehen].

Es _____⁹ aber einen Motorradunfall _____¹⁰ [geben]. Marions Eltern _____¹¹ ihr Tag und Nacht zur Seite _____¹² [stehen]. Sie _____¹³ sich große Sorgen _____¹⁴ [machen], aber Marion hat den Unfall überlebt.ᵃ Marions Mutter _____¹⁵ Schuldgefühleᵇ _____¹⁶ [haben], und so _____¹⁷ sie zusammen in Urlaub _____¹⁸ [fahren], und zwar auf eine kleine Insel, wo Marion sich erholen _____¹⁹ [können].

ᵃsurvived   ᵇfeelings of guilt

E Als Kind

SCHRITT 1: Bild Fragen im Perfekt. (HINT: *Form questions in the present perfect tense.*)

MODELL: was / gern essen →
          Was hast du als Kind gern gegessen?

1. was / gern spielen
2. was / gern lesen
3. was für Filme / gern sehen
4. wohin / einmal fahren
5. wen / oft anrufen

SCHRITT 2: Partnerarbeit. Stell alle Fragen an einen Partner / eine Partnerin. (HINT: *Work with a partner and ask and answer each other's questions.*)

EINBLICKE

Du hast schon von Caspar David Friedrich gehört. Er hat von 1774 bis 1840 gelebt und hat deutsche Landschaften gemalt. Viele seiner Bilder zeigen Rügen und die Ostsee. Er war lange vergessen, aber am Anfang des zwanzigsten Jahrhunderts hat man ihn wieder entdeckt.ᵃ Heute erkenntᵇ man ihn als einen der wichtigstenᶜ deutschen Maler der Romantik. Schau dir dieses Bild von Caspar David Friedrich an. Was siehst du im Bild?

ᵃwieder... *rediscovered*   ᵇ*recognizes*   ᶜ*most important*

Auf einem Segelboot.

PERSPEKTIVEN

Jetzt liest du ein Gedicht aus der Romantik von Conrad Ferdinand Meyer
(1825–1898).

„Zwei Segel"

1. Zwei Segel erhellend[a]
   Die tiefblaue Bucht!
   Zwei Segel sich schwellend[b]
   Zu ruhiger Flucht![c]

5 2. Wie eins in den Winden
   sich wölbt[d] und bewegt,
   Wird auch das Empfinden[e]
   Des andern erregt.[f]

3. Begehrt eins zu hasten,[g]
10   Das andre geht schnell,
   Verlangt eins zu rasten,[h]
   Ruht auch sein Gesell.[i]

Conrad Ferdinand Meyer

TIPP ZUM LESEN

Often when reading a text in a second language, the first reaction is to reach for the dictionary. However, you will often find more success if you apply the reading strategies you have already learned: recognizing cognates, reading visual clues, looking for hints through context, and using your prior knowledge of a topic to guess at meaning.

One further tip: Read poetry aloud. Often the sounds of the words will help convey their meaning.

[a]*illuminating* [b]*filling* [c]*refuge* [d]*swells* [e]*senses* [f]*excited* [g]*hurry* [h]*rest* [i]*companion*

A Das Gedicht malt Bilder. Welches Bild illustriert welche Strophe?
(HINT: *Which picture illustrates which stanza?*)

a.

b.

c.

B Assoziationen. Welche Wörter von der Strophe assoziierst du mit dem
Bild? (HINT: *Which words in each stanza do you specifically associate
with the picture you think illustrates it?*)

DIE WESPE

Ein Gymnasium auf Rügen.

In this chapter, you will

- discover more about Michael Händel and witness a problem he encounters at school.

You will learn

- more vocabulary related to school.
- vocabulary and expressions to carry on a discussion.
- to talk about recipients of actions using indirect objects and the dative case.
- about a poem by Uwe Timm.
- how to write a short poem.

Liebe Marion,

jetzt bist du über eine Woche weg aus Rügen. War das Abenteuer auf dem Segelboot nicht toll? Hast du die Insel schon vergessen?

Seit Montag ist alles wieder ganz normal. Die Schule ist ziemlich stressig. Wir pauken[a] alle tierisch fürs Abi.

Gestern ist unsere Schülerzeitung „Die Wespe" erschienen.[b] Ich habe den Leitartikel[c] über die ungerechten Noten[d] von dem Lehrer Herrn Bolten geschrieben. Der Artikel war echt klasse, aber der Bolten war vielleicht sauer. Der Direktor hat mich in der Pause ins Sekretariat bestellt.[e] Der Bolten war dabei und wusste nichts anderes zu sagen, außer „eine Frechheit".[f] Das ist übrigens sein Lieblingswort. Meine Mitschüler haben mich aber unterstützt und sofort einen Protest organisiert.

Wie geht's dir eigentlich? Hast du auch so viel zu tun? Schreib bitte mal wieder, wenn du Zeit hast.
Tschüss!

Dein Michael

PS: Ich schicke dir auch ein Exemplar von unserer Wespe. Wie heißt denn die Schülerzeitung an deiner Schule?

[a]are cramming [b]appeared [c]feature article
[d]grades [e]called [f]impudence: how dare you/they!

VIDEOTHEK

Marion muss Michael verlassen.

In der letzten Folge . . .

hat Marion ihre ganze Geschichte erzählt. Sie übertreibt[a] einiges. Man rettet Marion und Michael, und danach müssen Marion und ihre Mutter zurück nach Köln.

● Weißt du noch?

1. Warum konnten Marion und Michael nicht zurück ans Land?
2. Marion ist immer noch nicht zurückgekommen, und dann ist es dunkel geworden. Wie hat Frau Koslowski darauf reagiert?
3. Wer hat Marion und Michael gerettet? Was ist am nächsten Tag passiert?

[a]*exaggerates*

In dieser Folge . . .

hat Michael einen Artikel für die Schülerzeitung geschrieben. Die Schülerzeitung heißt *Die Wespe*. Michaels Artikel heißt „Boltens Notenlotto".

● Was denkst du?

1. Was für einen Artikel hat Michael geschrieben?
2. Wie reagiert Herr Bolten auf den Artikel?
3. Wie finden die Schüler und Schülerinnen Michaels Artikel?

Die Wespe **hat zugestochen!**

SCHAU MAL ZU!

A Wer sind diese Leute? (HINT: *Match the people with the descriptions.*)

1. Herr Bolten
2. Silke
3. Frau Klein
4. Herr Lenzen
5. Michael

a. _____ hat den Artikel geschrieben.
b. _____ ist die Sekretärin.
c. _____ ist der Schuldirektor.
d. _____ spielt als Lehrer „Notenlotto".
e. _____ ist eine Schülerin.

B Wie reagiert Herr Bolten auf den Artikel? Was sagt er? Was sagt er nicht? (HINT: *Which of the statements 1–6 did Herr Bolten make?*)

1. Das ist eine Frechheit!

2. Das ist nicht komisch. Das ist eine Lüge.

3. Der Artikel ist echt klasse!

4.
Meine Schülernoten werden nach Sympathie vergeben.

5.
Wir wollen doch ein Happy End, oder?

6.
Das muss Konsequenzen haben.

C Wer sagt was wann? Bring die Sätze in die richtige Reihenfolge. (HINT: *Decide who says which line and then put the lines in the correct order.*)

FRAU KLEIN: Wo wollen Sie denn hin?
HERR BOLTEN: Ich muss mit dem Direktor sprechen.
FRAU KLEIN: . . .

a. Das ist nicht komisch. Das ist eine Lüge. Das . . . das . . . ist eine Frechheit, eine Unverschämtheit!
b. Was, Sie lesen das auch?
c. Nein, das geht jetzt nicht!
d. Herr Bolten . . .
e. Das ist mir in 30 Jahren nicht passiert!
f. Herr Bolten, das ist doch eher komisch.

D Michael und Rüdiger. Beantworte die Fragen, und vergleiche die jungen Männer. (HINT: *Compare Michael and Rüdiger.*)

1. Wie ist Rüdiger, und wie ist Michael? (sympathisch, ernst, lustig, langweilig, blöd, freundlich, fleißig, faul, froh, traurig, ?)
2. Was macht Rüdiger gern, und was macht Michael gern? (Musik hören, wandern, Artikel für die Schülerzeitung schreiben, segeln, Motorrad fahren, Fotos machen, Politik besprechen,[a] ?)

[a]*discuss*

E Zur Diskussion: Schülerzeitungen.

SCHRITT 1: Lies die folgende Beschreibung von der *Wespe*. (HINT: *Read the following description of the* Wespe.)

• Die Schülerzeitung heißt *Die Wespe*.
• Eine echte Wespe ist ein Insekt, das stechen kann.
• *Die Wespe* sticht auch, denn sie bringt viele kritische Artikel über die Schule.
• *Die Wespe* enthält auch andere Artikel, z.B. Artikel über Schülerveranstaltungen.[a]

SCHRITT 2: Wie siehst du das? Beantworte jetzt die Fragen. (HINT: *Now answer the questions.*)

1. Findest du eine solche Zeitung gut? Warum (nicht)?
2. Gibt es eine Zeitung an deiner Schule?
3. Was für[b] Artikel gibt es in deiner Schülerzeitung?
4. Wie findest du sie?

[a]*school events* [b]*Was . . . What kind of*

W ORTSCHATZ ZUM VIDEO

der Ärger	*irritation*
wetten: Darauf können Sie wetten.	*to bet: You can bet on it.*
verteilen	*to distribute*
die Laune	*mood*
die Unverschämtheit	*nerve, impudence*
bestrafen	*to punish*
Schülernoten nach Sympathie vergeben.	*Grades given according to fondness*
verlangen	*to demand*
zufrieden	*satisfied*
die Strafe	*punishment*
spannend	*exciting*
Lass dir nicht alles aus der Nase ziehen.	*Don't make us drag everything out of you.*
sich überlegen	*to think about*
aufregend	*exciting*
unterstützen	*to support*
engagiert	*actively interested or involved in*
beleidigen	*to insult*
vernünftig	*reasonable*

VOKABELN

IN DER SCHULE

Und noch dazu

die Aufgabe	assignment
die Hausaufgabe	homework
die Klasse	class, group of students
die Klausur	written exam
die Note	grade
die Notiz	note
die Pause	break
die Prüfung	test
die Schüler-zeitung	school newspaper
der Ausflug	field trip
der Mitschüler / die Mitschülerin	fellow pupil
der Schulbus	school bus
der Stundenplan	schedule
der Unterricht	class, instruction
das Pausenbrot	snack
das Zeugnis	report card
arbeiten	to work, learn, study
bestehen	to pass (a course)
durch•fallen	to flunk
läuten	to ring
lernen	to learn; to study
pauken	to study, cram
plaudern	to chat

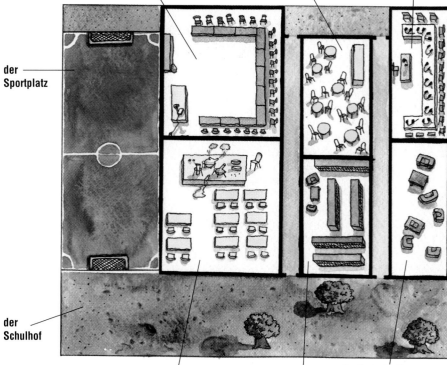

die Schule / das Gymnasium

das Klassenzimmer • die Cafeteria • das Sprachlabor

der Sportplatz

der Schulhof

das Labor • die Bibliothek • der Aufenthaltsraum

Aktivitäten

A Wo in der Schule ist das? Bilde die Sätze. (HINT: *Using the sentence parts on page 213, form statements. Match the expressions on the left with the rest of the sentences on the right.*)

1. Das Pausenbrot
2. Der Stundenplan
3. Auf dem Schulhof
4. In der Bibliothek
5. Eine Note
6. Im Unterricht
7. Im Klassenzimmer
8. Im Sprachlabor

a. _____ kann man Bücher ausleihen.ᵃ
b. _____ kann man Spanischkassetten zu hören.
c. _____ ist eine Tabelle mit den Kursen und den Uhrzeiten.
d. _____ kann man währendᵇ der Pause essen.
e. _____ bekommt man für eine Klassenarbeit oder einen Kurs.
f. _____ macht man Pause und spricht mit Mitschülern und Mitschülerinnen.
g. _____ findet der Unterricht statt.
h. _____ hört man zu und diskutiert.

ᵃborrow   ᵇduring

B Michael als Schüler. Wähle das richtige Wort. (HINT: *Complete the sentences with the correct expression.*)

1. Wenn es läutet, müssen Michael und alle Schüler und Schülerinnen zum [Ausflug / Unterricht] gehen.
2. Während des Unterrichts macht sich Michael viele [Notizen / Noten].
3. Im [Klausur / Aufenthaltsraum] dürfen Michael und seine Mitschüler und Mitschülerinnen plaudern.
4. Am Abendᵃ muss Michael seine [Hausaufgaben / Klassenarbeiten] machen.
5. Heute Abend muss Michael pauken, denn er hat morgen [eine Pause / eine Prüfung].
6. Michael arbeitet schwer, denn er will seine Kurse [bestehen / durchfallen].
7. Michaels Noten stehen auf seinem [Unterricht / Zeugnis].
8. Am Ende seiner Schulzeit auf dem Gymnasium muss Michael [die Aufgabe / das Abitur] machen.

ᵃevening

C Michaels Schulalltag. Ergänze den Absatz. (HINT: *Complete the paragraph. Refer to the vocabulary on page 212.*)

Michael muss jeden Morgen um halb sieben aufstehen. Um halb acht fährt er mit dem _____¹ zur Schule. Er sitzt gerne vor der Schule mit seinen Mitschülern zusammen und _____.² Aber dann _____³ es, und alle Schüler und Schulerinnen müssen zum _____.⁴ Was für Kurse gibt es? Deutsch, Englisch, Mathe, Biologie und noch anderes mehr. Für Biologie geht er ins _____.⁵ In Mathe sitzt Michael in einem normalen _____.⁶ In der _____⁷ kann er draußen auf dem _____⁸ sitzen. Wenn er essen will kann er in die _____⁹ gehen. Nach der Schule geht Michael nach Hause und _____¹⁰ für die kommenden Klausuren in Mathe und Biologie.

D Ihr Schulalltag. Was machst du als Schüler/Schülerin? (HINT: *Write down all the things you do in school. Share your list with a partner, who then reports to the class.*)

1. Wie ist dein Schulalltag? Schreib fünf Sätze darüber.
2. Erzähl einem Mitschüler / einer Mitschülerin über deinen Schulalltag.
3. Der Mitschüler / Die Mitschülerin berichtet der Klasse darüber.

BIST DU WORTSCHLAU?

In German, both **arbeiten** and **lernen** can mean *to study* or *to learn* in a general sense.

Ich muss heute Abend **arbeiten.**
I have to study tonight.
Ich **lerne** gern Deutsch.
I like studying/learning German.

Be careful not to confuse **lernen** with **studieren,** which means *to be a student at a university* or *to have a subject as a major.*

Ich **studiere** in Freiburg.
I'm studying at the university in Freiburg.
Ich **studiere** Physik.
I'm majoring in physics.

Are there different words in your language for *to study* or *to learn*?

AUFREGUNG IN DER SCHULE

Was ist in der Schule los?[a]

Und noch dazu

die Demonstration	demonstration	diskutieren	to discuss, debate
die Lüge	lie, falsehood	reden (über)	to talk about
die Meinung	opinion		
		endlich	finally, at last
ändern	to change	gerecht/ungerecht	fair/unfair
ärgern	to annoy, make angry	möglich/unmöglich	possible/impossible
		schließlich	after all, in the end
äußern	to express	unverschämt	shameless, unconscionable
beleidigen	to insult	wirklich	really
bestrafen	to punish		
		Der spinnt doch!	He's crazy!
		Recht/Unrecht haben	to be right/wrong

[a]Was . . . What's wrong at school?

Aktivitäten

A Was kann oder soll man machen? Ergänze die Sätze mit den passenden Verben. (HINT: *Complete the sentences with the two verbs that fit.*)

1. Man kann seine Meinung _____ oder _____.
   a. äußern   **b.** bestrafen   **c.** ändern
2. Man kann gegen etwas _____ oder _____.
   a. beleidigen   **b.** protestieren   **c.** demonstrieren
3. Man kann über ein Problem _____ oder _____.
   a. reden   **b.** ärgern   **c.** diskutieren
4. Man soll andere Menschen nicht _____ oder _____.
   a. äußern   **b.** beleidigen   **c.** ärgern

B Ein Problem. Ergänze den Dialog. (HINT: *Complete the dialogue.*)

UWE: Kommst du mit?

MELANIE: Wohin denn?

UWE: Es soll eine _____[1] [Demonstration / Lüge] stattfinden.

MELANIE: _____?[2] [Endlich / Wirklich] Warum denn?

UWE: Ein Lehrer hat einen Schüler _____[3] [geäußert / bestraft], denn der Schüler hat den Unterricht immer wieder unterbrochen.[a]

MELANIE: Hmm. Da kann ich nur sagen, der Lehrer _____[4] [hat vielleicht[b] Recht / spinnt doch].

UWE: Ist das dein Ernst? Ich finde, eine Bestrafung ist _____[5] [ungerecht / gerecht]! Man soll _____[6] [fleißig / schließlich] die Freiheit[c] haben, die Meinung zu _____[7] [ärgern / äußern].

MELANIE: Das schon, aber ich finde es fast _____[8] [unverschämt / unmöglich] zu lernen, wenn ein Schüler ständig[d] den Unterricht unterbricht. Ich glaube, ich bleibe lieber weg.

UWE: Na gut. Ich _____[9] [protestiere / diskutiere] mit den anderen.

[a]*interrupted*   [b] *maybe*   [c]*freedom*   [d]*constantly*

C Rollenspiel: Konflikte konfrontieren, Probleme lösen. Wie reagierst du? (HINT: *Role-play one of these situations.*)

1. Rollen: Englischlehrer/Englischlehrerin und Schüler/Schülerin.
   Situation: Der Englischlehrer / Die Englischlehrerin hat dem Schüler / der Schülerin eine schlechte Note gegeben. Der Schüler / Die Schülerin glaubt aber, dass er/sie eine bessere Note verdient[a] hat.
2. Rollen: Vater/Mutter und Sohn/Tochter.
   Situation: Der Vater / Die Mutter will nicht, dass der Sohn / die Tochter abends zu spät[b] weggeht. Der Sohn / Die Tochter ist siebzehn Jahre alt und glaubt, dass das ungerecht ist.

[a]*earned*   [b]*late*

„Boltens Notenlotto?!" Eine Frechheit, eine Unverschämtheit ist das!!

„Die Wespe" sticht zu!

STRUKTUREN

THE DATIVE CASE I
MARKING INDIRECT OBJECTS

You have learned that the nominative case identifies the *subject* and the accusative case identifies the *direct object* of a sentence. The *subject* tells you *who or what is performing the action* described by the verb; the *direct object* tells you *who or what is being directly affected* by that action.

SUBJECT	DIRECT OBJECT

Marion Koslowski lernt Michael Händel kennen.
Marion Koslowski is getting to know Michael Händel.

The dative case identifies the *indirect object* of a sentence. The indirect object tells you *to whom/what or for (the benefit of) whom/what an action is carried out.* In the following example, subjects appear in green, direct objects in yellow, and indirect objects in blue.

Michael erzählt Silke eine Geschichte.
Michael is telling Silke a story.

Marion hat Michael Fotos geschickt.
Marion sent Michael photos.

Herr Bolten hat den Schülern schlechte Noten gegeben.
Mr. Bolten gave the students bad grades.

As with the nominative and accusative cases, endings help identify the dative case in German. These endings appear on **der**-words as well as **ein**-words.

SO GEHT'S!

Ein-words include the indefinite article **ein,** the negative article **kein** and the possessive adjectives: **mein, dein, Ihr, sein, ihr** (*sg.*), **unser, euer,** and **ihr** (*pl.*). As you recall, all these words take the same endings.

The following words are called **der**-words, because they have the same endings as the definite article, as these nominative forms show.

die, der, das, die	*the*
diese, dieser, dieses, diese	*this, that; these*
jede, jeder, jedes, —	*each*
welche, welcher, welches, welche	*which*

The accusative- and dative-case endings on these words also match those of the definite article.

	FEMININE	MASCULINE	NEUTER	PLURAL
NOMINATIVE	die Frau eine	der Mann ein	das Kind ein	die Leute keine
ACCUSATIVE	die Frau eine	den Mann einen	das Kind ein	die Leute keine
DATIVE	der Frau einer	dem Mann einem	dem Kind einem	den Leute**n** keinen

Note that in the dative case, plural nouns add an **-n** ending, unless they already end in **-n** or if they end in **-s**.

die Lehrer → **den** Lehrer**n** *but:*
die Fotos → **den** Fotos

The following verbs typically have an indirect object (dative case) in addition to a direct object (accusative case).

bringen	*to bring*	schenken	*to give (as a gift)*
erzählen	*to tell*	schicken	*to send*
geben	*to give*	schreiben	*to write*
kaufen	*to buy*	wünschen	*to wish*
sagen	*to say, tell*	zeigen	*to show*

SO GEHT'S!

As you recall, masculine nouns such as **Herr, Mensch, Nachbar, Name,** and **Student** end in **-(e)n** in the accusative case. These nouns also end in **-(e)n** in the dative case. You will learn a few more of these nouns in later chapters.

der Herr → d**em** Herr**n**
ein Herr → ein**em** Herr**n**
der Mensch → d**em** Mensch**en**
ein Mensch → ein**em** Mensch**en**

Übungen

A Die neueste Ausgabe. Ergänze die Sätze mit dem indirekten Objekt im Dativ. (HINT: *Provide the indirect object in the dative case.*)

MODELL: Silke gibt _____ *Die Wespe.* (die Schüler)
Silke gibt <u>den Schülern</u> *Die Wespe.*

1. Karin bringt _____ Fotos für die Schülerzeitung. (ihre Mitschüler und Mitschülerinnen)
2. Herr Bolten zeigt _____ den Artikel. (Herr Lenzen)
3. Die Schüler und Schülerinnen wünschen _____ Michael viel Glück. (ihr Freund)
4. Michael erzählt _____, was ihm passiert ist. (die Klasse)

B Marion sucht in Boston typische Geschenke aus dieser Stadt für ihre Freunde. Was kauft sie ihrer Familie und ihren Freunden? Bilde Sätze mit **schenken** und **kaufen.** (HINT: *Use* schenken *or* kaufen *to form sentences.*)

MODELL: Marion kauft ihrem Bruder Lars eine Red-Sox-Baseballmütze.

1. ihr Freund Rüdiger   ein Boston T-Shirt
2. ihre Cousine Maria   vier Sorten Erdnussbutter
3. ihre Großeltern   eine Red-Sox-Baseballmütze
4. ihr Bruder Lars   ein Modellschiff

C Fragen und Antworten. Beantworte die Fragen mit den richtigen Formen von **dies-** oder **jed-.** (HINT: *Use the correct dative forms of* dies- *or* jed- *to answer the questions.*)

MODELL: Welchem Schüler gibt der Lehrer eine schlechte Note? (dies-) →
Der Lehrer gibt diesem Schüler eine schlechte Note.

1. Welchem Lehrer sagt der Schüler „auf Wiedersehen"? (jed-)
2. Welcher Lehrerin schreiben die Schüler einen Brief? (dies-)
3. Welchen Lehrern zeigen die Schüler die Zeitung? (dies-)

THE DATIVE CASE II
MORE ON INDIRECT OBJECTS

As you know, once you have identified whom or what you are talking about, you can use pronouns to refer to those same people or things.

Wo wohnt Marion? Ich möchte **ihr** einen Brief schicken.
Frau Koslowski, ich möchte **Ihnen** einen schönen Aufenthalt wünschen.

Where is Marion living? I'd like to send her a letter.
Mrs. Koslowski, I would like to wish you a pleasant stay.

You have already learned the forms of the personal pronouns in the nominative and accusative case. The following chart summarizes the pronouns for the nominative, accusative, and dative cases.

NOMINATIVE	ACCUSATIVE	DATIVE
SUBJECT	DIRECT OBJECT	INDIRECT OBJECT
ich *I*	mich *me*	mir *(to/for) me*
du *you*	dich *you*	dir *(to/for) you*
Sie *you*	Sie *you*	Ihnen *(to/for) you*
sie *she*	sie *her*	ihr *(to/for) her*
er *he*	ihn *him*	ihm *(to/for) him*
es *it*	es *it*	ihm *(to/for) it*
wir *we*	uns *us*	uns *(to/for) us*
ihr *you*	euch *you*	euch *(to/for) you*
sie *they*	sie *them*	ihnen *(to/for) them*

These verbs *always* take dative objects.

danken	*to thank, give thanks to*	helfen	*to help, be helpful to*
gefallen	*to be pleasing to*	passen	*to fit*
gehören	*to belong to*	schmecken	*to taste good to*

Ich **danke dir** für die Blumen!
Die Blumen **gefallen mir**!
Wem gehört dieses Fahrrad?
Bitte **hilf deinen Eltern.**
Die Schuhe **passen mir** nicht.
Die Suppe **schmeckt mir**!

Thank you for the flowers!
I like the flowers!
Whose bicycle is this?
Please help your parents.
The shoes don't fit me.
I like the soup!

Übungen

A Befehle und Fragen. Ergänze die Sätze mit Dativpronomen. (HINT: *Complete the requests and questions with dative pronouns.*)

1. Marion, Zeig _____ die Fotos. (*me*)
2. Herr Bolten, Schreiben Sie _____ einen Brief. (*us*)
3. Soll ich _____ die Geschichte erzählen? (*you, informal sg.*)
4. Darf ich _____ helfen? (*you, formal*)
5. Was kann ich _____ bringen? (*you, informal pl.*)

B Wem? Ergänze die Antworten mit Dativpronomen. (HINT: *Complete the answers with the dative pronouns that correspond to the underlined phrases in the questions.*)

1. Was hat Lars <u>seinem Vater</u> gezeigt? Lars hat _____ das Computerspiel gezeigt.
2. Wie hat Marion <u>ihrer Mutter</u> geholfen? Marion hat _____ beim Einkaufen geholfen.
3. Was hat <u>Marion und ihrer Mutter</u> sehr gefallen? Rügen hat _____ sehr gefallen.
4. Was hat <u>den Händels</u> gehört? Das Segelboot hat _____ gehört?

C Mini-Dialoge. Ergänze die Dialoge mit Dativpronomen. (HINT: *Complete the mini-dialogues with dative pronouns.*)

LARS: Heute hat _____¹ (wir) der Deutschlehrer einen Film gezeigt.

MARION: Welchen Film hat er _____² (ihr) denn gezeigt?

LARS: *Planet der Affen!*

MARION: Ich muss leider zurück nach Köln. Schreibst du _____³ (ich)?

MICHAEL: Ja klar schreibe ich _____⁴ (du)!

MICHAEL: Ich weiß, dass mein Artikel _____⁵ (Sie) überhaupt nicht gefallen hat, Herr Bolten, aber . . .

HERR BOLTEN: Soll ich _____⁶ (Sie) etwa dafür danken, Herr Händel?

D Wer? Wen? Wem? Ergänze die Fragen. (HINT: *Complete each question with* wer, wen, *or* wem.)

MODELL: <u>Wem</u> hast du von deinem Unfall erzählt? —Nur meinen Eltern.

1. _____ ist das auf dem roten Motorrad? —Das ist Rüdiger.
2. _____ lädst du zur Fete ein? —Ich lade Marion und Rüdiger ein.
3. _____ habt ihr schon die Fotos gezeigt? —Nur meiner Freundin.
4. _____ kaufst du den schönen Pulli? —Meinem Freund Matthias.
5. _____ hat eurer Familie beim Umzug geholfen? —Die Nachbarn.
6. _____ habt ihr heute in der Schule kennen gelernt? —Michael Händel.

SO GEHT'S!

You already know the nominative pronoun **wer** (*who*) and the accusative pronoun **wen** (*whom*). The dative pronoun is **wem** ([*to*] *whom*).

NOMINATIVE:
asking about the subject
Wer ist das an der Ecke? — Who *is that on the corner?*

ACCUSATIVE:
asking about the direct object
Wen hast du zur Fete eingeladen? — Whom *did you invite to the party?*

DATIVE:
asking about the indirect object
Wem schenkst du die Blumen? — To whom *are you giving the flowers?* (Whom *are you giving the flowers to?*)

Speakers of English often shorten *whom* to *who*, especially in casual conversation. However, speakers of German maintain the distinct forms of **wer, wen,** and **wem.**

EINBLICKE

BRIEFWECHSEL

Lieber Michael,

schön, dass du schreibst. Natürlich habe ich die Insel nicht vergessen. Die Zeit auf Rügen war wunderschön. Die Spaziergänge . . . das Boot.

Vielen Dank für „Die Wespe". Der Artikel ist echt gut. Wir haben auch Lehrer, die spinnen. Wie habt ihr das Problem dann gelöst?[a] Unsere Schülerzeitung in Rheinhausen heißt übrigens „Der Tiger". In einer Ausgabe gab's eine Hitparade der uninteressantesten Lehrer. „Frechheit" haben wir dann auch oft gehört. Einige Lehrer wollten die Redaktion bestrafen.

Bist du eigentlich außerhalb der Schule irgendwo engagiert? Ich interessiere mich für Umweltpolitik. Ich habe sogar bei einigen Protestaktionen mitgearbeitet. Unser Chemielehrer Herr Scholz leitet jedes Jahr eine Arbeitsgemeinschaft[b] zum Thema „Mensch und Umwelt[c]".

Ich drücke dir die Daumen, dass alles beim Abi gut geht. Anbei einige Fotos von unseren Tagen auf Rügen.

Viele liebe Grüße,
Marion

[a]*solved*   [b]*study group*   [c]*environment*

● Marions Brief. Beantworte die Fragen.

1. Wie findet Marion Michaels Artikel in der *Wespe*?
2. Wie heißt die Schülerzeitung in Rheinhausen?
3. Wofür interessiert sich Marion? (Sie interessiert sich für . . .)
4. Welcher Lehrer betreut[a] eine Arbeitsgemeinschaft?
5. Was schickt Marion in dem Brief mit?

[a]*sponsors*

EINBLICK

Miguels „normaler" Schultag

6.00 Uhr	Erster Wecker[a] versucht sein Glück.
6.10 Uhr	Zweiter Wecker fliegt gegen die Wand.
6.20 Uhr	Streit[b] mit Schwester ums Badezimmer.
7.21 Uhr	Blick auf die Uhr. Herzinfarkt! Sprint mit leerem Magen[c] zum Bus.
7.32 Uhr	Endlich ein Bus, der mich mitnimmt.
8.09 Uhr	Ankunft in der Schule.
9.30 Uhr	Ende des ersten Blockes (Deutsch). Etwas zu essen (Milch, ein Schinkenbrot[d]).
9.50 Uhr	Lateinstunde, was für eine Strafe!
10.40 Uhr	Vierzig Minuten lesen im Aufenthaltsraum.
11.25 Uhr	Konversation mit anderen Schülern.
11.40 Uhr	Ein Blick, Mathe.
13.50 Uhr	GONG, GONG, GONG (aufwachen).
16.35 Uhr	Sportstunde vorbei—Ende der Tortur.
17.09 Uhr	Busfahrt nach Hause.
17.30 Uhr	Party oder Hausaufgaben (das kommt darauf an, wer fragt: Mitschüler oder Lehrer).
23.00 Uhr	Zu müde für weitere Unternehmungen.

[a]alarm clock [b]argument [c]mit . . . on an empty stomach [d]ham sandwich

● Was macht Miguel an einem normalen Tag? Wann macht er das?
(HINT: *Complete Miguel's schedule with the appropriate times.*)

MODELL: Um __6.10__ steht er auf.

UHRZEIT	EREIGNIS
Um _____	steht auf
Um _____	streitet mit seiner Schwester
Um _____	liest
Um _____	kommt in die Schule
Um _____	isst er ein Schinkenbrot
Um _____	hat Latein
Um _____	redet mit Mitschülern
Um _____	ist die Schule aus
Um _____	macht seine Hausaufgaben

PERSPEKTIVEN

HÖR MAL ZU!

WORTSCHATZ ZUM HÖRTEXT

vergleichen, hat verglichen	to compare
der Vokabeltest	vocabulary quiz
an•schauen, hat angeschaut	to look at
die Schwerkraft	gravity
ab•schreiben, hat abgeschrieben	to write down, copy
quasseln, hat gequasselt	to chatter, speak incessantly
durch•proben, hat durchgeprobt	to practice thoroughly from beginning to end

Stefanie und Jenny erzählen über einen Montag an ihrer Schule.

● Montag an der Schule. Wo oder in welchem Fach haben Stefanie und Jenny das gemacht? (HINT: *Say where or in which subject Stefanie and Jenny did what.*)

MODELL: In Englisch hat Jenny Hausaufgaben verglichen.

TÄTIGKEITEN
1. Hausaufgaben vergleichen
2. Grammatik machen
3. Vokabeltest haben
4. Notizen abschreiben
5. Geschichten anhören
6. ein Lied durchproben

WO? IN WELCHEM FACH?

in Latein   in Englisch
   in Musik
      in Physik

LIES MAL!

Zum Thema

Ⓐ Autoritätsfiguren wie Eltern und Lehrer sagen Kindern oft, was sie machen oder nicht machen sollen. Was wurde dir als Kind gesagt? (HINT: *Parents and teachers often tell children what they should or should not do. Which of the phrases below and on page 223 did you hear often?*)

- Iss deinen Teller leer!
- Mach erst deine Hausaufgaben!
- Komm sofort nach Hause!
- Trink deine Milch aus!
- Antworte mir endlich!
- Sei vorsichtig![a]
- Sag das nicht!
- Iss dein Gemüse[b] auf!

[a]*careful*   [b]*vegetables*

- Sprich nicht mit vollem Mund!
- Wasch dir die Hände!
- Schrei[c] nicht so!
- Geh nicht so spät ins Bett!
- Halte die Hand vor den Mund, wenn du hustest!
- Schmatz nicht so![d]
- Kau[e] nicht an den Fingernägeln!
- Räum dein Zimmer auf![f]

[c]*scream*   [d]Schmatz . . . *Don't make so much noise when you eat!*   [e]*chew*   [f]Räum . . . *Clean up your room!*

TIPP ZUM **LESEN**

When texts are accompanied by art, read the title and then examine the art closely to get an idea of what the text is about. Only when you think you have an idea about the topic, should you begin reading. What do the figures in the drawing below remind you of?

B Im Gedicht „Erziehung" von Uwe Timm findet man viele Ausdrücke, die Autoritätsfiguren oft sagen. Lies das Gedicht einmal durch. (HINT: *The poem "Upbringing" by Uwe Timm contains many statements that authority figures often make. Read the poem.*)

Erziehung

laß das
komm sofort her
bring das hin
kannst du nicht hören
5   hol das sofort her
kannst du nicht verstehen
sei ruhig
faß das nicht an
sitz ruhig
10 nimm das nicht in den Mund
schrei nicht
stell das sofort wieder weg
paß auf
nimm die Finger weg
15 sitz ruhig
mach dich nicht schmutzig
bring das sofort wieder zurück
schmier dich nicht voll
sei ruhig
20 laß das

wer nicht hören will
muß fühlen

Uwe Timm

Zum Text

A Dieses Gedicht enthält viele Imperativsätze. Mit einem Imperativsatz gibt jemand einen Befehl oder macht einen Vorschlag. Wer gibt hier wohl Befehle oder macht Vorschläge und an wen? (HINT: *Who is giving commands or making suggestions to whom in this poem?*)

- Kind an Mutter oder Vater
- Mutter oder Vater an ein Kind
- Lehrer/Lehrerin an einen Schüler / eine Schülerin
- Schüler/Schülerin an ein Kind
- Kind an ein anderes Kind
- ?

B Positiv und Negativ

SCHRITT 1: Manche Sätze in diesem Gedicht sind negativ, denn sie haben **nicht** oder **kein.** Aber andere Sätze sind positiv. Mach zwei Listen, eine Liste mit den positiven Sätzen und eine mit den negativen. (HINT: *Make lists of the positive and negative commands in the poem.*)

POSITIV	NEGATIV
komm sofort her	schrei nicht
_____	_____
_____	_____

SCHRITT 2: Schreib jetzt drei positive und drei negative Befehle.

C Erziehung. Nach diesem Gedicht denkt man, dass „Erziehung" immer auch Befehle bedeutet. Was bedeutet „Erziehung" für dich?

MODELL: Für mich bedeutet „Erziehung" _____.

INTERAKTION

Rollenspiel. Spiel das Gedicht gemeinsam mit einem Mitschüler / einer Mitschülerin. Einer von euch spielt die Rolle der Autoritätsperson und einer die Rolle des Kindes. Die Autoritätsperson erteilt Befehle, die dann von dem Kind beanwortet werden. Tausch dann die Rollen. (HINT: *Pair up with another person in class to act out the poem. One of you plays the authority figure and one of you plays the child. The authority figure gives the commands; the child responds. Then exchange roles.*)

SCHREIB MAL!

Ein Reiseplan

● Dein Brieffreund / Deine Brieffreundin und seine / ihre Familie machen eine Reise in die USA. Sie bleiben ein Wochenende bei euch. Bereite einen Reiseplan vor. (HINT: *Your pen pal and his/her family are coming to the U.S. Prepare a schedule for the weekend they will spend with you.*)

Purpose:	Explain plans for a trip
Audience:	Your pen pal and his/her family
Subject:	Your town, city, or area
Structure:	Schedule

TIPP ZUM SCHREIBEN

In German, the time is written with a period separating the hour from the minutes, rather than a colon as in English.

Schreibmodell

Reiseplan

A schedule is set up chronologically. This schedule and the one you will write differ a bit from a typical schedule in that they include complete sentences. Schedules are often written in more abbreviated fashion.

The writer has used the 24-hour clock system to accommodate his/her German pen pal.

The writer and his/her family have thought about activities for the various members of the family.

Freitag, den 14. Juli
19.00   Wir holen euch vom Flughafen ab.

Samstag, den 15. Juli
10.00–12.00   Wir zeigen deiner Familie die Stadt.
12.00–13.00   Wir gehen ins Restaurant.
14.00–17.00   Ich zeige dir und deinem Bruder den Sportplatz.
                Unsere Eltern fahren aufs Land. Meine Schwester
                und deine Schwester wollen sicher einkaufen gehen.
                Deine Schwester will wahrscheinlich Geschenke kaufen.
18.00   Wir essen zu Hause.
20.00   Wir laden euch ins Konzert ein.

Sonntag, den 16. Juli
9.00   Wir frühstücken[a] zu Hause.
11.00   Wir bringen dich und deine Familie zum Flughafen.

[a]eat breakfast

Schreibstrategien

Vor dem Schreiben

- Think about what places in your area you would like to show your pen pal and his/her family. Are there historical sites, museums, landmarks, monuments, parks, buildings, beaches, or mountains your visitors would enjoy seeing? In addition to sightseeing, what would you like to do with your guests? Attend a concert? Shop? See a movie?

- While you might show your pen pal your school, your parents may take your pen pal's parents to visit a local historic site. Make a list of at least five things you will do and who will do it. Be sure to include your guests' arrival and departure. Write your list in German.

- Next, think about what day and time you will do each activity on your list. Write the day and time in front of each item. If events don't involve your entire family and your pen pal's entire family, you may decide to do them at the same time.

Beim Schreiben

- Make up your schedule in chart form as shown in the **Schreibmodell.**

- Organize your schedule by day. Under each day, list the time(s) in a column on the left and write a sentence or more for each event. Write your schedule in a personal fashion to your pen pal. Begin writing sentences using the words and phrases from the pre-writing activity.

- Look over your sentences. Are your indirect objects in the dative case? Are your direct objects in the accusative case? If necessary, review pages 216–218. This is your first draft.

Nach dem Schreiben

- Exchange first drafts with a partner.

- Look over the comments your partner made on your first draft. Decide which changes you will make and write your final draft.

Stimmt alles?

- After you've finished it, check the form, spelling, and order of words in each sentence. Hand in your final draft to your teacher.

Euer Besuch in
San Francisco

Samstag, den 20.
November

13.00 *Ihr kommt an.*
14.00 –
17.00 *Ich zeige dich und* (dir)
       deiner Bruder unser (m)
       Stadtviertel. Ich
       kann dir zeigen, wie
       man Baseball
       spielt.
       Mein Vater zeigt
       deine Eltern Das (n)
       Museum der Stadt
       San Francisco.
19.00 *Mein Vater und ich*
       laden dir und deiner (dich)
       Familie ins
       Restaurant zum
       Essen ein.

Sonntag, den 21.
November

8.00   *Frühstück zu*
       Hause.
10.00 *Wir bringen sie zum* (euch)
       Flughafen.

WORTSCHATZ

Substantive	Nouns
die **Aufgabe, -n**	assignment
die **Bibliothek, -en**	library
die **Cafeteria,** *pl.* **Cafeterien**	cafeteria
die **Demonstration, -en**	demonstration
die **Hausaufgabe, -n**	homework
die **Idee, -n**	idea
die **Klasse, -n**	class, grade
die **Klausur, -en**	exam
die **Lüge, -n**	lie, falsehood
die **Meinung, -en**	opinion
die **Note, -n**	grade
die **Notiz, -en**	note
die **Pause, -n**	break
die **Prüfung, -en**	test
die **Schule, -n**	school
die **Schülerzeitung, -en**	school newspaper
der **Artikel, -**	article
der **Aufenthaltsraum, ¨e**	club room
der **Ausflug, ¨e**	field trip
der **Mitschüler, -** / die **Mitschülerin, -nen**	(*male*) fellow student/ (*female*) fellow student
der **Schulbus, -se**	school bus
der **Schulhof, ¨e**	courtyard
der **Sportplatz, ¨e**	sports field
der **Stundenplan, ¨e**	schedule
der **Unterricht**	class, instruction
das **Abitur**	comprehensive exam at end of *Gymnasium*
das **Gymnasium,** *pl.* **Gymnasien**	college prep school
das **Klassenzimmer, -**	classroom
das **Labor, -s**	laboratory
das **Sprachlabor, -s**	language lab
das **Pausenbrot, -e**	snack
das **Zeugnis, -se**	report card

Verben	Verbs
ändern, hat geändert	to change
arbeiten, hat gearbeitet	to work, learn, study
ärgern, hat geärgert	to annoy, make angry
äußern, hat geäußert	to express
beleidigen, hat beleidigt	to insult
bestehen, hat bestanden	to pass (*a course*)
bestrafen, hat bestraft	to punish
demonstrieren, hat demonstriert	to demonstrate
diskutieren, hat diskutiert	to discuss, debate
durch•fallen (fällt . . . durch), ist durchgefallen	to flunk
läuten, hat geläutet	to ring
lernen, hat gelernt	to learn; to study
pauken, hat gepaukt	to study, cram
plaudern, hat geplaudert	to chat
protestieren, hat protestiert	to protest
Recht/Unrecht haben, hat . . . gehabt	to be right/wrong
reden (über + *acc.*)**, hat geredet**	to talk about

Adjektive und Adverbien	Adjectives and adverbs
endlich	finally, in the end
gerecht/ungerecht	fair/unfair
klasse: echt klasse!	really great!
möglich/unmöglich	possible/impossible
schließlich	finally, after all
unverschämt	shameless, unconscionable
wirklich	really

Sonstiges	Other
Der spinnt doch!	He's crazy!

Kapitel 11

Ein Liebesdrama

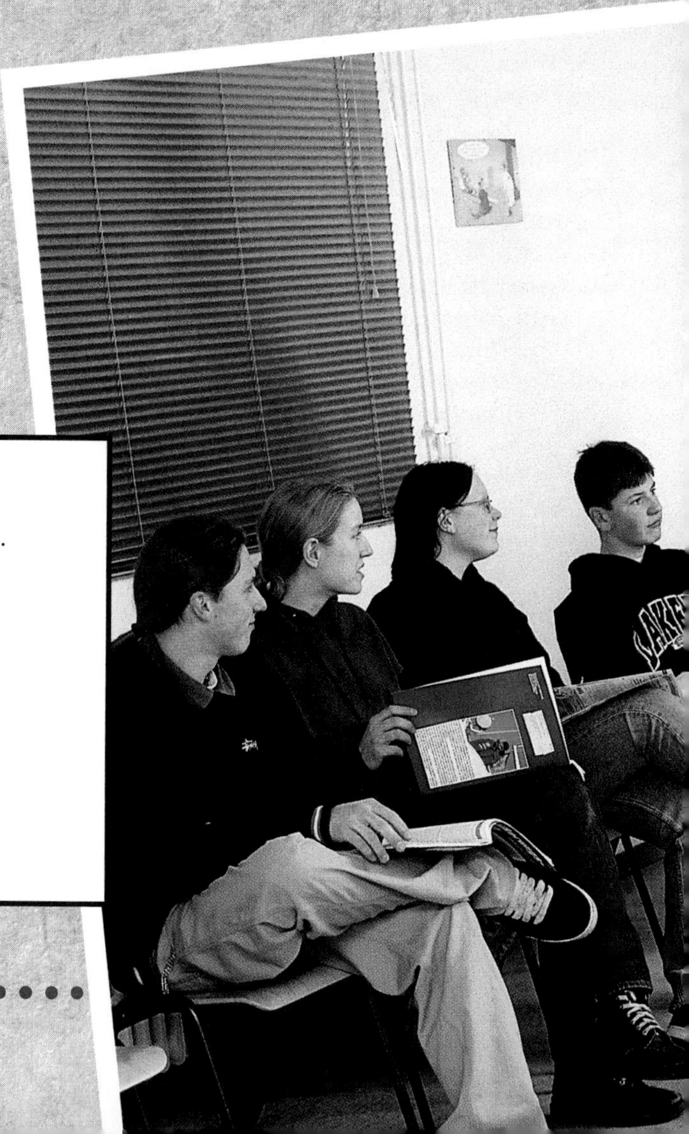

Vor dem Abi muss man viel für verschiedene Fächer lernen.

In this chapter, you will

- find out about a problem between Michael and Silke.

You will learn

- vocabulary for school subjects.
- about the German school system.
- how to express direction and location.
- about the future plans of four German **Gymnasium** students.
- about a poem by Heinrich Heine.

Liebe Marion,

über deine Post und die tollen Fotos habe ich mich sehr gefreut. Leider hatte ich etwas Pech.[a] Ich hatte meinem Vater mit dem Boot geholfen, als meine Mutter mir die Post brachte. Kurz danach ist ein Mädchen aus meiner Klasse gekommen. Silke heißt sie. Wir wollten für eine Klausur in Mathe zusammen lernen. Als ich meine Jacke auszog, ist dein Brief mit den Fotos 'runtergefallen. Silke hat sie kurz gesehen. Wir haben dann mit unserer Arbeit angefangen, aber dann musste ich meinem Vater wieder helfen. Als ich weg war, hat sie sich die Bilder angeguckt. Na ja, wir sind recht eng[b] befreundet, und ich bin für sie der Freund. Sie ist nun wütend[c] und eifersüchtig.[d] Ich weiß nicht, wie ich ihr alles erklären soll. Was meinst du? Was soll ich machen? Schreib bitte bald wieder!

Dein Michael

[a]bad luck   [b]eng . . . close   [c]furious   [d]jealous

VIDEOTHEK

Eine Frechheit ist es!

In der letzten Folge . . .

hat Michael einen Artikel für die Schülerzeitung geschrieben. Der Artikel hieß „Boltens Notenlotto". Michael musste mit seinem Schuldirektor über den Artikel sprechen. Die Schüler und Schülerinnen fanden den Artikel sehr gut.

● Weißt du noch?

1. Wie hat Herr Bolten auf den Artikel reagiert?
2. Hat der Direktor Michael bestraft?
3. Wie haben die Schüler und die Schülerinnen Michael unterstützt?

In dieser Folge . . .

geht Silke zu Michael, um zusammen für eine Klausur zu lernen. Michael muss schnell seinem Vater helfen. Während[a] er weg ist, findet Silke einen Brief und Fotos in Michaels Zimmer.

Nicht mit mir, mein Freund!

● Was denkst du? Ja oder nein?

1. Michael ist nicht gerade[b] glücklich, dass er einen Brief von Marion erhalten hat.
2. Silke findet einen Brief und Fotos von Marion und wird sauer.
3. Silke zerreißt[c] den Brief und die Fotos.
4. Silke geht sofort nach Hause und sagt Michael nichts mehr.
5. Mit Silke und Michael ist Schluss.[d]

[a]*while*   [b]*exactly*   [c]*tears*   [d]*over with*

SCHAU MAL ZU!

Ⓐ Was machen diese Leute? (HINT: *Match the subjects with the rest of the sentences.*)

1. Herr Händel   a. _____ fährt mit dem Fahrrad zu Michael.
2. Frau Händel   b. _____ hilft seinem Vater.
3. Michael   c. _____ repariert das Boot.
4. Silke   d. _____ vergisst den Kuchen.

B Das Liebesdrama

SCHRITT 1: Wer hat das gesagt, zu wem und wo? Herr Händel, Frau Händel, Michael oder Silke?

MODELL: „Fotos. Kann ich mal sehen?" Silke hat das zu Michael in Michaels Zimmer gesagt.

WAS?
1. „Fotos. Kann ich mal sehen?"
2. „Nanu, schon fertig mit Mathe?"
3. „Post für dich!"
4. „Einen Meter weiter nach links."
5. „Nicht mit mir, mein Freund!"
6. „Viel Spaß bei Mathe!"
7. „Wenn du ganz nett bittest, . . . "
8. „Fangen wir an."

WO?
hinter dem Haus
in Michaels Zimmer

SCHRITT 2: Wann haben sie das gesagt? Bring die Zitate in die richtige Reihenfolge. Erzähl dann kurz die Geschichte. (HINT: *Put the quotations in the correct order, then briefly tell the story.*)

MODELL: Michael und sein Vater waren hinter dem Haus. Frau Händel ist aus dem Haus gekommen und hat gesagt, . . .

C Zur Diskussion: Die Geschichte von Silke und Michael

SCHRITT 1: Wie hat Silke auf den Brief und auf die Fotos reagiert? Was hat sie gesagt? Was hat sie gemacht? Warum? Arbeitet in Kleingruppen, und diskutiert darüber. (HINT: *Work in small groups and discuss how Silke reacted to the letter and photos and why.*)

SCHRITT 2: Wie geht die Geschichte weiter? Der Professor fragt Marion: „Und was geschieht dann?" Marion sagt: „Tränen, Tanz und . . . ein Happy End!" Stell dir vor, du schreibst die Geschichte. Diskutier darüber, und erzähl dann der Klasse. (HINT: *Imagine that you are writing the story. Briefly discuss what will happen next, then tell the class.*)

1. Was macht Silke? Verzeiht Sie Michael? Warum (nicht)?
2. Was macht Michael? Und Marion?
3. Wie beschreibst du das Happy End?

D Schulfächer. Was sind ihre Lieblingsfächer? (HINT: *Explain which subjects these people from the video like most or least.*)

a. Anett
b. Stefan
c. Grace
d. Dirk

WORTSCHATZ ZUM VIDEO

bitten (um)	to ask (for), request
der Bock	sawhorse, stand
Nanu!	(an expression of surprise)
unvergesslich	unforgettable
überrascht	surprised
ähnlich	similar
verzeihen	to forgive
gemein	mean
die Konkurrenz	competition; here: the "other woman"
witzig	funny

Biologie Handarbeit
Chemie Spanisch
Computerwissenschaften Mathe
Physik Sprachen Englisch
Französisch
Naturwissenschaften

VOKABELN

SCHULFÄCHER

Und noch dazu

die Biologie	*biology*
die Linguistik	*linguistics*
die Literatur	*literature*
die Musik	*music*
die Physik	*physics*
die Psychologie	*psychology*
die Sozialkunde	*sociology*
die Sprache	*language*
die Technik	*technology*
der Maschinen-bau	*engineering*
das Deutsch	*German*
das Englisch	*English*
das Fach	*subject, course*
das Hauptfach	*major*
das Nebenfach	*minor*
das Spanisch	*Spanish*
belegen	*to sign up for, take (a course)*
lehren	*to teach*
studieren	*to study (at a university)*
unterrichten	*to teach, give lessons*

Chemie   Französisch   Geschichte

Informatik   Mathematik   Kunst

Sport   Erdkunde   Wirtschaft

Aktivitäten

A Nenne die Schulfächer. (HINT: *Look at the words on this page, then name the subjects in each category mentioned at the top of page 233.*)

1. Nenne vier Sprachen.
2. Nenne drei Sozialwissenschaften.[a]
3. Nenne drei Naturwissenschaften.[b]
4. Welche Fächer assoziierst du mit den Geisteswissenschaften (*arts, humanities*)?

[a]*social sciences*   [b]*natural sciences*

B Welches Buch für welchen Kurs? (HINT: *Match each book with an appropriate course.*)

MODELL: *Un grand livre des nouvelle françaises:* Das ist ein Lehrbuch für Französisch.

1. Un grand livre de nouvelles françaises
2. Geschichte der Antike
3. Lexikon der Kunst
4. Handbuch der deutschen Wirtschaft
5. Einführung in die Chemie
6. Prinzipien des Maschinenbaus

a. Chemie
b. Französisch
c. Maschinenbau
d. Wirtschaft
e. Kunst
f. Geschichte

C Welchen Namen assoziiert man mit welchem Fach oder welchen Fächern? (HINT: *Say which name one associates with which subject[s].*)

MODELL: Man assoziiert den Namen Albrecht Dürer mit Kunst.

1. Albert Einstein
2. William Shakespeare
3. Bill Gates
4. Luciano Pavarotti
5. Marie Curie
6. Sigmund Freud
7. Bettina von Arnim
8. Gottlieb Daimler und Karl-Friedrich Benz
9. Steffi Graf
10. ?

D Lieblingsfächer. Beantworte die Fragen.

1. Was sind deine Lieblingsfächer?
2. Welche Fächer hast du nicht gern? Warum?
3. Welche Fächer möchtest du vielleicht nach der Schule studieren?

SO GEHT'S!

Although school subjects have a gender, you don't normally use the article (**der, die,** or **das**) when talking about them.

Biologie ist mein Lieblingsfach. Ich möchte Biologie lehren.

Das deutsche Schulsystem

Und noch dazu

die Bildung	*education*
die Hochschule	*college*
der Kurs	*course*
das Quartal	*quarter*
das Semester	*semester*
jährig: ein 16-jähriger Schüler	*year old: a 16-year-old student*
unbedingt	*necessarily*
ungefähr	*about, approximately*
vielleicht	*perhaps, maybe*

Grundstruktur des Bildungswesen in der Bundesrepublik Deutschland

Weiterbildung
(allgemeine und berufsbezogene Weiterbildung in vielfältigen Formen) — *Weiterbildung*

Tertiärer Bereich

Berufsqualifizierender Studienabschluß
(Diplom, Magister, Staatsexamen)

Abschluß zur beruflichen Weiterbildung	Allgemeine Hochschulreife	Universität Technische Universität/Techn. Hochschule Gesamthochschule Pädagogische Hochschule Kunsthochschule/Musikhochschule
Fachschule	**Abendgymnasium/ Kolleg**	**Fachhochschule Verwaltungsfachhochschule**

Sekundarbereich II

	Berufsqualifizierender Abschluß		Fachhoch-schulreife	Allgemeine Hochschulreife	19
13				Gymnasiale Oberstufe (Gymnasium, Berufliches Gymnasium/Fachgymnasium, Gesamtschule)	18
12	**Berufsausbildung in Berufsschule und Betrieb (Duales System)**	**Berufs-fach-schule**	**Fach-ober-schule**		17
11					16
10	Berufsgrundbildungsjahr, schulisch oder kooperativ				15

Sekundarbereich I

Mittlerer Schulabschluß (Realschulabschluß) nach 10 Jahren,
Erster allgemeinbildender Schulabschluß (Hauptschulabschluß) nach 9 Jahren — 16

10	10. Schuljahr				15
9	**Sonder-schule**	**Hauptschule**	**Realschule**	**Gymnasium**	**Gesamt-schule**	14
8						13
7						12
6		(schulartabhängige oder schulartunabhängige Orientierungsstufe)				11
5						10

Primärbereich

4	**Sonder-schule**		9
3		**Grundschule**	8
2			7
1			6

Elementar-bereich

Jahrgangsstufe	**Sonder-kinder-garten**	**Kindergarten** (freiwillig)	5
			4
			3

Alter

Aktivitäten

A So viele Schulen! Welche Schule wird beschrieben? (HINT: *So many schools! Which school is being described? Read each description and choose the name of the type of school that is being described.*)

1. In diese Schule können 3- bis 5-jährige Kinder gehen. Man muss aber nicht in diese Schule gehen.
   a. Hauptschule
   b. Kindergarten
2. In dieser Schule macht man das Abitur. Diese Schule führt oft zu einem Hochschulstudium.
   a. Grundschule
   b. Gymnasium
3. Mit sechs Jahren kommt man in diese Schule und bleibt vier Jahre.
   a. Grundschule
   b. Gesamtschule
4. In der Tabelle auf Seite 234 steht diese Schule zwischen Hauptschule und Gymnasium. In dieser Schule bekommt man eine erweiterte[a] allgemeine Bildung.
   a. Gesamtschule
   b. Realschule

[a]*expanded*

For more information about the German school system, visit the ***Auf Deutsch!*** Web Site at www.mcdougallittell.com.

B Das Schulsystem. Sieh dir den Überblick des deutschen Schulsystems an, und beantworte die Fragen. (HINT: *Look at the chart and answer the questions.*)

1. Muss man unbedingt in den Kindergarten gehen?
2. Wie viele Jahre dauert der Kindergarten? und die Grundschule?
3. Wie viele Jahre ist man in der Orientierungsstufe?
4. Wie alt ist man ungefähr, wenn man in eine Sekundarschule geht?
5. Was sind die Haupttypen[a] der Schulen im Sekundarbereich I?
6. Das Abitur ist eine Art[b] der Hochschulreife.[c] In welchem Alter machen die meisten Schüler das Abitur?
7. Wie lange lernt man bis zum Abitur?
8. Wie lange dauert die Ausbildung in der Berufsfachschule?

[a]*main types*   [b]*type*   [c]*college qualifying exam*

C Und dein Schulsystem? Zeichne eine Tabelle, wie die auf Seite 234. Beschreib dann das System: In welche Schule geht man wann, und wie lange bleibt man da? (HINT: *Draw a chart—similar to the one on page 234—for the school system where you live. Then describe the system: Who goes to which school when and for how long?*)

STRUKTUREN

ACCUSATIVE VERSUS DATIVE CASE I
CONTRASTING DIRECTION AND LOCATION

Prepositions combine with nouns to form phrases that may indicate direction or location.

DIRECTION:

Wohin gehen Marion und Michael?	*Where are Marion and Michael going?*
—Sie gehen **an den Strand.**	*—They are going to the beach.*

LOCATION:

Wo sind Marion und Michael?	*Where are Marion and Michael?*
—Sie sind **am Strand.**	*—They are at the beach.*

DIRECTION:

Wohin fahren die Koslowskis?	*Where are the Koslowskis going?*
—Sie fahren **auf die Insel** Rügen.	*—They are going to the island of Rügen.*

LOCATION:

Wo liegt Sellin?	*Where is Sellin (located)?*
—Es liegt **auf der Insel** Rügen.	*—It is located on the island of Rügen.*

DIRECTION:

Wohin geht Michael?	*Where is Michael going?*
—**Ins Gymnasium.**	*—Into the Gymnasium.*

LOCATION:

Wo trifft Michael Silke?	*Where is Michael meeting Silke?*
—**Im Gymnasium.**	*—At the Gymnasium.*

When the prepositions **an, auf,** and **in** describe direction, the associated nouns are in the accusative case. When these prepositions describe location, the associated nouns are in the dative case.

Note that when the prepositions **an, auf,** and **in** accompany verbs that imply direction—as **gehen** (*to go*) and **fahren** (*to drive; to travel; to go*) frequently do—the noun object is in the accusative case. Similarly, when these prepositions accompany verbs that imply location—such as **sein** (*to be*), **liegen** (*to lie; to be located*), **treffen** (*to meet*)—the noun object is in the dative case. Note also that the meanings of **an, auf,** and **in** vary, depending on the context of the sentence.

SO GEHT'S!

The prepositions **an, auf,** and **in** occur in many idioms and set phrases that you will learn here and in later chapters. Generally, these three prepositions indicate motion toward or location associated with the following spaces.

an → *a vertical object or border*
Silke geht **an die Tür.**
Silke steht **an der Tür.**

auf → *a horizontal object or surface*
Marion fährt **auf die Insel.**
Marion bleibt **auf der Insel.**

in → *an enclosed space*
Frau Händel geht **ins Haus.**
Frau Händel ist **im Haus.**

Übungen

A Antworten: Akkusativ oder Dativ? (HINT: *Complete the answers with the given preposition plus an accusative or a dative article, as required. Use contractions whenever possible.*)

MODELLE: Wohin sind wir heute gegangen? —<u>Ins</u> Theater. (in)
            Wo kann man einen Film sehen? —<u>Im</u> Kino. (in)

1. Wo kann man Briefmarken[a] kaufen? —_____ Post. (auf)
2. Wo findet man den Zug nach Rügen? —_____ Bahnhof. (auf)
3. Wohin müssen wir heute gehen? —_____ Drogerie. (in)
4. Wo kann ich Bücher ausleihen[b]? —_____ Bibliothek. (in)
5. Wohin gehen die Schüler während der Woche? —_____ Klassenzimmer. (in)
6. Wohin geht man, wenn es drinnen zu warm ist? —_____ Fenster. (an)
7. Wo haben die Schüler große Pause? —_____ Schulhof. (auf)
8. Wohin geht man, wenn man in der Sonne sitzen und schwimmen will? —_____ Strand. (an)

[a]*stamps* [b]*borrow*

B Wo oder wohin? Stell die Fragen. (HINT: *Ask questions with* wo *or* wohin.)

MODELL: Ich treffe meine Freunde in der Disko. (du-Form) →
           Wo triffst du deine Freunde?

1. Karin ist im Wohnzimmer.
2. Ralf und Konstanze gehen morgen früh in die Bibliothek.
3. Wir fahren gern aufs Land. (ihr-Form)
4. Im Urlaub fahren die Koslowskis auf die Insel Rügen.
5. Ich habe lange in der Schweiz gelebt. (Sie-Form)
6. Diese Leute leben an der Grenze zu Polen.

C Auf Urlaub. Bilde Sätze. Achte auf den Akkusativ und den Dativ. (HINT: *Form sentences. Pay attention to the accusative and the dative.*)

1. Wir / möchten / morgen / an / der Strand / gehen
2. Wir / liegen / gern / an / der Strand
3. Nachher / fahren / wir / mit dem Bus / auf / der Berg
4. Auf / der Berg / können / wir / in / das Schlossrestaurant / zu Abend / essen
5. Nach dem Essen / gehen / wir / in / das Theater
6. In / das Theater / sehen / wir / ein Drama von Schiller

SO GEHT'S!

To ask about location, use **wo** (*where*).

Wo wohnst du?	*Where do you live?*
—Ich wohne **in der Stadt.**	—*I live in the city.*

To ask about direction, use **wohin** (*where, to what place*).

Wohin fährst du?	*Where are you driving?*
—Ich fahre **in die Stadt.**	—*I'm driving (in)to the city.*

Note that answers to questions with **wo** are in the dative case, and answers to questions with **wohin** are in the accusative case.

SO GEHT'S!

The following contractions are common in German.

in + dem = im
an + dem = am
in + das = ins
an + das = ans

ACCUSATIVE VERSUS DATIVE CASE II
MORE ON CONTRASTING DIRECTION AND LOCATION

German, like English, has several prepositions that indicate direction and location: **hinter** (*behind*), **neben** (*beside*), **über** (*over, above*), **unter** (*underneath, beneath, below*), **vor** (*in front of*), and **zwischen** (*between*). As with **an, auf,** and **in,** when these prepositions describe direction, the associated nouns are in the accusative case. When they describe location, the associated nouns are in the dative case.

DIRECTION:	Vera hängt das Familienfoto **über das Sofa.**	*Vera is hanging the family photo over the sofa.*
	Ich lege die Bücher **neben den Computer.**	*I'm putting (laying) the books next to the computer.*
LOCATION:	Das Familienfoto hängt **über dem Sofa.**	*The family photo hangs over the sofa.*
	Die Bücher liegen **neben dem Computer.**	*The books are (lying) next to the computer.*

In German, the following verbs commonly show direction and location.

DIRECTION:	**legen, legt, (hat) gelegt**	to lay, place in a horizontal position
	stellen, stellt, (hat) gestellt	to place upright, place in a vertical position
	hängen, hängt, (hat) gehängt	to hang, place in a hanging position
LOCATION:	**liegen, liegt, (hat) gelegen**	to lie, be in a horizontal position
	stehen, steht, (hat) gestanden	to stand, be in a vertical position
	hängen, hängt, (hat) gehangen	to hang, be in a hanging position
DIRECTION OR LOCATION:	**stecken, steckt, (hat) gesteckt**	to stick, hide, place in a concealed space to be stuck, hidden, be in a concealed space

Übungen

A Michaels Bude

SCHRITT 1: Wohin hat Michael das gelegt (gestellt, gehängt oder gesteckt)?
(HINT: *Say where Michael has put the things in his room.*)

MODELL: Wohin hat Michael seine Katze gelegt? → Aufs Bett.

1. Wohin hat Michael das Poster gehängt?
2. Wohin hat Michael seine Bücher gelegt?
3. Wohin hat Michael den Computer gestellt?
4. Wohin hat Michael den Spiegel gehängt?

5. Wohin hat Michael den Schlüssel gesteckt?
6. Wohin hat Michael den Stuhl gestellt?
7. Wohin hat Michael seine Schuhe gestellt?

SCHRITT 2: Wo liegt (steht, hängt oder steckt) das? (HINT: *Say the location of these things in Michael's room.*)

MODELL: Wo liegt die Katze? → Auf dem Bett.

1. Wo steckt der Schlüssel?
2. Wo stehen Michaels Schuhe?
3. Wo hängt der Spiegel?
4. Wo steht der Stuhl?

5. Wo hängt das Poster?
6. Wo steht Michaels Computer?
7. Wo liegen Michaels Bücher?

Michaels Bude

B Wie sieht dein Schlafzimmer aus? Beschreib es. Wohin hast du deine Sachen gelegt, gestellt, gehängt oder gesteckt? Wo liegen, stehen, hängen oder stecken deine Sachen? (HINT: *Describe your bedroom as completely as possible.*)

EINBLICKE

BRIEFWECHSEL

Lieber Michael,

ich war echt geschockt. Sieht Silke mich etwa als die Konkurrenz?
Ich finde, du sollst mit ihr reden und ihr alles erklären. Silke
versteht bald die Sache und verzeiht dir. . . .

    Was machst du eigentlich nach dem Abi? Studierst du oder
machst du eine Ausbildung[a]? Ich möchte vielleicht in Düsseldorf
studieren. Geschichte ist mein Lieblingsfach, aber ich bin auch
ziemlich kreativ und würde gern Bücher schreiben. Habe ich dir
auf Rügen erzählt, dass ich schon einige Werbespots[b] gedreht
habe? Vielleicht werde ich Schauspielerin[c] und komme eines Tages
nach Hollywood. Merkst du, dass ich gern träume? Von meinen
Freunden wollen viele studieren, aber sie machen zuerst eine
Ausbildung. Meine Freundin Daniela, zum Beispiel, lernt
Hotelfachfrau, und ein Junge sucht eine Lehrstelle[d] als Techniker.
Einige Schüler jobben einfach eine Zeit lang nach dem Abi.

    Schreib bitte, wie alles mit Silke läuft, ob sie dir verzeiht.

Deine Marion

---

[a]*vocational training* [b]*commercials* [c]*actress* [d]*apprenticeship*

A Was fehlt in den Sätzen? (HINT: *What's missing in the sentences? Complete each sentence with a logical word.*)

1. Silke sieht Marion als die _____.
2. Silke versteht bald die _____ und verzeiht Michael.
3. _____ ist Marions Lieblingsfach.
4. Marion hat schon einige _____ gedreht.
5. Viele Freunde von Marion wollen _____.
6. Ein Junge sucht eine Stelle als _____.

B Diskussionsthema: Zukunftspläne. Arbeite in Kleingruppen, und diskutier über Zukunftspläne. (HINT: *Work in small groups and discuss future plans.*)

1. Welche Pläne haben Marion und ihre Freunde für die Zukunft?
2. Welche Pläne hast du und deine Freunde für die Zukunft?

EINBLICK

Schule zu Ende—und jetzt?

Ich werde erst mal richtig relaxen, bevor die Arbeit beginnt. Ich kann jetzt die Dinge machen, die ich während der Schulzeit nur selten machen konnte: Billard spielen und Schwimmen gehen. In Urlaub fahre ich mit meinen Eltern wahrscheinlich nach Österreich. Dann beginne ich eine Lehre als Chemikant.

16

An den Wochenenden jobbe ich an einer Tankstelle. Außerdem mache ich einen Schreibmaschinenkurs. Ansonsten werde ich Feten feiern, in Diskos gehen und endlich mal lange ausschlafen. Im Herbst mache ich eine Ausbildung als Justizangestellte[a] beim Amtsgericht.[b] Vorher habe ich vierzig Bewerbungen geschrieben und erst zum Schluss zwei Zusagen bekommen.

16

Feiern ist bei mir nicht angesagt. Ich habe keinen Ausbildungsplatz. Ich versuche unbedingt noch eine Lehrstelle als Informatiker zu bekommen. Über 25 Bewerbungen habe ich geschrieben und nur Absagen bekommen. Ich habe keine Lust weiter auf die Schule zu gehen.

16

Wir werden feiern, feiern, feiern. Ich freue mich, dass ich die Schule mit einem guten Zeugnis geschafft habe. Ich gehe noch drei Jahre auf die höhere Handelsschule und werde dann vielleicht Polizistin. Eigentlich würde ich ja viel lieber Sängerin werden, aber ob das klappt? Ich weiß nicht.

16

[a]*court employee*   [b]*district court*

● Nach der Schule: Wer will was? Wer hat schon was? (HINT: *Read through the texts again and answer the questions.*)

WER WILL . . .
Sängerin werden?
nicht mehr auf die Schule gehen?
Chemikant werden?
feiern, feiern, feiern?
schwimmen gehen?
lange ausschlafen?

WER HAT . . .
gute Noten bekommen?
einen Job an einer Tankstelle?
eine Lehrstelle als Chemikant?
keinen Ausbildungsplatz?
zwei Zusagen bekommen?
über 25 Bewerbungen geschrieben?

PERSPEKTIVEN

HÖR MAL ZU!

WORTSCHATZ ZUM HÖRTEXT

der Alptraum	*nightmare*
schlimmste-	*worst*
schrecklich	*terrible*

A Anna, Mareike und Claudio erzählen aus der Schulzeit. Was hat ihnen an der Schule gefallen oder nicht gefallen? Hör gut zu, und mach dabei Notizen. (HINT: *What did these people like and dislike about school? Listen carefully and take notes: Divide a sheet of paper in half lengthwise and write* GEFALLEN *on the left and* NICHT GEFALLEN *on the right*.)

B Wer sagt das? Anna, Mareike oder Claudio?

1. Hoffentlich muss ich nie wieder eine Mathematikarbeit schreiben.
2. Mathematik war ein Alptraum für mich.
3. Danach bin ich nach Zürich umgezogen.
4. Ich bin in die Grundschule in Winterthur gegangen.
5. Ich habe in Zürich Informatik studiert.
6. Mein Lieblingsfach in der Schule war Geschichte.

LIES MAL!

Zum Thema

In Folgen 10 und 11 hast du zwei Konfliktsituationen gesehen. Herr Bolten ist auf Michael böse und Silke ist auf Michael böse. In Folge 10 haben schließlich Herr Bolten, Michael und andere Schüler und der Schuldirektor gesprochen. Wir wissen noch nicht, ob Silke und Michael ihr Problem lösen. In Filmen oder in Fernsehsendungen gibt es oft Konflikte. Erzähl einem Mitschüler / einer Mitschülerin eine Konfliktsituation aus einem Film oder einer Fernsehsendung. Wer steht im Konflikt mit wem? Was ist das Problem? Wie löst sich die Situation? (HINT: *In episodes 10 and 11 you saw two situations of conflict. Mr. Bolten is angry at Michael and Silke is angry at Michael. In episode 10 Mr. Bolten, Michael, and the school principal spoke with one another. We don't know yet if Silke and Michael will solve their problem. In movies and television shows there are often conflicts. Tell a fellow student about a conflict situation in a movie or television show. Who are the parties involved? What is the problem? How is the problem solved?*)

„Ein Jüngling liebt ein Mädchen"

Ein Jüngling liebt ein Mädchen,
Die hat einen andern erwählt;[a]
Der andere liebt eine andre,
Und hat sich mit dieser vermählt.[b]

5   Das Mädchen heiratet[c] aus Ärger[d]
Den ersten besten Mann,
Der ihr in den Weg gelaufen:
Der Jüngling ist übel dran.[e]

Es ist eine alte Geschichte,
10   Doch bleibt sie immer neu;
Und wem sie just passieret,
Dem bricht das Herz entzwei.

Heinrich Heine (1797–1856)

[a]*chosen*   [b]*married*   [c]*marries*   [d]*spite*   [e]*Der . . . The boy is upset about it.*

Zum Text

A Ein Gedicht. Lies das Gedicht zweimal durch. Lies jede Strophe dann noch einmal und benutze Buchstaben um die Personen im Konflikt zu identifizieren. (HINT: *Read the poem through twice. Then read each verse again and use letters to identify the people in the conflict.*)

MODELL: Die erste Strophe fängt so an: A liebt B.

B Wer tut was? Beantworte folgende Fragen. Benutze deinen Umriss von Übung A. (HINT: *Who does what? Answer the following questions. Use your outline from exercise A.*)

1. Spielen drei, vier oder fünf Personen eine Rolle in diesem Gedicht?
2. Wie viele Männer gibt es? Wie viele Frauen?
3. Wer ist schließlich mit wem?
4. Am Ende des Gedichts steht „Dem bricht das Herz entzwei." Wem passiert das?
5. Was ist die Konfliktsituation im Gedicht?
6. In der vierten Strophe schreibt der Dichter „Es ist eine alte Geschichte, / Doch bleibt sie immer neu." Was will der Dichter sagen?

C Eine alte/neue Geschichte

SCHRITT 1: Eine neue Version. Schreib eine neue Version mit einem Mitschüler / einer Mitschülerin. Gebt allen Personen Namen. Vielleicht möchtet ihr auch die Geschichte ein bisschen modernisieren. Vielleicht

möchtet ihr euer Gedicht auf ein Problem in einem Film oder in einer Fernsehsendung basieren. (HINT: *With a partner, write a new version of the poem. Give all the people names. Perhaps you'd like to update the poem. Perhaps you'd like to base your poem on a problem in a movie or television show.*)

SCHRITT 2: Vorlesen. Lies euer Gedicht der Klasse vor. (HINT: *Read your poem to the class.*)

INTERAKTION

● Rollenspiel: Eine Konfliktsituation. Es gibt viele positiv Wege eine Konfliktsituation zu lösen. Oft wenn zwei Personen eine Situation unter sich nicht lösen können, bitten sie eine neutrale Person um Hilfe. Diese neutrale Person heißt ein Vermittler / eine Vermittlerin. Arbeitet zu dritt. Wählt eine der Konfliktsituationen. Spielt die Lösungsszene beim Vermittler / bei der Vermittlerin aus. (HINT: *There are many positive ways of solving a conflict. Often when two people can't solve a problem themselves, they ask for help from a neutral party. This neutral party is called an arbitrator. Work in a group of three. Choose one of the conflict situations. Perform the scene at the arbitrator's. Use the suggestions below to help you prepare your scene.*)

Situationen:

- A hat Geld von B ausgeborgt[a] und nicht zurück bezahlt. (der Vermittler / die Vermittlerin = C)
- Der Sohn / Die Tochter will das Auto benutzen. Der Vater erlaubt das nicht. (die Vermittlerin = die Mutter)
- Der 16-jährige Sohn / Die 16-jährige Tochter will bis 1.00 Uhr in der Früh ausbleiben. Die Mutter sagt: „nein". (der Vermittler = der Vater)

Vorschläge um die Situation zu lösen:

1. A und B bitten C um Hilfe. (A und B sind einverstanden,[b] eventuell die Entscheidung Cs zu akzeptieren.)
2. A erzählt seine/ihre Seite des Problems. B erzählt seine/ihre Seite des Problems.
3. C hilft A und B eine Lösung zu finden. Oder C trifft eine Entscheidung.[c]

[a]*borrowed* [b]*agreed* [c]*decision*

SCHREIB MAL!

Deine Erfahrung

● Ein Problem beschreiben. In einem Absatz beschreib eine gelöste Konfliktsituation aus deinem Leben. (HINT: *In a paragraph describe a solved conflict situation in your life.*)

Purpose:	Describe a conflict situation and its resolution
Audience:	Your classmates
Subject:	Your experience
Structure:	Description

Schreibmodell

The first two sentences clearly state the problem—the writer and his/her brother want to watch different shows on television.

Mein Bruder wollte am Abend immer einen Krimi im Fernsehen ansehen. Ich wollte lustige Sendungen ansehen. Er war 15 Jahre alt. Ich war erst 10. Jeden Abend haben wir uns gestritten.[a] Wir haben einander laut angeschrien.[b] Dann ist meine Mutter immer gekommen. Sie hat mich auf mein Zimmer geschickt. Ich sollte ein Buch lesen. Sie hat meinen Bruder auch auf sein Zimmer geschickt. Er musste seine Hausaufgaben machen. Wir waren beide unglücklich. Meine Mutter war wieder glücklich.

The middle of the paragraph explains how the participants in the disagreement behaved.

The remaining sentences explain the solution to the problem.

[a]*fought*　[b]*shouted*

Schreibstrategien

Vor dem Schreiben

- Think about a disagreement or argument you've had with a friend or family member. Perhaps the situation took place when you were much younger or just the other day.

- Ask yourself the following questions about the disagreement, argument, or situation. Jot down brief notes (words or phrases) in German to answer them.

  - **Who was involved?**
  - **What was each person's opinion or side of the issue?**
  - **Was the problem resolved? How?**

Beim Schreiben

- Begin your writing using the notes you made in your pre-writing. Refer to the vocabulary lists and the grammar explanations in this and previous chapters.

- Since you are relating a situation from the past, you will use the simple past and present perfect tenses. Conflicts are often verbal exchanges so you may wish to combine prose and dialogue in your description.

- Use the questions above to organize your paragraph. Your opening sentences will most likely state who was involved and what the problem was.

  MODELL: Meine Schwester und ich wollten auf eine Fete gehen. Meine Eltern haben das nicht erlaubt.

Nach dem Schreiben

- Exchange first drafts with a partner. Are your partner's comments clear? Ask about anything that is not clear.

- Decide which changes you want to make and write your final draft. After you've finished it, check the form, spelling, case endings, and order of words in each sentence. Hand in your final draft to your teacher.

> Ich wollte auf einer Fete gehen. Die Fete war nicht in meiner Stadt. Ich wollte das Auto fahren. Meine Eltern sagten: „Du darfst nicht das Auto fahren." Ich war sehr böse. Dann sagten sie: „wir fahren dich." Ich konnte doch auf die Fete gehen.

WORTSCHATZ

Substantive	Nouns
Schulfächer	*Academic subjects*
die **Biologie**	biology
die **Chemie**	chemistry
die **Erdkunde**	geography
die **Geschichte, -n**	history; story
die **Informatik**	computer science
die **Kunst, ¨e**	art
die **Linguistik**	linguistics
die **Literatur**	literature
die **Mathe(matik)**	math(ematics)
die **Musik**	music
die **Physik**	physics
die **Psychologie**	psychology
die **Sozialkunde**	sociology
die **Sprache, -n**	language
die **Technik, -en**	technology; engineering
die **Wirtschaft**	economics
der **Maschinenbau**	mechanical engineering
der **Sport**	physical education
das **Deutsch**	German (*language*)
das **Englisch**	English (*language*)
das **Fach, ¨er**	subject, course
das **Französisch**	French (*language*)
das **Hauptfach, ¨er**	major (*subject*)
das **Nebenfach, ¨er**	minor (*subject*)
das **Spanisch**	Spanish (*language*)
Das deutsche Schulsystem	*The German school system*
die **Berufsfachschule, -n**	trade school
die **Bildung, -en**	education
die **Fachoberschule, -n**	specialized high school

die **Gesamtschule, -n**	general education high school
die **Grundschule, -n**	elementary school
die **Hauptschule, -n**	general education high school
die **Hochschule, -n**	college
die **Realschule, -n**	general education high school
die **Universität, -en**	university
der **Kindergarten, ¨**	kindergarten
der **Kurs, -e**	course
das **Quartal, -e**	quarter
das **Semester, -**	semester

Verben	Verbs
belegen, hat belegt	to sign up for, take (*a course*)
lehren, hat gelehrt	to teach
studieren, hat studiert	to study (*at a university*)
unterrichten, hat unterrichtet	to teach, give lessons

Adjektive und Adverbien	Adjectives and adverbs
jährig: ein 16-jähriger Schüler	year old: a 16-year-old student
unbedingt	necessarily
ungefähr	about, approximately
vielleicht	perhaps, maybe

Sonstiges	Other
an (+ *acc./dat.*)	to; at
auf (+ *acc./dat.*)	to; on; at
in (+ *acc./dat.*)	in; at

SILKE

**Burg Eltz am Rhein.
Wie im Märchen!**

In this chapter, you will

* see a resolution of the problem between Michael and Silke.

You will learn

* vocabulary for fairy tales.
* how to recognize past-tense verbs.
* how to differentiate the verbs **kennen, können,** and **wissen.**
* more about dative prepositions.
* about the Grimm Brothers and read a fairy tale.
* how to write your own fairy tale.

Liebe Marion,

vielen Dank für deinen Rat. Die ganze Geschichte war nicht leicht für Silke, und sie war wirklich verletzt. Sie hat sich zu Hause ausgeweint[a] und dann ist sie allein in die Disko gegangen. Meine Freunde haben mir erzählt, dass sie ziemlich gut drauf war[b]—sie hat bis spät in die Nacht getanzt. Tja, ich habe nach der Schule mit Silke geredet, und alles ist jetzt wieder gut. Wir sind danach zu ihr gegangen und haben wieder zusammen für Mathe gelernt.

   Du hast nach meinen Plänen gefragt. Ich habe viel Glück gehabt und eine Lehrstelle[c] als Speditionskaufmann[d] bei einer Handelsfirma[e] in Hamburg bekommen. Ob ich in Zukunft studieren werde? Mal sehen. Erst mal Hamburg und den Westen kennen lernen. Ich fühle mich wie verzaubert.[f] Ein Junge aus einem kleinen Dorf im Osten kommt in die große Hafenstadt, wo Schiffe aus der ganzen Welt anlegen.[g] Wie im Märchen, oder?

Dein Michael

[a]sich . . . ausgeweint *cried her eyes out* [b]gut . . . *in a good mood* [c]*internship* [d]*shipping clerk* [e]*trading company* [f]wie . . . *like someone cast a spell* [g]*dock*

VIDEOTHEK

„Lieber Michael, es war sehr schön mit dir auf dem Boot . . . deine Marion."

Und jetzt? Was machen wir jetzt? Mathe lernen, natürlich!

In der letzten Folge . . .

wollten Silke und Michael zusammen Mathe lernen. Silke hat Marions Brief gelesen und die Fotos gesehen. Sie ist wütend geworden und wollte nicht mehr mit Michael lernen.

● Weißt du noch?

1. Was hat Michael mit der Post bekommen?
2. Was wollten Michael und Silke zusammen machen?
3. Warum hat Silke Michael so schnell verlassen?

In dieser Folge . . .

erzählt Marion die Geschichte als Märchen.[a] Silke geht in die Disko, um die Probleme mit Michael zu vergessen. Am nächsten Tag sehen sie sich in der Schule, und Michael erklärt ihr alles. Die Geschichte mit Marion wird aber auch interessanter.

● Was denkst du? Ja oder nein?

1. Michaels Schulkameraden erzählen ihm von Silke in der Disko.
2. Michael wird wütend. Er denkt, dass Silke sich für einen anderen interessiert.
3. Michael bekommt einen zweiten Brief von Marion. Sie erklärt[b] ihm ihre Liebe.
4. Silke und Michael versöhnen sich.[c] Sie meinen aber dabei[d] auch, dass es besser ist, wenn sie einander nicht mehr sehen.

[a]*fairy tale*   [b]*declares*   [c]*versöhnen . . . reconcile*   [d]*at the same time*

WORTSCHATZ ZUM VIDEO

treffen, traf	to meet, met
sich verlieben in	to fall in love with
stehlen, hat gestohlen	to steal, stolen
Zoff haben	to argue, quarrel
sich kümmern um	to take care of

SCHAU MAL ZU!

A Ein Märchen. Marion erzählt die Geschichte als Märchen, aber nicht alles ist richtig. Lies den Text, und such die falschen Sätze. (HINT: *Read the text and find all the false sentences.*)

Es war einmal eine junge, schöne Frau. Sie machte mit ihrer Mutter eine lange, lange Reise. Eines Tages kamen sie auf eine Insel. Dort traf die junge, schöne Frau einen jungen Mann namens Michael.

Sobald Michael sie sah, verliebte[a] er sich in sie, denn sie war schöner als alle anderen Frauen, die er jemals[b] gekannt hatte. Sie gingen[c] zusammen durch den Wald und kamen zu einem wunderschönen Schloss. In der Nähe war ein Fluss. Sie nahmen ein kleines Boot und fuhren damit[d] den Fluss hinunter. Und überall, wo sie hinfuhren, malten[e] sie Bilder. Aber dann musste die schöne, junge Frau plötzlich die Insel verlassen.[f] Das hat Michael das Herz gebrochen. Und dann kam die Konkurrenz: Silke, eine hübsche Frau aus dem Dorf. Aber Michael konnte die schöne, junge Frau, die sein Herz gestohlen hatte, nicht vergessen: Marion. Plötzlich wurde diese heimliche[g] Liebe entdeckt. Wird Silke Michael jemals verzeihen[h]?

[a]*fell in love* [b]*ever* [c]*went* [d]*with it* [e]*painted* [f]*left* [g]*secret* [h]*forgive*

B Michael, Marion und Silke. Stimmen die Sätze oder nicht? Ändere die falschen Informationen. (HINT: *Is each sentence true, partially true, or completely false? Make alterations in sentences so that they are all true.*)

Was erzählt Michael Silke von Marion?

1. Marion hat in den Osterferien bei uns gewohnt.
2. Ich musste mich um sie kümmern.
3. Es war gar nichts zwischen uns.
4. Marion war noch nie auf einem Segelboot.
5. Sie ist weit weg in Köln.

Was erzählen Michaels Freunde ihm von Silke?

6. Silke war in der Disko.
7. Silke war gut drauf. (Sie hat die ganze Nacht getanzt und gelacht.)

C Marion und Sabine

SCHRITT 1: Was weißt du schon vom Video? Lies die Tatsachen. (HINT: *Read the following facts from the video.*)

1. Marion kommt in ihre Wohnung in Boston, und da steht eine andere Frau.
2. Die zweite Frau kocht das Essen.
3. Marion nennt diese Frau „Sabine".
4. Diese Frau nennt Marion „Schwesterchen".
5. Marion sagt: „Marion ist unwichtig. Ich habe keine Lust mehr, Marion zu spielen."
6. Sie sehen ein Foto: Das sind Marion und Sabine, aber . . .

SCHRITT 2: Spekuliere: Wer ist Marion? Wer ist Sabine? Was passiert in den kommenden Folgen? (HINT: *Speculate about the identities of Marion and Sabine, and about what will happen in coming episodes.*)

MODELLE: Ich bezweifle, dass Marion und Sabine Schwestern sind.

Ich glaube, dass Sabine Marions beste Freundin ist, und sie will Marion im Video spielen.

Ich meine, dass . . .
Ich glaube,[a] dass . . .
Ich behaupte,[b] dass . . .

Ich bezweifle,[c] dass . . .
Ich spekuliere, dass . . .

[a]*believe* [b]*maintain* [c]*doubt*

VOKABELN

MÄRCHENFIGUREN

Schneewittchen

der Froschkönig

Aschenputtel

die böse Hexe

die schöne Prinzessin

der König und die Königin

der Drache

der Zwerg

Und noch dazu

die Fee	*fairy*
die Stiefmutter	*stepmother*
die Stieftochter	*stepdaughter*
der Dieb / die Diebin	*(male) thief / (female) thief*
der Prinz*	*prince*
der Stiefsohn	*stepson*
der Stiefvater	*stepfather*
das Schloss	*castle*
auf•wachen	*to wake up*
erlösen	*to save*
heiraten	*to marry*
leben	*to live*
sterben	*to die*
töten	*to kill*
vergiften	*to poison*
verwandeln	*to turn (into)*
verwünschen	*to cast a spell on*
also	*so, therefore*
auf einmal	*all of a sudden, instantly*
bald	*soon*
dann	*then*
plötzlich	*suddenly*
verwandelt	*transformed*
verwünscht	*enchanted*
Es war einmal . . .	*Once upon a time . . .*

Aktivitäten

A Wer sind diese Märchenfiguren? (HINT: *Identify each of the fairy tale characters on page 254.*)

MODELL: Das sind die Eltern von dem Prinzen. →
              der König und die Königin

---

*The nouns **der Drache** and **der Prinz** take an **-(e)n** ending in the accusative and dative cases: **den/dem Drachen, den/dem Prinzen.**

MÄRCHENFIGUREN

der Zwerg
der Drache
die Stieftochter
die gute Fee
der Dieb
die Stiefmutter
die böse Hexe
die schöne Prinzessin
der Prinz

1. Sie ist die Tochter von dem König und der Königin.
2. Sie verwünscht gute Menschen.
3. Er speit[a] oft Feuer.
4. Das ist die zweite Frau von dem Vater.
5. Er küsst die schöne Prinzessin, und sie wacht auf.
6. Sie benutzt ihre Kräfte[b] für das Gute.
7. Dieser Mensch lebt im Wald und ist oft sympatisch.
8. Dieser Mann stiehlt Geld und andere Sachen.
9. Ein Mann sagt: Das ist die Tochter von meiner zweiten Frau.

[a]*spews*   [b]*powers*

B Wer macht das? Ergänze die Verben im Präsens. (HINT: *Who does that? Supply the present-tense forms of the appropriate verbs from the vocabulary display.*)

wachen . . . auf   töten
erlöst   lebt   stirbt
vergiftet   verwünscht
heiratet

1. Ein Drache _____ im Wald.
2. Am Ende des Märchens _____ Aschenputtel einen Prinzen.
3. Eine böse Hexe kommt zu Dornröschens[a] Geburtstagsparty und _____ das ganze Schloss für einhundert Jahre.
4. Ein Prinz küsst das schlafende Dornröschen, und auf einmal _____ sie und alle Menschen im Schloss _____.
5. Die böse Königin will Schneewittchen _____, und so _____ sie die schöne Frau mit einem Apfel.
6. Schneewittchen _____ vom vergifteten Apfel.
7. Ein Prinz _____ Schneewittchen mit einem Kuss.

[a]*Sleeping Beauty's*

C Wie gut kennst du diese Märchenfiguren? Beantworte jede Frage mit einem vollständigen Satz. (HINT: *How well do you know these fairytale characters? Answer each question with a complete sentence.*)

Der Froschkönig
Rumpelstilzchen
Schneewittchen
Aschenputtel

MODELL: Wer hat Schneewittchen einen vergifteten Apfel gegeben? →
Die böse Königin hat Schneewittchen einen vergifteten Apfel gegeben.

1. Welche Märchenfigur hatte einen langen, ungewöhnlichen[a] Namen?

[a]*unusual*

2. Welche schöne Frau hat bei sieben Zwergen im Wald gewohnt?

3. Welche Frau musste für ihre böse Stiefmutter und Stiefschwestern schwer arbeiten?

4. Welches Wesen[a] war in Wirklichkeit ein Mann?

5. Welche Frau hat mit einem Prinzen bis fast Mitternacht getanzt?

6. Eine junge Frau musste seinen Namen erraten,[b] oder ihm ihr erstgeborenes Kind geben? Wer war das?

7. Wer hat einen Kuss von einer Prinzessin bekommen und hat sich dann in einen Prinzen verwandelt?

[a]*being; creature*   [b]*guess*

D Ein Märchen. Bring die folgenden Sätze in die richtige Reihenfolge. Lies dann die Geschichte vor. (HINT: *Put the sentences in the right order, then read the story aloud.*)

_____ Also musste der Prinz als Drache leben, bis eine schöne Prinzessin ihn mit einem Kuss erlöste.

_____ Dann ging er in einen verwünschten Wald.

_____ Die Frau war eigentlich eine böse Hexe, und auf einmal verwandelte sie den Prinzen in einen Drachen.

_____ Es war einmal ein junger Prinz; er war sehr reich und wohnte in einem großen Schloss.

_____ Zuerst fuhr er mit einem Boot über einen tiefen See.

_____ Vor dem Haus sah er eine alte Frau.

_____ Eines Tages wollte der junge Prinz in die Welt gehen.

_____ Bald kam er zu einem kleinen Haus im Wald.

E Ein zweites Märchen. Kennst du es? Ergänze die Lücken mit Vokabeln aus der Liste. (HINT: *Fill in the blanks with words from the list.*)

Es war einmal	Schloss
Fee	sterben
heirateten	verwandelten sich
plötzlich	verwünschte
Prinz	wachte auf

_____[1] ein Kind, das Dornröschen hieß. Eine böse Fee _____[2] das Kind, dass es _____[3] sollte. Aber eine gute _____[4] änderte den Wunsch: Dornröschen sollte nur lange schlafen. Eines Tages stach sich Dornröschen an einer Spindel, und sie fiel _____[5] in einen tiefen Schlaf. Dann wuchs eine dichte Dornenhecke um das _____.[6] Nach hundert Jahren kam ein _____,[7] und die Dornen _____[8] auf einmal in Blumen. Der Prinz küsste Dornröschen, und sie _____.[9] Bald danach _____[10] sie. Und wenn sie nicht gestorben sind, dann leben sie noch heute.

STRUKTUREN

THE VERBS KÖNNEN, KENNEN, AND WISSEN
VERBS OF KNOWING

German has three verbs to express *know:* **können, kennen,** and **wissen.**
Können expresses ability: *to know how to do something.* **Kennen**
expresses a sense of familiarity: *to know (to be familiar with) something,
someone, or someplace.* **Wissen** expresses knowledge: *to know something
for a fact.*

Marion **kann** Spanisch (sprechen).	*Marion knows (how to speak) Spanish.*
Marion **kennt** Silke nicht.	*Marion does not know Silke.*
Michael **weiß,** dass Silke aufgeregt ist.	*Michael knows that Silke is upset.*

The verb **wissen** often occurs with indirect questions. Indirect
questions can begin with **ob** (*whether*) or a question word.

Weißt du, **ob** die Gymnasiasten noch **demonstrieren**?	*Do you know whether the Gymnasium students are still demonstrating?*
Wisst ihr, **wer** den „Froschkönig" geschrieben **hat**?	*Do you know who wrote the "Frog Prince"?*

Übungen

A Silke, Michael und Marion. Ergänze jeden Satz mit der richtigen
Form von **können, kennen** oder **wissen**—im Präsens. (HINT: *Complete
each sentence with the present-tense form of* können, kennen, *or*
wissen.)

1. Silke _____ Rad fahren.
2. Silke _____, dass Marion in Köln wohnt.
3. Silke _____ nicht, warum Marion auf Rügen war.

4. Marion _____ Michaels Freundin Silke nicht.
5. Marion _____ gut Englisch sprechen.
6. Michael _____ die Insel sehr gut.
7. Marion _____ viele Märchen.
8. Michael _____ nicht, ob er Marion wieder sieht.

B Heike und Sven, Freunde von Silke, machen sich Sorgen um Silke. Ergänze den Dialog mit der richtigen Form von **wissen** oder **kennen.** (HINT: *Supply the correct form of* wissen *or* kennen.)

HEIKE: Mensch, Silke macht mir wirklich Sorgen. _____¹ du denn, was los ist?

SVEN: Nee, eigentlich nicht. Ich glaube, es ist was mit ihr und Michael. Aber ich _____² sie ja auch nicht so gut.

HEIKE: Na, auf jeden Fall _____³ ich, dass die beiden Zoff hatten. Silke ist ja so nervös. Ich muss etwas für sie tun.

SVEN: Komm, Silke _____⁴ schon, was sie macht. Wir _____⁵ ja nicht, was los ist. Was soll man da groß machen?

C Was weißt du von Rügen? Arbeite mit einem Partner / einer Partnerin, und stellt einander indirekte Fragen. (HINT: *Work with a partner and ask each other indirect questions.*)

MODELLE: Hat Sellin ein Theater? →
    A: Weißt du, ob Sellin ein Theater hat?
    B: Nein. Ich weiß nicht, ob Sellin ein Theater hat.

    Wie alt ist diese Pension? →
    B: Weißt du, wie alt die Pension ist?
    A: Nein, ich weiß nicht, wie alt sie ist.

1. Wie viel kostet eine Fahrkarte von Berlin nach Rügen?
2. Wie lange dauert die Reise?
3. Gibt es viele Restaurants auf Rügen?
4. Wann ist das Wetter am besten?
5. Wie viele Menschen wohnen in Sellin?
6. Wo bekommt man Informationen?
7. Gibt es viele Touristen im Sommer auf der Insel?

D Was kannst du? Was kennst du? Mach zwei Listen. (HINT: *List things you can do and people, things, or places you are familiar with.*)

MODELLE: Ich kann Ski fahren.
    Ich kenne den neuen Film von Rolf Emmerich.

Rad, Auto, ? fahren   die Musik von (Mozart)
Fußball, Tennis, ? spielen   die Stadt (Boston)
Deutsch, Englisch, ? sprechen die Filme von (Fassbinder)
gut tanzen   die Werke von (Goethe)
?   ?

So GEHT'S!

The conjunction **ob** (*whether*) and question words frequently accompany the verbs **erzählen, sagen,** and **wissen.** Remember, the conjugated verb comes at the end of such clauses.

Michael weiß nicht, **ob** er Marion wieder sieht. — *Michael doesn't know whether he'll see Marion again.*

Michael weiß, **warum** Silke aufgeregt ist. — *Michael knows why Silke is upset.*

Ich kann Auto fahren.

Ich kenne den neuen Film von Rolf Emmerich.

THE DATIVE CASE III
DATIVE PREPOSITIONS

You have already learned to use two kinds of prepositions: those that always require objects in the accusative case (**durch, für, gegen, ohne, um**) and those that require accusative objects for direction and dative objects for location (**an, auf, hinter, in, neben, über, unter, vor, zwischen**). A third group of prepositions always requires objects in the dative case.

PREPOSITION	EXAMPLES	ENGLISH EQUIVALENT
aus *from; out of*	Marion kommt **aus Rheinhausen.** Michael kommt gerade **aus dem Gymnasium.**	*Marion comes from Rheinhausen.* *Michael is coming out of the Gymnasium.*
außer *besides, except for*	**Außer dir** kenne ich niemanden auf dieser Fete.	*Besides you, I don't know anyone at this party.*
bei *with; near; at the home of; at a business establishment*	Marion wohnt **bei den Mertens.** Das Telefonbuch liegt **beim Telefon.** Rheinhausen liegt **bei Duisburg.** Wir essen heute **bei Superburger.**	*Marion is living with the Mertens.* *The phone book is near the phone.* *Rheinhausen is near Duisburg.* *We're eating at Superburger today.*
mit *with; [along] with; by means of* **mit . . . zusammen** *(together) with*	Ich trinke meinen Tee **mit Milch.** Lars fährt **mit dem Schulbus.** Silke lernt **mit Michael zusammen.**	*I drink my tea with milk.* *Lars takes the school bus.* *Silke is studying with Michael.*
nach *to (city, country); after*	Marion fährt **nach Boston.** **Nach dem Abendessen** sehen wir fern.	*Marion is going to Boston.* *We watch television after supper.*
seit *since; for (time)*	**Seit wann** wohnen die Koslowskis in Köln? —**Seit Februar.** Sie wohnen **seit drei Monaten** in Köln.	*Since when have the Koslowskis been living in Cologne?* *—Since February. They've been living in Cologne for three months.*
von *of (possession); from*	Die Eltern **von Marion** heißen Heinz und Vera. Das Geschenk ist **von Michael.** Lars kommt gerade **von der Schule.**	*Marion's parents are named Heinz and Vera.* *The present is from Michael.* *Lars is just coming back from school.*
zu *to (a place); for (occasion)*	Wann gehst du **zum Supermarkt**? **Zum Abendessen** gibt es Brot, Käse und Aufschnitt.	*When are you going to the supermarket?* *For supper there is bread, cheese, and cold cuts.*

Übungen

A Weißt du das noch? Ergänze die Präpositionen. (HINT: *Supply the correct prepositions to answer the questions according to the video.*)

1. Woher kommen die Koslowskis? —_____ Rheinhausen _____ Duisburg.
2. Wohin sind die Koslowskis gezogen? —_____ Köln.
3. Was macht Marion in den Ferien?[a] —Sie fährt _____ ihrer Mutter _____ Rügen.
4. Wie sind Sie nach Rügen gekommen? —Sie sind _____ dem Zug _____ Köln _____ Berlin und dann weiter nach Rügen gefahren.
5. Wie lange sind Marion und ihre Mutter bereits[b] auf Rügen? —Sie sind schon _____ fünf Tagen auf Rügen.
6. Was haben Marion und Michael zusammen gemacht? —Marion ist _____ Michael segeln gegangen.

[a]*vacation*   [b]*already*

B Wer ist Martin? Bild Sätze. (HINT: *Form sentences from the given elements.*)

MODELL: Martin / kommen / aus / eine Kleinstadt / in Norddeutschland. →
Martin kommt aus einer Kleinstadt in Norddeutschland.

1. Er / sein / schon / seit / ein Monat / in München.
2. Er / wohnen / bei / sein Bruder.
3. Er / arbeiten / bei / eine Computerfirma.
4. Außer / sein Bruder und seine Kollegen / kennen / er / einige junge Menschen.
5. Er / haben / eine junge Frau / aus / die Schweiz / besonders gern.
6. Am Samstagabend / gehen / er / mit / diese Frau / ins Restaurant.
7. Nach / das Abendessen / gehen / die beiden / ins Kino.

C Fragen und Antworten. Beantworte jede Frage mit dem richtigen Ausdruck in einem vollständigen Satz. (HINT: *Answer each question with the correct expression in a complete sentence.*)

MODELL: Wohin fährt Silke mit dem Fahrrad? →
Sie fährt nach Hause.

1. Wo wohnt Marion, nachdem die Familie nach Köln gezogen ist?
2. Wie lange wohnt Marion schon in Boston?
3. Wie ist Marion von Köln nach Rügen gefahren?
4. Wie kommt Michael jeden Tag zur Schule?
5. Von wem ist die Geschichte „Ein Drama"?
6. Wo war Michael, als Silke in der Disko war?

> **SO GEHT'S!**
>
> Prepositions frequently occur in idioms, expressions that are peculiar to a particular language and that you must simply learn by heart. Two common idioms with dative prepositions are **zu Hause** ([*at*] *home*) and **nach Hause** ([*to*] *home*).
>
> | | |
> |---|---|
> | Marion bleibt heute Abend **zu Hause.** | *Marion is staying at home tonight.* |
> | Lars kommt oft zu spät **nach Hause.** | *Lars often comes home late.* |

zu Hause bei den Mertens
mit dem Schulbus
seit einem Monat
nach Hause
von Marion Koslowski
mit dem Zug

EINBLICKE

BRIEFWECHSEL

Lieber Michael,

na, also. Ich habe doch gewusst, dass Silke dir verzeiht. Ich bin froh, dass ihr wieder zusammen seid. Was sagt sie aber dazu, dass du nach Hamburg gehst? Deine Lehrstelle klingt echt toll. Du hast wirklich Glück. So viele in unserem Alter schicken Hunderte von Bewerbungen[a] los und bekommen nur Absagen[b].

Köln–Großstadt–Theater–Fernsehstudios. Vielleicht wird auch aus meinem Leben ein Märchen. Es war einmal eine junge Frau aus Deutschland. Sie fuhr mit ihrer Mutter nach Rügen und lernte einen schönen Prinzen kennen. Sie segelten zusammen auf dem Zaubermeer[c] der Liebe. Aber die junge Frau musste mit ihrer Mutter nach Hause, wo ein geheimnisvoller[d] Brief aus den USA auf sie wartete. Ein berühmter Regisseur hatte sie in einem Werbespot[e] gesehen und rief sie nach Hollywood. . . . Und wenn sie nicht gestorben ist, dann lebt sie auch noch heute, und man nominiert sie für einen Oscar.

Was meinst du? Wie gefällt dir mein Märchen?

Liebe Grüße,
Marion

[a]application letters   [b]rejection letters   [c]magical sea   [d]secret   [e]commercial

A Wie, bitte? Die Sätze stimmen nicht. Drück sie anders aus. (HINT: *Revise the sentences to make them true.*)

1. Michael und Silke sind kein Paar mehr.
2. Michael hat eine Lehrstelle in Hannover.
3. Marion beschreibt ihr Leben, wie es ist.
4. Marion möchte eines Tages nach New York gehen.
5. Marion träumt, dass sie einen Emmy gewinnt.

B Marions Leben als Märchen. Wie schreibt sie das? Beantworte die Fragen. (HINT: *Answer the questions with reference to the text.*)

1. Mit welchem Satz fängt das Märchen an?
2. Mit welchem Satz endet das Märchen?
3. Welchen Teil[a] im letzten Satz findet man nicht in einem traditionellen Märchen?

[a]*part*

EINBLICK

For more information about the Grimm Brothers, visit the **Auf Deutsch!** Web Site at www.mcdougallittell.com.

Die Gebrüder Grimm

Die Kinder- und Hausmärchen der Gebrüder Grimm erschienen[a] 1812 zum ersten Mal. Jakob (1785–1863) und Wilhelm Grimm (1786–1859) sammelten die Geschichten im frühen neunzehnten Jahrhundert.[b] Früher erzählte und verbreitete[c] man diese
5 Geschichten nur mündlich[d]—auch in ähnlichen Versionen in anderen Ländern. Und so übersetzte[e] man *Die Kinder- und Hausmärchen* in viele andere Sprachen, und die Geschichten fanden überall in der Welt eine große Leserschaft.

Die Gebrüder Grimm sind auch bekannt für ihre Arbeit im
10 Bereich[f] der Linguistik. Man gab den ersten Band[g] des deutschen Wörterbuchs[h] zu ihren Lebzeiten heraus.[i] Das ganze Wörterbuch besteht aus zahlreichen[j] Bänden,[k] und man vollendete[l] es erst rund hundert Jahre später.

[a]*appeared* [b]*century* [c]*disseminated* [d]*orally* [e]*translated* [f]*area* [g]*volume*
[h]*dictionary* [i]*gab heraus published* [j]*numerous* [k]*volumes* [l]*completed*

Die Gebrüder Grimm bei einer Familie.

● Was weißt du von den Gebrüdern Grimm? Beantworte die Fragen mit einem vollständigen Satz. (HINT: *Answer each question with a complete sentence.*)

1. Wie heißen die zwei Brüder?
2. Wann haben sie die Geschichten gesammelt?
3. Wann sind die Märchen zum ersten Mal als Buch erschienen?
4. Hat man die Märchen nur in Deutschland gehört?
5. Konnte man die gesammelten Märchen nur auf Deutsch lesen?
6. Wofür[a] sind die Gebrüder Grimm auch bekannt?
7. Wann hat man die gesamte[b] Wörterbuchsammlung herausgegeben?

[a]*For what* [b]*entire*

PERSPEKTIVEN

HÖR MAL ZU!

● Wer sind diese Figuren? Welche Märchenfigur passt zu welchem Bild?
(HINT: *Match each description you hear with the corresponding picture.*)

a. _____   b. _____   c. _____   d. _____   e. _____

WORTSCHATZ ZUM HÖRTEXT

hilfsbereit	helpful
Zauberkräfte (*pl.*)	magical powers
lösen	to solve
die Kutsche	carriage
die Pferde	horses
der Spruch	spell
gutmütig	kind
die Teller	plates
die Becher	mugs
trotzdem	in spite of that
nass	wet
die Kugel	ball, sphere
vesprochen	promised
einhalten: eingehalten	to keep (a promise)
entführen	to kidnap

LIES MAL!

Zum Thema

Tiere[a] mit menschlichen Gefühlen, Talenten und Kenntnissen[b] spielen oft
eine große Rolle in Märchen. Sie können gut sprechen und ihre
Meinungen ausdrücken. Sie können verwünscht sein oder nicht. Die
Menschen in den Geschichten finden das alles ganz normal. Vier Tiere—
ein Esel,[c] ein Hund,[d] eine Katze und ein Hahn[f]—spielen die Hauptrollen
in den „Bremer Stadtmusikanten" von den Gebrüdern Grimm. Welche
menschlichen Eigenschaften haben diese Tiere?

[a]*animals* [b]*knowledge* [c]*donkey* [d]*dog* [e]*cat* [f]*rooster*

Die Bremer Stadtmusikanten

Ein Esel arbeitet viele Jahre fleißig und brav für einen
Müller. Er wird alt und kann nicht mehr arbeiten. Der Müller
will den Esel nicht mehr haben, weil er alt und schwach ist.
Der Esel weiß, dass sein Meister ihn nicht mehr haben will
und läuft weg. Er macht sich auf den Weg nach Bremen. Dort will er
Stadtmusikant werden.

5

Auf dem Weg nach Bremen findet der Esel einen Hund. Auch der Hund ist alt und schwach.

ESEL: Nun, warum bist du so müde, alter Freund?

10 HUND: Oh, ich bin alt und schwach. Ich kann nicht mehr schnell genug laufen und mein Herr will mich töten. Da bin ich ganz schnell weggelaufen. Aber wie soll ich jetzt mein Essen bekommen?

ESEL: Das ist nicht schwer. Nichts ist einfacher als das. Ich gehe nach Bremen und werde dort Stadtmusikant. Komm mit und werde auch

15 Stadtmusikant!

Nach einer Weile treffen die beiden eine Katze. Sie sitzt traurig am Weg.

ESEL: Warum bist du so traurig, du alter Mäusefresser?

KATZE: Wer kann froh und glücklich sein, wenn er sterben

20 soll? Weil ich so alt bin und meine Zähne nicht mehr so scharf sind, liege ich gerne hinter dem Ofen. Ich kann keine Mäuse mehr fangen, und man will mich töten. Deshalb bin ich schnell weggelaufen. Jetzt weiß ich aber nicht, wo ich etwas zu essen finden kann.

ESEL: Nichts ist leichter als das. Geh' mit uns nach Bremen! Du bist doch

25 eine gute Nachtmusikantin. Wir werden in Bremen alle Stadtmusikanten.

KATZE: Gute Idee, ich komm' mit.

Bald kommen die drei Freunde an ein Bauernhaus. Da sitzt auf der Gartenmauer ein Hahn und kräht so laut er kann.

ESEL: Warum schreist du so, du alter Hahn?

30 HAHN: Heute ist Waschtag. Die Frauen wollen waschen und darum sage ich ihnen, dass die Sonne scheint. Aber weil morgen Sonntag ist und Gäste kommen sollen, will man mich essen. Ich krähe also so lange ich kann.

ESEL: Geh' mit uns nach Bremen! Werde Stadtmusikant! Wenn wir

35 zusammen Musik machen, freut sich die ganze Stadt.

Die vier Musikanten können an einem Tage aber nicht bis nach Bremen kommen. Am Abend kommen sie in einen Wald und wollen da schlafen. Der Esel und der Hund legen sich unter einen Baum; die Katze setzt sich auf einen Ast und der Hahn fliegt ganz hoch hinauf in den

40 Baum.

HAHN: Ich sehe in der Ferne ein Licht. Da muß ein Haus sein.

ESEL: Gehen wir dahin, denn in einem Haus schlafen wir besser als hier im Wald. Vielleicht bekommen wir auch etwas zu essen.

Sie gehen also weiter und kommen an das Haus. Im Haus wohnen aber

45 Diebe. Der Esel geht ans Fenster und sieht hinein.

HAHN: Was siehst du?

ESEL: Ich sehe einen Tisch mit schönem Essen und Trinken. Männer sitzen an dem Tisch und essen.

HAHN: Das ist etwas für uns.

TIPP ZUM LESEN

Read this tale through once to get the gist. Then read it more closely a second time to answer questions you may have about the story line. Do not use a dictionary!

Die vier Musikanten wollen die Diebe 50
aus dem Haus vertreiben. Nach einer
Weile wissen sie, was zu tun ist. Der Esel
stellt sich mit zwei Füssen auf das Fenster,
der Hund springt auf seinen Rücken; die
Katze springt auf den Rücken des Hundes 55
und der Hahn fliegt auf den Kopf der
Katze. Dann fangen alle vier an, Musik zu machen. Der Esel schreit, der
Hund bellt, die Katze miaut und der Hahn kräht. Danach springen alle
vier zusammen durch das Fenster in das Zimmer hinein. Die Diebe
springen vom Tisch und denken das Ende der Welt ist gekommen. Sie 60
laufen so schnell sie können aus dem Haus und in den Wald. Nun setzen
die vier Musikanten sich an den Tisch und essen und trinken. Danach
werden sie müde und sie wollen schlafen.

Spät in der Nacht sehen die Diebe, dass im Haus kein Licht mehr ist und
sie hören, dass alles ruhig ist. Der älteste Dieb sagt zu dem jüngsten Dieb: 65
„Wir sind zu schnell weggelaufen. Geh' und schau, ob jemand da ist!"
    Der jüngste Dieb findet alles ganz still im Haus. Er will Licht machen.
Beim Ofen sieht er die Augen der Katze und denkt es sind Kohlen. Er hält
ein Stück Holz an die Augen der Katze, damit es Feuer fangen soll. Da
springt die Katze ihm ins Gesicht. Schnell will der Dieb aus dem Haus 70
laufen, aber an der Tür liegt der Hund und beißt ihn ins Bein. Im Garten
ist der Esel und er gibt dem Dieb einen starken Tritt mit dem Huf. Der
Hahn auf dem Dach wird wach und ruft so laut er kann: „Kikeriki!"
    Der Dieb läuft schnell zu seinen Freunden in den Wald und sagt: In
dem Haus ist eine schreckliche Hexe. Sie sitzt am Ofen und hat mir die 75
Hexenfinger in die Augen gesteckt. An der Tür liegt ein Mann mit einem
Messer und der hat mich ins Bein geschnitten. Auf dem Gras im Garten
liegt ein Riese und der hat mich mit einem Eisenstab geschlagen. Und
auf dem Dach sitzt der Richter und ruft: „Bring mir den Dieb, bring mir
den Dieb!" 80
    Die Diebe gehen nie wieder zu dem Haus zurück. Den vier
Musikanten gefällt es aber so gut, dass sie für immer da bleiben.

Gebrüder Grimm

Zum Text

A Der Anfang. Am Anfang der Geschichte werden vier Tiere beschrieben.
Jedes Tier will weg von zu Hause. Warum? (HINT: *At the beginning of
the story, four animals are described. Each animal wants to leave home.
Why?*)

1. der Esel   2. der Hund   3. die Katze   4. der Hahn

Die Bremer Stadtmusikanten.

B IST DU WORTSCHLAU?

As you know, German has many compound nouns. If you know just part of the word, it is often easy to guess the meaning of the entire word. Look at the following words. Which parts do you know or can you guess? What do you think the whole word means?

Hansestadt   Kartoffelsuppe
Gartenmauer   Schweinebraten
Waschtag   Katzenfutter

Look for other compound nouns in this text.

B Das Ende. Was passiert am Ende der Geschichte? Was glaubt der
junge Dieb? (HINT: *What happens at the end of the story? What does the
young thief think?*)

Welches Tier ist . . .

1. der Mann mit dem Messer?   3. der Riese?
2. die Hexe?   4. der Richter?

SCHREIB MAL!

Ein Märchen erfinden

● Arbeite mit zwei Partnern. Erfindet euer eigenes Märchen. Schreibt
das Märchen und illustriert es. (HINT: *Work with a partner. Create your
own fairy tale. Write your fairy tale and illustrate it.*)

Purpose:	Create your own fairy tale
Audience:	Your classmates
Subject:	Make-believe
Structure:	Narrative

TIPP ZUM SCHREIBEN

Fairy tales follow a pattern, that is, they typically contain elements such as good and evil and animals that act like humans. Fairy tales often have some kind of moral.

You may wish to begin your tale with **Es war einmal . . .** (*Once upon a time . . .*). In the middle you may find the phrase **Eines Tages . . .** (*One day . . .*) useful. End your tale with **Und wenn sie nicht gestorben sind, so leben sie noch heute,** which is loosely equivalent to *And they lived happily every after* (literally, *And if they haven't died, then they're still alive today*).

Schreibmodell

In this fairy tale, evil is represented by the thief (**der Dieb**).

The prince (**der Prinz**) represents good.

Fairy tales often include some kind of transformation, for example, animals often change into humans. In this case, the poor, old, ugly woman is transformed into a beautiful, young woman.

> Es war einmal ein schlimmer Dieb. Er hat von den reichen und armen[a] Leuten gestohlen. Eines Tages hat er Brot von einer sehr armen, alten, hässlichen Frau weggenommen. Die Frau hat geweint. Ein Prinz hat den Diebstahl gesehen und ist dem Dieb nachgelaufen. Er hat ihn erwischt. Aber das Brot fiel in den Fluss. In dem Moment hat sich die Frau in eine wunderschöne, junge Frau verwandelt. Der Prinz ist zu ihr gegangen und hat sie gefragt: „Warum fallen so viele Tränen von diesen schönen Augen?" Die Frau hat geantwortet: „Ich habe kein Brot mehr. Ich habe nichts zu essen. Ich habe Hunger." Der Prinz hat ihr gesagt: „Komm. Wir reiten zu meinem Schloss und du wirst nie wieder Hunger haben." Und wenn sie nicht gestorben sind, so leben sie noch heute.

[a]*poor*

Schreibstrategien

Vor dem Schreiben

• With your partner, determine the plot of your fairy tale.

• Jot down words or phrases in German and put them in an order that makes sense according to what happens when in your tale.

Beim Schreiben

• A fairy tale or fable can be quite short. Use action verbs and transition words too keep your tale moving.

• Since fairy tales take place in the past, you will need to use the past tenses you have learned. In German the simple past tense is the preferred past tense for writing a narrative. You know the simple past tense (narrative past) of **haben, sein, wissen** and the modals. For now, use the present perfect tense for all other verbs.

• Make notes in the margins about the content of your illustrations.

Nach dem Schreiben

• Trade drafts with another pair of students. Make helpful comments, ask important questions, and give useful advice.

• When your draft has been returned to you, review the comments, questions, and advice.

• Write your final draft and add your illustrations to it.

Es war einmal ein großer Drache ~~bei~~ mit scharfen Zähnen. Er hat allein in dem Wald gelebt und war sehr unglücklich. Die Leute im Dorf hatten Angst. Sie ~~haben~~ wussten nicht gekannt, ob der Drache tötet sie. Eines Tages ist der Drache ins Dorf gekommen. Ein Zahn hat ihm weh getan. Er wollte mit einem Zahnarzt sprechen. Der Zahnarzt hatte Angst und ist weggelaufen. Der Drache war sehr traurig. Eine junge Frau hat den Drachen gesehen und ist zu ihm gegangen. Sie hat ihn gefragt: „Kann ich dir helfen?" Plötzlich hat eine gute Fee die junge Frau in eine schöne Drachin verwandelt und den Zahn von dem Drachen geheilt. Die zwei Drachen sind in den Wald gegangen. Und wenn sie nicht gestorben sind, so leben sie noch heute.

Stimmt alles?

• Double-check the form, spelling, and order of words in each sentence of your final draft.

• Hand in your final draft to your teacher.

KAPITEL 12

WORTSCHATZ

Substantive	Nouns
Märchenfiguren	*Fairy tale characters*
die **Fee, -n**	fairy
die **Hexe, -n**	witch
die **Stiefmutter, ·:**	stepmother
die **Stieftochter, ·:**	stepdaughter
der **Dieb, -e /**	thief
die **Diebin, -nen**	
der **Drache, -n**	dragon
der **Froschkönig**	the frog prince
der **König, -e /**	king / queen
die **Königin, -nen**	
der **Prinz, -en /**	prince / princess
die **Prinzessin, -nen**	
der **Stiefsohn, ·:e**	stepson
der **Stiefvater, ·:**	stepfather
der **Zwerg, -e**	dwarf
das **Märchen, ·:**	fairy tale
das **Schloss, ·:er**	castle
Aschenputtel	Cinderella
Rumpelstilzchen	Rumpelstiltskin
Schneewittchen	Snow White

Verben	Verbs
auf•wachen, ist aufgewacht	to wake up
erlösen, hat erlöst	to save
heiraten, hat geheiratet	to marry
leben, hat gelebt	to live
sterben (stirbt), ist gestorben	to die
töten, hat getötet	to kill
vergiften, hat vergiftet	to poison

verwandeln, hat verwandelt (in + *acc.*)	to turn (into)
verwünschen, hat verwünscht	to cast a spell on

Adjektive und Adverbien	Adjectives and adverbs
also	so, therefore
auf einmal	all of a sudden, instantly
bald	soon
dann	then
plötzlich	suddenly
verwandelt	transformed
verwünscht	enchanted

Sonstiges	Other
aus (+ *dat.*)	from; out of
außer (+ *dat.*)	beside, except for
bei (+ *dat.*)	with; near; at the home of; at a business establishment
mit (+ *dat.*)	with; [along] with; by means of
mit . . . zusammen (+ *dat.*)	(together) with
nach (+ *dat.*)	to (city, country); after
seit (+ *dat.*)	since; for (time)
von (+ *dat.*)	of (possession); from
zu (+ *dat.*)	to (a place); for (occasion)
Es war einmal . . .	Once upon a time . . .

WIEDERHOLUNG 4

VIDEOTHEK

A Bring die Bilder in die richtige Reihenfolge. Schreib dann kurz auf, was passiert. (HINT: *Put the pictures in the correct sequence. Then write briefly what happens.*)

a.

b.

c.

d.

e.

f.

g.

h.

i.

B Wer sagt was zu wem? Herr Bolten, Frau Klein, Herr Lenzen, Michael oder Silke?

MODELL: Zufrieden? → Herr Lenzen sagt das zu Herrn Bolten.

1. Das ist nicht komisch, das ist eine Lüge!
2. Fotos! Kann ich mal sehen?
3. Meine Noten sind korrekt.
4. Entschuldigen Sie die Störung, Herr Direktor.
5. Ich kann wohl machen, was ich will.
6. Ich verlange, dass der Schüler bestraft wird.
7. Bist du eifersüchtig?
8. Der spinnt doch.

VOKABELN

A Andrea in der Schule. Ergänze den Absatz auf Seite 269 mit Vokabeln aus der Liste. (HINT: *Complete the paragraph on page 269 with vocabulary from the list.*)

Pausenbrot	endlich
Klasse	plaudert
Unterricht	Mitschülerinnen
Kurs	ungerecht
Pause	Klausur
Schulhof	

Andrea ist Schülerin in der elften _____.[1] Jeden Morgen beginnt der
_____[2] um acht Uhr. Vorher _____[3] sie immer ein paar Minuten mit
ihren _____[4] auf dem _____.[5] Heute reden sie darüber, wie _____[6] der
Mathe-Lehrer ist und wie schwer die _____[7] letzte Woche war. An
diesem Tag ist der erste _____[8] Biologie, aber Andreas Lieblingsfach
ist Deutsch. In der _____[9] gehen sie zusammen in die Cafeteria und
trinken etwas, oder sie essen ein _____.[10] Am Nachmittag kann sie
_____[11] nach Hause gehen.

B Die Schule. Wo kann man was machen? (HINT: *Where at school can
you do these things?*)

MODELL: Man kann in der Bibliothek ein Buch ausleihen.

1. ein Buch ausleihen
2. Französischkassetten hören
3. Fußball spielen
4. eine Klassenarbeit schreiben
5. eine Pause machen
6. ein Chemie-Experiment machen
7. einen Kakao trinken
8. mit Freunden / Freundinnen plaudern

a. im Sprachlabor
b. im Labor
c. im Klassenzimmer
d. in der Bibliothek
e. im Aufenthaltsraum
f. in der Cafeteria
g. auf dem Sportplatz
h. auf dem Schulhof

C Was sollen wir belegen? (HINT: *Say which courses these people should
take.*)

MODELL: Anke will Chemikerin werden. →
Sie soll Mathe, Chemie und Physik belegen.

1. Tobias will Dolmetscher[a] werden.
2. Melina will Ingenieurin werden.
3. Frank will Meteorologe werden.
4. Katrina will Journalistin werden.
5. Max will Kaufmann[b] werden.
6. Emma will Architektin werden.
7. Zacharias will Tierarzt[c] werden.
8. Bettina will Automechanikerin werden.

[a]*interpreter* [b]*businessman* [c]*veterinarian*

D Was möchtest du werden? Welche Kurse und Fächer musst du
belegen? (HINT: *What would you like to become? What courses do you
need to take?*)

Ich möchte _____ werden. Also muss ich _____ und _____ belegen.

E Schulsysteme. Vergleich das deutsche Schulsystem mit deinem
Schulsystem. Beschreib die Unterschiede und Ähnlichkeiten. (HINT:
*Compare the German school system with your school system. Describe
the differences and similarities.*)

Im deutschen Schulsystem gibt es _____. Mein Schulsystem hat _____.

STRUKTUREN

A Professor Di Donato glaubt, dass Marion die Geschichte und das Deutschlehren langweilen. Er schreibt also eine E-Mail an seinen Freund Matthias und bittet ihn um Rat. Ergänze die E-Mail mit Pronomen oder Substantiven im Dativ. Achte auf die Präpositionen. (HINT: *Complete the e-mail with the correct pronouns or nouns in the dative case. Pay attention to the prepositions and verbs that require the dative.*)

MODELL: Matthias, wie kann ich _____ (sie) denn helfen? →
Matthias, wie kann ich ihr denn helfen?

Lieber Matthias,
ich danke _____[1] (du) für deinen Brief. Momentan habe ich ein kleines Problem und vielleicht kannst du _____[2] (ich) helfen. Ich arbeite mit _____[3] (eine Schülerin) aus Deutschland an _____[4] (der Deutschkurs). Nach _____[5] (eine Woche) ist sie jetzt aber ein bisschen ungeduldig,[a] und ich weiß nicht, was los ist. Wir haben über interessante Themen geschrieben, Schülerzeitungen, Pressefreiheit, ein Liebesdrama usw. Ich gebe _____[6] (sie) viel Freiheit bei _____[7] (die Gestaltung).[b] Aber sie sagt _____[8] (ich), dass sie _____[9] (die Zuschauer)[c] etwas von _____[10] (die Arbeitswelt) in Deutschland zeigen will. Meinst du, dass das _____[11] (die Leute) gefällt? Schreib bald, ich danke _____[12] (du) im Voraus.[d]
Viele Grüsse und Tschüss
Bob

[a]*impatient* [b]*structure* [c]*viewers* [d]*in advance*

B Marion und Sabine entscheiden sich, die Möbel in der Wohnung umzustellen. Ergänze den Dialog mit dem Akkusativ oder Dativ nach der Bedeutung des Satzes. (HINT: *Complete the dialogue with the accusative or dative form of the noun according to the meaning of the sentence.*)

MODELL: Sabine, stell doch die Lampe vor _____. (das Sofa) →
Sabine, stell doch die Lampe vor das Sofa.

SABINE: Okay, Marion, stell doch die Lampe neben _____[1] (der Tisch).
MARION: Und der Tisch?
SABINE: Der Tisch steht doch schon auf _____[2] (der Teppich).
MARION: Und den Sessel stellen wir vor _____[3] (das Fenster).
SABINE: Gute Idee. Das Poster hängen wir über _____[4] (das Sofa).
MARION: Nein, über _____[5] (das Sofa) hängt doch schon mein Bild.
SABINE: Ach so! Stell deine Pflanzen vor _____[6] (der Sessel).
MARION: Nein, die Pflanzen stehen schon neben _____[7] (das Bett).
SABINE: Ist das stressig!

C Karin und Peter sprechen auf dem Schulhof. Kennen, können oder wissen?

KARIN: _____¹ du, was passiert ist?

PETER: Ich _____² nur, dass Michael einen Artikel für die Zeitung geschrieben hat, und Herr Bolten will ihn bestrafen. _____³ du mir mehr darüber erzählen?

KARIN: Ja! Michael hat den Artikel über Herrn Bolten geschrieben. Du _____⁴ Herrn Bolten, oder? Seine Noten sind unfair.

PETER: Ja, ihn _____⁵ ich schon. Aber über seine Noten _____⁶ ich gar nichts. Das _____⁷ man fast nicht glauben. Ich muss Michaels Artikel lesen. _____⁸ du, wo ich *Die Wespe* bekommen kann?

KARIN: Ich _____⁹ dir mein Exemplar geben.

D Weißt du noch? Beantworte die Fragen zu Marions und Michaels Geschichten. (HINT: *Answer the questions about Marion's and Michael's stories.*)

1. Wem hat Herr Koslowski Eintrittskarten gekauft?
2. Wem hat Frau Händel einen angenehmen Aufenthalt gewünscht?
3. Wem hat Michael gesagt, dass es keinen Wind gegeben hat?
4. Wem wollte Marion einen Brief schreiben?
5. Wem hat Herr Bolten ungerechte Noten gegeben?

E Was machst du für andere Leute? Schreib eine Liste mit acht Sätzen. (HINT: *Write a list of eight sentences saying what you are going to do for other people.*)

MODELL: Ich bringe meiner Mutter Blumen.

VERBEN

bringen	kaufen	schicken	wünschen
geben	schenken	schreiben	zeigen

F Wer, wem, was? Bilde mindestens sechs Fragen mit Elementen aus jeder Spalte. (HINT: *Form at least six questions using elements from each column.*)

MODELL: —Wem hilft Silke bei den Hausaufgaben?
—Michael.

WER? / WEM?		WAS?
Silke	geben	ein Brief
Michael	danken für	die Hausaufgaben
Marion	schenken	ein Kompliment
Frau Händel	helfen bei	eine Geschichte
Frau Koslowski	zeigen	der Umzug
Herr Bolten	schicken	die Fotos
die Nachbarn	erzählen	Blumen
?	?	?

G Wo finde ich . . . ? Geh . . . (HINT: *Give advice on where to go in each situation.*)

MODELL: Ich suche ein Buch über Rügen. →
Geh in die Bibliothek.

1. Ich suche ein Buch über Rügen.
2. Ich brauche ein bisschen frische Luft.
3. Ich muss für Morgen einkaufen.
4. Ich brauche Geld.
5. Ich muss ein Paket abschicken.
6. Ich möchte heute schwimmen.

a. der Supermarkt
b. der See
c. das Fenster
d. die Bank
e. die Post
f. die Bibliothek

H Was macht man normalerweise mit diesen Sachen? Bilde Sätze mit **legen, stellen, hängen** oder **stecken.** (HINT: *What do you normally do with that? Form sentences with* legen, stellen, hängen, *or* stecken.)

MODELL: ein Buch / auf den Tisch →
Man legt ein Buch auf den Tisch.

1. ein Glas / aufs Regal
2. einen Brief / ins Buch
3. Bilder / an die Wand
4. einen Sofatisch / vor das Sofa
5. ein Auto / in die Garage
6. ein Hemd / aufs Bett
7. Schlüssel / in die Tasche
8. eine Zeitung / auf den Tisch

I Es war einmal . . . Ergänze den Absatz mit Dativpräpositionen. (HINT: *Complete the paragraph with appropriate dative prepositions.*)

Eines Tages kam ein Prinz _____[1] Hause und fragte seine Frau, die Prinzessin, was sie _____[2] dem Morgen gemacht hat. Die Prinzessin sagte, sie ist _____[3] ihrer Schwester gewesen. Sie hat zusammen _____[4] ihr Kaffee getrunken und über den König _____[5] Bayern geredet, denn der König hatte eine Fete gemacht. Die zwei Prinzessinnen hatten aber keine Einladungen _____[6] der Fete _____[7] dem König bekommen. Sie waren natürlich etwas enttäuscht.[a] _____[8] langer Diskussion hatten sie die Idee, den König zu verwünschen. Aber wie?

[a]*disappointed*

EINBLICKE

Die große Entscheidung

Nach dem Abitur stehen viele Jugendliche vor einer großen Frage: Was jetzt? Viele sind erschöpft von der Schule und wollen erst einmal eine Pause machen. Sie reisen oder jobben. Sie wollen sich Zeit lassen, um die schwierige Entscheidung zu treffen. Lehre oder Studium? Manche

5 machen erst eine Lehre und studieren danach. Die Männer müssen
Zivildienst machen oder zur Bundeswehr. Andere müssen vielleicht auf
einen Studienplatz warten, weil sie den Numerus clausus nicht geschafft
haben. Der NC ist ein Notendurchschnitt, der jedes Jahr neu festgesetzt
wird und für fast alle Studiengänge verlangt wird.

10 Michael muss sich auch entscheiden: Soll er zur Uni gehen und
Wirtschaftswissenschaften studieren, oder soll er eine Lehre als
Speditionskaufmann machen? Es gibt Vor- und Nachteile: In der Lehre
arbeitet er sofort in einem Beruf, bekommt praktische Erfahrung und
natürlich verdient er regelmäßig Geld. Bei einem Studium kann er sich

15 seine Zeit einteilen und kann vielleicht später ein Praktikum machen.
Aber er verdient kein Geld. Es ist auch für Michael ein Dilemma.

● Das Dilemma. Beantworte die Fragen.

1. Warum reisen oder jobben viele Schüler und Schülerinnen nach
   der Schule?
2. Welche Entscheidung müssen sie bald treffen?
3. Warum müssen einige Abiturienten auf einen Studienplatz warten?
4. Welche Vorteile und Nachteile hat eine sofortige Lehre für
   Michael?

PERSPEKTIVEN

Du hörst eine kurze Erzählung über Lars in seiner neuen Schule in Köln.

A Stimmt das? Verbessere die falschen Sätze. (HINT: *Is this correct?
Correct any false statements.*)

1. In der neuen Schule ist Lars' Note in Mathematik sehr gut.
2. Der Mathelehrer braucht Lars' Unterschrift auf seine Mathearbeit.
3. Lars unterschreibt die Mathearbeit mit der Unterschrift seiner
   Mutter.
4. Frau Koslowski ruft den Mathelehrer an und spricht mit ihm über
   Lars' Note.

B Wie endet die Erzählung? Erfinde das Ende der Erzählung.
(HINT: *Invent an ending to the story.*)

C Eine Umfrage. Sind Noten wichtig? Warum (nicht)?
Sammle Argumente von deinen Mitschülerinnen und
Mitschülern. (HINT: *Are grades important? Collect from
your classmates reasons why grades are or are not
important.*)

WORTSCHATZ
ZUM HÖRTEXT

eine Fünf schreiben	*to get a grade of five*
die Unterschrift	*signature*
nachschreiben	*to copy*
üben	*to practice*
der Namenszug	*signature*
zustimmen	*to agree*

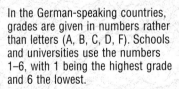

So GEHT'S!

In the German-speaking countries,
grades are given in numbers rather
than letters (A, B, C, D, F). Schools
and universities use the numbers
1–6, with 1 being the highest grade
and 6 the lowest.

Reference Section R-1

APPENDIX A

Grammar Tables

1. Personal Pronouns

	INDIVIDUALS					GROUPS		
NOMINATIVE	ich	du / Sie	sie	er	es	wir	ihr / Sie	sie
ACCUSATIVE	mich	dich / Sie	sie	ihn	es	uns	euch / Sie	sie
DATIVE	mir	dir / Ihnen	ihr	ihm	ihm	uns	euch / Ihnen	ihnen

2. Definite Articles and *der*-Words

	INDIVIDUALS			GROUPS
	FEMININE	MASCULINE	NEUTER	
NOMINATIVE	die	der	das	die
ACCUSATIVE	die	den	das	die
DATIVE	der	dem	dem	den

Words declined like the definite article: **jeder, dieser, welcher.**

3. Indefinite Articles and *ein*-Words

	INDIVIDUALS			GROUPS
	FEMININE	MASCULINE	NEUTER	
NOMINATIVE	(k)eine	(k)ein	(k)ein	keine
ACCUSATIVE	(k)eine	(k)einen	(k)ein	keine
DATIVE	(k)einer	(k)einem	(k)einem	keinen

Words declined like the indefinite article: all possessive adjectives (**mein, dein, sein, ihr, unser, euer, Ihr**).

4. Question Pronouns

	PEOPLE	THINGS AND CONCEPTS
NOMINATIVE	wer	was
ACCUSATIVE	wen	was
DATIVE	wem	

5. Attributive Adjectives without Articles

	SINGULAR			PLURAL
	FEMININE	MASCULINE	NEUTER	
NOMINATIVE	gute	guter	gutes	gute
ACCUSATIVE	gute	guten	gutes	gute
DATIVE	guter	gutem	gutem	guten

6. Prepositions

ACCUSATIVE	DATIVE	ACCUSATIVE/DATIVE
durch	aus	an
für	außer	auf
gegen	bei	hinter
ohne	mit	in
um (. . . herum)	nach	neben
	seit	über
	von	unter
	zu	vor
		zwischen

7. Weak Masculine Nouns

These nouns add **-(e)n** in the accusative and dative.
A. *International nouns ending in **-t** denoting male persons:* Komponist, Patient, Polizist, Präsident, Soldat, Student, Tourist
B. *Nouns ending in **-e** denoting male persons or animals:* Drache, Junge, Neffe, Riese
C. *The following nouns:* Elefant, Herr, Mensch, Nachbar, Name

	SINGULAR	PLURAL
NOMINATIVE	der Student der Junge	die Studenten die Jungen
ACCUSATIVE	den Studenten den Jungen	die Studenten die Jungen
DATIVE	dem Studenten dem Jungen	den Studenten den Jungen

8. Principal Parts of Strong and Irregular Weak Verbs

The following is a list of the most important strong and irregular weak verbs that are used in this book. Included in this list are the modal auxiliaries. Since the principal parts of compound verbs follow the forms of the base verb, compound verbs are generally not included, except for a few high-frequency compound verbs whose base verb is not commonly used. Thus you will find **einladen** listed, but not **zurückkommen.**

INFINITIVE	(3RD PERS. SG. PRESENT)	SIMPLE PAST	PAST PARTICIPLE	MEANING
bleiben		blieb	(ist) geblieben	*to stay*
bringen		brachte	gebracht	*to bring*
denken		dachte	gedacht	*to think*
dürfen	(darf)	durfte	gedurft	*to be allowed*
einladen	(lädt ein)	lud ein	eingeladen	*to invite*
essen	(isst)	aß	gegessen	*to eat*
fahren	(fährt)	fuhr	(ist) gefahren	*to drive*
finden		fand	gefunden	*to find*
fliegen		flog	(ist) geflogen	*to fly*
geben	(gibt)	gab	gegeben	*to give*
gefallen	(gefällt)	gefiel	gefallen	*to like; to please*

INFINITIVE	(3RD PERS. SG. PRESENT)	SIMPLE PAST	PAST PARTICIPLE	MEANING
gehen		ging	(ist) gegangen	to go
haben	(hat)	hatte	gehabt	to have
heißen		hieß	geheißen	to be called
kennen		kannte	gekannt	to know
kommen		kam	(ist) gekommen	to come
können	(kann)	konnte	gekonnt	can; to be able
laufen	(läuft)	lief	(ist) gelaufen	to run
lesen	(liest)	las	gelesen	to read
liegen		lag	gelegen	to lie
müssen	(muss)	musste	gemusst	must; to have to
nehmen	(nimmt)	nahm	genommen	to take
reiten		ritt	(ist) geritten	to ride
scheinen		schien	geschienen	to seem; to shine
schlafen	(schläft)	schlief	geschlafen	to sleep
schreiben		schrieb	geschrieben	to write
schwimmen		schwamm	(ist) geschwommen	to swim
sehen	(sieht)	sah	gesehen	to see
sein	(ist)	war	(ist) gewesen	to be
singen		sang	gesungen	to sing
sollen	(soll)	sollte	gesollt	should, ought; to be supposed
sprechen	(spricht)	sprach	gesprochen	to speak
stehen		stand	gestanden	to stand
steigen		stieg	ist gestiegen	to rise; to climb
sterben	(stirbt)	starb	(ist) gestorben	to die
tragen	(trägt)	trug	getragen	to carry; to wear
trinken		trank	getrunken	to drink
umsteigen		stieg um	(ist) umgestiegen	to change; to transfer
vergessen	(vergisst)	vergaß	vergessen	to forget
werden	(wird)	wurde	(ist) geworden	to become
wissen	(weiß)	wusste	gewusst	to know
wollen	(will)	wollte	gewollt	to want
ziehen		zog	(ist/hat) gezogen	to move; to pull

9. Common Inseparable Prefixes of Verbs

be- besichtigen, besuchen, bezahlen
er- erleben, erlösen
ver- vergessen, vermieten, versprechen

10. Conjugation of Verbs

In the charts that follow, the pronoun **Sie** (*you,* singular and plural) is listed with the third-person plural **sie** (*they*).

Present Tense

Auxiliary Verbs

	sein	haben	werden
ich	bin	habe	werde
du	bist	hast	wirst
Sie	sind	haben	werden
sie/er/es	ist	hat	wird
wir	sind	haben	werden
ihr	seid	habt	werdet
sie	sind	haben	werden
Sie	sind	haben	werden

Regular Verbs, Verbs with Vowel Change, Irregular Verbs

	REGULAR		VOWEL CHANGE		IRREGULAR
	fragen	**finden**	**geben**	**fahren**	**wissen**
ich	frage	finde	gebe	fahre	weiß
du	fragst	findest	gibst	fährst	weißt
Sie	fragen	finden	geben	fahren	wissen
sie/er/es	fragt	findet	gibt	fährt	weiß
wir	fragen	finden	geben	fahren	wissen
ihr	fragt	findet	gebt	fahrt	wisst
sie	fragen	finden	geben	fahren	wissen
Sie	fragen	finden	geben	fahren	wissen

Simple Past Tense

Auxiliary Verbs

	sein	haben
ich	war	hatte
du	warst	hattest
Sie	waren	hatten
sie/er/es	war	hatte
wir	waren	hatten
ihr	wart	hattet
sie	waren	hatten
Sie	waren	hatten

Wissen and the Modal Verbs

		MODAL VERBS				
	wissen	**dürfen**	**können**	**müssen**	**sollen**	**wollen**
ich	wusste	durfte	konnte	musste	sollte	wollte
du	wusstest	durftest	konntest	musstest	solltest	wolltest
Sie	wussten	durften	konnten	mussten	sollten	wollten
sie/er/es	wusste	durfte	konnte	musste	sollte	wollte
wir	wussten	durften	konnten	mussten	sollten	wollten
ihr	wusstet	durftet	konntet	musstet	solltet	wolltet
sie	wussten	durften	konnten	mussten	sollten	wollten
Sie	wussten	durften	konnten	mussten	sollten	wollten

Present Perfect Tense

	sein		haben		geben		fahren	
ich	bin		habe		habe		bin	
du	bist		hast		hast		bist	
Sie	sind		haben		haben		sind	
sie/er/es	ist	gewesen	hat	gehabt	hat	gegeben	ist	gefahren
wir	sind		haben		haben		sind	
ihr	seid		habt		habt		seid	
sie	sind		haben		haben		sind	
Sie	sind		haben		haben		sind	

Imperative

	sein	geben	fahren	arbeiten
FAMILIAR SINGULAR	sei	gib	fahr	arbeite
FAMILIAR PLURAL	seid	gebt	fahrt	arbeitet
FORMAL	seien Sie	geben Sie	fahren Sie	arbeiten Sie

APPENDIX B

SPELLING REFORM

With the recent German spelling reform, a handful of common words are now spelled differently. The new rules also affect capitalization, compounding, and punctuation. The spelling reform is reflected throughout *Auf Deutsch!* Below is a brief summary of the most important new rules. Also provided are words appearing in vocabulary lists and exercises that are affected by the spelling reform, along with the old spellings. (This list is not a complete list of words affected by the spelling reform.)

Spelling: *ß* vs. *ss*

- The new rule is simple. Write **ss** after a short vowel, but **ß** after a long vowel or diphthong.

OLD	NEW
aufpassen (paßt auf), paßte auf, aufgepaßt	aufpassen (passt auf), passte auf, aufgepasst
daß	dass
ein bißchen	ein bisschen
Erdgeschoß, Erdgeschösse	Erdgeschoss, Erdgeschösse
essen (ißt), aß, gegessen	essen (isst), aß, gegessen
Eßtisch	Esstisch
Eßzimmer	Esszimmer
Fitneß	Fitness
Fluß, Flüsse	Fluss, Flüsse
häßlich	hässlich
lassen (läßt), ließ, gelassen	lassen (lässt), ließ, gelassen
müssen (muß), mußte, gemußt	müssen (muss), musste, gemusst
Schloß, Schlösser	Schloss, Schlösser
Streß	Stress
vergessen (vergißt), vergaß, vergessen	vergessen (vergisst), vergaß, vergessen
wissen (weiß), wußte, gewußt	wissen (weiß), wusste, gewusst

Remember: The **ß** is kept when it follows a long vowel or a diphthong.

OLD	NEW
Straße	(no change)
Fuß, Füße	(no change)
außer	(no change)
heißen	(no change)

Compounding

- Some words are now two. Many of these were formerly compound verbs.

OLD	NEW
kennenlernen, lernte kennen, kennengelernt	kennen lernen, lernte kennen, kennen gelernt
radfahren (fährt Rad), fuhr Rad ist radgefahren	Rad fahren (fährt Rad), fuhr Rad, ist Rad gefahren
spazierengehen (geht spazieren), ging spazieren, ist spazierengegangen	spazieren gehen (geht spazieren), ging spazieren, ist spazieren gegangen
soviel	so viel
wieviel	wie viel

- When three of the same consonant follow each other in a compound word, all three are kept.

OLD	NEW
Schiffahrt	Schifffahrt

- Some words that used to be written separately are now combined as compounds.

OLD	NEW
weh tun (tut weh), tat weh, weh getan	wehtun (tut weh), tat weh, wehgetan
irgend etwas	irgendetwas
irgend jemand	irgendjemand
Samstag morgen, . . . mittag, . . . abend	Samstagmorgen, -mittag, -abend

Capitalization

- Several common words are affected by new capitalization rules.

OLD	NEW
auf deutsch	auf Deutsch
heute morgen, . . . mittag, . . . abend	heute Morgen, . . . Mittag, . . . Abend
leid tun	Leid tun
morgen mittag, . . . abend	morgen Mittag, . . . Abend
recht haben	Recht haben

- Second person familiar pronouns are no longer capitalized in letters, unless they follow terminal punctuation.

OLD	NEW
Du, Dich, Dir, Dein, Ihr, Euch, Euer	du, dich, dir, dein, ihr, euch, euer

Remember: The formal pronoun **Sie** and its related forms continue to be capitalized.

OLD	NEW
Sie	(no change)
Ihnen	(no change)
Ihr	(no change)

Punctuation

- When two independent main clauses are joined with **und** or **oder,** a comma is no longer mandatory.

OLD	NEW
Kaiser Wilhelm regierte in Deutschland, und Franz Josef herrschte in Österreich.	Kaiser Wilhelm regierte in Deutschland und Franz Josef herrschte in Österreich.

Note: A comma is used if it aids comprehension.

OLD	NEW
Kaiser Wilhelm regierte in Deutschland, und Österreich war unter den Hapsburgern.	(no change)

VOCABULARY

GERMAN-ENGLISH

This vocabulary list contains nearly all the German words that appear in the textbook for *Auf Deutsch 1 Eins.* Exceptions include identical or very close cognates with English that are not part of the active vocabulary. Chapter numbers indicate active vocabulary items from the end-of-chapter **Wortschatz** lists.

Even though *Auf Deutsch 1 Eins* does not formally treat the simple past tense of strong verbs, entries include all principal parts for student reference: **fahren (fährt), fuhr, ist gefahren; trinken, trank, getrunken.**

The vocabulary list also includes the following abbreviations.

acc.	accusative
adj.	adjective
coll.	colloquial
coord. conj.	coordinating conjunction
dat.	dative
decl. adj.	declined adjective
fig.	figurative
form.	formal
gen.	genitive
indef. pron.	indefinite pronoun
inform.	informal
(-n *masc.***) / (-en** *masc.***)**	masculine noun ending in **-n** or **-en** in all cases but the nominative singular
pl.	plural
sg.	singular
subord. conj.	subordinating conjunction

A

ab (+ *dat.*) from, from . . . on; **Fahrverbindungen ab Kloster** connections from Kloster, **für die Kids ab zehn** for kids age ten and older

das Abc alphabet

der Abend (-e) evening; **am Abend** in the evening; **gestern Abend** last night; **guten Abend!** good evening; **heute Abend** this evening; **jeden Abend** every night; **morgen Abend** tomorrow evening

das Abendessen (-) dinner, supper; **nach dem Abendessen** after dinner; **zum Abendessen** for dinner

abends (in the) evenings

das Abenteuer (-) adventure (9)

abenteuerlich adventurous

aber (*coord. conj.*) but, however

abfahren (fährt ab), fuhr ab, ist abgefahren to depart

die Abfahrt (-en) departure

abführen (führt ab) to remove

abgefahren departed

abgeschrieben copied

das Abi = Abitur

die Abifete (-n) Abitur graduation party

das Abitur (-e) *exam at the end of*

secondary school (Gymnasium) (10)

der Abiturient (-en *masc.***) / die Abiturientin (-nen)** *person who has passed the Abitur*

abkriegen (kriegt ab): (*coll.*) **er hat was abgekriegt** he was hurt

ablehnen (lehnt ab) to decline

abreisen (reist ab), ist abgereist to depart (8)

abrunden (rundet ab) to round up; to complete

die Absage (-n) rejection

der Abschied (-e) farewell

abschließen (schließt ab), schloss ab, abgeschlossen to finish, conclude

der Abschluss (¨e) completion of studies, degree

abschreiben (schreibt ab), schrieb ab, abgeschrieben to copy (in writing)

absolvieren: die Schule absolvieren to complete school education

ach! oh!; **ach ja!** oh right!, **ach, was!** come on!, **ach so!** I see! **ach wo!** not at all!

acht eight; **es ist acht Uhr** it's eight o'clock (E)

Acht geben (gibt Acht), gab Acht, Acht gegeben: auf den Lehrer Acht geben to pay attention to the teacher

achte eighth; **der achte Mai** May eighth

achten auf (+ *acc.*) to pay attention to

die Achterbahn (-en) roller coaster

achtzehn eighteen (E)

achtzehnte eighteenth; **der achtzehnte Januar** January eighteenth

achtzig eighty (E)

das Adjektiv (-e) adjective

der Adler (-) eagle

die Adresse (-n) address

das Adverb (Adverbien) adverb

die Aerobikübung (-en) aerobic exercise, aerobics

der Affe (-n *masc.***)** ape, monkey

(das) Afrika Africa

der Agent (-en *masc.***) / die Agentin (-nen)** secret agent, spy

(das) Ägypten Egypt

aha! I see!

ähnlich similar(ly)

ahoi! ahoy!

der Ahornsirup maple syrup

das Airbrushing airbrushing

der Akkusativ accusative case

die Akkusativpräposition (-en) accusative preposition

das Akkusativpronomen (-) pronoun in the accusative case

die Aktivität (-en) activity

all, all- all; **all ihr jungen Leute** all you young people; **alle**

zusammen! all together! (E); **aller** of all; **vor allem, vor allen Dingen** above all

allein(e) alone (4)

allerdings indeed, however, to be sure

die Allergie (-n) allergic reaction, allergy

allergisch allergic

alles everything; **alles Gute!** all the best! (5); **alles klar!** everything ok!; **alles Liebe, deine Mutti** love, Mom (*closing in letters*); **das ist alles!** that's all!

allgemein general(ly)

der Alltag everyday routine

allzu (all) too

die Alpen (*pl.*) the Alps

der Alpengipfel (-) alpine peak

das Alphabet (-e) alphabet

der Alptraum (-träume) nightmare

als when; **als ich jung war** when I was young; than; as; **als Gast** as a guest

also well; thus; therefore; so (12); **also Ruth, natürlich** well Ruth, of course; **na also!** there we go!; **also, bis dann!** all right then, see you later; **er schreibt also eine E-Mail** thus, he writes an e-mail; **also hielt er an** therefore he stopped

alt old (1)

die Altbauwohnung (-en) pre-1945 building (4)

der/die Alte (*decl. adj.*) the old one

das Alter age

älter older; **eine ältere Person** an older Person

die Altstadt (¨e) old part of town

am = an dem: am achten Mai on May eighth; **am allerschönsten** the most beautiful; **am Montag** on Monday

(das) Amerika America

der Amerikafan (-s) America nut, *person who likes everything about America*

der Amerikaner (-) / die Amerikanerin (-nen) American (*person*)

amerikanisch (*adj.*) American

das Amt (¨er) bureau, agency

das Amtsgeschäft (-e) business matter, transaction

die Amtstätigkeit (-en) job responsibility

an (+ *acc./dat.*) at; near; up to; to (11)

anbei enclosed (*in letters*)

anbieten (bietet an), bot an, angeboten to offer

ander- other; **alles andere** everything else; **eins nach dem anderen** one thing at a time; **etwas anderes** something else; **unter anderem** among other things

der/die/das andere (*decl. adj.*) the other (one)

(sich) ändern to change (10)

anders different(ly), in another way; **ganz anders** totally different

anderswohin: anderswohin stellen to put in a different place

anderthalb one and a half

aneinander to each other

anfällig prone; **anfällig für Krankheiten** prone to diseases

der Anfang (¨e) beginning, start; **am Anfang** in the beginning; **von Anfang an** from the beginning; **Anfang des zwanzigsten Jahrhunderts** in the beginning of the twentieth century

anfangen (fängt an), fing an, angefangen to begin

das Angebot (-e) offer

angeboten offered

angefangen begun

angekommen arrived

angeln to fish (8)

angenehm pleasant(ly)

angerufen called

angestellt employed (1)

angreifen (greift an), griff an, angegriffen to attack

der Angriff (-e) attack; **bereit zum Angriff** ready to attack

die Angst (¨e) fear, inner turmoil; **Angst haben** to be afraid; **keine Angst!** don't be afraid!

anhören (hört an) to listen to
ankommen (kommt an), kam an, ist angekommen to arrive
die Ankunft (¨e) arrival
anlegen (legt an) dock (a boat)
anmachen (macht an) to turn on; **Licht anmachen** turn on a light
anmalen (malt an) to paint on; **ein Clowngesicht anmalen** to paint on a clown's face
(sich) anmelden (meldet an) to register
der Anorak (-s) parka (7)
anorganisch inorganic
anprobieren (probiert an) to try on (clothes) (7)
die Anreise (-n) arrival
der Anruf (-e) phone call
anrufen (ruft an), rief an, angerufen to call on the phone (7)
ans = an das
anschauen (schaut an) to look at
ansehen (sieht an), sah an, angesehen to look at
das Ansehen reputation, recognition
der Anthropologe (-n masc.) / die Anthropologin (-nen) anthropologist
die Antike antiquity
die Antiquität (-en) antique
(jemandem etwas) antun (tut an), tat an, angetan to do (something to someone)
die Antwort (-en) answer
der Antwortbrief (-e) response letter
antworten to answer
die Anzeige (-n) advertisement, announcement
(sich) anziehen (zieht an), zog an, hat angezogen to put on (clothes) (7)
der Anzug (¨e) dress suit (7)
der Apfel (¨) apple
der April April (5); **am dreizehnten April** on April thirteenth; **im April** in April
die Arbeit (-en) work; **an die Arbeit!** back to work!

arbeiten to work (2)
der Arbeiter (-) / die Arbeiterin (-nen) blue-collar worker
die Arbeiterfamilie (-n) blue-collar family
das Arbeitsamt (¨er) department of labor, employment office
die Arbeitsgemeinschaft (-en) association, agency, society
arbeitslos unemployed (1)
der/die Arbeitslose (decl. adj.) unemployed person
das Arbeitslosengeld (-er) unemployment benefit
der Arbeitsvertrag (¨e) employment contract
die Arbeitswelt (-en) professional world, professional environment
das Arbeitszimmer (-) (home) office, study
der Architekt (-en masc.) / die Architektin (-nen) architect
die Architektur (-en) architecture
(das) Argentinien Argentina
der Ärger anger; **aus Ärger** out of anger
ärgern to annoy, make angry (10)
(sich) ärgern (über) (+ acc.) to get upset, annoyed, angry (about)
das Argument (-e) argument, point
arm poor
der Arm (-e) arm (6)
die Armbanduhr (-en) wristwatch
die Armen (pl.) the poor
die Art (-en) kind of, type of
der Artikel (-) article (in a newspaper) (10)
der Arzt (¨e) / die Ärztin (-nen) doctor, physician (6); **zum Arzt gehen** to go to a doctor
die Asche ash
(das) Aschenputtel Cinderella (12)
(das) Asien Asia
der Asoziale (-n) (decl. adj.) social outcast
der Assistent (-en masc.) / die Assistentin (-nen) assistant
die Assoziation (-en) association (cognitive process)
assoziieren to associate
der Ast (¨e) branch (of a tree)

die Ästhetik aesthetics
das Asthma asthma
(das) Athen Athens (Greece)
der Athlet (-en masc.) / die Athletin (-nen) athlete
der Atlantik Atlantic (Ocean)
die Atmosphäre (-n) atmosphere
die Attraktion (-en) attraction
attraktiv attractive(ly)
das Attraktive (decl. adj.) the attractive (thing)
auch also, as well, too
auf (+ acc./dat.) on, upon; onto, to; at; in (11); **auf das Gewicht achten** to watch one's figure **(sich) auf den Weg machen** to get underway, leave; **auf der Straße** in the street; **auf Deutsch** in German; **auf die Frage antworten** to answer the question; **auf die Idee kommen** to have an idea; **auf die Reise gehen** to travel; **auf einmal** suddenly, at once (12); **auf jemanden zukommen** to approach someone; **auf Rezept** by prescription; **auf Urlaub** on vacation; **auf Wiedersehen!** good bye!
das Aufbauen (process of) building
aufbauen (baut auf) to build
der Aufenthalt (-e) stay (7); layover
der Aufenthaltsraum (¨e) club room (10)
die Aufgabe (-n) task, job, responsibility, assignment (10)
aufgeben (gibt auf), gab auf, aufgegeben to give up
aufgeregt agitated, upset
aufhören (hört auf) to stop, quit (7)
aufmachen (macht auf) to open (6); **macht die Bücher auf!** open your books (E)
aufpassen (passt auf) to pay attention, be careful (9)
aufregend exciting
die Aufregung (-en) excitement
aufs = auf das
aufschließen (schließt auf), schloss auf, aufgeschlossen to unlock

der Aufschnitt cold cuts
aufschreiben (schreibt auf), schrieb auf, aufgeschrieben to write down
aufspringen (springt auf), sprang auf, ist aufgesprungen to jump up
aufstehen (steht auf), stand auf, ist aufgestanden to get up (7)
aufwachen (wacht auf) to wake up (12)
der Aufzug (̈e) elevator (8)
das Auge (-n) eye (6)
der Augenarzt (̈e) / die Augenärztin (-nen) optometrist
der August August (5)
aus (+ *dat.*) out of; from (12); **aus Liebe** out of love; **von (Paris) aus** from (Paris) (*with a destination*); **aus vollem Herzen lachen** to laugh out loud
aus sein (ist aus), war aus, ist aus gewesen: die Kirche ist aus church is out; **es ist aus!** it's over!
die Ausbildung (-en) education, training
der Ausbildungsplatz (̈e) position as trainee, apprenticeship
(sich) ausdenken (denkt aus), dachte aus, ausgedacht to think up, invent
der Ausdruck (̈e) expression
auseinander brechen (bricht auseinander), brach auseinander, ist auseinander gebrochen to break apart
ausflippen (flippt aus) to flip out
der Ausflug (̈e) field trip (10)
ausführen (führt aus) to carry out, to perform
ausfüllen (füllt aus) to fill out (8)
die Ausgabe (-n) edition
ausgedacht invented
ausgeflippt flipped out, crazy
ausgehen (geht aus), ging aus, ist ausgegangen to go out; **wie ist die Geschichte ausgegangen?** how did the story end?
ausgestattet equipped with; **mit Dusche und W.C. ausgestattet** equipped with shower and toilet
(sich) auskennen (kennt sich aus), kannte sich aus, hat sich ausgekannt to know one's way around
(mit jemandem) auskommen (kommt aus), kam aus, ist ausgekommen to get along (with someone)
die Auskunft (̈e) information (7)
das Ausland foreign country; **im Ausland** abroad
ausleihen (leiht aus), lieh aus, ausgeliehen to lend; to borrow
ausmachen (macht aus) to turn off; **(mit jemandem) ausmachen** to make plans (with someone)
auspacken (packt aus) to unpack
ausreichend sufficient(ly), enough
die Aussage (-n) statement
ausschlafen (schläft aus), schlief aus, ausgeschlafen to sleep in
aussehen (sieht aus), sah aus, ausgesehen to look, appear (7)
außer (+ *dat.*) except for, besides (12)
außerdem besides that, moreover, on top of that
außerhalb (+ *gen.*) outside of
(sich) äußern to express (oneself) (10)
die Aussicht (-en) view
(sich) ausspannen (spannt aus) to unwind, relax
die Aussprache (-n) pronunciation
ausstatten (stattet aus) to equip with, furnish
aussteigen (steigt aus), stieg aus, ist ausgestiegen to get off/out of (*a train, car, etc.*) (7)
die Ausstellung (-en) exhibition, fair, show
aussuchen (sucht aus) to pick out, select
(das) Australien Australia
sich ausweinen (weint sich aus) to cry (until one feels better)
ausziehen (zieht aus), zog aus, ist ausgezogen to move out
das Auto (-s) car (7); **mit dem Auto fahren** to go by car
die Autobahn (-en) freeway
Auto fahren (fährt Auto), fuhr Auto, ist Auto gefahren to drive a car
autofrei no cars allowed
der Automat (-en *masc.***)** vending machine
der Automechaniker (-) / die Automechanikerin (-nen) car mechanic
der Autor (-en) / die Autorin (-nen) author, writer
der Autounfall (̈e) car accident
der/die Azubi = Auszubildende
der/die Auszubildende (*decl. adj.*) trainee, apprentice

B

das Baby (-s) baby
der Bach (̈e) creek
die Bäckerei (-en) bakery
das Bad (̈er) bath; bathroom
der Badeanzug (̈e) swimsuit, bathing suit (7)
das Badebecken (-) pool
die Badehose (-n) swim trunks (7)
baden to bathe, recreational swimming
der Badespaß fun of bathing/swimming
das Badetuch (̈er) swim towel
die Badewanne (-n) bathtub (3)
das Badezimmer (-) bathroom (3)
die Bahn (-en) rail (7); **die S-Bahn (-en)** streetcar; **die U-Bahn (-en)** subway; **mit der Bahn** by train
der Bahnhof (̈e) train station (7) **am Bahnhof** at the station
der Bahnsteig (-e) platform (7)
bald soon (12); **bis bald!** see you soon!
der Balken (-) beam
der Balkon (-e) balcony
der Ball (̈e) ball
der Band (̈e) volume (*of a book*)
die Band (-s) band, rock group
die Bank (-en) bank (*monetary institution*); **auf die Bank** to the bank (4)
der Bankkaufmann (̈er) / die Bankkauffrau (-en) bank manager

die **Bar** (-s) bar
die **Baseballkappe** (-n) baseball hat
das **Basketballspiel** (-e) basketball game
basteln to tinker, build things (*as a hobby*)
das **Basteln** crafts (for children)
der **Bauch** (¨e) abdomen (6)
die **Bauchschmerzen** (*pl.*) stomachache
bauen to build, construct
das **Bauernhaus** (¨er) farmhouse (4)
der **Bauernhof** (¨e) farm
der **Baum** (¨e) tree
(das) **Bayern** Bavaria
der **Beamte** (*decl. adj.*) / die **Beamtin** (-nen) civil servant, government employee
beantworten to answer
der **Becher** (-) mug
bedeuten to mean
die **Bedeutung** (-en) meaning
die **Beere** (-n) berry
der **Befehl** (-e) order, command
(sich) **befinden, befand, befunden** to be (located)
die **Befreiung** (-en) liberation
begehren to desire
begeistern to amaze, to excite
begeistert amazed, excited
der **Beginn** (-e) beginning
beginnen, begann, begonnen to begin, start
begründen to give reasons for, justify
behalten (behält), behielt, **behalten** to keep
behaupten to claim, make a statement
bei (+ *dat.*) at, at the place of; near; with (12)
das **Beiboot** (-e) small boat
beide both
die **beiden** the two of them
beige beige, tan (2)
beim = bei dem
das **Bein** (-e) leg (6); **Hals- und Beinbruch!** good luck!
das **Beispiel** (-e) example; **zum Beispiel** for example, for instance

beißen, biss, gebissen to bite
bekannt famous, popular
der/die **Bekannte** (*decl. adj.*) acquaintance
(sich) **beklagen** complain; **ich kann mich nicht beklagen** I can't complain
bekommen (bekommt), bekam, **bekommen** to get, receive
bekümmert worried, sad
belegen to sign up for, take (a course) (11)
beleidigen to offend (10)
(das) **Belgien** Belgium (9)
beliebt popular, famous
am beliebtesten most popular
bellen to bark
sich **benehmen** (benimmt), **benahm, benommen** to behave
benutzen to use
beobachten to watch, observe
bequem comfortable, convenient
der **Bereich** (-e) area, field
bereit ready
bereiten to prepare; **Probleme bereiten** to cause problems
der **Berg** (-e) mountain (4); **in die Berge fahren** to go to the mountains
bergsteigen (berggestiegen) to hike in the mountains; **bergsteigen gehen** to go hiking
das **Bergsteigen** hiking, climbing
der **Bergwanderer** (-) person who hikes in the mountains
der **Bericht** (-e) report, statement
berichten to report
der **Bernstein** amber
der **Beruf** (-e) profession, occupation
die **Berufsfachschule** (-n) trade school (11)
beruhigen to calm down, comfort
berühmt famous, popular
berühren to touch
die **Besatzung** (-en) crew (on a ship)
sich **beschäftigen** to occupy oneself, keep busy
der **Beschluss** (¨e) resolution, decision, order

beschreiben (beschreibt), **beschrieb, beschrieben** to describe
die **Beschreibung** (-en) description
besetzen to occupy
besichtigen to visit (as a sightseer); **Burgen besichtigen** to visit castles (8)
die **Besichtigung** (-en) guided tour
besitzen (besitzt), besaß, besessen to own
das **Besondere** (*decl. adj.*) what is special, the special thing
besonders especially
besorgen to tend to, get done
besorgt worried
besser better
bessern to improve
die **Besserung: gute Besserung!** get well soon!
best- best; **am besten** (the) best
das **Besteck** (-e) silverware
bestehen (besteht), bestand, **bestanden** to pass (an exam) (10)
bestellen to order
bestens: es geht mir bestens I'm doing really well
bestimmt surely, certainly
bestrafen to punish (10)
die **Bestrafung** (-en) punishment
der **Besuch** (-e) visit; **zu Besuch kommen** to come for a visit
besuchen to visit (8); **die Schule besuchen** to attend school
betrachten to look at, view; **Kunstwerke betrachten** to view works of art (8)
betreten (betritt), betrat, betreten to step into
betreuen to take care of, be in charge of
der **Betrieb** (-e) commercial enterprise, business, corporation
das **Bett** (-en) bed (3)
das **Bettzeug** bedding
bevor (*subord. conj.*) before
bevorzugen to prefer
sich **bewegen** to move
die **Bewegung** (-en) movement
die **Bewerbung** (-en) application
bewerten to evaluate

R-17

der Bewohner (-) / die Bewohnerin (-nen) inhabitant, resident

bewundern to marvel at

bewusst conscious, consciously

bezahlen to pay (4)

die Beziehung (-en) relationship

beziehungsweise or, respectively, or rather, that is to say

Bezug: in Bezug auf (+ *acc.*) in relation to; concerning, regarding, as to

bezweifeln to doubt

die Bibelübersetzung (-en) translation of the Bible

die Bibliothek (-en) library (10)

bieder conventional, conservative

die Biene (-n) bee

das Bier (-e) beer

die Biersorte (-n) kind of beer

das Bierzelt (-e) beer tent

das Biest (-er) beast

bieten (bietet), bat, geboten to offer

das Bild (-er) picture

bilden to build, form

die Bildung education (11); **allgemeine Bildung** general education

das Billard billiards; **Billard spielen** to play billiards (8)

billig cheap, inexpensive (2)

Bio = Biologie

der Bioladen (:) health food store

die Biologie biology (11)

biologisch organic

die Birne (-n) pear

bis until, till, to; **bis bald** see you later; **bis dann** see you later; **bis jetzt** until now; **bis morgen** see you tomorrow

bisschen: ein bisschen a little bit

bitte please; **bitte noch einmal!** once more, please! (E)

bitten um (+ *acc.*) to ask for

blasen (bläst), blies, geblasen to blow

das Blatt (:er) leaf; **ein Blatt Papier** sheet of paper

blau blue (2)

bleiben (bleibt), blieb, ist

geblieben to stay, remain; **zu Hause bleiben** to stay home

der Bleistift (-e) pencil (E)

der Blick (-e) look, view, eye contact

blinken to shine

der Blitz (-e) lightning; **es blitzt** it's lightning (5)

der Block (-s) block, unit

blockieren to block

blöd (*coll.*) dumb, stupid (2)

bloß only

blühen to bloom

die Blume (-n) flower (5)

die Bluse (-n) blouse (7)

der Blutdruck blood pressure

die Blütezeit (-en) golden age, heyday

der Bluthochdruck high blood pressure

der Boden (:) floor

der Bodensee Lake Constance

das Boot (-e) boat

böse naughty; evil; mean; angry (1)

(das) Brasilien Brazil

die Bratwurst (:e) type of sausage

brauchen to need (2)

braun brown (2)

brav obedient, well-behaved (1)

breit wide

brennen (brennt), brannte, gebrannt to burn, be on fire; **brennende Kohlen** burning coals

der Brief (-e) letter; **Briefe schreiben** to write letters (2)

der Brieffreund (-e) / die Brieffreundin (-nen) pen pal

die Briefmarke (-n) stamp

der Briefwechsel (-) correspondence

bringen, brachte, gebracht to bring (5)

die Broschüre (-n) brochure

das Brot (-e) bread

der Bruder (:) brother (1)

das Brüderchen (-) little brother

das Bruderherz (-en, -en) beloved brother

brummen to hum

der Brunnen (-) well

(das) Brüssel Brussels

der Bube (-n *masc.***)** boy

das Buch (:er) book (E)

buchen to book (7)

das Bücherregal (-e) bookshelf

die Bucht (-en) bay (9)

die Bude (-n) (*coll.*) room, pad

die Bühne (-n) stage

der Bund federal government

der Bund = die Bundeswehr German army

die Bundesliga national league (soccer); **der Bundesligafan (-s)** soccer fan; **das Bundesligaspiel (-e)** national league soccer game

die Bundesrepublik Deutschland Federal Republic of Germany

der Bundesstaat (-en) federal state

die Bundeswehr German army

das Bündnis (-se) confederation

der Bungalow (-s) bungalow

bunt colorful, multicolored

die Burg (-en) castle, fort; **Burgen besichtigen** to visit castles (8)

das Büro (-s) office, study

der Bus (-se) bus (7); **mit dem Bus** by bus

die Busfahrt (-en) bus ride

die Butter butter

bzw. = beziehungsweise or, respectively, or rather, that is to say

C

ca. = circa approximately

das Café (-s) café, coffee shop (4)

die Cafeteria (-ien) cafeteria (10)

der Campingplatz (:e) campground

der Campus campus

die CD (-s) compact disc

der/das Center (-) center; **der/das Fitness Center** fitness center

die Chanukka Hanukkah (5)

der Chatroom (-s) chat room

chatten to chat (on the Internet)

das Chatten chatting

der Chef (-s) boss, supervisor

die Chemie chemistry (11)

der Chemielehrer (-) / die Chemielehrerin (-nen) chemistry teacher

der Chemikant (-en *masc.***) / die Chemikantin (-nen)** chemical technician, lab assistant

der Chemiker (-) / die Chemikerin (-nen) chemist

chemisch chemical

das Cholesterin cholesterol

der Cholesterinwert (-e) cholesterol level

Christi Himmelfahrt Ascension Day

der Clown (-s) clown

das Clowngesicht (-er) clown face

der Club (-s) club

die Cola (-s) coke

die Colaflasche (-n) coke bottle

der Computer (-) computer

der Computerkurs (-e) computer class

das Computerspiel (-e) computer game; **Computerspiele spielen** to play computer games (2)

cool cool

der Cousin (-s) / die Cousine (-n) cousin (1)

D

da there; **da drüben** over there

dabei by it, with it; **was meinst du dabei?** what do you mean by that?; **dabei haben** to have with; **dabei sein** to be a part of; **(gerade) dabei sein** to be in the process of; **ich bin gerade dabei ein Fotoalbum zu machen** I'm making a photo album at the moment

das Dach (¨er) roof

der Dachboden (¨) attic

dafür for it

dagegen against it

daher therefore, thus

damit with it

damit (*subord. conj.*) so that, in order that

der Dampf (¨e) steam

danach after it, afterwards, later; **danach fragen** to ask about it

daneben next to it, besides that

(das) Dänemark Denmark (9)

dänisch (*adj.*) Danish

der Dank gratitude, thanks; **vielen Dank!** thanks a lot!

die Dankbarkeit gratitude

danke! thanks!

danken to thank

dann then, afterwards, later (12); **also dann!** all right then!; **bis dann!** see you later!

daran on it, with it, about it

darauf after it; **das kommt darauf an** that depends; **darauf kommen** to think of it; **ich bin nicht darauf gekommen** it didn't occur to me; **darauf reagieren** to react to it

darin in it, within

darstellen (stellt dar) to represent

darüber about it

darum therefore, thus, for this reason

das that

dass (*subord. conj.*) that

dasselbe the same thing (itself)

der Dativ dative case

die Dativpräposition (-en) dative preposition

das Dativpronomen (-) dative pronoun

das Datum (Daten) date

dauern to last (7); **wie lange dauert die Fahrt?** how long is the drive?

der Daumen (-) thumb; **ich halte dir die Daumen** I'll keep my fingers crossed for you

davon from it, of it, about it

dazu to it, with it, for it; **und noch dazu** and also, besides

das Deck (-s) deck (*on a ship*); **auf Deck** on deck

die Definition (-en) definition

dein (*inform. sg.*) your; **dein Michael** yours, Michael (*closing in letters*)

deine, deiner, dein(e)s (*inform. sg.*) yours

dekorieren to decorate

die Demonstration (-en) demonstration (10)

demonstrieren to demonstrate (10)

denken, dachte, gedacht to think (6)

denn (*coord. conj.*) because

dennoch anyway, still

depressiv depressing

deprimiert depressed

deshalb (*subord. conj.*) therefore

der Despot (-en *masc.***)** tyrant

das Detail (-s) detail

das Deutsch German (*language*) (11)

deutsch (*adj.*) German

das Deutschbuch (¨er) German textbook

die Deutsche Mark (DM) German mark (*currency*)

der Deutschkurs (-e) German class

(das) Deutschland Germany (9)

das Deutschlehren teaching German

der Deutschlehrer (-) / die Deutschlehrerin (-nen) German teacher

deutschsprachig German-speaking; **die deutschsprachigen Länder** the German-speaking countries

der Deutschunterricht German instruction, German class

der Dezember December (5)

der Dialog (-e) dialogue

die Diät (-en) diet (to lose weight); **Diät halten** to be on a diet, to diet

dich you (*acc. inform. sg.*); yourself (*refl. pron.*)

der Dieb (-e) / die Diebin (-nen) thief (12)

die Diele (-n) entryway, hall (3)

der Dienst (-e) service

der Dienstag Tuesday (E)

Diensten: zu Diensten at your service

diese, dieser, dies(es) this

dieselbe the same

das Ding (-e) thing; **vor allen Dingen** above all, most importantly

dir (*dat., inform. sg.*) to you

direkt direct

der Direktor (-en) / die Direktorin (-nen) director

die Disko (-s) = Diskothek

die Diskothek (-en) club, disco

die Diskrepanz (-en) discrepancy

die Diskussion (-en) discussion

diskutieren (über) to discuss (10)

DM = Deutsche Mark

doch (*particle*): **nimm doch zwei Aspirin!** why don't you take two aspirin?; **das ist doch Quatsch!** that really is nonsense!; **doch** (*coord. conj.*) but, however; (*affirmative response to negative question*) **kommst du nicht? —doch!** aren't you coming? —yes, I am!

der Doktor (-en) / die Doktorin (-nen) doctor

der Dolmetscher (-) / die Dolmetscherin (-nen) interpreter

der Dom (-e) cathedral

dominieren to dominate

das Dominospiel (-e) domino game

der Donner (-) thunder; **es donnert** it's thundering (5)

der Donnerstag Thursday (E)

doof stupid, dumb

das Doppelhaus (¨er) duplex (4)

die Doppelhaushälfte (-n) part of a duplex

das Doppelzimmer (-) double room (8)

das Dorf (¨er) very small town, village (4)

dort drüben over there

dorthin there; **wie komme ich dorthin?** how do I get there?

der Dozent (-en *masc.***) / die Dozentin (-nen)** instructor (*at the university*)

der Drache (-n *masc.***)** dragon (12)

das Drama drama

dran = daran: (gut) dran sein to be (well) off

drauf = darauf: gut drauf sein to be in good spirits, feel good

draußen outside

drei three (E)

dreieinhalb three and a half

die Dreierarbeit (-en) (group) work for three people

die Dreiergruppe (-n) group of three

dreimal three times

das Dreimannzelt (-e) three-man tent

dreißig thirty (E)

dreizehn thirteen (E)

drin(nen) = darin

dringend urgent

dritt: zu dritt in a group of three

dritte third; **im dritten Stock** on the fourth floor

ein Drittel a third

drüben: da/dort drüben over there

drüber = darüber

du (*inform. sg.*) you (1)

dumm stupid, dumb

die Düne (-n) dune

dunkel dark (2)

das Dunkel darkness; **im Dunkeln** in the dark

durch (+ *acc.*) through, by (5); **quer durch** all through; **quer durch die Insel** all over the island

durchaus by any means, indeed; **durchaus nicht** by no means

durchfallen (fällt durch), fiel durch, ist durchgefallen to fail; **beim Examen durchfallen** to fail the exam (10)

durchkauen (kaut durch) to plough through

durchmachen (macht durch) to experience, endure

durchproben (probt durch) to rehearse

der Durchschnitt (-e) average; **im Durchschnitt** on average

dürfen (darf), durfte to be allowed

der Durst thurst

die Dusche (-n) shower (3)

duschen to shower

dynamisch dynamic(ally)

E

eben (*particle*): **warum eben das?** why that of all things?; (*adj.*) flat, even; just (now)

ebenfalls as well, likewise

echt genuine(ly), real(ly); **echt gut** really good (2); **echt klasse!** really great! (10)

die Ecke (-n) corner

das Edelweiß (-e) edelweiss (*alpine flower*)

egal the same, doesn't matter; **das ist mir egal** I don't care

eher rather

ehrlich honest, sincere

das Ei (-er) egg

die Eifersucht jealousy

eifersüchtig jealous

eigen own (4); **meine eigene Wohnung** my own apartment; **meine eigenen vier Wände** my own place

die Eigenschaft (-en) characteristic

eigentlich real(ly), actual(ly), after all

die Eigentumswohnung (-en) condominium (4)

einander each other, one another

der Einblick (-e) insight

einchecken (checkt ein) to check in

eineinhalb one and a half

einfach simple, simply; easy, easily (2); onefold; just

das Einfamilienhaus (¨er) single-family house (4)

die Einführung (-en) introduction

eingeschult werden to start school, be enrolled in first grade

einhalten (hält ein), hielt ein, eingehalten: ein Versprechen einhalten to keep a promise; **Regeln einhalten** to respect the rules

die Einheit (-en) unit, unification

einige some

sich einigen to come to an agreement

einigermaßen relatively, reasonably

einiges some, quite a bit

einkaufen (kauft ein) to shop, go shopping

der Einkaufsbummel (-) shopping trip; **einen Einkaufsbummel machen** to go on a shopping trip (*leisurely*)

einladen (lädt ein), lud ein, eingeladen to invite

die Einladung (-en) invitation

sich einleben (lebt ein) to get accustomed to a place

einmal once; **auf einmal** suddenly,

unexpectedly; **bitte noch einmal!** once again, please! say that again please!; **es war einmal . . .** once upon a time . . . **noch einmal** once again, one more time

einmalig unique, wonderful

einpacken (packt ein) to pack, to wrap (7)

einrichten (richtet ein) to furnish, decorate (an apartment or house) (4)

eins one (E); **er will auch eins** he wants one too; **es ist schon eins** it's already one (o'clock)

einsam lonely

einschlafen (schläft ein), schlief ein, eingeschlafen to fall asleep

das Einschlafen: zum Einschlafen boring

einst(ens) once, one day, one time

einsteigen (steigt ein), stieg ein, ist eingestiegen to get in/on (a train, car, etc.) (7)

der Eintopf (¨e) stew

die Eintrittskarte (-n) ticket, admission

der Einwohner (-) / die Einwohnerin (-nen) inhabitant, citizen

das Einzelbad (¨er) single bath

das Einzelzimmer (-) single room (8)

einziehen (zieht ein), zog ein, eingezogen to move in

das Eis ice; ice cream

der Eisenstock (¨e) metal club

der Eiszapfen (-) icicle

eklig disgusting, repulsive

das Element (-e) element

elf eleven (E)

die Eltern (pl.) parents (1)

das Elternhaus (¨er) parental house, house in which one grew up

das Elternschlafzimmer (-) parents' bedroom, master bedroom

die Empfehlung (-en) recommendation

empfinden, empfand, empfunden to feel, experience (emotionally)

die Empfindung (-en) emotion

das Ende (-n) end; **am Ende** in the end

enden to end, be finished

endgültig final(ly)

endlich finally (10)

eng narrow, small, tight

engagiert (für + acc.**)** actively interested (in); **politisch engagiert** politically active; **außerhalb der Schule engagiert** involved in extracurricular activities

(das) England England (9)

der Engländer (-) / die Engländerin (-nen) English person

das Englisch English (language) (11); **auf Englisch** in English; **was heißt das auf Englisch?** what does that mean in English?

der Enkel (-) / die Enkelin (-nen) grandchild (1)

das Enkelkind (-er) grandchild (1)

entdecken to discover

die Ente (-n) duck

das Entertainment entertainment

entfernt sein to be away from; **der Bahnhof ist nur zehn Minuten entfernt** the station is only ten minutes from here

entführen to kidnap, abduct

sich entscheiden (entscheidet), entschied, entschieden to make a decision

(sich) entschuldigen to excuse (oneself); **entschuldigen Sie, Herr Doktor!** excuse me, doctor!

entsetzt sein to be shocked

entstehen (entsteht), entstand, entstanden to develop, evolve

entweder . . . oder either . . . or

entzwei apart, into pieces

entzweireißen (reißt entzwei), riss entzwei, entzweigerissen to tear into pieces

er he (1)

das Erdgeschoss (-e) ground floor (in a building) (8)

die Erdkunde geography (11)

die Erdnussbutter peanut butter

das Ereignis (-se) occurrence, incident, event

erfahren (erfährt), erfuhr, erfahren to learn, hear about

die Erfahrung (-en) experience

erfinden, erfand, erfunden to invent

der Erfolg (-e) success

erforderlich necessary

ergänzen to complete

das Ergebnis (-se) result, outcome

erhalten (erhält), erhielt, erhalten to receive

erhellen to lighten up

erhellend lightening up, brightening

die Erholung (-en) recreation

sich erinnern (an + acc.**)** to remember

die Erinnerung (-en) memory

sich erkälten to catch a cold

erkältet sein to have a cold

die Erkältung (-en) cold (6)

die Erkenntnis (-se) insight, understanding

erklären to explain

die Erklärung (-en) explanation

erlauben to allow

erlaubt (adj.) allowed

erleben to experience (8)

erlösen to save (12)

(sich) ernähren to feed, nourish

die Ernährung (-en) diet

ernst serious (1); **ist das dein Ernst?** are you serious?

das Erntedankfest (-e) Thanksgiving

erraten (errät), erriet, erraten to guess

erregen to excite

erreichen to reach, arrive at

erscheinen, erschien, ist erschienen to seem, appear

ersetzen to replace, substitute

erst not until; only; first; **erst einmal** first of all

erst- best- first suitable

erste the first; **am ersten Juni** on the first of June; **der erste Stock** the first floor (8); **zum ersten Mal** for the first time

erstens first (in a list of points given)

erstmals for the first time

sich erübrigen: es erübrigt sich it becomes irrelevant, it's no longer an issue

erwachen (*poetic*) to wake up

erwählen to choose

erwarten to expect

erweitern to expand

erwischen to catch; **erwischt werden** to get caught

das Erz (-e) ore

erzählen to tell, narrate

es it (1); **es gibt** there is/are; **es war einmal . . .** once upon a time . . . (12)

der Esel (-) donkey

essen (isst), aß, gegessen to eat (3)

der Esstisch (-e) dinner table (3)

das Esszimmer (-) dining room (3)

die Etage (-n) floor (*in a building*)

etwas something; a little, some

euch (*acc./dat. inform. pl.*) you; **wie geht es euch?** how are you? (5)

euer (*inform. pl.*) your; **liebe Grüße, eure Marion** best wishes, yours, Marion (*closing in letters*)

(das) Europa Europe

europäisch European

die Europäische Union European Community

eventuell possibly

das Examen (-) exam

das Exemplar (-e) specimen

existieren to exist

explodieren to explode

F

die Fabrik (-en) factory (4)

das Fach (¨er) (school) subject (11)

die Fachoberschule (-en) specialized high school (11)

das Fachwerkhaus (¨er) half-timbered house

die Fackel (-n) torch

die Fahne (-n) flag

fahren (fährt), fuhr, ist gefahren to ride; to drive; to go (3)

der Fahrgast (¨e) passenger (7)

die Fahrkarte (-n) ticket

der Fahrkartenschalter (-) ticket counter (7)

der Fahrplan (¨e) schedule (7)

das Fahrrad (¨er) bicycle; **mit dem Fahrrad fahren** to go by bicycle (7)

die Fahrradpanne (-n) broken bicycle

die Fahrt (-en) trip, ride, drive

die Fahrverbindung (-en) connection

fallen (fällt), fiel, gefallen to fall

falsch false, wrong

faltenfrei without wrinkles, wrinkle-free

die Familie (-n) family (1)

das Familienfoto (-s) family photo

die Familiengeschichte (-n) family history

das Familienmitglied (-er) member of the family

fangen (fängt), fing, gefangen to catch

fantastisch fantastic

die Farbe (-n) color

der Fasching Mardi Gras

fassen to grasp, (*fig.*) to believe

fast almost, nearly

faszinierend fascinating

die Fata Morgana mirage

faul lazy (1)

das Faxgerät fax machine

die Faxmöglichkeit (-en) possibility to fax

FC = Fußballclub soccer club

der Februar February (5)

die Fee (-n) fairy (12)

fehlen to lack, be missing

feiern to celebrate (5)

der Feiertag (-e) holiday (5)

fein fine

das Feld (-er) field (9)

das Fell (-e) fur

das Fenster (-) window (E)

die Ferien (*pl.*) holidays, vacation

das Feriencamp (-s) vacation camp

der Ferienplatz (¨e) vacation spot, holiday resort

die Ferienwohnung (-en) vacation apartment (8)

fern far

fernsehen (sieht fern), sah fern, ferngesehen to watch television/TV

das Fernsehen: im Fernsehen schauen to watch on television/TV (2)

der Fernseher (-) television set (3)

die Fernsehstation (-en) television station

das Fernsehstudio (-s) television production studio

fertig ready, done, finished

das Fest (-e) festival; party (5)

festlegen (legt fest) to determine, set

der Festsaal (-säle) great hall, celebration hall

das Festspiel (-e) culture festival

die Festwoche (-n) festival week

das Festzelt (-e) festival tent

die Fete (-n) (*coll.*) party

das Feuer (-) fire

das Feuerwerk (-e) fireworks (5)

das Fieber (-) fever (6)

der Film (-e) film

finden, fand, gefunden to find (2)

der Finger (-) finger (6)

(das) Finnland Finland (9)

der Fisch (-e) fish

fischen to fish

fit fit, in shape

sich fit halten (hält fit), hielt fit, fit gehalten to keep fit

die Fitness fitness

das Flair flair

fleißig industrious (1)

die Fliege (-n) fly

fliegen to fly (7)

das Flinserlkostüm (-e) *Austrian Fasching (Karneval) costume*

die Flinserlmusik *Austrian Fasching (Karneval) music*

die Flintenpulverflasche (-n) gunpowder sack

der Flohmarkt (¨e) flea market

der Florist (-en masc.) / die Floristin (-nen) florist

die Flöte (-n) flute

die Flucht (-en) flight, escape

der Flug (¨e) flight (*in an airplane*)

das Flugzeug (-e) airplane (7); **mit dem Flugzeug fliegen** to fly (by airplane)

der Fluss (¨e) river (9)

flüstern to whisper
der Fokus focus
die Folge episode
folgen to follow
folgend following
die Form (-en) form
das Formular (-e) form (8)
das Foto (-s) photo
der Fotograf (-en *masc.***) / die Fotografin (-nen)** photographer
fotografieren to take pictures (2)
das Fotografieren photography
die Frage (-n) question
fragen to ask (8)
das Fragewort (ˉer) question word, interrogative pronoun
(das) Frankreich France (9)
der Franzose (-n *masc.***) / die Französin (-nen)** French person
das Französisch French (*language*) (11)
die Frau (-en) woman; wife (1)
die Frauenpower (*feminist motto*)
der Frauensakko (-s) jacket (7)
die Frechheit (-en) offensive behavior; **das ist eine Frechheit!** what nerve!
die Fregatte (-n) frigate (*type of ship*)
frei free; **ist dieser Platz noch frei?** is this seat taken?; **wann bist du frei?** when do you have time?
das Freibad (ˉer) outdoor pool
die Freibühne (-n) outdoor theater
die Freiheit (-en) freedom, liberty
die Freiheitsstatue Statue of Liberty
die Freistunde (-n) free hour
der Freitag Friday (E)
die Freizeit free time
die Freizeitaktivität (-en) pastime, hobby
die Freizeitbeschäftigung (-en) pastime, hobby
fremd foreign, strange
der/die Fremde (*decl. adj.*) stranger
die Fremdsprache (-n) foreign language
fressen (frisst), fraß, gefressen to eat up, gobble
die Freude (-n) joy, happiness

freudig joyfully, happily
sich freuen to be happy
sich freuen auf (*+ acc.*) to look forward to
der Freund (-e) / die Freundin (-nen) close friend; boyfriend/girlfriend (1)
der Freundeskreis (-e) circle of friends
freundlich friendly (1)
frieren to freeze, be cold
frisch fresh (5)
frischgefangen freshly caught; **frischgefangener Fisch** fresh fish
der Friseur (-e) / die Friseurin (-nen), Friseuse (-n) hairdresser
froh glad, happy (1)
frohe Chanukka! happy Hanukkah!
frohe Weihnachten! merry Christmas!
fröhlich sein to be happy, in good spirits
der Frosch (ˉe) frog
das Fröschchen little frog
der Froschkönig (-e) frog king (12)
die Froschprinzessin (-nen) frog princess
der Fruchtsaft (ˉe) fruit juice
früh early
der Früheinwohner (-) early inhabitant
früher earlier, before, in earlier times
der Frühling (-e) spring (5)
der Frühlingstag (-e) spring day
das Frühstück (-e) breakfast
frühstücken to have breakfast
das Frühstückszimmer (-) breakfast room
die Frühzeit prehistory
fühlen to feel; **sich wohl fühlen** to feel well, to be comfortable; **sich gezwungen fühlen** to feel obliged
die Fülle (-n) abundance
fünf five (E)
fünfeinhalb five and a half
fünfte fifth
fünfzehn fifteen (E)
fünfzig fifty (E)
Funk und Fernsehen radio and television

für (*+ acc.*) for (5)
furchtbar terrible, terribly; awful(ly)
fürs = für + das
der Fuß (ˉe) foot (6); **zu Fuß gehen** to walk (4)
der Fußball soccer; **Fußball spielen** to play soccer (2)
der Fußball (ˉe) soccer ball
der Fußballclub, -s soccer club
der Fußballfanatiker (-) / die Fußballfanatikerin (-nen) soccer fanatic, soccer nut
das Fußballspiel (-e) soccer game

G

gähnen to yawn
das Gähnen yawning
ganz whole, complete(ly), really; **ganz Europa** the whole of Europe; **ganz schön schwierig** pretty difficult **nicht ganz** not quite, not really
gar: ganz und gar (nicht) absolutely (not); **gar nicht** absolutely not; **gar nichts** absolutely nothing
die Garage (-n) garage
garstig nasty
der Garten (ˉ) garden (4)
die Gartenmauer (-n) garden wall
die Gasse (-n) alley
der Gast (ˉe) guest (8)
das Gäste-WC guest bathroom
das Gasthaus (ˉer) inn
das Gastland (ˉer) host country
geben (gibt), gab, gegeben to give (3); **es gibt** there is/are
das Gebirge mountains, alpine region (9)
die Gebirgskette (-n) mountain range
geboren born
die Gebrüder Grimm brothers Grimm
das Geburtshaus (ˉer) birth house
das Geburtsjahr (-e) year of birth
der Geburtstag (-e) birthday (5)
das Gedicht (-e) poem
geeignet appropriate, suitable
gefährlich dangerous (7)

gefallen (gefällt), gefiel, gefallen (+ *dat.*) to be pleasing to, to like; **die Blumen gefallen mir** I like the flowers

das Gefühl (-e) feeling

gegen (+ *acc.*) against (5)

die Gegenschwimmanlage (-n) jet stream pool

der Gegenstand (¨e) thing, inanimate object

das Gegenteil (-e) opposite

gegründet founded

das Geheimnis (-se) secret

geheimnisvoll strange, secretive

gehen, ging, ist gegangen to go (2); **das geht zu weit!** that's too much!, that pushes it over the top!

gehören (+ *dat.*) to belong (to)

der Geist spirit, mind; **Körper und Geist** body and mind

geistig spiritual, mental

gelb yellow (2)

gelingen, gelang, ist gelungen to succeed; **gut gelungen** came out well

gemein: ganz gemein mean, malicious

die Gemeinde (-n) community, town

gemeinsam together, common

das Gemüse (-) vegetable

die Gemüsesorte (-n) kind of vegetable

das Gemüt (-er) mood, soul, mind

gemütlich cozy, comfortable

die Gemütlichkeit informal atmosphere

genau exact(ly), precise(ly)

(das) Genf Geneva

genießen, genoss, genossen enjoy

genug enough

die Geographie geography

das Gepäck baggage (7)

die Gepäckaufbewahrung (-en) baggage check (7)

gerade just, at the moment; **nicht gerade** not really

geradeaus straight ahead

gerecht fair (10)

gering small, insignificant

germanisch Germanic

gern gladly; **ja gern!** yes, please! my pleasure!; **was machst du gern?** what do you like to do?; **ich schwimme gern** I like to swim

gesammelt collected

die Gesamtschule (-n) general education high school (11)

das Geschäft (-e) store; business

geschehen (geschieht), geschah, ist geschehen to happen

das Geschenk (-e) gift (5)

die Geschichte (-n) story; history (11)

der Geschichtslehrer (-) / die Geschichtslehrerin (-nen) history teacher

die Geschirrspülmaschine (-n) dishwasher (3)

geschockt shocked

geschwind(e) quickly

die Geschwister (*pl.*) siblings (1)

der Geselle (-n masc.) journeyman; guy

die Gesellschaft (-en) company, society, association; **Gesellschaft mit begrenzter Haftung** company with limited liability

gesetzlich legal

das Gesicht (-er) face (6)

gespannt sein (auf + acc.) to be excited (about)

gesperrt closed

gestern yesterday (8)

gestresst under stress

gesucht: Friseur gesucht hair dresser wanted

gesund healthy (1)

die Gesundheit health (6); **Gesundheit!** bless you! (*sneezing*) (5)

das Gesundheitskonzept (-e) health concept

getrennt separate, separated

das Gewicht (-e) weight

gewinnen, gewann, gewonnen to win

gewiss certain

das Gewitter (-) thunderstorm

sich (an etwas) gewöhnen to get accustomed (to something)

gewöhnlich usual(ly)

die Gitarre (-n) guitar

glänzen to shine

das Glas (¨er) glass

glatt smooth

glauben to believe

das Gleiche the same (thing)

das Gleis (-e) track (7); **auf Gleis 3** on track 3

das Glück: viel Glück! good luck! (5)

glücklich happy (1)

der Glücksbringer (-) lucky charm

der Glückstern (-e) lucky star

die Glückszahl (-en) lucky number

Glückwunsch: herzlichen Glückwunsch! congratulations!

GmbH = Gesellschaft mit begrenzter Haftung company with limited liability

die Gnade (-n) mercy

gnädig merciful; gracious; **gnädige Frau** (*polite form of address; antiquated, but still used in Austria*)

das Gold gold

golden gold(en)

das Golf golf; **Golf spielen** to play golf (8)

gönnen: jemandem etwas gönnen to grant someone something; **ich gönne ihm seinen Erfolg** I'm delighted that he's successful, I don't begrudge him his success

der Gott (¨er) God, god; **grüß Gott!** (*in southern Germany, Austria, and Switzerland*) hello!

gottlob thank God

grade = gerade

die Grammatik (-en) grammar

das Gras (¨er) grass

gratulieren to congratulate; **gratuliere!** congratulations! (5)

grau gray (2)

grausam cruel

(das) Griechenland Greece (9)

das Griechisch Greek (*language*)

grillen to barbecue

das Grillfest (-e) barbecue

die Grippe (-n) flu (6)

groß big; large; tall (1)

(das) Großbritannien Great Britain (9)

die **Großeltern** (*pl.*) grandparents (1)

die **Großmutter** (··) grandmother (1)

die **Großstadt** (··e) big city, metropolis (4)

größt- biggest, tallest, largest

der **Großvater** (··) grandfather (1)

großzügig generous

grün green (2)

gründen to found

die **Grundschule** (-n) elementary school (11)

grunzen to grunt

die **Gruppe** (-n) group

die **Gruppenarbeit** (-en) group work

der **Gruß** (··e) greeting; **viele Grüße! liebe Grüße! herzliche Grüße!** best wishes!

grüßen to greet

gucken (*coll.*) to see, watch; **guck mal!** watch!, look!

günstig inexpensive, cheap

der **Gürtel** (-) belt (7)

gut good (1); **ganz gut** pretty good, ok; **nicht so gut** not so good; **sehr gut** very good; **ziemlich gut** pretty good; **alles Gute!** all the best!; **gute Besserung!** get well soon!; **gute Reise!** have a nice trip! (5); **guten Morgen!** good morning! (E); **guten Rutsch ins neue Jahr!** happy New Year! (5); **guten Tag!** hello! good afternoon! (E)

gutmütig good-natured

der **Gymnasiallehrer** (-) / die **Gymnasiallehrerin** (-nen) teacher in Gymnasium

der **Gymnasiast** (-en *masc.*) / die **Gymnasiastin** (-nen) student in Gymnasium

das **Gymnasium** (Gymnasien) secondary school (10)

die **Gymnastik** gymnastics

H

das **Haar** (-e) hair (6)

haben (hat), hatte, gehabt to have (2)

der **Hafen** (··) harbor

die **Hafenstadt** (··e) city with harbor

der **Hahn** (··e) rooster

halb half; **eine halbe Stunde** half an hour; **es ist halb sechs** it's five thirty

die **Halbinsel** (-n) peninsula (9)

der **Hals** (··e) neck; throat (6); **Hals- und Beinbruch!** good luck!

die **Halsschmerzen** (*pl.*) sore throat (6)

das **Halsweh** sore throat

halt (*particle*): **dann müsst ihr halt mit dem Bus fahren** in that case you'll have to take the bus

halten (hält), hielt, gehalten to hold; **davon halten** to have an opinion; **was halten Sie davon?** what do you think about it? what's your opinion?

die **Hand** (··e) hand (6)

die **Handarbeit** (-en) handicraft

der **Handball** handball

das **Handbuch** (··er) handbook, reference work

der **Handel** trade, commerce

handeln to act; **handeln von** to be about

die **Handelsfirma** (-firmen) trading company

die **Handschmerzen** (*pl.*) pain in the hand

das **Handtuch** (··er) towel

der **Hang** inclination, interest

hängen, hing, gehangen to hang

hängen, hängte, gehängt to hang (up)

(das) Hannover Hanover

die **Hanse** Hanseatic League

die **Hansekogge** (-n) Hanse cog (*type of ship*)

das **Hanseschiff** (-e) Hanse ship

die **Hansestadt** (··e) Hanseatic city

hassen to hate

hässlich ugly (1)

hasten to hurry, hasten

der **Hauptbahnhof** (··e) main train station

das **Hauptfach** (··er) major subject (11)

die **Hauptsache** (-n) the main thing, mainly

die **Hauptschule** (-n) general education high school (11)

die **Hauptstadt** (··e) capital

der **Haupttyp** (-en) the main kind, type

das **Haus** (··er) house (4); **nach Haus(e)** home; **zu Haus(e)** at home

die **Hausaufgabe** (-n) homework (10)

der **Hausbewohner** (-) / die **Hausbewohnerin** (-nen) resident

das **Häuschen** (-) little house

das **Hausmärchen** (-) fairy tale

der **Hausmeister** (-) / die **Hausmeisterin** (-nen) person in charge of a large building, maintenance person

die **Hausmeisterstelle** (-n) position as maintainance person in a building

die **Hausnummer** (-n) house number

das **Haustier** (-e) pet

die **Haut** skin

heben, hob, gehoben to lift

das **Heft** (-e) notebook (E)

heftig hard, strongly

die **Heide** heath (9)

heil whole, healed, in order

Heim: trautes Heim home sweet home

die **Heimat** (-en) home, sense of belonging

das **Heimatgefühl** (-e) sense of home

heimatlich familiar

das **Heimatmuseum** (-museen) local history museum

die **Heimatstadt** (··e) hometown

heimlich secret(ly)

heiraten to get married (12)

heiß hot (5)

heißen, hieß, geheißen to be named/called (1)

heiter clear (weather) (5)

das **Helfen** help

helfen (hilft), half, geholfen to help

hell light, bright (2); **hellblau** light blue

das **Hemd** (-en) shirt (7)

herausgeben (gibt heraus), gab heraus, herausgegeben to publish, to edit

der Herausgeber (-) / die Herausgeberin (-nen) editor

der Herbst fall, autumn (5); **im Herbst** in the fall

der Herd (-e) stove (3)

der Herr (-n *masc.,* **-en)** gentleman; Mr.

herrlich wonderful, divine

herrschen to rule, govern

herum around; **anders herum** the other way around; **um (Köln) herum** around (Cologne)

das Herz (-en, -en) heart; **vom Herzen** from the heart

herzaubern (zaubert her) to conjure forth

der Herzinfarkt (̈-e) heart attack

herzlich warm; kind; **herzliche Grüße!** best wishes!; **herzlichen Glückwunsch zum Geburtstag!** happy birthday! (5); **herzlich willkommen!** welcome! (5)

heute today (5)

heutig today's

heutzutage these days, nowadays

die Hexe (-n) witch (12)

die Hilfe help; **mit Hilfe** with the help of

hilfsbereit willing to help, helpful

der Himmel sky, heaven (9); **Christi Himmelfahrt** Ascension Day

hinauslaufen (läuft hinaus), lief hinaus, ist hinausgelaufen to run out(side) (*away from the speaker*)

hineinsehen (sieht hinein), sah hinein, hineingesehen to look in(side) (*away from the speaker*)

hinfahren (fährt hin), fuhr hin, ist hingefahren to go there, drive there

hinter (+ *acc./dat.*) behind

das Hinterhaus *living quarters at the back of or behind a house and accessible only through a courtyard*

die Hitparade (-n) hit parade

das Hobby (-s) hobby, pastime

hoch high

das Hochhaus (̈-er) skyscraper (4)

die Hochschule (-n) college; institution of higher education (11)

die Hochschulreife (-n) exam for admission to higher education institutions

das Hochschulstudium (-studien) program at an institution of higher education

höchst- highest

hochtreiben (treibt hoch), trieb hoch, hochgetrieben to drive up

hoffen to hope

hoffentlich hopefully

die Hoffnung (-en) hope

höflich polite, courteous

hoh- high; **hohe Cholesterinwerte** high cholesterol level; **bis ins hohe Alter** to old age

holen to get, fetch

das Holz (̈-er) wood

die Homöopathie homeopathic medicine

hören to hear; to listen (2)

der Hörtext (-e) listening comprehension text

die Hose (-n) pants, trousers (7)

das Hotel (-s) hotel (8)

der Hotelfachmann (̈-er) / die Hotelfachfrau (-en) hotel manager

Hrsg. = der Herausgeber / die Herausgeberin

hübsch pretty, good-looking

der Huf (-e) hoof

der Hügel (-) hill (9)

die Hügellandschaft (-en) hills, hilly landscape

der Hund (-e) dog

hundemüde dead tired

hundert one hundred (E)

hunderteins hundred and one

der Hunger hunger; **hast du Hunger?** are you hungry?

husten to cough (6)

der Husten (-) cough (6)

der Hut (̈-e) hat (7)

die Hütte (-n) cabin

I

ICE = Intercityexpress Zug high-speed train between major cities

ich I (1)

ideal ideal

die Idee (-n) idea (10)

idyllisch idyllic, picturesque

ihm (*dat.*) to him; to it

ihn (*acc.*) him

ihnen (*dat.*) to them

Ihnen (*acc./dat.*) you, to you (*form.*)

ihr you (*inform. pl.*) (1)

Ihr (*form.*) your

ihr their

ihr (*acc./dat.*) her, to her

ihrerseits on his/her part, himself/herself

die Illustration (-en) illustration

im = in dem

der Imperativ (-e) imperative

das Imperfekt simple past tense

in (+ *acc./dat.*) in, into (11)

indem by (+ *gerund*)

indirekt indirect

die Industrie (-n) industry

ineinander in/with each other

die Infektion (-en) infection

der Infinitiv (-e) infinitive

die Info (-s) = die Information

die Informatik computer science (11)

der Informatiker (-) / die Informatikerin (-nen) computer scientist

die Information (-en) (piece of) information

der Ingenieur (-e) / die Ingenieurin (-nen) engineer

inklusive including, included

die Inneneinrichtung (-en) interior decor

die Innenstadt (̈-e) inner city, downtown area

die Innentür (-en) interior door

das Innere the interior, inside

die Insel (-n) island (9)

insgesamt altogether

das Instrument (-e) instrument, device

intelligent intelligent

die Intelligenz intelligence

die **Interaktion** (-en) interaction
der **Intercity** (*also:* **InterCity**) *train between major cities*
der **Intercity Expresszug** *high-speed train between major cities*
interessant interesting (1)
das **Interesse** (-n) interest; **Interesse haben an** (+ *dat.*) to be interested in, have interest in
interessieren to interest; **sich interessieren für** to be interested in
das **Internat** (-e) boarding school
das **Internet** Internet
die **Interpretation** (-en) interpretation
das **Interview** (-s) interview
interviewen to interview
irgendein- some, any
irgendetwas something, anything
irgendwas = irgendetwas
irgendwie somehow, some way
irgendwo somewhere, anywhere
(das) **Island** Iceland (9)
(das) **Irland** Ireland (9)
(das) **Italien** Italy (9)
italienisch (*adj.*) Italian

J

ja yes; **ja, gern!** yes, please!; (*particle*) **ist ja echt super** that's really great; **wir wissen ja, wie schwer du arbeitest** we do know, after all, how hard you work
die **Jacke** (-n) jacket (7)
das **Jackett** (-s) jacket (7)
der **Jagdhund** (-e) hunting dog
der **Jäger** (-) / die **Jägerin** (-nen) hunter
das **Jahr** (-e) year; **im kommenden Jahr** next year; **im Jahr(e) 1750** in 1750; **jedes Jahr** every year; **mit sechs Jahren** when (s)he was six years old; **vor einem Jahr** a year ago
die **Jahreszeit** (-en) season (5)
das **Jahrhundert** (-e) century; **im achtzehnten Jahrhundert** in the eighteenth century

jährig: ein 16-jähriger Schüler a 16-year-old student (11)
(das) **Jamaika** Jamaica
der **Januar** January (5)
je = jemals ever
die **Jeans** (-) jeans (7)
die **Jeanshose** (-n) jeans
jeder, jede, jedes each, every, any; **jeden Tag** every day; **auf jeden Fall** in any case
jemals ever
jemand someone, anyone
jetzt now; **erst jetzt** not until now
jeweils for each
der **Job** (-s) job
jobben to do a job, have jobs
joggen to jog (8)
der **Jogginganzug** (¨e) jogging suit (7)
der **Joghurt** (-s) yogurt
der **Journalist** (-en *masc.*) / die **Journalistin** (-nen) journalist
die **Jugendherberge** (-n) youth hostel (8)
der/die **Jugendliche** (*decl. adj.*) young adult
das **Jugendmuseum** (-museen) youth museum
der **Jugendreiseveranstalter** (-) / die **Jugendreiseveranstalterin** (-nen) youth travel organizer
der **Juli** July (5)
jung young (1)
der **Junge** (-n *masc.*) boy
der **Jüngling** (-e) (*antiquated*) young man
jüngst- youngest
der **Juni** June (5)

K

das **Kabelfernsehen** cable television
der **Kaffee** coffee; **Kaffee trinken** to drink coffee
der **Kaffeetopf** (¨e) coffeepot
das **Kajak** (-s) kayak
der **Kakao** cocoa
der **Kalender** (-) calendar
kalt cold (5)
der **Kamerad** (-en *masc.*) fellow soldier

der **Kameramann** (¨er) camera person
der **Kamillentee** (-s) chamomile tea
kämpfen to fight
(das) **Kanada** Canada
kanadisch Canadian
das **Kapitel** (-) chapter
kaputt broken, out of order
die **Kardinalzahl** (-en) cardinal number
der **Karfreitag** Good Friday
der **Karneval** carnival (5), Mardi Gras
das **Karnevalsfest** (-e) traditional festival (related to Mardi Gras)
die **Karte** (-n) card; ticket; **Karten spielen** to play cards (2)
die **Kartoffelsuppe** (-n) potato soup
der **Käse** cheese
die **Katze** (-n) cat
das **Katzenfutter** cat food
kaufen to buy, purchase
die **Kaufleute** (*pl.*) merchants
der **Kaufmann** (¨er) salesman, businessman
kaum hardly; barely
die **Kegelbahn** (-en) bowling alley
der **Kegler** (-) / die **Keglerin** (-nen) bowler
kein no, not a, not any (3)
kein(e)s none; **nur Nick hat keins** only Nick doesn't have one
keineswegs! by no means!
der **Keller** (-) cellar, basement
kennen, kannte, gekannt to know, be acquainted with (8)
kennen lernen (**lernt kennen**) to get to know; to meet
die **Kettenreaktion** (-en) chain reaction
kicken to kick
die **Kids** (*pl.*) kids
der **Kilometer** (-) kilometer
das **Kind** (-er) child (1); **als Kind** as a child
der **Kindergarten** (¨) kindergarten (11)
das **Kinderzimmer** (-) child's room (3)
das **Kinn** (-e) chin (6)

das **Kino** (-s) movie theater (4); **ins Kino gehen** to go to the movies (2)
der **Kinofilm** (-e) movie
die **Kirche** (-n) church
der **Kitsch** junk
die **Klamotten** (*pl.*) (*coll.*) clothes
klappen to work out
klar clear; **alles klar?** everything clear?
die **Klarinette** (-n) clarinet
klasse: (echt) klasse! great! (10)
die **Klasse** (-n) class (10)
das **Klassenprofil** (-e) class profile
die **Klassenumfrage** (-n) class survey
das **Klassenzimmer** (-) classroom (10)
die **Klausur** (-en) exam (10)
das **Klavier** (-e) piano (3)
der **Klee** clover
das **Kleeblatt** (⁝er) clover leaf
das **Kleid** (-er) dress (7)
der **Kleiderschrank** (⁝e) closet, dresser
die **Kleidung** clothes
das **Kleidungsstück** (-e) article of clothing (7)
klein small; short; little (1)
die **Kleingruppe** (-n) small group
die **Kleinstadt** (⁝e) small town (4)
klettern, ist geklettert to climb (8)
die **Kletterwand** (⁝e) climbing wall
das **Klima** climate
klingeln to ring
das **Knie** (-) knee
der **Knoblauch** garlic
der **Knochen** (-) bone
kochen to cook (2)
der **Kochtopf** (⁝e) pot
der **Koffer** (-) suitcase
das **Kofferpacken** packing suitcases
die **Kogge** (-n) cog (*type of ship*)
die **Kohle** (-n) coal
der **Kollege** (-n *masc.*) / die **Kollegin** (-nen) co-worker
(das) **Köln** Cologne; **der Kölner Dom** cathedral in Cologne
(das) **Kolumbien** Colombia
kombinieren to combine
komisch funny, comical, strange

kommen, kam, ist gekommen to come (2)
kommend coming **im kommenden Jahr** in the coming year, next year
der **Kommentar** (-e) comment; **kein Kommentar!** no comment!
der **Kommilitone** (-n *masc.*) / die **Kommilitonin** (-nen) fellow student
die **Kommode** (-n) dresser, chest of drawers (3)
das **Kompliment** (-e) compliment
kompliziert complicated
komponieren to compose
der **Komponist** (-en *masc.*) / die **Komponistin** (-nen) composer
die **Komposition** (-en) composition
der **Konflikt** (-e) conflict
konfrontieren to confront
der **König** (-e) / die **Königin** (-nen) king, queen (12)
das **Königspaar** (-e) the royal couple
der **Königssohn** (⁝e) prince
die **Königstochter** (⁝) princess
konjugieren to conjugate
die **Konkurrenz** competitor
können (kann), konnte to be able to
die **Konsequenz** (-en) consequence
die **Konversation** (-en) conversation
das **Konzert** (-e) concert; **ins Konzert gehen** to go to a concert (2)
der **Kopf** (⁝e) head (6)
der **Kopfhörer** (-) headphones
das **Kopfkissen** (-) pillow (3)
die **Kopfschmerzen** (*pl.*) headache
die **Kopie** (-n) copy
der **Körper** (-) body (6)
körperlich physical
der **Körperteil** (-e) body part (6)
die **Korrespondenz** (-en) correspondence
korrigieren to correct
kosten to cost
das **Kostüm** (-e) costume (5); woman's suit (7)
die **Krabbe** (-n) shrimp
die **Kraft** (⁝e) power, strength

krähen cry of a crow or rooster
krank sick, ill (1)
der **Krankenbesuch** (-e) visit with a sick person
das **Krankenhaus** (⁝er) hospital, infirmary (6)
der **Krankenpfleger** (-) / die **Krankenpflegerin** (-nen) nurse (6)
die **Krankenschwester** (-n) nurse (*female*)
der **Krankenwagen** (-) ambulance (6)
die **Krankheit** (-en) disease
das **Krankheitssymptom** (-e) symptom of a disease
das **Kraut** (⁝er) herb
der **Kräutertee** (-s) herbal tea
die **Krawatte** (-n) tie (7)
kreativ creative
die **Kreide** (-n) chalk (E)
die **Kreidefelsen** (-) chalk cliffs
der **Kreislauf** circulation
kriegen (*coll.*) to get
der **Krimi** (-s) detective novel or film
der/die **Kriminelle** (*decl. adj.*) criminal
kritisch critical
kritisieren to criticize
krumm crooked, bent
(das) **Kuba** Cuba
die **Küche** (-n) kitchen (3)
der **Kuchen** (-) cake
der **Küchenschrank** (⁝e) kitchen cabinet
die **Kugel** (-n) ball
der **Kugelschreiber** (-) ballpoint pen (E)
kühl cool (5)
der **Kühlschrank** (⁝e) refrigerator (3)
die **Kultur** (-en) culture
der **Kulturbeutel** (-) toilet bag
kulturell cultural(ly)
sich kümmern um to take care of
die **Kunst** (⁝e) art (11)
das **Kunstbild** (-er) painting
die **Kunsthochschule** (-n) art academy
der **Künstler** (-) / die **Künstlerin** (-nen) artist

der Kunstmarkt ($\ddot{}$e) art exhibition, auction
das Kunstwerk (-e) work of art; **ein Kunstwerk betrachten** to look at a work of art (8)
die Kur (-en) health cure, treatment (at a spa); **eine Kur machen** to go to a spa (8)
der Kurort (-e) health spa, resort
der Kurpark (-s) park at a health resort
der Kurs (-e) course (11)
kurz short (1)
das Kurzinterview (-s) short interview
die Küste (-n) coast (9)
die Kusine (-n) (*female*) cousin
der Kuss ($\ddot{}$e) kiss
küssen to kiss
die Kutsche (-n) carriage

L

das Labor (-s) laboratory (10)
lächeln to smile
lachen to laugh
der Laden ($\ddot{}$) store
die Lage (-n) situation
das Lagerfeuer (-) campfire
das Lamm ($\ddot{}$er) lamb
die Lampe (-n) lamp (3)
das Land ($\ddot{}$er) country; countryside (4); **auf dem Land** in the country (4)
das Landleben life in the country
die Landschaft (-en) countryside, landscape
lang long; tall (1); **eine Woche lang** for a week; **lange schlafen** to sleep in
länger longer
langsam slow(ly)
langsamer slower, more slowly
langweilen to bore
langweilig boring (1)
der Lärm noise
lassen (lässt), ließ, gelassen to let
das Latein Latin (*language*)
die Lateinstunde (-n) Latin class
das Laub foliage, leaves
laufen (läuft), lief, ist gelaufen to run; to walk (3); **Schi laufen** to ski; **Schlittschuh laufen** to ice skate
die Laune (-n) mood; **sie hat heute keine gute Laune** she's not in a good mood today
laut loud; noisy (1)
läuten to ring (10)
leben to live (12)
das Leben (-) life
lebend living
das Lebensjahr (-e) year of one's life
die Lebenszeit lifetime
die Leber liver
der Lebkuchen gingerbread (*originally from Nuremberg*)
lediglich only
leer empty
legen lay
die Legende (-n) legend
das Lehrbuch ($\ddot{}$er) textbook
die Lehre (-n) traineeship, apprenticeship
lehren to teach (11)
der Lehrer (-) / die Lehrerin (-nen) teacher (E)
das Lehrerzimmer (-) teacher's office, staff room
die Lehrstelle (-n) apprenticeship
leicht light, easy (2)
leichter easier
Leid: tut mir Leid! I'm sorry!
leiden: jemand leiden können to like someone
die Leidenschaft (-en) passion
leider unfortunately
das Leinen linen
das Leistungsfach ($\ddot{}$er) main subject
der Leistungskurs (-e) main subject class
der Leitartikel (-) lead article
leiten to guide
der Leiter (-) / die Leiterin (-nen) supervisor; leader; head
die Lektion (-en) lesson
lenken to steer, guide
lernen to learn (8); to study (10)
das Lernziel (-e) learning goal
lesen (liest) las, gelesen to read (3)
die Leseratte (-n) bookworm
die Leserschaft (-en) readers, audience
letzt- last; **in der letzten Folge . . .** in the last episode . . .
die Leute (*pl.*) people
das Licht (-er) light
die Lichterkette (-n) chain of lights (*line of people carrying candles*)
lieb lovely, nice; **liebe Daniela!** dear Daniela; **lieber Lars!** dear Lars (*salutation in letters*)
lieben to love
das Liebesdrama (-dramen) romantic drama
das Liebesdreieck (-e) love triangle
das Liebesgedicht (-e) love poem
die Liebesgeschichte (-n) love story
das Liebespaar (-e) couple
der Liebesroman (-e) romantic novel
das Lieblingsfach ($\ddot{}$er) favorite subject
die Lieblingsfarbe (-n) favorite color
das Lieblingsfest (-e) favorite festival
liebst-: am liebsten best of all; **was machst du am liebsten?** what is your favorite thing to do?
das Lied (-er) song
(das) Liechtenstein Liechtenstein (9)
liegen, lag, gelegen to lie, be situated (2); **in der Sonne liegen** to sunbathe (8)
die Liegewiese (-n) lawn for sunbathing
lila purple (2)
die Limo soda
die Linguistik linguistics (11)
link- left
links to the left (8)
(das) Lissabon Lisbon
die Liste (-n) list
der Liter (-) liter
die Literatur (-en) literature (11)
das Logo (-s) logo
los: was ist los? what's up? what's wrong?
lose loose

lösen to solve
die Lücke (-n) gap
die Luft air (4)
die Lüge (-n) lie, falsehood (10)
Lust haben to feel like; **ich hab' keine Lust** I don't feel like it
lustig funny (1)
das Lustschloss (¨er) pleasure castle
der Lutscher (-) lollipop
(das) Luxemburg Luxemburg (9)
die Luxuskreuzfahrt (-en) luxury cruise
die Luxusreise (-n) luxury vacation

M

machen to do, make (2)
mächtig strong, mighty
das Mädchen (-) girl
der Magen (¨) stomach; **mit leerem Magen** on an empty stomach
der Mai May (5)
der Maifeiertag (-e) May Day
das Make-up makeup
mal = einmal once; **noch mal** again; **wieder mal** again; (*softening particle*): **schreib mal wieder!** come on, write again!
das Mal time; **zum ersten Mal** for the first time
malen to paint
der Maler (-) / die Malerin (-nen) painter
die Mama (-s) (*coll.*) mother
manchmal sometimes
der Mann (¨er) man; husband (1)
die Mannschaft (-en) crew
der Mantel (¨) coat (7)
das Märchen (-) fairy tale (12)
die Märchenfigur (-en) fairy tale figure (12)
das Marketing marketing
(das) Marokko Morocco
der März March (5)
der Maschinenbau mechanical engineering (11)
die Maske (-n) mask
der Massageraum (¨e) massage room

die Mathe(matik) math(ematics) (11)
die Mathe(matik)arbeit (-en) math test
die Maus (¨e) mouse
die Medien (*pl.*) media
das Medikament (-e) medication (6)
die Medizin medicine
medizinisch medical, medicinal
das Meer (-e) ocean, sea (9)
die Meeresatmosphäre (-n) atmosphere of the ocean
die Meerschaumpfeife (-n) pipe
mehr more; **nicht mehr** not anymore, **viel mehr** much more
die Meile (-n) mile
mein my
meinen to mean
die Meinung (-en) opinion (10)
meist- most; **die meiste Zeit** most of the time
meistens most of the time, most often
die Menge (-n) lot; **eine Menge Fotos** a lot of photos
der Mensch (-en *masc.*) person; human being (4)
das Menschliche: Menschliches that which is human
merken to notice
das Messer (-) knife
das Messezentrum (-zentren) convention center
der Meteorologe (-n *masc.*) / **die Meteorologin (-nen)** meteorologist
die Metropole (-n) metropolis
die Metzgerei (-en) butcher's shop
(das) Mexiko Mexico
mich (*acc.*) me
die Milch milk
miauen to meow
die Miete (-n) rent (4)
mieten to rent (4)
das Mietshaus (¨er) apartment building (4)
die Mikrowelle (-n) microwave (3)
mild mild
das Militär military
die Million (-en) million

mindestens at least
der Minidialog (-e) mini-dialogue
die Minute (-n) minute
mir (*dat.*) (to) me
miserabel bad, terrible
missmutig depressed, in low spirits
der Mist: so ein Mist! what a nuisance!
mit (+ *dat.*) with, (along) with; by means of (12); **mit der Bahn fahren** to go by train; **mit dem Schiff** by ship; **mit dem Auto** by car (7); **mit . . . zusammen** (+ *dat.*) (together) with (12)
mitarbeiten (arbeitet mit) to work together with
mitbringen, brachte mit, mitgebracht to bring/take along
miteinander with each other, together
mitfahren (fährt mit), fuhr mit, ist mitgefahren ride with; ride together
das Mitglied (-er) member
mithelfen (hilft mit), half mit, mitgeholfen to help
mitkommen, kam mit, ist mitgekommen to come along (7)
mitmachen (macht mit) to participate
mitnehmen (nimmt mit), nahm mit, mitgenommen to take along
der/die Mitreisende (*decl. adj.*) travel companion
der Mitschüler (-) / die Mitschülerin (-nen) fellow student (10)
der Mitstudent (-en *masc.*) / **die Mitstudentin (-nen)** fellow student (*at a university*)
der Mittag (-e) noon; **zu Mittag essen** to have lunch
das Mittelalter Middle Ages
die Mitternacht (¨e) midnight
der Mittwoch Wednesday (E)
die Möbel furniture (3)
das Möbelstück (-e) piece of furniture
möblieren to furnish
möbliert furnished (4)

möchte: ich möchte I would like
das Modalverb (-en) modal verb
die Mode (-n) fashion
das Modell (-e) model
modellieren to sculpt
das Modellschiff (-e) model ship
modern modern
mogeln to cheat
das Mogeln cheating
mögen (mag), mochte to like
möglich possible (10)
der Moment (-e) moment; **im Moment** at the moment
momentan at the moment
der Monat (-e) month (5)
monatlich monthly (4)
der Mond (-e) moon
das Monstrum monstrosity, monstrous thing
der Montag (-e) Monday (E)
das Moor (-e) bog, moor
morgen tomorrow; **bis morgen** until tomorrow; **heute Morgen** this morning
der Morgen morning; **guten Morgen** good morning; **jeden Morgen** every morning
morgens in the morning(s)
das Motorrad (⁀er) motorcycle (7); **mit dem Motorrad fahren** to go by motorcycle
der Motorradunfall (⁀e) motorcycle accident
das Motto (-s) motto
müde tired
die Mühe (-n) effort
die Mühle (-n) mill
(das) München Munich
der Mund (⁀er) mouth (6)
mündlich oral
das Museum (Museen) museum
der Museumsbesucher (-) visitor to a museum
die Musik music; **Musik hören** to listen to music (2)
der Musiker (-) / die Musikerin (-nen) musician
die Musikhochschule (-n) music conservatory
müssen (muss), musste to have to
die Mutter (⁀) mother

der Muttertag (-e) Mother's Day (5)
die Mutti mommy, mom
die Mütze (-n) cap, hat (7)
der Mythos (Mythen) myth

N

nach (+ *dat.*) after; according to; to (*place*) (12); **nach Hause** (*going*) home; **von . . . nach . . .** from . . . to . . .
der Nachbar (-n *masc.***) / die Nachbarin (-nen)** neighbor (4)
die Nachbildung (-en) replica
nachdem (*subord. conj.*) after
nachdenken, dachte nach, nachgedacht to reflect, to contemplate
nachher afterwards, later
der Nachmittag (-e) afternoon; **am Nachmittag** in the afternoon
nachmittags in the afternoon(s)
die Nachrichten (*pl.*) news
nächste- next; **am nächsten Tag** the next day
die Nacht (⁀e) night
der Nachteil (-e) disadvantage
der Nachtmusikant (-en *masc.***) / die Nachtmusikantin (-nen)** night musician
der Nachttisch (-e) nightstand (3)
die Nachtwanderung (-en) night walk
der Nagelschuh (-e) hobnailed boot
nah near, close by (7)
die Nähe vicinity, closeness; **in der Nähe** in the vicinity
das Nahrungsmittel (-) food
der Name (-n *masc.***)** name
der Namenszug (⁀e) signature
nämlich namely
die Nase (-n) nose (6)
der Nationalpark (-s) national park
die Natur nature (9)
natürlich natural(ly)
die Naturwissenschaft (-en) natural science
der Neandertaler (-) Neanderthal man
der Nebel (-) fog (5)
neben (+ *acc./dat.*) next to

das Nebenfach (⁀er) minor subject (11)
die Nebenkosten (*pl.*) additional expenses (*such as for utilities*)
neblig foggy (5)
nee! (*coll.*) no!
der Neffe (-n *masc.***)** nephew (1)
negativ negative(ly)
nehmen (nimmt), nahm, genommen to take (3); **Rücksicht nehmen auf** to be considerate of
(sich) nennen, nannte, genannt to name, call, mention
nerven to get on (someone's) nerves; **Lars nervt Marion** Lars is getting on Marion's nerves
die Nervensäge (-n) (*person who is a*) pain in the neck
nervös nervous
nett nice (1)
neu new (2)
die Neubauwohnung (-en) post-1945 building (4)
neuest- newest
neugierig curious (1)
das Neujahr New Year's Day (5)
neulich recently, the other day
neun nine (E)
neunzehn nineteen (E)
neunzig ninety (E)
(das) Neuseeland New Zealand
nicht not (3)
die Nichte (-n) niece (1)
nichts nothing
die Niederlande the Netherlands (9)
niemals never
niemand nobody, no one
die Niere (-n) kidney
niesen to sneeze (6)
das Niesen sneezing (6)
das Nikotin nicotine
noch still; **immer noch** still; **ist hier noch frei?** is this seat taken?; **noch einmal** one more time, once again; **noch nicht** not yet; **noch nie** never; **und noch dazu . . .** and in addition; **was noch?** what else?; **weder . . . noch** neither . . . nor
der Nominativ (-e) nominative case

nominieren to nominate
(das) Nordamerika North America
norddeutsch (*adj.*) northern German
der Norden north; **nach Norden** north, **im Norden** in the north
der Nordosten northeast
der Nordpol north pole
die Nordsee North Sea
die Nordwestküste (-n) Northwest coast
normal normal
(das) Norwegen Norway (9)
die Note (-n) grade (10)
das Notenheft (-e) sheet music
der Notfall (¨e) emergency (6)
notieren to note, write down
die Notiz (-en) note (10)
der November November (5)
null zero (E)
die Nummer (-n) number
nun now
(das) Nürnberg Nuremberg; **die Nürnberger Bratwurst (¨e)** pork sausage
die Nuss (¨e) nut
nutzen to use
nützlich helpful, practical

O

ob (*subord. conj.*) whether, if
oben above; upstairs; **da oben** up there
das Objekt (-e) object
das Obst fruit (5)
obwohl (*subord. conj.*) even though
der Ochse (-n *masc.***)** bull, ox
oder (*coord. conj.*) or
der Ofen stove, furnace
offen open
oft often (4)
ohne (+ *acc.*) without (5)
das Ohr (-en) ear (6)
die Ohrenschmerzen (*pl.*) earache
der Oktober October (5)
das Oktoberfest *festival in Munich*
die Oma (-s) (*coll.*) grandma
der Onkel (-) uncle (1)
operieren to operate (on), perform surgery (6)

optimal optimal
optimistisch optimistic
die Option (-en) option
orange orange (2)
das Orchester (-) orchestra
der Orden (-) order
ordentlich neat, orderly
die Ordnung (-en) order; **in Ordnung** in order
das Organ (-e) organ
organisieren to organize
die Orgel (-n) organ
das Orgelspiel organ playing
die Orientierung (-en) orientation
das Original (-e) original
der Ort (-e) place, town (4)
der Ortseingang (¨e) entrance to the town
der Osten east
die Osterblume (-n) spring flower, Easter lily
das Osterei (-er) Easter egg
die Osterferien Easter holidays
der Ostermontag Easter Monday
das Ostern Easter
(das) Österreich Austria (9)
die Ostsee Baltic Sea
die Ostseeküste Baltic coast
der Overheadprojektor (-en) overhead projector (E)
der Ozean (-e) ocean, sea
das Ozon ozone
der Ozonwert (-e) ozone level

P

ein paar some, a few, a couple; **ein paar Tage** a few days
das Paar (-e) couple
das Päckchen (-) package
das Paddelboot (-e) paddle boat
paddeln to paddle
das Paket (-e) package
der Palast (¨e) palace
die Palme (-n) palm tree
der Papa daddy
das Papier (-e) paper (E)
das Paradies (-e) paradise
der Park (-s) park
der Parkplatz (¨e) parking space, parking lot
der Partikel (-n) particle

der Partner (-) / die Partnerin (-nen) partner
das Partnergespräch (-e) partner conversation
die Party (-s) party
passen (+ *dat.*) to fit; **die Hose passt mir nicht** the pants don't fit me
passend fitting
passieren, ist passiert to happen; **was ist passiert?** what happened? (9)
der Patient (-en *masc.***) / die Patientin (-nen)** patient (6)
pauken to cram, study hard (10)
die Pause (-n) break (10)
das Pausenbrot (-e) snack, sandwich (10)
der Pazifik Pacific (Ocean)
der Pazifische Ozean Pacific Ocean
das Pech bad luck
die Pension (-en) bed and breakfast inn (8)
der Pensionsinhaber (-) / die Pensionsinhaberin (-nen) innkeeper, owner of a bed and breakfast inn
das Perfekt present perfect tense
perfekt perfect
die Person (-en) person
die Persönlichkeit (-en) personality
die Perspektive (-n) perspective
pessimistisch pessimistic
der Pfad (-e) path
der Pfadfinder (-) / die Pfadfinderin (-nen) scout, guide
die Pfalz the Palatinate; **das Pfälzer Essen** traditional food of the Palatinate
der Pfeffer pepper
die Pfefferminze peppermint
die Pfeife (-n) pipe
der Pfeifenkopf (¨e) pipe bowl
das Pferd (-e) horse
das Pferdefuhrwerk (-e) horse-drawn carriage
die Pferdekutsche (-n) horse-drawn carriage
der Pfingstmontag Pentecost
die Pflanze (-n) plant

pflegen to maintain, take care of;
Konversation pflegen to make
conversation
die Pfote (-n) paw
das Pfund (-e) pound (= 500g)
das Phänomen (-e) phenomenon
die Pharmaindustrie (-n)
pharmaceutical industry
die Philosophie (-n) philosophy
die Physik physics (11)
das Physiklehrbuch ("er) physics
textbook
**der Physiklehrer (-) / die
Physiklehrerin (-nen)** physics
teacher
der Pianist (-en *masc.*) / **die
Pianistin (-nen)** pianist
das Picknick (-s) picnic (9)
der Pilz (-e) mushroom (9)
der Pirat (-en *masc.*) pirate
das Piratengesicht (-er) pirate face
die Pizza (-s) pizza
das Pizzabacken pizza baking
die Plage (-n) plague
das Plakat (-e) poster
der Plan ("e) plan
planen to plan
der Planet (-en *masc.*) planet
der Platz ("e) place
das Plätzchen (-) cookie
plaudern to chat (10)
plötzlich suddenly (12)
plündern to plunder
(das) Polen Poland
die Politik politics
politisch political
die Polizei police
polnisch (*adj.*) Polish
populär popular
(das) Portugal Portugal (9)
positiv positive
die Posse (-n) trick, joke
die Post post office; mail (4)
das Poster (-) poster
die Postkarte (-n) postcard
pragmatisch pragmatic
praktisch practical
die Präposition (-en) preposition
das Präsens present tense
der Preis (-e) price
die Preiselbeere (-n) cranberry

die Preiselbeermarmelade (-n)
cranberry preserves
preiswert economical; inexpensive
(7)
die Pressefreiheit freedom of the
press
das Prestige prestige
primitiv primitive
der Prinz (-en *masc.*) / **die
Prinzessin (-nen)** prince/princess
(12)
das Prinzip (-ien) principle
privat private
**der Privatdetektiv (-e) / die
Privatdetektivin (-nen)** private
detective
probieren to sample, try
das Problem (-e) problem
problemlos without problem
produzieren to produce
**der Professor (-en) / die
Professorin (-nen)** professor
das Programm (-e) program
das Projekt (-e) project
**der Projektleiter (-) / die
Projektleiterin (-nen)** project
manager
die Promenade (-n) promenade
das Pronomen (-) pronoun
die Protestaktion (-en) protest
protestieren to protest (10)
die Provinz (-en) province
die Prüfung (-en) exam (10)
**der Psychiater (-) / die
Psychiaterin (-nen)** psychiatrist
die Psychologie psychology (11)
der Pulli (-s) = Pullover
der Pullover (-) pullover, sweater (7)
pünktlich punctual
putzen to clean; **die Nase putzen**
to blow one's nose (6)
das Puzzle (-s) puzzle
die Pyramide (-n) pyramid

Q

der Quadratfuß (-) square foot
der Quadratkilometer (-) square
kilometer
quaken to quack
das Quartal (-e) quarter (11)
quasseln to babble

der Quatsch nonsense
das Quecksilber mercury

R

das Rad ("er) wheel, bicycle; **mit
dem Rad fahren** to go by
bicycle
**Rad fahren (fährt Rad), fuhr Rad,
ist Rad gefahren** to bicycle (4)
radeln to bicycle
das Radio (-s) radio
die Radtour (-en) bike ride
rasend fast, swift
der Rasierpinsel shaving brush
der Rat advice; **guter Rat ist
gefragt** good advice is needed
**Rat geben (gibt Rat), gab Rat, Rat
gegeben** to give advice
raten (rät), riet, geraten to guess
der Rauch smoke
rauchen to smoke
die Raucherecke (-n) smoking area
der Raum ("e) room, space, area
reagieren to react
die Realschule (-n) general
education high school (11)
die Rechnung (-en) bill, invoice; **in
Rechnungssachen** as far as
billing questions are concerned
recht rather, quite, pretty
das Recht (-e) right; law; **Recht
haben** to be right (10)
rechts to the right, on the right (8)
die Redaktion (-en) editorial
board
reden (über + acc.) to talk about
(10); **reden (von)** to talk of/about
die Reformation Reformation
der Reformator (-en) reformer
das Regal (-e) shelf (3)
regelmäßig regular
der Regen rain (5)
der Regenbogen (") rainbow
(sich) regenerieren to regenerate,
revitalize
der Regenmantel (") raincoat (7)
der Regenschirm (-e) umbrella
der Regentropfen (-) raindrop
das Regenwetter rainy weather
der Regionalzug ("e) *short distance
train with frequent stops*

der **Regisseur** (-e) / die
Regisseurin (-nen) director (*of a film or play*)
regnen to rain; **es regnet** it's raining (5)
regnerisch rainy
die **Regung** (-en) movement, motion
reich rich
der **Reifen** (-) tire
die **Reihenfolge** (-n) order, sequence
das **Reihenhaus** (¨er) row house (4)
die **Reise** (-n) trip, journey
der **Reiseführer** (-) / die
Reiseführerin (-nen) travel guide
reisen to travel (9)
der **Reisetip** (-s) travel tip
die **Reisevorbereitung** (-en) travel preparations
reißen, riss, gerissen to tear, rip
reiten, ritt, ist geritten to ride (*on horseback*) (8)
der **Reitstall** (¨e) horse stables, barn
relaxen (*coll.*) to relax
die **Religion** (-en) Religion (11)
rennen, rannte, ist gerannt to run
renovieren to renovate
reparieren to repair
der **Reporter** (-) / die **Reporterin**
(-nen) reporter
reservieren to reserve
die **Reservierung** (-en) reservation (8)
die **Residenz** (-en) residence; (royal) capital
das **Restaurant** (-s) restaurant (4)
der **Restaurantbesitzer** (-) / die
Restaurantbesitzerin (-nen) restaurant owner
restaurieren to restore (*historic preservation*)
das **Resultat** (-e) result
retten to save, rescue
die **Rettung** (-en) rescue, salvation
das **Rezept** (-e) prescription (6);
auf Rezept by prescription
die **Rezeption** (-en) reception desk (*in a hotel or office*) (8)
der **Rezeptionist** (-en *masc.*) / die
Rezeptionistin (-nen) receptionist

der **Rhein** Rhine River
(das) Rheinland-Pfalz the Rhineland-Palatinate
das **Rheuma** rheumatism
der **Richter** (-) / die **Richterin**
(-nen) judge
richtig correct, right
der **Riese** (-n *masc.*) giant
das **Riesenrad** (¨er) ferris wheel
der **Ritter** (-) knight
der **Rittersaal** (-säle) knights' hall
(*in a medieval castle*)
der **Rock** (¨e) skirt (7)
das **Rocklied** (-er) rock song
die **Rolle** (-n) role
das **Rollenspiel** (-e) role play
(das) Rom Rome (Italy)
die **Romantik** Romantic period (*in German art and literature*)
romantisch romantic (1)
der **Römer** / die **Römerin** (-nen)
Roman (*person*)
römisch (*adj.*) Roman
rosa pink (2)
rot red (2)
rüber over; **ich gehe mal zu den**
Nachbarn rüber I'm going over to the neighbors'
der **Rücken** (-) back (6)
die **Rückenschmerzen** (*pl.*)
backache
der **Rucksack** (¨e) backpack (7)
die **Rücksicht** consideration;
Rücksicht auf andere Menschen
nehmen to be considerate of other people
der **Rückweg** (-e) return trip, the way back
rudern to row (a boat)
rufen, rief, gerufen to call, shout
die **Ruhe** peace, silence, stillness;
Ruhe jetzt! quiet now! (4)
ruhen to rest, be still
ruhig calm, peaceful, still (1)
das **Rumpelstilzchen**
Rumpelstiltskin (12)
rund round; around
runter down; **wir sind runter zum**
Strand gelaufen we went down to the beach
runterfallen (fällt runter), fiel

runter, ist runtergefallen to fall down
Russisch Russian (*person*)
guten Rutsch (ins neue Jahr)!
happy New Year!

S

die **Sache** (-n) thing, object
(das) Sachsen Saxony
(das) Sachsen-Anhalt Saxony-Anhalt
der **Sack** (¨e) sack, bag
sagen to say
die **Sahne** cream
der **Salat** (-e) salad
der **Salon** (-s) sitting room, salon
das **Salz** salt
sammeln to collect, gather
der **Sammler** (-) gatherer; **Jäger**
und Sammler hunters and gatherers
der **Samstag** Saturday (E)
die **Sandale** (-n) sandal (7)
der **Sandstrand** (¨e) sandy beach
sanft soft(ly)
der **Sänger** (-) / die **Sängerin**
(-nen) singer
der **Satz** (¨e) sentence
der **Satzanfang** (¨e) beginning of a sentence
das **Satzelement** (-e) sentence element
der **Satzteil** (-e) part of a sentence
sauber clean (4)
sauer sour
die **Sauna** (-s) sauna; **in die Sauna**
gehen to go in a sauna (8)
schade! / wie schade! too bad!
scharf sharp
schärfen to sharpen
der **Schatz** (¨e) treasure; **mein**
Schatz honey, darling
schauen to look, watch; **Fernsehen**
schauen to watch television (2)
der **Schauspieler** (-) / die
Schauspielerin (-nen) actor
scheinen to shine; **die Sonne**
scheint the sun is shining (5); to seem; **Marion scheint**
beschäftigt zu sein Marion seems to be busy

schenken to give (as a gift) (5)
scheu timid, shy (1)
scheußlich horrible, awful (1)
der Schi (-) ski
Schi laufen (läuft Schi), lief Schi, ist Schi gelaufen to ski (8)
schicken to send
schief: der Schiefe Turm von Pisa the Leaning Tower of Pisa; **schief gehen** to go wrong; **schief und krumm** crooked
das Schiff (-e) ship (7)
das Schifffahrtsmuseum (-museen) naval museum
der Schiffstyp (-en) type of ship
schimpfen to grumble, moan; **jemanden schimpfen** to tell somebody off, scold someone
das Schinkenbrot (-e) ham sandwich
der Schiunfall (¨e) skiing accident
der Schiurlaub (-e) skiing trip, vacation
die Schlafdauer duration of sleep
schlafen (schläft), schlief, geschlafen to sleep (3); **lange schlafen** to sleep in
der Schlafsack (¨e) sleeping bag
das Schlafzimmer (-) bedroom (3)
der Schlag (¨e) blow
schlagen (schlägt), schlug, geschlagen to hit, beat
die Schlägerei (-en) fist fight
die Schlange (-n) snake
schlecht bad (1)
schleichen, schlich, ist geschlichen to sneak
schlendern to stroll
schließen, schloss, geschlossen to close, shut, lock
schließlich finally, eventually (10)
schlimm grave, severe, bad
schlimmer worse; **noch schlimmer** even worse; **schlimmst-** worst; **am schlimmsten** the worst
das Schloss (¨er) castle (12)
das Schlossrestaurant (-s) restaurant in a castle
der Schlumpf (¨e) smurf
der Schluss (¨e) end, conclusion; **am Schluss** in the end, finally

der Schlüssel (-) key (8)
schmal narrow
schmecken (+ *dat.*) to taste; **die Suppe schmeckt mir** I like the soup
der Schmerz (-en) pain (6)
schmutzig dirty, soiled (4)
schnattern to chatter, quack
der Schnee snow (5)
das Schneewittchen Snow White (12)
schneien to snow; **es schneit** it's snowing (5)
schnell quick(ly), fast
schnellst- fastest; **am schnellsten** the fastest
der Schnupfen (-) (head) cold
der Schock (-s) shock
die Schokolade (-n) chocolate; **heiße Schokolade** hot chocolate
schön beautiful, pretty; nice (1)
das Schönbrunn *palace in Vienna*
schräg crooked
der Schrank (¨e) cupboard; closet, wardrobe (3)
schrecklich terrible, horrible; **ganz schrecklich** really horrible
schreiben, schrieb, geschrieben to write (2)
die Schreibhilfe (-n) writing aid
der Schreibtisch (-e) desk
schreien, schrie, geschrien to scream, shout
schriftlich written, in writing
der Schriftsteller (-) / die Schriftstellerin (-nen) literary writer, author
der Schritt (-e) step
der Schubkarchler (-) small tent
der Schuh (-e) shoe (7)
der Schulalltag everyday school routine
der Schulbus (-se) school bus (10)
der Schulchor (¨e) school choir
das Schuldgefühl (-e) guilty feeling, bad conscience
der Schuldirektor (-en) / die Schuldirektorin (-nen) school principal, headmaster
die Schule (-n) school (10); **in die Schule gehen** to go to school

der Schüler (-) / die Schülerin (-nen) student (*not in university*) (E)
die Schülerinitiative student initiative
die Schülerzeitung (-en) student newspaper (10)
das Schulfach (¨er) school subject
die Schulferien (*pl.*) school holidays, vacation
das Schulfest (-e) school festival
der Schulgang (¨e) professional training program
der Schulhof (¨e) courtyard (10)
das Schuljahr (-e) school year
der Schulkamerad (-en *masc.*) / die Schulkameradin (-nen) fellow student, school friend
das Schulsystem (-e) school system
der Schultag (-e) school day
die Schulter (-n) shoulder (6)
die Schulzeit time at school
die Schwäbische Alb Swabian Mountains
schwach weak; **schwächer** weaker
der Schwamm (¨e) blackboard eraser; sponge (E)
schwarz black (2)
der Schwarzwald Black Forest
schwatzen to chat, gossip
(das) Schweden Sweden (9)
das Schwein (-e) pig
der Schweinebraten (-) pork roast
die Schweiz Switzerland (9)
schwellend swelling, bulging
schwer heavy; difficult, hard (2)
die Schwerkraft gravity
die Schwester (-n) sister (1)
das Schwesterchen (-) little sister
schwierig difficult
die Schwierigkeit (-en) difficulty, problem
schwimmen, schwamm, ist geschwommen to swim (2)
schwindelig (+ *dat.*) dizzy; **mir ist schwindelig** I am dizzy
sechs six (E)
sechste sixth
sechzehn sixteen (E)
sechzig sixty (E)
der See (-n) lake (9)

die See ocean, sea (9)

die Seebrücke (-n) bridge over a lake

seegehend seafaring

die Seele (-n) soul

die Seeluft sea air

das Seemannslied (-er) sailors' song

der Seeräuber (-) pirate

das Segel (-) sail

das Segelboot (-e) sailboat

segeln to sail (2)

das Segeln sailing

die Segelreise (-n) sailing vacation

sehen (sieht), sah, gesehen to see (3)

die Sehne (-n) ligament

sein his; its

sein (ist), war, ist gewesen to be (1)

seit (+ *dat.*) since, for (12); **seit zehn Jahren** for ten years, **seit dem Abitur** since the Abitur

die Seite (-n) page; side; **auf Seite 15** on page 15; **auf der anderen Seite** on the other side; **zur Seite stehen** to stand by someone, be there for someone

der Sekretär (-e) / die Sekretärin (-nen) secretary

das Sekretariat (-e) secretarial office

der Sekundarbereich (-e) secondary school level

die Sekundarschule (-n) secondary school

(sich) selbst itself, himself, herself

selbständig self-employed

der Sellerie celery

selten seldom, rare(ly) (4)

das Selters(wasser) (-) seltzer water

das Semester (-) semester (11)

senden, sandte, gesandt to send

sensibel sensitive

der September September (5)

servieren to serve (food)

der Sessel (-) recliner, armchair (3)

setzen to put

sexy sexy

das Shopping shopping

die Shorts (-) shorts (7)

sicher sure(ly), certain(ly)

sie (*pl.*) they (1); them (*acc.*)

sie (*fem.*) she; her (*acc.*)

Sie (*form.*) you

sieben seven (E)

siebenfach sevenfold

siebte seventh

siebzehn seventeen (E)

siebzig seventy (E)

siegen to win, defeat

siehe oben see above

das Silvester New Year's Eve (5)

singen, sang, gesungen to sing (5)

der Singular singular

der Sinn (-e) sense; **in diesem Sinn(e)** in this sense

die Situation (-en) situation

sitzen, saß, gesessen to sit (2)

(das) Sizilien Sicily

das Skateboard (-s) skateboard

der Ski (-) ski

Ski fahren (fährt Ski, fuhr Ski, ist Ski gefahren) to ski

die Skizze (-n) sketch, drawing

sobald as soon as

die Socke (-n) sock (7)

das Sofa (-s) sofa (3)

der Sofatisch (-e) coffee table (3)

sofort immediately

die Software software

sogar even

sogleich immediately

der Sohn (¨e) son (1)

solange as long as

die Solarberghütte (-n) solar mountain cabin

das Solarium (Solarien) tanning bed

solche, solcher, solches such

sollen (soll), sollte to be supposed to (*do something*), should

der Sommer (-) summer (5); **im Sommer** in the summer

die Sommerferien (*pl.*) summer vacation

sondern (*coord. conj.*) but rather

die Sonne (-n) sun (5)

(sich) sonnen to sun, lie in the sun

das Sonnenlicht sunlight

der Sonnenschirm (-e) sunshade; (beach) umbrella

der Sonnenuntergang (¨e) sunset

sonnig sunny

der Sonntag Sunday (E)

sonst else, besides that, apart from that; **was brauchen wir sonst noch?** what else do we need?

sonstig miscellaneous, other

die Sorge (-n) worry, sorrow; **sich Sorgen machen** to worry

die Sorte (-n) kind, type; **vier Sorten Erdnussbutter** four kinds of peanut butter

soviel so much

soweit as far as

sowie as well as

sowieso anyway, in any case

sozial social

die Sozialkunde sociology (11)

die Spaghetti (*pl.*) spaghetti

(das) Spanien Spain (9)

das Spanisch Spanish (*language*) (11)

spannend exciting

der Spaß fun; **Spaß machen** (+ *dat.*) to be fun; **das macht mir Spaß** that is fun (5); **viel Spaß!** have fun! (5)

spät late; **wie spät ist es?** what time is it?; **zu spät** too late; **später** later

spazieren gehen, ging spazieren, ist spazieren gegangen to go for a walk (2)

der Spaziergang (¨e) walk; **einen Spaziergang machen** to take a walk

der Speditionskaufmann (¨er) / die Speditionskauffrau (-en) shipping agent

spekulieren to speculate

der Sperrmüll special collection for bulky garbage

der Spezialist (-en *masc.***) / die Spezialistin (-nen)** specialist

die Spezialität (-en) speciality

speziell specifical(ly)

der Spickzettel (-) cheat sheet

der Spiegel (-) mirror (3)

das Spiel (-e) game

spielen to play (2); **jemandem Streiche spielen** to play tricks on someone

der Spießer (-) bourgeois, narrow-minded person

spießig bourgeois

der Spinat spinach

die Spinne (-n) spider

spinnen to be crazy; **der spinnt doch!** he's crazy! (10)

der Spinner (-) crazy person

der Spitzbube (-n *masc.***)** imp, little boy

die Spitze (-n) top, highest point

der Spitzname (-n *masc.***)** nickname

spontan spontaneous(ly)

der Sport sports; exercise; physical education (11); **Sport treiben** to exercise; to do sports

die Sporthochschule (-n) physical education academy

der Sportlehrer (-) / die Sportlehrerin (-nen) physical education teacher

sportlich athletic

der Sportplatz (ˉe) sports field (10)

der Sportschuh (-e) sneaker (7)

der Sprachatlas (-atlanten) language atlas

die Sprache (-n) language (11)

das Sprachlabor (-s) language lab (10)

sprechen (spricht), sprach, gesprochen to speak (3); **sprechen Sie bitte langsamer.** Please speak more slowly. **sprecht bitte Deutsch / langsamer.** please speak German/more slowly. (E)

die Sprechstunde (-n) office hours

die Sprechstundenhilfe (-n) secretary in a doctor's office

springen, sprang, ist gesprungen to jump

die Spritze (-n) vaccine, shot (6)

der Spruch (ˉe) saying

die Spur (-en) trace

die (Vereinigten) Staaten (von Amerika) (United) States (of America)

stabil stable

das Stadion (Stadien) stadium

die Stadt (ˉe) city (4)

der Städtebund confederation of cities

die Städteerkundung (-en) exploration of a city

das Stadtleben city life

die Stadtmitte (-n) downtown area, town center

der Stadtmusikant (-en *masc.***)** city musician

der Stadtpark (-s) public park

das Stadtviertel (-) quarter, neighborhood (4)

der Stahlarbeiter (-) / die Stahlarbeiterin (-nen) steelworker

das Stahlwerk (-e) steel mill

der Stammbaum (ˉe) family tree

ständig constantly

die Standuhr (-en) grandfather clock (3)

der Star (-s) star

stark strong(ly)

stattfinden (findet statt), fand statt, stattgefunden to take place

stechen (sticht), stach, gestochen to stab, pierce

stecken to stick, be located; **wo steckt der Schlüssel?** where is the key?

der Stefansdom St. Stephen's Cathedral (*in Vienna*)

stehen, stand, gestanden to stand

stehlen (stiehlt) stahl, gestohlen to steal

die Steiermark Styria

steigen, stieg, ist gestiegen to climb

die Steilküste (-n) steep coast (*with rocks and cliffs*)

der Stein (-e) stone, rock

die Steinzeit Stone Age

die Stelle (-n) job opportunity

stellen to put, place (*upright*)

das Stellenangebot (-e) job offer

stemmen to lift

sterben (stirbt), starb, ist gestorben to die (12)

die Stereoanlage (-n) stereo system (3)

der Stern (-e) star

das Sternzeichen (-) sign of the zodiac

das Steuerbord starboard

der Stiefel (-) boot (7)

die Stiefmutter (ˉ) stepmother (12)

der Stiefsohn (ˉe) stepson (12)

die Stieftochter (ˉ) stepdaughter (12)

der Stiefvater (ˉ) stepfather (12)

der Stier (-e) bull

der Stift (-e) pen

still quiet, silent

die Stille silence

die Stimme (-n) voice

stimmen to be correct, true; **das stimmt/stimmt nicht** that's correct/incorrect

die Stimmung (-en) mood, atmosphere

stinken, stank, gestunken to stink

stinkig stinky

stinklangweilig deadly boring

der Stock (-werke) floor, story (*in a building*) (8); **im dritten Stock** on the third floor

das Stockwerk (-e) floor, level (*in a building*)

der Stoff (-e) substance, stuff, fabric

der Stoffwechsel metabolism

stolz proud(ly)

stopfen to stuff

das Stoppelfeld (-er) wheatfield after harvest

stören to interrupt, distract

(der) Störtebeker *legendary sailor*

die Story (-s) story

die Strafe (-n) punishment

der Strahl (-en) ray, beam

der Strand (ˉe) shore; beach (4); **am Strand** on the beach; **zum Strand** to the beach

der Strandkorb (ˉe) basket chair

der Strandspaziergang (ˉe) beach walk

strapaziös stressful, exhausting

die Straße (-n) street (5); **sie wohnt in der Schillerstraße** she lives on Schiller Street

die Straßenbahn (-en) streetcar; **mit der Straßenbahn fahren** to take the streetcar (4)

das Straßenfest (-e) street festival

der Straßenkünstler (-) / die Straßenkünstlerin (-nen) street artist

strategisch strategic(ally)

die **Strecke** (-n) stretch, distance
der **Streich** (-e) trick
streichen, strich, gestrichen to strike, cross out
der **Streit** argument, confrontation
streng strict
der **Stress** stress
stressig stressful
die **Strophe** (-n) verse, line
die **Struktur** (-en) structure
die **Stube** (-n) room
das **Stück** (-e) piece
das **Stückchen** (-) little piece
der **Student** (-en *masc.*) / die **Studentin** (-nen) (university) student
die **Studientour** (-en) field trip
studieren to study (8); to be a student at a university (11)
das **Studio** (-s) studio
das **Studium** (Studien) course of study (*at a university*)
der **Stuhl** (-e) chair (E)
der **Stummfilm** (-e) silent movie
der **Stummfilmstar** (-s) star in a silent movie
die **Stunde** (-n) hour, lesson
der **Stundenplan** (-e) schedule (10)
der **Sturm** (-e) storm
der **Stützpunkt** (-e) military outpost
das **Subjekt** (-e) subject
das **Substantiv** (-e) noun
suchen to search, seek (9)
(das) **Südafrika** South Africa
(das) **Südamerika** South America
der **Süden** south
der **Südosten** Southeast
der **Südwesten** Southwest
summen to hum
super (*coll.*) great (2); **das ist super!** that's great!
superlang(e) (*coll.*) super long, extremely long
der **Supermarkt** (-e) supermarket (4)
die **Suppe** (-n) soup
surfen to surf
das **Surfen** surfing
die **Süßigkeiten** (*pl.*) candy
die **Sympathie** (-n) fondness; sympathy

sympathisch nice, congenial (1)
das **Symptom** (-e) symptom
das **System** (-e) system

T

der **Tabak** (-e) tobacco
die **Tabaksdose** (-n) tobacco box
die **Tabelle** (-n) table
die **Tablette** (-n) pill
die **Tafel** (-n) blackboard (E)
der **Tag** (-e) day (E); **der Tag der deutschen Einheit** German Unity Day (5); **eines Tages . . .** one day . . .
das **Tagebuch** (-er) diary
der **Tagebucheintrag** (-einträge) diary entry
tagelang for days; **sie war tagelang im Bett** she was in bed for days
der **Tagesablauf** (-e) course of the day, daily routine
die **Tagesetappe** (-n) leg of a journey
das **Tageslicht** daylight
die **Tagesschau** *German public television news show*
täglich daily
tagsüber in the course of the day, during the day
das **Tal** (-er) valley (9)
talentiert talented
der **Tango** (-s) tango
die **Tankstelle** (-n) gas station
die **Tante** (-n) aunt (1)
der **Tanz** (-e) dance
tanzen to dance (2)
der **Tanzsaal** (-säle) dancing hall
der **Tanzschuh** (-e) dancing shoe
die **Tasche** (-n) bag, pocket (7)
die **Tätigkeit** (-en) activity
tatsächlich really, indeed
taub deaf
die **Taube** (-n) pigeon
der **Taubenzuchtverein** (-e) pigeon breeders' club
tauschen to exchange
tausend one thousand (E)
das **Taxi** taxicab
der **Taxifahrer** (-) / die **Taxifahrerin** (-nen) cabdriver
die **Technik** (-en) technology (11)

der **Techniker** (-) / die **Technikerin** (-nen) technician
der **Teddybär** (-en *masc.*) teddy bear
der **Tee** (-s) tea (2)
der **Teenager** (-) teenager
der **Teil** (-e) part; **zum Teil** partly, in part
teilen to share, split, separate
teilnehmen (nimmt teil), nahm teil, teilgenommen to participate
das **Telefon** (-e) telephone (3)
das **Telefonbuch** (-er) phone book
telefonieren (mit) (+ *dat.*) to be on the phone, call
die **Telefonnummer** (-n) phone number
der **Teller** (-) plate
das **Tennis** tennis; **Tennis spielen** to play tennis (2)
der **Tennisplatz** (-e) tennis court
der **Tennisschläger** (-) tennis racket
der **Teppich** (-e) rug, carpet (3)
der **Termin** (-e) appointment, date
der **Test** (-s) test
teuer expensive (2)
der **Text** (-e) text
die **Texttafel** (-n) text table
das **Theater** (-) theater; **ins Theater gehen** to go to the theater (2)
das **Theaterstück** (-e) theater play
das **Thema** (Themen) topic; **zu diesem Thema** on that topic
die **Theologie** theology
das **Thermometer** (-) thermometer (6)
der **Thunfisch** (-e) tuna
(das) **Thüringen** Thuringia
tiefblau deep blue
das **Tier** (-e) animal
der **Tierarzt** (-e) / die **Tierärztin** (-nen) veterinarian
der **Tiger** (-) tiger
die **Tinte** (-n) ink
das **Tintenfass** (-er) ink bottle
der **Tipp** (-s) tip
der **Tisch** (-e) table
das **Tischtennis** table tennis; **Tischtennis spielen** to play ping-pong (8)
der **Titel** (-) title

tja, . . . well, . . .
die Tochter (¨) daughter (1)
die Tochterfirma (-firmen) subsidiary
die Toilette (-n) toilet bowl; bathroom (3)
tolerant tolerant
toll (*coll.*) great (2)
tollst- greatest
der Ton (¨e) sound
topfit fit
die Tortur (-en) ordeal
tot dead
total total(ly)
töten to kill (12)
die Tour (-en) tour
der Tourenverlauf (¨e) course of a trip, route
der Tourist (-en *masc.*) / die Touristin (-nen) tourist
das Touristikcamp (-s) tourist camp, resort
touristisch tourist
das Tournier (-e) tournament
die Tradition (-en) tradition
traditionell traditional(ly)
tragen (trägt), trug, getragen to wear; to carry (5)
tragisch tragic
der Transporter (-) van
transportieren to transport
das Transportschiff (-e) freight ship
die Traube (-n) grape
der Traum (¨e) dream
träumen to dream
das Traumhaus (¨er) dream house
traurig sad (1)
traut beloved, familiar; **trautes Heim** home sweet home
treffen (trifft), traf, getroffen to meet
der Treffpunkt (-e) meeting place
treiben, trieb, getrieben: Sport treiben to exercise
der Trenchcoat (-s) trenchcoat (7)
trennen to separate
die Treppe (-n) staircase (8)
treten (tritt), trat, ist getreten to step
der Trick (-s) trick

der Trimm-Dich-Pfad exercise trail
trinken, trank, getrunken to drink (2)
das Trinkgeld (-er) tip
die Trinkkur: eine Trinkkur machen to drink mineral waters for healing purposes
der Trommler (-) drummer
trostlos desolate
trotzdem anyway, in spite of that; **sie hat es trotzdem gemacht** she did it anyway
(das) Tschechien Czech Republic
tschüss! (*inform.*) bye!
das T-Shirt (-s) T-shirt (7)
tun (tut), tat, getan to do
die Tür (-en) door (E)
die Türkei Turkey
türkisch (*adj.*) Turkish
der Turm (¨e) tower; **der Schiefe Turm von Pisa** the Leaning Tower of Pisa
der Typ (-en *masc.*) (*coll.*) guy, dude
typisch typical(ly)

U

übel dran sein to have it bad, be in a bad situation
üben to practice
über (+ *acc./dat.*) over; **reden über** (+ *acc.*) to talk about
überall everywhere
der Überblick (-e) overview
überfliegen, überflog, überflogen: einen Text überfliegen to read a text quickly, skim a text
überhaupt (nicht) (not) at all
überlassen (überlässt), überließ, überlassen to leave to
überlastet overwhelmed
überleben to survive
(sich) überlegen to think about
der Übermensch (-en *masc.*) superman
übernachten to spend the night
die Übernachtung (-en) overnight stay (8)
übernehmen (übernimmt), übernahm, übernommen to take over

die Überraschung (-en) surprise
übers = über das
übersetzen to translate
die Übersetzungsarbeit (-en) translation work
überstehen, überstand, überstanden to overcome
übertreiben, übertrieb, übertrieben to exaggerate
übertrieben (*adj.*) exaggerated
überweisen, überwies, überwiesen to transfer, refer
überzeugen to convince
überzeugt sein (von) to be convinced (of)
übrig left over
übrigens, . . . by the way, . . .
die Übung (-en) exercise
die Uhr (-en) clock; watch; **um acht Uhr** at eight o'clock; **wie viel Uhr ist es?** what time is it? (E)
die Uhrzeit (-en) time
um (+ *acc.*) around (5); **bitten um** to ask for; **kämpfen um** to fight for; **rings um(her)** all around; **um die Wette laufen** to race; **um . . . herum** around (5); **um Köln herum** around Cologne; **um wie viel Uhr** at what time **um . . . zu . . .** in order to; **um nach Sellin zu kommen** in order to get to Sellin
umfallen (fällt um), fiel um, ist umgefallen to fall over, collapse
die Umfrage (-n) survey, opinion poll
die Umgebung (-en) surroundings, vicinity (4)
der Umlaut (-e) umlaut
ums = um das
umsonst for nothing, free
umsteigen, stieg um, ist umgestiegen to change (*trains*) (7)
die Umwelt environment
die Umweltpolitik environmental politics
umziehen, zog um, ist umgezogen to move (4)
der Umzug (¨e) move
unangenehm unpleasant

unbedeutend insignificant

unbedingt necessarily, in any case, no matter what, absolutely (11)

unbefangen out-going (1), uninhibited

unbekannt unknown

unbequem uncomfortable

und (*coord. conj.*) and; **und so weiter** and so on

undankbar ungrateful

unfair unfair

der Unfall (¨e) accident

unfreundlich unfriendly (1)

ungeduldig impatient

ungefähr about, approximately (11)

ungeheuer extremely

ungerecht unfair (10)

unglücklich unhappy (1)

unheimlich scary, spooky

die Uni (-s) = Universität

uninteressant uninteresting (11)

uninteressiert uninterested (1)

die Europäische Union European Union

die Universität (-en) university (11)

unmöglich impossible (10)

unordentlich untidy

die Unordnung (-en) mess

Unrecht haben to be wrong (10)

unromantisch unromantic (1)

uns (*acc./dat.*) us, to us

unser our

unsicher insecure, uncertain

der Unsinn nonsense

unsympatisch not nice, uncongenial (1)

unten below, down there

unter (+ *acc./dat.*) under(neath)

unterbrechen (unterbricht), unterbrach, unterbrochen to interrupt

die Unterhaltung (-en) entertainment

unternehmen (unternimmt), unternahm, unternommen to do, undertake (9)

die Unternehmung (-en) activity

der Unterricht instruction, class (10)

unterrichten to instruct, teach (11)

der Unterschied (-e) difference

unterschreiben, unterschrieb, unterschrieben to sign

die Unterschrift (-en) signature, autograph

unterstützen to support

untersuchen to examine (6)

die Unterwäsche underwear (7)

unterwegs underway, on the road

untrennbar inseparable

unverdrossen undeterred

unvergesslich unforgettable

unvernünftig unreasonable

unverschämt shameless, unconscionable (10)

die Unverschämtheit impudence; **das ist eine Unverschämtheit!** that's an outrage!

unwichtig unimportant

der Urlaub (-e) vacation; **in Urlaub fahren** to go on vacation

der Urlauber (-) / die Urlauberin (-nen) tourist

die Urlaubsatmosphäre holiday atmosphere

der Urlaubsort (-e) vacation spot

die Ursache (-n) cause; **keine Ursache!** don't mention it!

die USA USA

usw. = und so weiter etc.

V

der Valentinstag Valentine's Day (5)

die Vase (-n) vase

der Vater (¨) father (1)

der Vatertag Father's Day

der Vati daddy, dad

vegetarisch vegetarian

(das) Venedig Venice (Italy)

verändern to change, alter

verärgert upset, angry

das Verb (-en) verb

verbinden, verband, verbunden to connect, bind

verboten not allowed; **Rauchen verboten!** no smoking!

der Verbrecher (-) / die Verbrecherin (-nen) criminal

verbreiten disseminate

verbrennen, verbrannte, verbrannt to burn

verbringen, verbrachte, verbracht to spend (*time*) (5)

verderben (verdirbt), verdarb, verdorben to spoil, ruin

verdienen to earn

verehren to admire

der Verehrer (-) / die Verehrerin (-nen) admirer

vereinigt united

die Vereinigten Staaten von Amerika United States of America

der Vereinsraum (¨e) club room

die Vergangenheit past

die Vergangenheitsform (-en) past-tense form

vergeben (vergibt), vergab, vergeben to give, assign

vergessen (vergisst), vergaß, vergessen to forget (9)

vergiften to poison (12)

vergiftet (*adj.*) poisoned

der Vergleich (-e) comparison; **im Vergleich mit** in comparison with

vergleichen, verglich, verglichen to compare

das Vergnügen pleasure; **mit Vergnügen** with pleasure

der Vergnügungspark (-s) amusement park

sich verhalten (verhält), verhielt, verhalten to act, behave

verjüngen rejuvenate

verjüngt (*adj.*) rejuvenated

verkaufen to sell

das Verkehrsmittel (-) means of transportation

die Verkleidungsparty (-s) costume party

verkürzen to shorten

verkürzt (*adj.*) shortened

der Verlag (-e) publisher

verlangen to demand

verlassen (verlässt), verließ, verlassen to leave

verlegen sheepish(ly)

(sich) verletzen to hurt (oneself)

sich verlieben to fall in love

verliebt in love

verlieren, verlor, verloren to lose

die Verlosung (-en) raffle

sich vermählen (*antiquated*) to marry, wed
vermehren to expand
vermeiden, vermied, vermieden to avoid
vermieten to rent out (4)
vermissen to miss
vermittelst (*antiquated*) by means of, with
vernünftig reasonable
die Verpflegung food
verraten (verrät), verriet, verraten to tell (a secret)
verregnet rainy
verrückt crazy
verschieden different; in different ways
verschollen lost, missing
verschreiben, verschrieb, verschrieben to prescribe (*medication*)
versichern to assure
die Version (-en) version
verspätet belated, late
versprechen (verspricht), versprach, versprochen to promise
der Verstand reason; (common) sense
verstehen, verstand, verstanden to understand
versuchen to try
verteilen to distribute
vertieft in depth
sich vertragen (verträgt), vertrug, vertragen to get along
verträumt dreamy
vertreten (vertritt), vertrat, vertreten to stand in for; to represent
verwandeln (in + *acc.*) to turn (into) (12)
verwandelt transformed (12)
der/die Verwandte (*decl. adj.*) relative, relation
die Verwandtschaft (-en) relatives, relations
verwünschen to cast a spell on (12)
verwünscht enchanted (12)
verzaubern to cast a spell on

verzeihen, verzieht, verziehen to forgive; **wird Silke ihm verzeihen?** will Silke forgive him?
der Vetter (-) (*male*) cousin
das Video (-s) video
die Videothek (-en) video store
viel a lot, much
viele many
vielleicht maybe (11)
vier four (E)
die Vierergruppe (-n) group of four
die Viererkabine (-n) cabin for four (*on a ship*)
zu viert the four of us
vierte fourth
das Viertel (-) quarter
viertgrößt- fourth largest; **die viertgrößte Stadt** the fourth biggest city
vierzehn fourteen (E)
vierzig forty (E)
violett violet
das Vitamin (-e) vitamin
der Vogel (¨) bird
die Vokabel (-n) vocabulary item
der Vokabeltest (-s) vocabulary test
das Volk (¨er) people
voll full(y); **voll in meine Wade** (*coll.*) directly into my calf (*lower leg*)
vollenden to complete
voller full of; **voller Hoffnung** full of hope
der Volleyball volleyball
völlig total(ly)
vollkommen total(ly)
die Vollverpflegung food
vom = von dem
von (+ *dat.*) from; of (possession) (12)
vor (+ *acc./dat.*) before, in front of; **vor allem** above all, most importantly; **vor allen Dingen** above all, most importantly; **vor drei Jahren** three years ago
voraus: im voraus in advance
vorbei over; **jetzt ist alles vorbei** now it's all over
vorbeikommen (kommt vorbei), kam vorbei, ist vorbeigekommen to drop by (7)

vorbereiten to prepare
die Vorbereitung (-en) preparation
vorher before, beforehand; **am Abend vorher** the night before
vorherig preceding; prior
vorhin earlier, before; **es tut mir Leid wegen vorhin** I'm sorry about what happened earlier
vorkommen (kommt vor), kam vor, ist vorgekommen to occur, happen
vorlesen (liest vor), las vor, vorgelesen to read (aloud)
der Vorname (-n *masc.*) first name
der Vorort (-e) suburb (4)
der Vorschlag (¨e) suggestion
vorschlagen (schlägt vor), schlug vor, vorgeschlagen to suggest
sich (*dat.*) **etwas vorstellen** to imagine something; **sich** (*acc.*) **vorstellen** to introduce oneself
die Vorstellung (-en) performance, show
das Vorstellungsgespräch (-e) interview
der Vorteil (-e) advantage
der Vorzug (¨e) advantage

W

die Wade (-n) calf (*lower leg*)
die Wahl (-en) election
wahnsinnig crazy; like crazy
wahr true
während (+ *gen.*) during; **während der Pause** during the break
wahrscheinlich probably
der Wald (¨er) forest (9)
die Waldlandschaft (-en) forest landscape
wallen to surge, seethe
das Wallis Valais
die Wand (¨e) wall (E)
wandern to (go for a) hike (2)
die Wanderschuhe (*pl.*) hiking boots
der Wanderstock (¨e) walking stick
die Wanderung (-en) hike
die Wange (-n) cheek (6)
wann when
warm warm (5); **wärmer** warmer
(das) Warschau Warsaw

warten (auf + *acc.***)** to wait (for)
der Wartesaal (-säle) waiting room
das Waschbecken (-) sink (3)
die Wäsche laundry
waschen (wäscht), wusch, gewaschen to wash
der Waschtag (-e) laundry day
das Wasser (-) water
das Wasserglas (¨er) water glass
die Wasserratte (-n) water rat (*person who likes to swim*)
das WC restroom, toilet
wechseln to exchange
der Wecker (-) alarm clock
weder . . . noch . . . neither . . . nor . . .
weg away
der Weg (-e) way, route; **sich auf den Weg machen** to leave
wegbleiben (bleibt weg), blieb weg, ist weggeblieben to stay away
wegen (+ *gen.*) because of; **wegen des Umzugs** because of the move
wegfahren (fährt weg), fuhr weg, ist weggefahren to drive off, leave
wegkommen (kommt weg), kam weg, ist weggekommen to get away
weglaufen (läuft weg), lief weg, ist weggelaufen to run away
wegschicken (schickt weg) to send away
wegziehen (zieht weg), zog weg, ist weggezogen to move away (4)
wehen to blow
wehtun (+ *dat.*) to hurt; **das tut mir weh** it hurts me (6)
das Weihnachten (-) Christmas (5)
der Weihnachtsmarkt (¨e) Christmas fair
der Weihnachtstag: zweiter Weihnachtstag Boxing Day (*legal holiday in Canada for giving boxed gifts to service workers*)
weil (*subord. conj.*) because
die Weile while, span of time; **nach einer Weile** after a while
der Wein (-e) wine
weinen to cry, weep
die Weisheit (-en) wisdom

weiß white (2)
weit (weg) far (away) (7); **das geht zu weit!** that's too much! that pushes it over the top!
weiter further, farther; (+ *verb*) to continue to . . .
weitgehend mostly, for the most part
welche, welcher, welches which
die Welle (-n) wave
die Welt (-en) world
weltbekannt known all over the world
weltberühmt world-famous
die Weltreise (-n) world tour
wem (*dat.*) to whom; **von wem** from whom; **zu wem** to whom
wen (*acc.*) who
(ein) wenig (a) little
wenige few
wenn (*subord. conj.*) whenever, when, if
der Werbespot (-s) television commercial
werden (wird), wurde, ist geworden to become (9)
werfen (wirft), warf, geworfen to throw
das Werk (-e) work (*in literature, art, music*); **gesammelte Werke** collected works
die Werkstatt (¨e) workshop
das Werkzeug (-e) tool
wert sein to be worth; **Berlin ist eine Reise wert** Berlin is worth a trip
das Wesen (-) being; creature; essence; nature
die Wespe (-n) wasp
der Westen West
die Wette (-n) bet
wetten to bet
das Wetter (-) weather (5)
der Wettkampf (¨e) competition
WG = Wohngemeinschaft
wichtig important
wichtigst- most important
wie how; **wie schade!** too bad! (5); **wie viel** how much; **wie viel Uhr / spät ist es?** what time is it?
wieder again; **bald wieder** again soon; **(ein)mal wieder** once

again; **endlich wieder** finally again; **immer wieder** again and again; **nie wieder** never again; **wieder entdecken** to rediscover
die Wiederholung (-en) repetition
Wieder sehen: auf Wiedersehen! good-bye!
(das) Wien Vienna; **die Wiener Festwochen** (*pl.*) arts festival in Vienna
die Wiese (-n) meadow (9)
wieso why
willkommen welcome
der Wind (-e) wind (5)
windig windy (5)
die Windstille (-n) calm, absence of wind
der Winter (-) winter; **im Winter** in the winter (5)
wir we (1)
wirklich really (10)
die Wirklichkeit (-en) reality
die Wirtschaft (-en) economics (11); economy
wissen (weiß), wusste, gewusst to know (*a fact*) (8)
die Wissenschaft (-en) science, scholarship
witzig funny, witty
wo where
die Woche (-n) week (E); **nächste Woche** next week; **seit Wochen** for weeks
das Wochenende (-n) weekend; **am Wochenende** on the weekend
der Wochentag (-e) weekday (E)
wöchentlich weekly
wofür for what
woher from where
wohin (to) where; **wohin?** where to?; **wo wollen Sie denn hin?** where do you want to go?
wohl probably
sich wohl fühlen to feel well (6); be comfortable
wohnen to live (in a place) (8)
die Wohngemeinschaft (-en) shared housing, commune
die Wohnkosten (*pl.*) housing costs
der Wohnort (-e) place where one lives
der Wohnraum (¨e) living space

die Wohnung (-en) apartment, dwelling (3)
das Wohnzimmer (-) living room (3)
sich wölben to bulge, swell
die Wolke (-n) cloud (5)
wolkig cloudy (5)
wollen (will), wollte to want
woraus out of what
das Wort (¨er) word
das Wörterbuch (¨er) dictionary
der Wortsalat (-e) word salad
der Wortschatz vocabulary
wortschlau clever with words
worum about what, around what
das Wrack (-s) wreck
die Wunde (-n) wound, injury (6)
wunderbar wonderful
wunderschön very beautiful
der Wunsch (¨e) wish
wünschen (+ *dat.*) to wish; **ich wünsche Ihnen einen schönen Urlaub** I wish you a nice vacation
sich (*dat.*) **wünschen** to desire; **ich wünsche mir einen Hut zum Geburtstag** I would like a hat for my birthday
die Wurst (¨e) sausage
der Wurstmarkt sausage festival
die Wurzel (-n) root
die Wüste (-n) desert
wütend angry

Y

der Yuppie (-s) yuppie

Z

die Zahl (-en) number
zahlen to pay for
zählen to count
zahlreich numerous
der Zahn (¨e) tooth (6)
der Zahnarzt (¨e) / die Zahnärztin (-nen) dentist
die Zauberkraft (¨e) magic power
das Zaubermeer (-e) magic ocean
zehn ten (E)
das Zeichen (-) sign
die Zeichnung (-en) drawing
der Zeigefinger (-) index finger
zeigen to show (6); **zeig mir den Weg** show me the way
die Zeile (-n) (*written*) line

die Zeit (-en) time; **eine Zeit lang** for some time; **einige Zeit** for some time; **genug Zeit** enough time; **keine Zeit** no time
das Zeitalter (-) era
die Zeitung (-en) newspaper
das Zelt (-e) tent (8)
zelten to camp (9)
der Zentimeter (-) centimeter
zentral central(ly) (4)
das Zeugnis (-se) report card (10)
die Ziege (-n) goat
ziehen (zieht), zog, gezogen to pull (4)
das Ziel (-e) goal, target
ziemlich rather, quite (2)
die Zigarre (-n) cigar
das Zimmer (-) room (3)
die Zimmerpflanze (-n) house plant (3)
zischen to hiss
das Zitat (-e) quotation
zitieren to quote
der Zivi (-s) = der Zivildienstleistende
der Zivildienst (-e) social service (*as an alternative to military service*)
der Zivildienstleistende (*decl. adj.*) *person who chooses to do social service as an alternative to military service*
der Zoff (*coll.*) arguments, problems, conflicts between people
der Zoo (-s) zoo
zu (+ *dat.*) to (a place) (12); too; **zu Fuß gehen** to walk (4)
zuerst (einmal) first (of all)
die Zuflucht (¨e) refuge, last resort
zufrieden content
die Zufriedenheit (-en) contentedness
der Zug (¨e) train (7)
die Zugspitze *highest mountain in Germany*
zuhören (hört zu) to listen
die Zukunft (¨e) future
zuletzt finally, in the end
zum = zu dem
zumachen (macht zu) to close (6); **macht die Bücher zu!** close your books! (E)

zur = zu der
(das) Zürich Zurich
zurück back
zurückbleiben (bleibt zurück), blieb zurück, ist zurückgeblieben to stay behind
zurückkommen (kommt zurück), kam zurück, ist zurückgekommen to come back (7)
die Zusage (-n) acceptance, positive response to a request
zusammen together (4)
die Zusammenarbeit (-en) cooperation
zusammenfassen (fasst + zusammen) to put together, summarize
zusammenhalten (hält zusammen), hielt zusammen, zusammengehalten to stick together
zuschauen (schaut zu) to watch
der Zuschauer (-) audience (member), viewer
zuschließen (schließt zu), schloss zu, zugeschlossen to close, shut, lock
zustechen (sticht zu), stach zu, zugestochen to stab, pierce
zwanzig twenty (E)
zwanzigste twentieth
zwar (*emphatic*): **er braucht zwar Kraft, aber auch Intelligenz** he does need strength, but also intelligence; **und zwar . . .** namely . . .
zwei two (E)
das Zweierkajak (-s) kayak for two
zweihundert two hundred
zweimal twice
zweitausend two thousand
zweite second; **der zweite Stock** the third floor (8)
der Zwerg (-e) dwarf (12)
die Zwiebel (-n) onion
der Zwilling (-e) twin (1)
zwischen (+ *acc./dat.*) between
zwitschern to chirp
zwölf twelve (E)

R-43

ENGLISH-GERMAN

This vocabulary list contains all the words from the end-of-chapter **Wortschatz** lists.

A

abdomen der Bauch (¨e) (6)
ache der Schmerz (-en) (6)
adventure das Abenteuer (-) (9)
against gegen (+ *acc.*) (5)
air die Luft (4)
airplane das Flugzeug (-e) (7)
all together alle zusammen! (E)
all of a sudden auf einmal (12)
alone allein (4)
ambulance der Krankenwagen (-) (6)
angry böse (1)
to annoy ärgern (10)
apartment die Wohnung (-en) (3)
apartment building das Mietshaus (¨er) (4)
to appear, look aussehen (sieht aus), sah aus, ausgesehen (7)
April der April (5)
approximately ungefähr (11)
arm der Arm (-e) (6)
armchair der Sessel (3)
around um . . . herum (+ *acc.*) (5)
art die Kunst (¨e) (11)
article der Artikel (-) (10)
to ask fragen (8)
assignment die Aufgabe (-n) (10)
at once auf einmal (12)
August der August (5)
aunt die Tante (-n) (1)
Austria (das) Österreich (9)
awful scheußlich (1)

B

back der Rücken (-) (6)
backache Rückenschmerzen (6)
backpack der Rucksack (¨e) (7)
bad schlecht (1)
bag die Tasche (-n) (7)
baggage das Gepäck (7)
baggage check die Gepäckaufbewahrung (7)
ballpoint pen der Kugelschreiber (-) (E)

bank die Bank (-en) (4)
bathroom das Badezimmer (-) (3)
bathtub die Badewanne (-n) (3)
bay die Bucht (-en) (9)
to be sein (1); **to be called** heißen, hieß, geheißen (1); **to be crazy** spinnen (der spinnt doch!) (10); **to be right/wrong** Recht/Unrecht haben (10)
beach der Strand (¨e) (4)
beautiful schön (1)
to become werden (wird), wurde, ist geworden (9)
bed das Bett (-en) (3)
bed and breakfast inn die Pension (-en) (8)
bedroom das Schlafzimmer (-n) (3)
beige beige (2)
Belgium (das) Belgien (9)
belt der Gürtel (-) (7)
best: all the best! alles Gute! (5)
bicycle das Fahrrad (¨er) (7); **to go by bicycle** Rad fahren (4); mit dem Fahrrad fahren (7)
big groß (1)
biology die Biologie (11)
birthday der Geburtstag (-e) (5); **happy birthday!** herzlichen Glückwunsch zum Geburtstag! (5)
black schwarz (2)
blackboard die Tafel (-n) (E)
blackboard eraser der Schwamm (¨e) (E)
bless you! (*sneeze*) Gesundheit! (5)
blouse die Bluse (-n) (7)
to blow one's nose sich die Nase putzen (6)
blue blau (2); **dark blue** dunkelblau (2); **light blue** hellblau (2)
body der Körper (-) (6)
body part der Körperteil (-e) (6)
bon voyage! gute Reise (5)
to book buchen (7)
book das Buch (¨er) (E)
boot der Stiefel (-) (7)

boring langweilig (2)
break die Pause (-n) (10)
bright hell (2)
to bring bringen, brachte, gebracht (5)
brother der Bruder (¨) (1)
brothers and sisters die Geschwister (*pl.*) (1)
brown braun (2)
building: post-1945 building die Neubauwohnung (-en); **pre-1945 building** die Altbauwohnung (-en) (4)
bus der Bus (-se) (7)
bye! tschüss! (E)

C

café das Café (-s) (4)
cafeteria die Cafeteria (-s) (10)
call on the phone anrufen (ruft an), rief an, angerufen (7)
calm ruhig (1)
to camp zelten (9)
cap die Mütze (-n) (7)
car das Auto (-s) (7)
carpet der Teppich (3)
carnival der Karneval (5)
to carry tragen (trägt), trug, getragen (5)
to cast a spell on verwünschen (12)
castle die Burg (-en) (8); das Schloss (¨er) (12)
to celebrate feiern (5)
central zentral (4)
chair der Stuhl (¨e) (E)
chalk die Kreide (E)
to change (trains) umsteigen (steigt um), stieg um, ist umgestiegen (7)
to change ändern (10)
to chat plaudern (10)
cheap billig (2)
cheek die Wange (-n) (6)
chemistry die Chemie (11)
child das Kind (-er) (1)

child's room das Kinderzimmer (-) (3)

chin das Kinn (-e) (6)

Christmas das Weihnachten (-) (5)

Cinderella das Aschenputtel (12)

city die Stadt (¨e) (4)

class die Klasse (-n) (10); der Unterricht (10)

classroom das Klassenzimmer (-) (10)

clean sauber (4)

clear (*weather*) heiter (5)

to climb klettern, ist geklettert (8)

clock die Uhr (-en) (E)

to close zumachen (macht zu) (6); **close your books!** macht Bücher zu! (E)

close by nah (7)

closet der Schrank (¨e) (3)

cloud die Wolke (-n) (5)

cloudy wolkig (5)

club room der Aufenthaltsraum (¨e) (10)

coast die Küste (-n) (9)

coat der Mantel (¨) (7)

coffee der Kaffee (2)

coffee table der Sofatisch (-e) (3)

cold kalt (5)

cold die Erkältung (-en) (6)

college die Hochschule (-n)

college prep school das Gymnasium (Gymnasien)

to come kommen, kam, ist gekommen (2); **to come along** mitkommen (kommt mit), kam mit, ist mitgekommen (7); **to come back** zurückkommen (kommt zurück), kam zurück, ist zurückgekommen (7)

computer game das Computerspiel (-e) (2)

computer science die Informatik (11)

concert das Konzert (-e) (2)

condominium die Eigentumswohnung (-en) (4)

congenial sympathisch (1)

congratulations! gratuliere! (5)

to cook kochen (2)

cool kühl (5)

costume das Kostüm (-e) (5)

to cough husten (6)

cough der Husten (6)

country das Land (¨er) (4)

course der Kurs (-e) (11)

courtyard der Schulhof (¨e) (10)

cousin (*male*) der Cousin (-s) (1); (*female*) die Cousine (-n) (1)

to cram pauken (10)

crazy: he's crazy! der spinnt doch! (10)

cupboard der Schrank (¨e) (3)

curious neugierig (1)

D

to dance tanzen (2)

dangerous gefährlich (7)

dark dunkel (2)

daughter die Tochter (¨) (1)

day der Tag (-e) (E)

December der Dezember (5)

to demonstrate demonstrieren (10)

demonstration die Demonstration (-en) (10)

Denmark (das) Dänemark (9)

to depart abreisen (reist ab), ist abgereist (8)

desk der Schreibtisch (-e) (E)

to die sterben (stirbt), starb, ist gestorben (12)

difficult schwer (2)

dining room das Esszimmer (-) (3)

dinner table der Esstisch (-e) (3)

dirty schmutzig (4)

to discuss diskutieren (10)

dishwasher die Geschirrspülmaschine (-n) (3)

to do machen (2); unternehmen (unternimmt), unternahm, unternommen (9)

doctor der Arzt (¨e) / die Ärztin (-nen) (6)

door die Tür (-en) (E)

double room das Doppelzimmer (-) (8)

dragon der Drache (-n *masc.*) (12)

dress das Kleid (-er) (7)

dresser die Kommode (-n) (3)

to drink; to drink tea Tee trinken (2); **drink mineral waters for**

healing purposes Trinkkur machen (8)

to drive fahren (fährt), fuhr, ist gefahren (3)

to drop by vorbeikommen (kommt vorbei), kam vorbei, ist vorbeigekommen (7)

dumb blöd (2)

duplex das Doppelhaus (¨er) (4)

dwarf der Zwerg (-e) (12)

dwelling die Wohnung (3)

E

ear das Ohr (-en) (6); **earache** Ohrenschmerzen (6)

easy leicht (2)

to eat essen (isst), aß, gegessen (3)

economical preiswert (7)

economics die Wirtschaft (11)

economy die Wirtschaft (11)

education die Bildung (11)

eight acht (E)

eighteen achtzehn (E)

eighty achtzig (E)

elementary school die Grundschule (-n) (11)

elevator der Aufzug (¨e) (8)

eleven elf (E)

emergency der Notfall (¨e) (6)

employed angestellt (1)

enchanted verwünscht (12)

engineering Maschinenbau (11)

England (das) England (9)

English (*language*) das Englisch (11)

entryway die Diele (3)

evil böse (1)

exam die Klausur (-en); die Prüfung (-en) (10)

exam after secondary school das Abitur (10)

to examine untersuchen (6)

expensive teuer (2)

to experience erleben (8)

to express äußern (10)

eye das Auge (-n) (6)

F

face das Gesicht (-er) (6)

factory die Fabrik (-en) (4)

to fail (*an exam*) durchfallen (fällt durch), fiel durch, ist durchgefallen (10)
fair gerecht (10)
fairy die Fee (-n) (12)
fairy tale das Märchen (-) (12)
fairy tale figure die Märchenfigur (-en) (12)
fall der Herbst (5)
falsehood die Lüge (-n) (10)
family die Familie (1)
family home das Einfamilienhaus (¨er) (4)
far (away) weit (weg) (7)
farmhouse Bauernhaus (¨er) (4)
father der Vater (¨) (1)
Father's Day der Vatertag (5)
February der Februar (5)
to feel well sich wohl fühlen (6)
fellow student der Mitschüler (-) / die Mitschülerin (-nen) (10)
festival das Fest (-e) (5)
fever das Fieber (-) (6)
field das Feld (-er) (9)
field trip der Ausflug (¨e) (10)
fifteen fünfzehn (E)
fifty fünfzig (E)
to fill out ausfüllen (füllt aus) (8)
finally endlich (10); schließlich (10)
to find finden, fand, gefunden (2)
finger der Finger (-) (6)
Finland (das) Finnland (9)
fireworks das Feuerwerk (-e) (5)
to fish angeln (8)
five fünf (E)
floor der Stock (Stockwerke) (8);
  first floor der zweite Stock (8);
  second floor der dritte Stock (8)
flower die Blume (-n) (5)
flu die Grippe (-n) (6)
to flunk durchfallen (fällt durch), fiel durch, ist durchgefallen (10)
to fly fliegen, flog, ist geflogen (7)
fog der Nebel (5)
foggy neblig (5)
foot der Fuß (¨e) (6)
for für (+ *acc.*) (5)
forest der Wald (¨er) (9)
to forget vergessen (vergisst), vergaß, vergessen (3)
form das Formular (-e) (8)

forty vierzig (E)
four vier (E)
fourteen vierzehn (E)
France (das) Frankreich (9)
French (*language*) das Französisch (11)
fresh frisch (5)
Friday der Freitag (E)
friend der Freund (-e) / die Freundin (-nen) (1)
friendly freundlich (1)
frog prince der Froschkönig (12)
fruit das Obst (5)
fun: to be fun Spaß machen (5)
funny lustig (1)
to furnish einrichten (4)
furnished möbliert (4)
furniture die Möbel (*pl.*) (3)

G

garden der Garten (¨) (4)
general education high school die Gesamtschule (-n); die Hauptschule (-n); die Realschule (-n) (11)
geography die Erdkunde (11)
German (*language*) das Deutsch (11)
German school system das deutsche Schulsystem (11)
German Unity Day der Tag der deutschen Einheit (5)
Germany (das) Deutschland (9)
to get off (*a train, car, etc.*) aussteigen (steigt aus), stieg aus, ist ausgestiegen (7)
to get in/on (*a train, car, etc.*) einsteigen (steigt ein), stieg ein, ist eingestiegen (7)
to get up aufstehen (steht auf), stand auf, ist aufgestanden (7)
gift das Geschenk (-e) (5)
to give geben (gibt), gab, gegeben (3); (*as a gift*) schenken (5)
glad froh (1)
to go gehen, ging, ist gegangen (2) fahren (fährt), fuhr, ist gefahren (3); **to go to the movies/theater** ins Kino/Theater gehen (2); **to go to a concert** ins Konzert gehen (2); **to go for a walk** spazieren gehen (2); fahren (fährt), fuhr, ist

gefahren; **to go by bicycle/bus/car/motorcycle/ship/train** mit dem Fahrrad/Bus/Auto/Motorrad/Schiff/Zug (der Bahn) fahren (7); **to go to a spa** Kur machen (8)
good gut (1); **really good** echt gut (2); **good morning!** guten Morgen! **good afternoon!** guten Tag! (E)
good-bye! auf Wiedersehen! (E)
grade die Note (-n) (10); (*class*) Klasse (-n) (10)
grandchild das Enkelkind (-er) (1)
granddaughter die Enkelin (-nen) (1)
grandfather der Großvater (¨) (1)
grandfather clock die Standuhr (-en) (3)
grandmother die Großmutter (¨) (1)
grandparents die Großeltern (*pl.*) (1)
grandson der Enkel (-) (1)
gray grau (2)
great! echt Klasse! (10); super! (2); toll! (2)
Great Britain (das) Großbritannien (9)
Greece (das) Griechenland (9)
green grün (2)
ground floor das Erdgeschoss (8)
guest der Gast (¨e) (8)

H

hair das Haar (-e) (6)
hallway die Diele (-n) (3)
hand die Hand (¨e) (6)
Hanukkah die Chanukka (5)
to happen passieren, ist passiert (9)
happy glücklich, froh (1)
hard (difficult) schwer (2)
hat der Hut (¨e) (7)
to have haben (hat), hatte, gehabt (2)
to have fun Spaß machen (5)
he er (1)
head der Kopf (¨e) (6)
health die Gesundheit (6)
health attendant der Krankenpfleger (-) / die Krankenpflegerin (-nen) (6)

healthy gesund (1)
to hear hören (6)
heath die Heide (9)
heaven der Himmel (9)
heavy schwer (10)
hello! guten Tag! (E)
high rise das Hochhaus (¨er) (4)
**high school: general education
  high school** die Gesamtschule
  (-n); die Hauptschule (-n); die
  Realschule (-n) **specialized high
  school** die Fachoberschule,
  (-n) (11)
to hike wandern, ist gewandert (2)
hill der Hügel (-) (9)
him (*acc.*) ihn (5)
history die Geschichte (11)
holiday der Feiertag (-e) (5)
homework die Hausaufgabe (-n) (10)
horrible scheußlich (1)
hospital das Krankenhaus (¨er) (6)
hot heiß (5)
hotel das Hotel (-s) (8)
house das Haus (¨er) (4)
house plant die Zimmerpflanze
  (-n) (3)
human being der Mensch (-en
  masc.) (4)
hundred hundert (E)
to hurt wehtun (tut weh), tat weh,
  wehgetan (6)
husband der Mann (¨er) (1)

I

I ich (1)
Iceland (das) Island (9)
idea die Idee (-n) (10)
ill krank (1)
impossible unmöglich (10)
industrious fleißig (1)
inexpensive billig (2)
influenza die Grippe (-n) (6)
information die Auskunft (¨e) (7)
injection die Spritze (-n) (6)
inn: bed and breakfast inn die
  Pension (-en) (8)
instantly auf einmal (12)
instruction der Unterricht (10)
interesting interessant (1)
to invite einladen (lädt ein), lad ein,
  eingeladen (7)

Ireland (das) Irland (9)
island die Insel (-n) (9)
it es (1)
Italy (das) Italien (9)

J

jacket das Frauensakko (-s) (7); die
  Jacke (-n) (7); das Jackett (-s) (7)
January der Januar (5)
jeans die Jeans (*pl.*) (7)
to jog joggen (8)
jogging suit der Jogginganzug
  (¨e) (7)
July der Juli (5)
June der Juni (5)

K

key der Schlüssel (-) (8)
to kill töten (12)
kindergarten der Kindergarten
  (¨) (11)
king der König (-e) (12)
kitchen die Küche (-n) (3)
to know (*a fact*) wissen (weiß),
  wusste, gewusst; (*be acquainted
  with*) kennen, kannte, gekannt (8)

L

laboratory das Labor (-s) (10)
lake der See (-n) (9)
lamp die Lampe (3)
language die Sprache (-n) (11)
language lab das Sprachlabor
  (-s) (10)
large groß (1)
to last dauern (7)
lavender lila (2)
lazy faul (1)
to learn lernen (8)
to lease mieten (4)
left links (8)
leg das Bein (-e) (6)
letter der Brief (-e) (2)
library die Bibliothek (-en) (10)
to lie (*flat*) liegen, lag, gelegen (2)
lie Lüge (-n) (10)
Liechtenstein (das) Liechtenstein
  (9)
light hell; einfach (2)
lightning: it's lightning es
  blitzt (5)

linguistics die Linguistik (11)
to listen to music Musik hören (2)
literature die Literatur (11)
little klein (1)
to live (*exist*) leben (12); **to live**
  (*reside*) wohnen (8)
living room das Wohnzimmer (-) (3)
long lang (1)
to look at (*art*) betrachten (8)
to look for suchen (9)
loud laut (1)
luck: good luck! viel Glück! (5)
Luxemburg (das) Luxemburg (9)

M

mail die Post (4)
major subject das Hauptfach
  (¨er) (11)
to make machen (2)
man der Mann (¨er) (1)
March der März (5)
Mardi Gras der Karneval (5)
to marry heiraten (12)
math(ematics) die Mathe(matik) (11)
May der Mai (5)
maybe vielleicht (11)
meadow die Wiese (-n) (9)
mechanical engineering der
  Maschinenbau (11)
medication das Medikament (-e) (6)
medicine das Medikament (-e) (6)
metropolis die Großstadt (¨e) (4)
microwave die Mikrowelle (-n) (3)
milk die Milch (5)
minor subject das Nebenfach
  (¨er) (11)
mirror der Spiegel (-) (3)
Monday der Montag (E)
month der Monat (-e) (5)
monthly monatlich (4)
mother die Mutter (¨) (1)
Mother's Day der Muttertag (5)
motorcycle das Motorrad (¨er) (7)
mountain der Berg (-e) (4)
mountains das Gebirge (9)
mouth der Mund (¨er) (6)
to move umziehen (zieht um), zog
  um, ist umgezogen (4)
to move away wegziehen (zieht
  weg), zog weg, ist weggezogen (4)
movie theater das Kino (-s) (2)

mushroom der Pilz (-e) (9)
music die Musik (11)

N

nature die Natur (9)
naughty böse (1)
near nah (7)
neat! toll! (2)
necessarily unbedingt (11)
neck der Hals (⸚e) (6)
to need brauchen (2)
neighbor der Nachbar (-n *masc.*) /
 die Nachbarin (-nen) (4)
neighborhood das Stadtviertel
 (-) (4)
nephew der Neffe (-n *masc.*) (1)
nerve: what nerve! das ist eine
 Frechheit! (10)
The Netherlands die Niederlande
 (9)
new neu (2)
Happy New Year! Guten Rutsch ins
 neue Jahr (5)
New Year's Day das Neujahr (5)
New Year's Eve das Silvester (5)
nice nett, sympathisch; **nice** (*day*)
 schön (1)
niece die Nichte (-n) (1)
nightstand der Nachttisch (-e) (3)
nine neun (E)
nineteen neunzehn (E)
ninety neunzig (E)
no kein (3)
noisy laut (1)
Norway (das) Norwegen (9)
nose die Nase (-n) (6)
not nicht; **not a/any** kein (3)
note die Notiz (-en) (10)
notebook das Heft (-e) (E)
November der November (5)
nurse der Krankenpfleger (-) / die
 Krankenpflegerin (-nen) (6)

O

ocean das Meer (-e) (9)
October der Oktober (5)
to offend beleidigen (10)
often oft (4)
old alt (1)
once more please! bitte noch
 einmal! (E)

once upon a time . . . es war
 einmal . . . (12)
one ein(s) (E)
to open aufmachen (macht auf),
 aufgemacht (6); **open your books!**
 macht die Bücher auf! (E)
to operate operieren (6)
opinion die Meinung (-en) (10)
orange orange (2)
out-going unbefangen (1)
outrage: that's an outrage! das ist
 eine Unverschämtheit! (10)
overhead projector der
 Overheadprojektor (-en) (E)
overnight stay die Übernachtung
 (-en) (8)
own eigen (4)

P

to pack einpacken (packt ein) (7)
pain der Schmerz (-en) (6)
pants die Hose (-n) (7)
paper das Papier (E)
parents die Eltern (*pl.*) (1)
parka der Anorak (-s) (7)
to pass (*a course*) bestehen,
 bestand, bestanden (10)
passenger der Fahrgast (⸚e) (7)
patient der Patient (-en *masc.*) / die
 Patientin (-nen) (6)
to pay (for) bezahlen (4)
to pay attention aufpassen (passt
 auf) (7)
pencil der Bleistift (-e) (E)
peninsula die Halbinsel (-n) (9)
perhaps vielleicht (11)
person der Mensch (-en *masc.*) (4)
physician der Arzt (⸚e) / die Ärztin
 (-nen) (6)
physical education der Sport (11)
physics die Physik (11)
piano das Klavier (-e) (3)
picnic das Picknick (-s) (9)
piece of clothing das
 Kleidungsstück (-e) (7)
pillow das Kopfkissen (-) (3)
pink rosa (2)
place der Ort (-e) (4)
platform der Bahnsteig (-e) (7)
to play spielen (2); **to play cards**
 Karten spielen (2); **to play**

computer games Computerspiele
 spielen (2); **to play golf** Golf
 spielen; **to play ping-pong**
 Tischtennis spielen (8); **to play
 pool** Billard spielen (8); **to play
 soccer** Fußball spielen (2); **to
 play tennis** Tennis spielen (2)
please gefallen (gefällt), gefiel,
 gefallen (9)
to poison vergiften (12)
Portugal (das) Portugal (9)
possible möglich (10)
post office die Post (4)
prescription das Rezept (-e) (6)
present das Geschenk (-e) (5)
pretty schön (1)
prince der Prinz (-en *masc.*) (12)
princess die Prinzessin (-nen) (12)
to promise versprechen
 (verspricht), versprach,
 versprochen
to protest protestieren (10)
psychology die Psychologie (11)
to pull ziehen, zog, gezogen (4)
pullover der Pullover (-) (7)
to punish bestrafen (10)
purple lila (2)
purse die Tasche (-n) (7)
to put on anziehen (zieht an), zog
 an, angezogen (7)

Q

quarter das Quartal (-e) (11)
queen die Königin (-nen) (12)
quiet ruhig (1); die Ruhe (4)
quite ziemlich (2)

R

to rain regnen; **it's raining** es
 regnet (5)
rain der Regen (5)
raincoat der Regenmantel (⸚) (7)
rather ziemlich (2)
to read lesen (liest), las, gelesen (3)
real(ly) echt (10); **really good** echt
 gut (2)
really wirklich (10)
reception desk die Rezeption
 (-en) (8)

recliner der Sessel (-) (3)
red rot (2)
refrigerator der Kühlschrank
   (¨e) (3)
religion die Religion (-en)
to rent mieten (4); **to rent (out)**
   vermieten (4)
rent die Miete (-n) (4)
report card das Zeugnis (-se) (10)
reservation die Reservierung
   (-en) (8)
to reside wohnen (8)
restaurant das Restaurant (-s) (4)
restroom die Toilette (-n) (3)
to ride (*on horseback*) reiten, ritt,
   geritten (8); **to ride a bicycle** Rad
   fahren (fährt Rad), fuhr Rad, ist
   Rad gefahren (4)
right recht (8); **to be right** Recht
   haben (10)
to ring läuten (10)
river der Fluss (¨e) (9)
romantic romantisch (1)
room das Zimmer (-) (3)
row house das Reihenhaus (¨er) (4)
rug der Teppich (-e) (3)
Rumpelstiltskin das
   Rumpelstilzchen (12)
to run laufen (läuft), lief, ist
   gelaufen (3)

S

sad traurig (1)
to sail segeln (2)
sandal die Sandale (-n) (7)
Saturday der Samstag (E)
sauna die Sauna (in die Sauna
   gehen) (8)
to save erlösen (12)
schedule (*daily*) der Stundenplan
   (¨e) (10); (*travel*) der Fahrplan
   (¨e) (7)
school die Schule (-n) (10)
school bus der Schulbus (-se) (10)
school newspaper die
   Schülerzeitung (-en) (10)
sea die See (9); das Meer (-e) (9)
to search suchen (9)
season die Jahreszeit (-en) (5)
to see sehen (sieht), sah, gesehen (3)

seldom selten (4)
semester das Semester (-) (11)
September der September (5)
serious ernst (1)
seven sieben (E)
seventeen siebzehn (E)
seventy siebzig (E)
shameless unverschämt (10)
she sie (1)
shelf das Regal (-e) (3)
to shine scheinen; **the sun is**
   shining die Sonne scheint (5)
ship das Schiff (-e) (7)
shirt das Hemd (-en) (7)
shoe der Schuh (-e) (7); **tennis**
   shoe der Sportschuh (-e) (7)
shore der Strand (¨e) (4)
short kurz (1)
shorts die Shorts (*pl.*) (7)
shot (*vaccine*) die Spritze (-n) (6)
shoulder die Schulter (-n) (6)
to show zeigen (6)
shower die Dusche (-n) (3)
shy scheu (1)
sick krank (1)
siblings die Geschwister (*pl.*) (1)
silence die Ruhe (4)
silent ruhig (1)
simple einfach (2)
to sing singen, sang, gesungen (5)
single room das Einzelzimmer
   (-) (8)
sink das Waschbecken (-) (3)
sister die Schwester (-n) (1)
to sit sitzen (2)
to be situated liegen, lag,
   gelegen (2)
six sechs (E)
sixteen sechzehn (E)
sixty sechzig (E)
to ski Schi laufen (läuft Schi), lief
   Schi, ist Schi gelaufen (8)
skirt der Rock (¨e) (7)
sky der Himmel (9)
skyscraper das Hochhaus (¨er) (4)
to sleep schlafen (schläft), schlief,
   geschlafen (3)
small town die Kleinstadt (¨e) (4)
snack das Pausenbrot (-e) (10)
sneaker der Sportschuh (-e) (7)
to sneeze niesen (6)

sneezing das Niesen (6)
to snow schneien; **it's snowing** es
   schneit (5)
snow der Schnee (5)
Snow White das Schneewittchen (12)
soccer der Fußball (2)
sociology die Sozialkunde (11)
sock die Socke (-n) (7)
sofa das Sofa (-s) (3)
son der Sohn (¨e) (1)
soon bald (12)
sore throat die Halsschmerzen
   (*pl.*) (6)
spa: to go to a spa eine Kur
   machen (8)
Spain (das) Spanien (9)
Spanish (*language*) das Spanisch (11)
to speak sprechen (spricht), sprach,
   gesprochen (3); **speak German,**
   please! sprecht bitte Deutsch! (E);
   speak more slowly, please!
   sprecht bitte langsamer! (E)
specialized high school die
   Fachoberschule (-n) (11)
to spend (*time*) verbringen,
   verbrachte, verbracht (5)
sponge der Schwamm (¨e) (E)
sports der Sport (11)
sports field der Sportplatz (¨e) (10)
spring der Frühling (-e) (5)
staircase die Treppe (-n) (8)
to stay bleiben, blieb, ist geblieben
   (9)
stay der Aufenthalt (-e) (7)
stepdaughter die Stieftochter
   (¨) (12)
stepfather der Stiefvater (¨) (12)
stepmother die Stiefmutter (¨) (12)
stepson der Stiefsohn (¨e) (12)
stereo system die Stereoanlage
   (-n) (3)
still ruhig (1)
stillness die Ruhe (4)
stomach der Bauch (¨e) (6);
   stomachache Bauchschmerzen
   (*pl.*) (6)
to stop aufhören (hört auf) (7)
story die Geschichte (11); **story**
   (*of a building*) der Stock
   (Stockwerke) (8)
stove der Herd (-e) (3)

strange komisch (10)
street die Straße (-n) (5)
streetcar die Straßenbahn (-en); **to take the streetcar** mit der Straßenbahn fahren (4)
student (*elementary/secondary*) der Schüler (-) / die Schülerin (-nen) (E); (*university*) der Student (-en *masc.*) / die Studentin (-nen) (E)
to study studieren (8); **study** (*for class, a test*) lernen (8)
stupid blöd (2)
subject das Fach (̈er) (11)
suburb der Vorort (-e) (4)
suddenly plötzlich (12)
suit der Anzug (̈e) (7); **woman's suit** das Kostüm (-e) (7)
suitcase der Koffer (-) (7)
summer der Sommer (5)
sun die Sonne (-n) (5)
to sunbathe in der Sonne liegen, lag, gelegen (8)
Sunday der Sonntag (E)
supermarket der Supermarkt (̈e) (4)
surroundings die Umgebung (4)
sweater der Pullover (-) (7)
Sweden (das) Schweden (9)
to swim schwimmen, schwamm, geschwommen (2)
swimsuit der Badeanzug (̈e) (7)
swim trunks die Badehose (-n) (7)
Switzerland die Schweiz (9)

T

table der Tisch (-e) (3)
table tennis das Tischtennis (8)
to take nehmen (nimmt), nahm, genommen (3); **to take courses** Kurse belegen (11); **to take pictures** fotografieren (2)
to talk (about) reden (über + *acc.*) (10)
tall groß; lang (1)
tan beige (2)
tea der Tee (-s) (2)
to teach lehren, unterrichten (11)
teacher der Lehrer (-) / die Lehrerin (-nen) (E)
technology die Technik (-en) (11)
telephone das Telefon (-e) (3)

television set der Fernseher (-) (3)
ten zehn (E)
tent das Zelt (-e) (8)
test die Prüfung (-en) (10)
theater das Theater (-) (2)
then dann (12)
therefore also (12)
thermometer das Thermometer (-) (6)
they sie (1)
thief der Dieb (-e) / die Diebin (-nen) (12)
to think denken, dachte, gedacht (6)
thirteen dreizehn (E)
thirty dreißig (E)
thousand tausend (E)
three drei (E)
throat der Hals (̈e) (6); **sore throat** Halsschmerzen (6)
through durch (+ *acc.*) (5)
thundering: it's thundering es donnert (5)
Thursday der Donnerstag (E)
ticket counter der Fahrkartenschalter (-) (7)
tie die Krawatte (-n) (7)
time die Zeit; **what time is it?** wie viel Uhr ist es? wie spät ist es? (E)
to the left/right links/rechts (8)
today heute (5)
together zusammen (4)
toilet bowl die Toilette (-n) (3)
tooth der Zahn (̈e) (6)
townhouse das Doppelhaus (̈er) (4)
track das Gleis (-e) (7)
trade school die Berufsfachschule (-n) (11)
train der Zug (̈e), die Bahn (-en) (7)
train station der Bahnhof (̈e) (7)
to transfer (*trains, buses, etc.*) umsteigen (steigt um), stieg um, ist umgestiegen
transformed verwandelt (12)
to travel reisen, ist gereist (9)
trenchcoat der Trenchcoat (-s) (7)
trip der Ausflug (̈e) (10)
to try on anprobieren (probiert an) (7)

T-shirt das T-Shirt (-s) (7)
Tuesday der Dienstag (E)
to turn (into) verwandeln (in + *acc.*) (12)
twelve zwölf (E)
twenty zwanzig (E)
twin der Zwilling (-e) (1)
two zwei (E)

U

ugly hässlich (1)
uncle der Onkel (-) (1)
uncongenial unsympatisch (1)
underwear die Unterwäsche (7)
to undertake unternehmen (unternimmt), unternahm, unternommen
unemployed arbeitslos (1)
unfair ungerecht (10)
unfriendly unfreundlich (1)
unhappy unglücklich (1)
uninterested uninteressiert (1)
uninteresting uninteressant (1)
university die Universität (-en) (11)
us, to us uns (5)
to utter (sich) äußern (10)

V

vacation apartment die Ferienwohnung (-en) (8)
vaccine die Spritze (-n) (6)
Valentine's Day der Valentinstag (5)
valley das Tal (̈er) (9)
to view betrachten (8); **to view works of art** Kunstwerke betrachten (8)
village das Dorf (̈er) (4)
violet violett (2)
to visit besuchen; (*as a sightseer*) besichtigen (8); **to visit castles** Burgen besichtigen (8)

W

to wake up aufwachen (wacht auf), ist aufgewacht (12)
wall die Wand (̈e) (E)
to walk laufen (läuft), lief, ist gelaufen (3); zu Fuß gehen, ging, ist gegangen (4)

warm warm (5)

watch die Uhr (-en) (E)

to watch out aufpassen (passt auf) (7)

to watch television fernsehen (sieht fern), sah fern, ferngesehen (2)

to watch on television im Fernsehen schauen (2)

we wir (1)

to wear tragen (trägt), trug, getragen (5)

weather das Wetter (5)

Wednesday der Mittwoch (E)

week die Woche (-n) (E)

weekday der Wochentag (-e) (E)

welcome! herzlich willkommen! (5)

well-behaved brav (1)

what is _____ in English/German? Wie heißt _____ auf Englisch/ Deutsch? (E)

white weiß (2)

wife die Frau (-en) (1)

wind der Wind (-e) (5)

window das Fenster (-) (E)

windy windig (5)

winter der Winter (-) (5)

witch die Hexe (-n) (12)

without ohne (+ *acc.*) (5)

woman die Frau (-en) (1)

to work arbeiten (2)

wound die Wunde (-n) (6)

to write schreiben, schrieb, geschrieben (9); **to write letters/e-mail messages** Briefe/ E-mails schreiben (2)

wrong: to be wrong Unrecht haben (10)

Y

year old: a 16-year-old student jährig: ein 16-jähriger Student (11)

yellow gelb (2)

yesterday gestern (8)

you (*acc.*) dich; (*acc./dat.*) euch (5); (*form.*) Sie; (*inform. sg.*) du (1); (*inform. pl.*) ihr (1)

young jung (1)

youth hostel die Jugendherberge (-n) (8)

Z

zero null (E)

INDEX

This index consists of two parts—Part 1: Grammar; Part 2: Topics. Everything related to grammar—terms, structures, usage, pronunciation, and so forth—appears in the first part. Topical subsections in the second part include Culture, Functions, Listening Strategies, Reading Strategies, Vocabulary, and Writing Strategies. Page numbers in italics refer to photos.

Part 1: Grammar

Part 2: Topics

Functions

Listening Strategies

Reading Strategies

Vocabulary

Writing Strategies

About the Authors

Lida Daves-Schneider received her Ph.D. from Rutgers, the State University of New Jersey. She has taught at the University of Georgia, the University of Arkansas at Little Rock, Rutgers, Riverside Community College, and Washington College where she taught German language and literature, film, and teacher education courses and served as language lab coordinator. She spent a year in Berlin on the Fulbright Teaching Exchange Program. She is currently teaching German at Ayala High School in Chino Hills, California. She has given numerous presentations and workshops, both in the United States and abroad, about foreign language methods and materials. She co-authored ancillary materials for *Deutsch: Na klar!* and was a contributing writer for the main text of the third edition.

Karl Schneider is a native of Germany. He has been a teacher for 22 years in the Chino Valley Unified School District. He has taught reading, German, and English as a Second Language. From 1985 to 1990 he worked as Curriculum Coordinator for Foreign Languages. He has served several terms as mentor teacher in his district. Mr. Schneider has participated in several statewide foreign language curriculum development projects. He has reviewed textbooks as well as national exams. Mr. Schneider has also been a presenter at local, state, and national conferences. He was co-founder of the Inland Empire Foreign Language Association and served as President of that organization.

Rosemary Delia teaches German language, literature, and culture at Mills College in Oakland, California. She received her Ph.D. in German from the University of California at Berkeley. Her research and teaching focus on issues of gender, sexuality, and national identity in German culture. She is the co-author of an intermediate cultural and literary German text, *Mosaik: Deutsche Kultur und Literatur,* 3rd edition, (McGraw-Hill).

Daniela R. Dosch Fritz is receiving her Ph.D. in German Literature and Culture from the University of California at Berkeley. Her dissertation combines literary studies and second language acquisition research by employing theories of language and culture from both fields. She has taught German language and literature at the University of California at Berkeley, the University of Arizona in Tucson, and the Goethe-Institut in San Francisco.

Anke Finger is Assistant Professor of German at Texas A&M University. She received her Ph.D. in Comparative Literature at Brandeis University. She was a lecturer at Boston College and is a co-author of the Workbook and Lab Manual *Weiter!*, (Wiley) accompanying Isabelle Salaün's intermediate textbook *Weiter!*, (Wiley). As language coordinator of the first-year German program at Texas A&M University, her interests in second language acquisition include the teaching of cultural and oral proficiency and CALL. She has also written on comparative aspects of literature and art in German and American culture.

Stephen L. Newton received his Ph.D. from the University of California at Berkeley in 1992. Since then he has been the Language Program Coordinator in the German Department at Berkeley. He has made contributions to various textbooks and conducted a variety of workshops to language teachers.

About the Chief Academic and Series Developer

Robert Di Donato is professor of German and Chair of the German, Russian, and East Asian Languages Department at Miami University in Oxford, Ohio. He received his Ph.D. from the Ohio State University. He is lead author of *Deutsch: Na klar!*, a first-year German text, and has written articles about foreign language methodology. In addition, he has given numerous keynote speeches, workshops, and presentations, both in the United States and abroad, about foreign language methods and teacher education. He has also been a consultant for a number of college-level textbooks on foreign language pedagogy.